U0518278

追随 遇见 成长

"儿童经验"课程优秀案例选编

上册

张文芳　张璐璐　主编

陈　娟　刘　欢　刘江艳　副主编

陕西师范大学出版总社

图书代号　JY23N1717

图书在版编目（CIP）数据

追随　遇见　成长："儿童经验"课程优秀案例选编：
上下册 / 张文芳，张璐璐主编. —西安：陕西师范大学
出版总社有限公司，2023.9
　　ISBN 978-7-5695-3840-3

　　Ⅰ.①追…　Ⅱ.①张…　②张…　Ⅲ.①学前教育—
教案（教育）　Ⅳ.①G612

　　中国国家版本馆CIP数据核字（2023）第162603号

追随　遇见　成长："儿童经验"课程优秀案例选编（上下册）
ZHUISUI YUJIAN CHENGZHANG:
"ERTONG JINGYAN" KECHENG YOUXIU ANLI XUANBIAN（SHANGXIA CE）
张文芳　张璐璐　主编

出 品 人	刘东风	
出版统筹	郭永新	
责任编辑	王西莹	
责任校对	焦　凌	
封面设计	张潇伊	
插图绘画	郝啊悠	
出版发行	陕西师范大学出版总社	
	（西安市长安南路199号　邮编710062）	
网　　址	http://www.snupg.com	
印　　刷	陕西隆昌印刷有限公司	
开　　本	787mm×1092mm 1/16	
印　　张	35	
插　　页	2	
字　　数	530千	
版　　次	2023年9月第1版	
印　　次	2023年9月第1次印刷	
书　　号	ISBN 978-7-5695-3840-3	
定　　价	128.00元（上下册）	

读者购书、书店添货或发现印装质量问题，请与本公司营销部联系、调换。
电话：（029）85307864　85303629　传真：（029）85303879

前　言

　　初秋的师大，层林尽染，古朴宁静的校园，散发着浓郁的书香。漫步校园，一切美好尽收眼底。操场上孩子们三五成群嬉戏玩耍，看似随意的游戏展现了孩子用自己的方式认识和体察周围环境的自发探索行为。"孩子是天生的学习者"，他们总能通过活动感知并运用已有经验建构自己关于世界的认知。然而幼儿的兴趣和需要如何被激发？感受和体验如何在经验之间建立联系？经验拓展、思维提升和认知建构如何实现？作为一个学前教育工作者，思考幼儿行为背后的成因，解析幼儿思维形成的过程，探索学习的有效路径与方法，成为我们反思当下课程设置、重塑新课程体系的出发点。

　　幼儿园课程是有利于幼儿发展，让幼儿获得有益经验的最重要的活动。课程所承载的幼儿园办园的理念和育人的目标，以及幼儿逆向思考经验的获得、发展与建构这一动态过程，需要我们立足课程本位，立足儿童发展立场，关照儿童主体性发展需求，满足儿童感受、体验的意义，因此，"基于儿童已有经验，关注儿童发展需求，支持儿童建构认识周围世界的经验"是课程建构的核心。"儿童中心""关注经验""回归本真"成为我们探索新课程的源头，随着源泉的生发与流淌，我们一步步走近、走进了儿童，预见、遇见了课程。

　　本书以案例的形式呈现幼儿园课程的实践成果。这些案例凸显了五个"力"。第一，本真力。案例尊重问题发生发展的全过程，在课程发展中真实记录幼儿的语言及行为，清晰展现幼儿对问题的思考、探索过程和形成的经验，让幼儿的学习看得见。一个个鲜活的课程案例可能并不"完美无缺"，但却"精彩纷呈"，因为课程是真实实践的产物，有效还原了课程生发与发展的本真力。第二，学习力。案例中幼儿以语言、图画、符号等多元表现形式梳理问题、整理思路、设计流程、记录结果、获得新知，并以调查表、思维导图等形式呈现结果。这一系列环节并非华而不实、哗众取宠，而是立足于课程本身，幼儿和教师一起通过思考，实现对课程寓意的深度理解和升华，将认知有效转化为思维，实现经验的深度拓展与螺旋上升，这是幼儿学习力的真实体现。第三，生命力。课程的发展是通过一根"隐形的线"贯通始终的，那就是教师对课程的深入思考与不断调整。课程发展前期，教师要根据充实的积累和丰富的积淀，预见、设计课程；在课程发展中，基于幼儿不断发问，又会形成多条线索，教师如何抽丝剥茧，在多条线索中以落地的活动形式使幼儿的思维深度延展，这就体现了师生共构课程的生命力。第四，生长力。课程建构中，教师对概念化知识的转化，理念化活动的落地，若干生活经验的梳理与总结，都连接着幼儿已知、可知、未知经验背后的诸多关键能力和必备素质，这就需要教师回归"儿童视角"进行知识体系解构和重构。而在这一过程中，教师不断增长的"课程生长力""课程领导力"实现了对课程的新架构，教师的专业素养也得到了拓展与提升。第五，向心力。课程的实施非一己之力可成，虽然课程彰显了教师个人对专业的理解、对幼儿学习与发展规律的认同程序，但更体现了团队合作的智慧，体现了教师这个群体追求理念认同、行动共识的课程建设的向心力。

课程案例的形成是幼儿园整体课程建设的缩影，这些基于"儿童经验"的课程是教师追随儿童，使幼儿遇见新思想、收获成长的成果。然而，成果的获得绝非易事，在此过程中作为教师的我们共同经历了思维的巨变、视角的回归、认知的耦合与行为的转身。

1. 思维的巨变："教"与"学"的博弈

思维的巨变其实就是一场"教"与"学"的博弈，究其根本其实是转变关系，即教与学的关系，师与生的关系，这两对关系是整个教育过程中最基本的关系。我们首先得转变教师的"三观"——儿童观、教育观和课程观，让教师正确理解教与学的关系：松开束缚，倾听表达，改变儿童观；读懂儿童，理解行为，重塑教育观；回应儿童，追随儿童，建立课程观。认知层面的"三观"转变并非难事，但达到实践层面的贯通并非一蹴而就，需要经历彻头彻尾的"换血"。从正确儿童观的建立到课程观的形成，我们经历了深度的交流讨论、反思辨析。虽已悄然转身，却还一直在路上。

2. 视角的回归："中心"与"重心"的权衡

在课程建设过程中，课程的"中心"相对比较稳定，但建设的"重心"确是一个动态发展的过程。围绕"中心"如何通过不同阶段"重心"的突破实现阶段目标，进而推进"中心"工作，也是我们在过程中需要不断调整变化的。比如"以儿童为中心"是教师公认的理念和视角，但面对孩子没有按预设参与活动时，教师又自然不自然退回成人视角思考问题、制订方案……"我觉得孩子应该……"成为我们经常性地回归教育现场，反复讨论考研细节的一个问题。应该如何体现以儿童为中心，这个阶段"视角的转换"就成为重心。在课程推进的过程中，教师需要捕捉到孩子的兴趣点，分析已有经验、可知经验和未知经验，这一环节看似简单，实操却着实不易，教师要思考"这么多点，到底应该回应哪个？""已有经验如何准确判定？""可知经验是有意义的经验吗？""应该如何架构才能使幼儿获得未知经验？""应该如何接住问题，与孩子交流？""如何做好经验的衔接与拓展，这种方式又会对孩子的情感体验、认知观念产生什么影响呢？"……每一次的思考都是有价值的，正是这些思考使一个个重心问题得以突破并推动课程一步步发展。

3. 认知的耦合："预设"与"生成"的调整

在课程推进过程中，关于"预设"与"生成"比例的分配说法不一：有三七分之说，即70%预设30%生成；有五五分之说，一半预设一半生成；还有"3+1+1"模式，即一周前三天小组教学，一天总结分享，一天自由探索。到底哪种科学，不好评定，因为课程比例的分配实际是与教师的专业程度、幼儿发展水平、园所资源等现实条件密切相关的，各园情况不同，比例的分配也会不同。我们在进行课程比例探索的过程中也曾经想过园所有所不同，一所幼儿园有统一的标准比较符合常理，但是在实际中不同年级、不同班级因为孩子、教师和班级资源的不同，课程建设的程度也存在很大的差异。因此，随着实践的不断推进，依据教师的专业能力，课程领导力，幼儿的学习力，不同班级的"预设"与"生成"比例分配经历了一个从要求"相对稳定"，班级"尝试自主"到每个班级能"依据课程发展的节奏"合理安排的动态发展过程。

4.行为的转身："思"与"行"的反诘

在历经让人时而沮丧、时而兴奋、时而惊喜的课程建设之路后，教师清楚所有的成功都源于集体智慧。教师在一次次活动中不断学习、深入领悟，在一次次反诘中叩问心灵、反思辨析、内省成长。在此基础上，课程理念的落地与行为的转身一步步实现。可以说课程建设既成就了孩子，也成就了教师，孩子体验了全新的成长之路，教师亲历了全新的专业发展之路，大家一起浸润其中，享受当下的美好，共迎未来的挑战。

如今，虽然课程案例在省内外分享的过程中深受同行认可，也能够对兄弟园所的课程建设思路起到一定的启发作用，但我们深知，课程建设一直在路上，依旧青涩的课程实践果实我们不敢妄言饱满与成熟，在此我们首先提出几点不足：

1. 课程是我们边实践边探索的产物，所呈现的课程案例原汁原味，这就不可避免地存在不足和可待提升的地方。

2. 课程案例中思路的推进，方法和行为的评价与引导，针对的是特定群体，在推广和使用的过程中存在一定的局限性，不能照搬，应灵活借鉴。

3. 本书以课程案例形式点状切入，比较聚焦，仅展现了幼儿园课程的一角，很多课程的结构框架、管理机制等未能一一呈现。

如今我们将这些课程案例集结出版，意在与大家分享教学成果，公开交流与讨论，以期获得更多的建议与指导。关于课程建设的更加全面系统的介绍也将很快推出，届时诚邀您再次审阅！

陕西师范大学幼儿园

目 录

·上 册·

·下 册·

当果汁溅到衣服上

郭晓雪

缘起

孩子们在分享美味水果时突然发生了点"小意外"：鲜红的果汁溅到了孩子们的衣服上，有位小朋友难过地哭了，旁边的孩子纷纷安慰他：我们帮你洗干净。于是我们顺应孩子们的提议，围绕"清洗衣服上的果汁"这一生活化、开放性的话题进行了讨论，支持和鼓励孩子们探索和实验。在此过程中，孩子们了解了科学知识，锻炼了动手能力，积累了生活经验，初步学习了解决问题的方法和步骤。这是一次非常有意义的探究活动。

活动脉络图

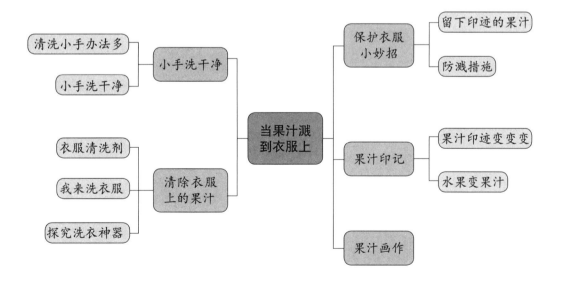

关键经验结构图

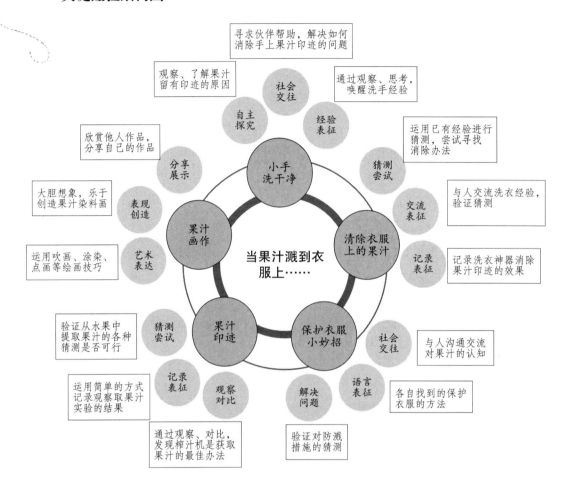

课程展示

小手洗干净

一、清洗小手办法多

孩子们对"弄脏的衣服和小手"这一现象产生了好奇，老师提出问题："吃水果时我们的衣服和小手发生了什么变化？"孩子们兴高采烈地讨论着，多米说："吃过石榴后我的手变得红红的。"艾米说："凯彦的衣服上有火龙果汁，而且他的手都红了。"馨怡也笑道："我剥完石榴后手可红了，有点像血的颜色。"沐昀闻了闻手指说："我的手闻起来也有石榴的甜味。"

老师继续问："为什么火龙果汁和石榴汁会把我们的衣服和手染成红色呢？"

小川："因为这些水果的果肉是红色的。"

石头："水果里面有能染色的东西。"

通过讨论和查询资料，孩子们发现红心火龙果颜色艳丽是因为它本身含有大量花青素，这是一种着色力很强的天然色素，吃后我们可能会变成"血盆大口"，或者果汁溅到衣服上擦不掉等。

衣服、小手脏了，怎么办？

二、小手洗干净

大家对如何帮助同伴清洗衣服上的果汁和洗干净自己的小手有着极大的好奇心：怎样才能洗干净衣服和小手呢？孩子们提出的新问题引发了大家新的思考。

豪豪："在手上打洗手液，搓出泡泡就可以洗干净手。"

皓皓："用能打出很多泡沫的东西洗手，比如肥皂、香皂或者洗手液。"

瀚瀚："老师教过我们洗手歌：'两个好朋友，手碰手；你背背我，我背背你。来了一只小螃蟹、小螃蟹；举起两只大钳子、大钳子。我向螃蟹点点头、点点头；螃蟹向我招招手、招招手。'"

孩子们借助洗手歌仔细地清洗小手，但紧接着问题来了。馨怡："老师，我已经用洗手液洗了好几遍，可手指还是红色的，怎么办？"凯彦也说道："我的指头上也没洗掉。"老师鼓励孩子们再想办法，有的小朋友决定多

洗几遍，有的小朋友尝试选用洗手液以外的其他清洗用品。这时艾琪说："火龙果里含有天然色素，没有洗干净也没关系，我们可以下次再洗。"

小手洗干净啦

幼儿的经验与学习：一个小意外引发了幼儿主动思考，从而推动他们迁移已有的生活经验，尝试正确运用七步洗手法清洗染在手上的果汁。并且，通过讨论、交流和查询，他们发现像火龙果、石榴等这些颜色鲜艳的水果中含有天然色素花青素，了解到溅在衣服上和染在手上的红色为什么不易清除。通过生活中发生的这个小插曲，幼儿自主萌发出要解决问题的想法，并愿意思考和付诸行动，还初步产生了友好交往、关爱同伴的意愿。

教师的支持与思考：幼儿的生活经验需要通过实践来获得。在推进幼儿深入观察和思考"衣服和小手的变化是什么？""为什么这些果汁会将衣服和小手染色？""怎样洗手才能洗干净？"等问题时，教师以提出开放性问题的方式引发幼儿思考，并鼓励幼儿迁移已有的生活经验，联想到用七步洗手法解决问题。同时教师在情感和行动上同样支持幼儿的想法：当幼儿发现自己的手和衣服沾染到果汁时，教师关注他们的情绪变化，并积极顺应幼儿的意愿和兴趣；当幼儿需要帮助时，教师以观察者和支持者的身份参与其中给予帮助和支持。

解决了染红的小手，那染红的衣服要怎么办？孩子们将带着问题继续寻找解决办法。

清除衣服上的果汁

一、衣服清洗剂

孩子们手上的果汁有的已经洗掉了，可是衣服上的果汁要怎么清除呢？需要用什么样的清洗剂才能清除衣服上的果汁呢？孩子们同样有自己的想法。

凯彦："可以用洗洁精洗我身上的火龙果汁。"

玥玥："香皂可以洗干净手，也可以洗干净衣服吧。"

旺达："那洗手液也可以洗衣服，因为能搓出很多泡泡。"

初夏："我知道洗衣粉可以洗衣服。"

老师追问："你们说的这些清洗剂我们教室里可以找到哪些？"

旺达："张老师（生活老师）每天都在洗呀洗，我们去问问张老师。"

石头："张老师洗碗的水房里应该就有洗洁精。"

豆豆："洗手间的洗手台上放着香皂和洗手液。"

在教室寻找清洗剂

孩子们在盥洗室的洗手台上找到了肥皂和洗手液，在水房里借到了洗洁精和洗衣粉。清洗剂现在有了，可是要怎么洗呢？

二、我来洗衣服

馨怡："对着有果汁的地方倒洗洁精，用手抠一抠就能抠下来。"

凯彦："用肥皂，再使很大的力气搓一搓。"

石榴："在有果汁的地方倒上洗手液，用手搓出很多的泡泡。"

　　孩子们又在盥洗室找到了盆子，尝试着用自己的办法搓洗衣服上的果汁印迹。

　　第一次洗衣尝试：孩子们发现他们找到的清洗剂都可以清洗掉部分果汁印迹，并且用温水比用凉水更容易化开洗衣粉。但是经过孩子们的使劲搓洗，这些衣服上还能看到一点果汁痕迹，于是孩子们继续想办法。

尝试洗衣服上的果汁

三、探究洗衣神器

Mina：　"我在家找到了小苏打。"

天天：　"白醋可以洗掉。"

艾米：　"我妈妈说吃的盐可以洗掉果汁。"

多米：　"我在家找到了一瓶'干洗净'。"

石榴：　"洗发水可以搓出很多泡沫，也可以洗衣服。"

多多：　"牙膏有很多泡沫，应该可以洗掉衣服上的果汁。"

　　老师追问：　"如果把这些清洗用品用在有果汁的衣服上搓洗会怎么样呢？哪个会洗得更干净？"

　　孩子们纷纷从家里找来了他们认为可以洗干净染有果汁的衣服的清洗神器，选择好后开始用染有火龙果汁和石榴汁的白手绢做实验。

探究清洗神器实验

禾豆："用盐洗不掉果汁。"

樱桃："牙膏也洗不掉。"

琛琛："洗发水洗不掉果汁。"

团团："用小苏打水泡一会儿，再使劲搓一搓果汁洗掉了。"

多米："'干洗净'可以洗掉果汁。"

天天："用洗衣粉多泡一会儿也可以洗掉，但还是会留下一点点痕迹。"

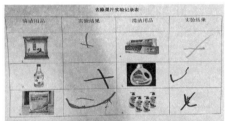

记录实验结果

经过实验幼儿发现："干洗净"和小苏打可以洗掉果汁残迹，衣服在放有清洗剂的水中浸泡越久洗得越干净。幼儿将自己的猜想和实验结果进行对比，将观察到的结论以简单的记录表和语言描述的形式表现出来。

幼儿的经验与学习：幼儿从自己的生活经验出发，从操作和思考的层面在事物之间建立联系，对"什么清洗神器可以洗干净衣服上的果汁"进行大胆猜测，并对猜测进行实验验证，从而在玩中获得了智慧和经验。在实验后，幼儿还能运用语言和简单的记录表等适宜的方式进行记录，表达、记录、分享和讨论他们的探索过程、实验结果和感受。通过交流，梳理头脑中的信息，知道了不是所有能产生泡泡的清洗剂都可以洗掉衣服上的果汁印迹。

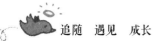

教师的支持与思考：教师引导幼儿以自主探索为主要探究形式，在讨论、交流中自己找到解决问题的办法，并以提示性问题引导幼儿运用发散思维，扩展到除幼儿园之外还能寻找的相关物品。实验前教师有意识地问："如果把清洗神器用在衣服上会怎么样？"鼓励他们大胆想象、猜测结果。实验中教师细心观察和倾听，关注和记录幼儿的行为和语言。实验后教师引导幼儿尝试讲述并记录实验结果，并引导幼儿将猜测与结果进行对比验证。

在感受了清洗衣服的不易后，孩子们不想再把衣服弄脏了，他们开始思考保护衣服的小妙招。

保护衣服小·妙招

一、留下印迹的果汁

老师："哪些水果汁溅到身上会有明显痕迹？"

柔柔："肯定是火龙果呀，红心火龙果里面的果肉都是玫红色。"

臻臻："红树莓，它的果汁是大红色的。"

豆豆："我觉得葡萄吧，它颜色很深，深紫色。"

艾琪："颜色深的水果溅到衣服上都会有痕迹。"

猜测、交流、查询后孩子们发现：红心火龙果中含有花青素等天然色素，其他果肉颜色较深的水果，如石榴、桑椹、红树莓等也含有天然色素，染到衣服上就有明显的痕迹。

二、防溅措施

豪豪："可以找个围裙穿上，就是张老师打饭时穿的那个红色围裙。"

多米："我们班的'宝贝厨房'区域里有几件小厨师围裙和袖套可以保护衣服。"

桥桥："美工区有画画时穿的罩衣。"

老师追问："除了穿罩衣，还可以有什么办法保护衣服？"

悠悠："可以找塑料袋挂在胸前挡住衣服。"

芽芽："拿块抹布放在桌子上，边吃边擦桌子，桌子上的果汁就不会蹭到衣服上。"

石榴："我想到一个好办法，把湿纸巾放到桌子旁边，边吃边擦嘴。"

米娜："可以在我们胸前垫一张纸巾，这样汁水会流到纸巾上，还能变成一块有趣的彩色纸巾。"

旺达："剥水果皮的时候离衣服远一点儿，剥石榴时我离得太近才蹭到衣服上。"

孩子们想到了很多办法：穿围裙、罩衣等防护衣物，及时用抹布或纸巾擦掉桌面的果汁，用湿纸巾、卫生纸边吃边擦嘴和手，注意吃水果时的姿势和剥水果皮的窍门，等等。根据这些办法，大家在吃水果时一起实践看看是否好用。

寻找防溅保护措施

幼儿的经验与学习：幼儿在教师的引导下主动发现问题、思考问题、解决问题，通过细心观察和迁移生活经验寻找可利用的防护措施及工具，还能用自己的语言表达想法，并在教师的引导下进行归类。同时幼儿知道了大部分水果中都含有天然色素，颜色越深的水果，色素含量越多。

教师的支持与思考：教师通过开放的问题引导幼儿观察、交流、探索，使他们发现果汁颜色的秘密是含有天然的色素。鼓励幼儿仔细观察和思考，大胆描述观察到的结果，并传递给幼儿在遇到问题时可以主动寻求解决方法的意识，引导他们敢于表达、交流和分享自己的发现。最后通过帮助幼儿梳理语言做小结，积累了一定的生活经验。

果汁不小心溅到衣服上，有的能洗掉，有的却留下了印迹。换个角度去

看待这个"小意外"，它不只有糟糕的一面，也会有美好的一面。就像米娜说的："汁水会流到纸巾上，还能变成一块有趣的彩色纸巾。"她的这番话引起了孩子们和教师的思考……

果汁印迹

一、果汁印迹变变变

沐昀："衣服上去不掉的果汁印迹像一朵小粉花，好好看。"

樱桃："我觉得这个果汁印迹像小樱桃。"

石榴："我觉得这个紫色的点点像葡萄。"

天天："虽然衣服上有果汁痕迹，但是我们把它画成画以后还能穿。"

初夏："我们把衣服上的果汁变成好看的花朵吧。"

跟随孩子们的奇妙想法，老师鼓励孩子们用果汁做天然染料，把这个不小心造成的"小意外"变成美好的印迹。那么新的问题又产生了：要在衣服上留下好看的印迹，首先要把水果变成果汁。

二、水果变果汁

艾米："就像捏橡皮泥一样，我们可以用手把水果捏出果汁。"

石榴："像捣蒜一样把火龙果放进碗里，用棍子捣出果汁。"

多米："用榔头或石头砸。"

天天："用牙签在水果上扎好多个洞，水就流出来了。"

小毅："我妈妈都是用榨汁机给我榨果汁喝。"

找找可以榨果汁的工具

孩子们在教室里寻找能实现自己想法的工具，有的在美工区找到了石头、木棍，有的在游戏区找到了勺子、碗、玩具小刀，有的从家里带来了捣蒜工具、擀面杖、榨汁机……

水果变果汁实验中孩子们发现：

桥桥："我用小锤子砸火龙果，可是火龙果老跑，特别滑。"

小川："我用手使劲捏猕猴桃，捏出了一点点果汁，软软的可好玩了。"

初夏："我在美工区找到了一根木棍压橙子，但是没有压出来。"

天天："我用牙签扎，但是牙签太细了，扎不出来果汁。"

旺达："用小刀只能切碎水果，但切不出果汁。"

艾琪："石头砸不出来，只能砸成稀糊糊。"

孩子们将实验的结果进行记录和分享，发现用榨汁机榨果汁是最快捷、方便、省时、省力的一种方法。

自己动手榨果汁

老师："你认为哪个工具更好用？为什么？"

小毅："我觉得榨汁机最好用，因为它不用我们费力气。"

Lucky："木棍不好用，敲了半天都没用。"

多米："捣蒜机可以把水果榨成汁，但是要用很大的力气，不好用。"

芽芽："榨汁机最好用，它是电动的，又不用费力气。"

榨果汁是幼儿常见的，能够接触到的，并能够理解的行为，这样的生活探究，能引起幼儿浓厚的兴趣，还能够通过自己动手有所发现。

幼儿的经验与学习：本次活动幼儿运用猜想假设—实验验证—总结分享

的模式，自主探索如何提取果汁。这个过程于成人并不复杂，于幼儿却是体验、游戏，也是学习。在操作中感知物体，亲历间发现不同，激起了幼儿参与活动的兴趣和继续探索的欲望。通过实际操作，幼儿感知所有工具并找到最快捷、方便、省力、省时的工具。幼儿在这个过程发展了初步的探究能力和动手能力，通过观察、比较、操作、实验，学会了发现问题、解决问题，并积累了实践经验。

教师的支持与思考：教师积极引导并支持幼儿的动手实践活动。在前期引导了解工具并注意使用工具的安全性和防护措施，使幼儿在实践过程中不但知道实验目的而且具有了基本的自我保护意识和方法。实验中尊重幼儿按寻找到的不同工具进行分组实验的行为，使幼儿有目的地操作，建立很强的参与感，并在一旁观察和记录幼儿的行为及语言，进行经验分析。从活动的开展形式上给予了幼儿更多自主参与的机会，鼓励幼儿不断尝试，在试错的过程中习得经验。同时，教师不仅仅跟随幼儿的想法，还在追随幼儿兴趣的基础上不断思考如何延续和拓展幼儿的兴趣及经验。在实践结束后及时鼓励幼儿做分享和评价，就像《3—6岁儿童学习与发展指南》（以下简称《指南》）中所说的，要尊重和保护幼儿的自尊心和自信心，平等对待每一个幼儿。

孩子们经过反复试错后终于得到了天然染料——果汁，教师继续思考提供什么样的材料来支持孩子们留下果汁印迹。

果汁画作

纯天然果汁染料榨好了，孩子们迫不及待要用这些染料在衣服上创作，留下最美好的果汁染料作品。

小毅："我想在衣服的果汁痕迹上继续创作一朵小花。"

豪豪："我想画小蝌蚪。"

潇潇："我想把手帕全染红，变成红色手帕。"

团团："我想画个怪兽。"

榨出果汁啦

计划好后孩子们开始思考怎样用果汁染料在手帕上创作。

豪豪："用吸管对着果汁吹，把吸管拿低，可以吹出一个大怪物。"

米娜："把果汁直接倒在手帕上，让它来回流动。"

潇潇："用刷子把果汁刷在手帕上。"

石头："可以用毛笔蘸果汁画画。"

凯彦："用手指头蘸果汁点点点，点成小蝌蚪。"

老师追问："你们用了哪些果汁染料？"

可乐："我用了猕猴桃汁，我发现猕猴桃汁放在一起时是绿色的，可是涂在手绢上变成黄色了。"

豆豆："我用的是火龙果汁，因为它颜色鲜艳好看。"

馨怡："我用了红树莓汁和蓝莓汁。蓝莓汁应该是蓝色的，怎么变成了紫色？"

艺术是孩子们感受美、表现美和创造美的重要形式，也是表达自己对周围世界的认识和情感态度的独特方式。

用果汁创作

柔柔："我画了两条大鱼在水里游来游去，很开心！"

悠悠："这是一个小朋友，他的头发都竖起来了。"

闻闻："这是一条大鲨鱼，张着大嘴巴，它饿了！"

桥桥："我画了一只大怪兽。"

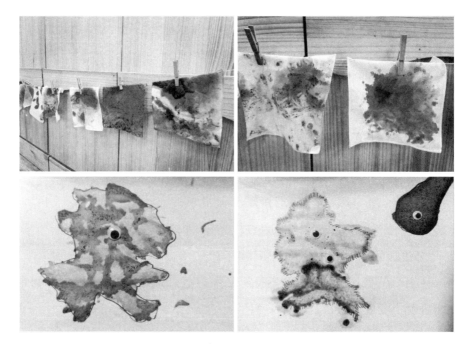

我们的杰作

幼儿的经验与学习：幼儿知道了果汁可以作为天然染料在衣服、布料上进行创作。能大胆想象和创造，用果汁创造出手指点画、吹画、染画等作品，在创造中具有了初步的艺术表现和创造能力。还能自主动手，用艺术手法表达自己内心的想法。活动结束后，幼儿愿意在表达对同伴作品欣赏的同时将自己的想法表述出来。

教师的支持与思考：首先，教师引导幼儿了解果汁在生活中除了可以饮用外的其他用途——天然染料，帮助幼儿建立对果汁的新认知。其次，引导幼儿自由讨论果汁能创作什么，并对他们以往用颜料作画的经验进行迁移，使他们可以联想到吹画、点画等，教师再进一步引导幼儿了解新的创作形式——染色。创作过程中每位幼儿的能力水平不一，教师需要巡回指导和观察，关注到每一位幼儿的创作情况，给予必要适时的指导。在评价欣赏时，也要给予每位幼儿积极的回应和鼓励，促使他们对艺术创作更感兴趣。

结语

这是一场由水果汁引发的"小意外"，是一件生活中时常会遇到的小事件，却带给我们新的思考。

首先，关注幼儿的兴趣和需要。从遇到问题到解决问题，从亲历洗手、洗衣服的过程到清洗用品的选择，都需要对孩子的兴趣及需求有关注及思考，把握稍纵即逝的教育契机。

其次，将知识、技能和品质还原为经验。将知识、道理还原为产生它们的实践探索过程，让幼儿在行动中学习，在操作中感受，在实践中发展。小班孩子需要通过多感官去感受，"动手"先于"表达"，他们就是在做什么、怎么做的过程中获得经验，得到发展。

最后，对待生活中的"小麻烦"，心态比结果更重要。当我们看待问题的角度和态度发生转变时，情绪和结果也会随之改变。果汁溅到衣服上可以是"糟糕"的事，也可以是有趣的事，把不能去掉的果汁变成充满艺术气息的作品对孩子而言有着不同的意义。用积极乐观的心态面对生活中的每件事，那孩子们的生活岂不是每天充满欢乐和阳光。

瞧！不一般的小小手

董辰洁

缘起

在一次区域活动的手指印画过程中，孩子们用手指将颜料印在有石榴轮廓的白纸上，来充当"石榴籽"，而"石榴籽"上显现出的一条条缝隙（指纹），引起了孩子们的讨论：

考拉："你看，石榴籽裂开了！"

左闻："老师，石榴籽有缝缝。"

对指纹的观察和兴趣，说明了小班幼儿处于观察细微事物和发展自理能力的敏感期，于是，在捕捉幼儿的兴趣点，追索幼儿的学习需要，甄别活动内容价值的基础上，我们和幼儿共同开展了本次活动。

活动脉络图

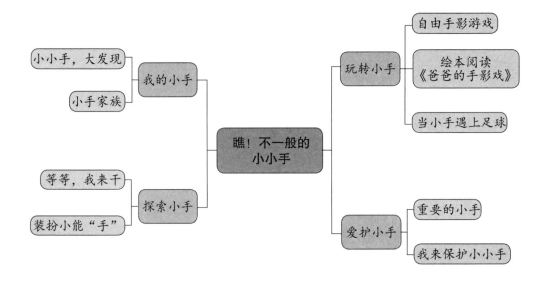

关键经验结构图

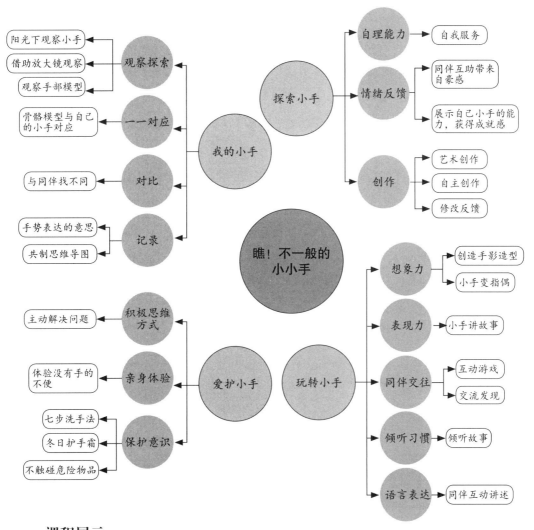

课程展示

我的小手

一、小小手，大发现

区域活动时间，幼儿在手指印的活动中，发现了画上颜料间的空隙，于是讨论着：石榴印画上为什么会有缝缝？我的手指有缝缝，这些缝缝又是什么？

幼儿发现了手指上的指纹，想要了解更多关于指纹的事情。程程先从益

智区找来放大镜观察手指，阳阳和同伴看到照入教室的阳光兴奋地凑到阳光下观察自己的手指。为了让幼儿更好地观察了解自己的指纹，我们跟随幼儿的疑惑和兴趣，提供了绘本、印泥、手部模型和解剖图片等，在倾听、感知、体验的过程中，帮助幼儿观察和了解自己的小手，与小手初相识。

图图："我发现用放大镜看，手就变大了。"

程程："那是用玻璃做成的，手放大了，不过还是五根手指。"

布丁："（手部模型）好像一个大爪子呀，有长的有短的。"

开心："我的手指会动，手指一截一截的地方就能弯曲，会动。"

钢锵儿："用彩色的东西，把手印出来，我发现只有手印，看不到手的骨架，嘿嘿。"

阳阳："在阳光下我看到手上有条条。"

放大镜下的小手

观察手部模型

印出我们的小小手

观察完纹路后，手指上一截一截的缝缝是什么呢？

龙妹："这个很明显的缝中一根手指上有三个呢！"

艾米："我妈妈给我带的书上就有呢。"

钢镚儿："老师，我不知道他叫什么，但是大缝缝这里能弯曲的。"

多多："那我们看看艾米带的书。"

在绘本中寻找答案

通过幼儿的一番讨论，总结出：有缝缝的地方就会动。最后幼儿在带来的有关小手的科普绘本中了解到：会动的地方有一个名称——关节。

二、小手家族

幼儿对获得了"关节"这个新名词感到兴奋极了，不停地向周围的同伴展示自己动来动去的小手，并得意地说着："看，我的手指这样子就可以打电话了。"在讨论的过程中，幼儿对动来动去的手指头最感兴趣，"小手可以干什么呢？"幼儿对小手的探索从知识层面转移到了实践层面，那我们就来进一步了解这活泼的手指头吧！

米乐："伸出大拇指，就是棒棒的！"

钢镚儿："老师，食指可以当手枪，biu~biu~biu~"

阳阳："拇指和食指一起可以比OK啊！"

多多："老师这还可以用来拉钩钩的！"

食指当手枪

小拇指拉钩钩

共同梳理思维导图

讨论完五根手指的名称和特征后，大家发现五根手指能做的事真不少：大拇指可以比赞，食指、大拇指可以比枪，中指、食指可以比耳朵，小拇指可以拉钩、与大拇指一起打电话。小小的手指会说话，幼儿在学习和分享各类手势的小组互动中感受到了五根手指的作用。

幼儿的经验与学习：本节活动中，幼儿带着"哪里来的缝缝？""缝缝是什么？"的疑惑，开启对小手的细致观察。通过借助工具和在阳光下观察，初步感知自己的小手，并能用语言大胆表达自己的观察结果和猜想。在此过程中，幼儿对手从外部特征的认知逐步转变为对功能的认知，利用分享后学到的新手势与同伴进行友好互动，同时进行手指的动作练习，锻炼了对手指肌肉的控制能力。幼儿还初步接触和观察了教师对活动内容的记录形式，并初步认识和建立起思维导图的概念。

教师的支持与思考：对每一个人来说，手作为身体的一部分，是太熟悉的存在。在日常活动中，教师敏锐地发现幼儿对手的兴趣，及时抓住这一教育契机，支持、引导幼儿关注和探索自己的小手。引导幼儿寻找工具细致观察自己的小手，通过分享关于手的绘本，了解小手的秘密，引导幼儿交流分享，用思维导图的形式，帮助幼儿系统梳理关于小手的知识，通过手势语的学习和表达积累生活经验，调动和拓宽了幼儿的已有经验，锻炼了小手肌肉的灵活性。在活动的推进过程中，教师始终关注幼儿的兴趣点，在观察、交流、分享、游戏中帮助幼儿习得新经验。

探索小手

了解了手指的外部特点和功能后，幼儿的讨论延伸到整只手，交流着生活中的手的功能。活动自然而然地进入到下一节活动——探索小手。

一、等等，我来干

我们的小手都可以做些什么呢？一时间，幼儿回答踊跃。

钢锛儿："手可是要拿勺子吃饭的。"

艾米："还能穿衣服。"

花花："搬椅子。"

开心："喝水，拿水杯。"

米乐："画画，印一印。"

1. 小手服务自己

幼儿的回答中涉及自理能力方面的比较多。自理能力在幼儿园的环境下也比较好联想，那么让我们快快动起来，看看在幼儿园里我们的小手都能做些什么？

摆正水杯、拉拉链

穿鞋子、叠衣服

搬椅子、冲厕所

小手来摆书

忙碌过后，幼儿对手能做的事情有了深入的了解，知道小手能做很多事情，如整理、冲洗、穿脱衣服等，延伸到家中，小手能做的事情更多了。

2. 小手帮助他人

幼儿体验到了小手的自我服务价值，都感到很自豪，迫不及待地分享自己在家中也能做的事情，帮助他人，我们也很在行！

考拉："我的小手都会给妈妈涂护手霜。"

骏一："我还可以组装自行车呢。"

喜宝："我给妈妈送去了一杯水，哈哈哈。"

琪琪："我帮妈妈一起插花，还要小心扎手。"

图图："我跟爸爸收拾完桌子就用手击掌。"

小手来插花

碰一下，加个油

给妈妈做手护

组装车子、倒水

幼儿将活动延伸到家中，继续探索小手的能力，自己也成为家中的"小能手"，家长们及时给予肯定，让宝贝们的动手积极性更强。

二、装扮小能"手"

除了自我服务、服务他人外，我们的小手还可以做些什么呢？幼儿同时谈到了平时在各活动区域里的情况，于是分组开始感受和创作。

1.美术小能"手"

选择美术活动的幼儿，有的用整个手掌拓印成仙人掌画，有的用手进行搓条、粘贴制作小花盆。制作花朵的小朋友，有的将整个手掌进行涂鸦，有的用手指绕出花朵。不同的颜色也带来了不同的风格。

手指印画的小朋友通过随意或有意印出的彩色指纹进行创作，内容大多是动物和人。

手指来画花

手掌来拓印

搓条做小花盆

手指点画

开心哥哥："我用手指转啊转，就是一朵花了。"

小多："这个花盆总是断，得轻点捏。"

小贝："放桌子上搓一搓就成条条了。"

程程："我用整个手掌来印，就像仙人掌的样子。"

玖儿："我喜欢用手指头印出个头，然后画小人。"

2. 搭建小能"手"

搭建小组的活动也开展得如火如荼。选择积木的幼儿用垒高、拼接等方法，认真地拼搭"电视塔"；选择纸杯的幼儿把纸杯层层叠加，拼起一道道围墙。

阳阳："我把这些都摆好就能围起来了。"

米乐："这个老是倒，得轻一点放。"

小宝："用长长的就立起来了。"

纸杯搭建围墙

积木搭建"电视塔"

在搭建过程中,幼儿调整角度并加强对手部力量的控制,从而完成垒高等动作,使搭建材料尽量平稳。这个过程使幼儿进一步感受到了手指的力量与作用。

3. 益智小能"手"

益智区有的小朋友选择了插塑玩具进行拼插,也有的在玩"家庭树"的游戏,活动的顺利进行都离不开我们的小能"手"。

杰西卡:"这个胶水要使劲挤,捏一捏才能出来。"

美拉:"要先把图片摆好,可以用手移动。"

厚厚:"我会拼五角星,一个、两个、三个。"

插塑玩具拼成五角星

粘贴"家庭树"

幼儿的经验与学习:本次活动中,幼儿通过交流讨论和实际操作,深入了解了小手在生活和学习两方面可以做的事,培养了自我服务和服务他人的意识和能力,感受了通过小手来学习和创造的乐趣。

幼儿在同伴面前展示自己小手的能力,获得了很强的成就感和满足感。通过互助、学习,玩伴变成了学习者,提高了专注力,培养了主动探索和创造的能力。亲子家庭活动的进行，以及家长对幼儿自己动手的鼓励和肯定，也促进了幼儿对小手的了解，增强了幼儿运用小手进行生活和学习的意识，收获了成功和快乐。

教师的支持与思考：小班幼儿对手部功能的探索需要从实际操作中来感知。在本节活动中，教师跟随幼儿的关注点，引导幼儿进行交流讨论，启发幼儿的思考，给予幼儿操作的空间和时间，提供相应的环境和材料，支持幼儿运用小手照顾自己的生活并进行创造性的学习，从而使幼儿的经验得到顺利迁移。

活动中，教师能运用多种活动形式，如集体讨论、亲子活动、小组操作等，帮助幼儿更好地获得经验。时刻关注幼儿行为，在出现问题时，及时地引导，如手上的颜料会混到一起的现象，教师也提出来在小组内讨论，找到正确的拓印方法，帮助幼儿提升发现问题、解决问题的能力。

玩转小手

有了对手的初步探索，幼儿会时刻关注自己的小手。户外活动时，幼儿在阳光下玩"踩影子"的游戏时，也注意到了手部影子的变化。

糖豆："我的小手也有影子，我可以变成小兔子。"

多多："我可以变出一个爱心，你看墙上。"

依依："我会变小蝴蝶，你看，用手指这样并在一起就是小蝴蝶。"

幼儿一边讨论，一边尝试创造手影，兴趣空前高涨。

一、自由手影游戏

户外活动时，幼儿自由创造着手影，回到教室后还意犹未尽。

小宝："我还想玩手影游戏，可是没有时间了。"

小贝："我也还想玩，但是教室里不能玩。"

米粒："我也想玩，教室里不能玩。"

艾米："米粒，教室里为什么不能玩手影游戏？"

米粒："因为没有太阳。"

老师："你们想想用什么可以来代替太阳光。"

阳阳："我知道了，可以用灯，不是手电筒，我小时候玩过。"

听到幼儿的议论，老师适时地进行了语言引导，幼儿在讨论的过程找到了在室内玩手影游戏的工具，为了满足游戏需求，老师也提供了白色幕布作为背景板。

小开心："你们快看，手要放在这里（灯前面）。"

糖果果："有了有了，我看到影子了。"

可乐："这样就可以比爱心了！"

沐沐："我只会小兔子，别的不会了。"

可乐："我也只会比爱心，怎么办？"

幼儿开心地在背景板前舞动着自己的小手，但是他们会的手影比较单一，在交谈中显得有些失落，老师是否可以和幼儿共同尝试出更多的可能呢？

二、绘本阅读《爸爸的手影戏》

幼儿对手影游戏的兴趣继续升温，为了支持幼儿的需求，老师准备先通过绘本故事的阅读来帮助幼儿获得经验和知识。

老师一边做手影动作，一边讲述《爸爸的手影戏》这一绘本，幼儿对故事里的手影内容非常感兴趣，纷纷模仿和讨论。

喜宝："小鸭鸭，这样是小鸭鸭。"

沐沐："我这样对吗？"

依依："手要这样子就可以变成小猫了。"

甜椒："我也想变小猫，还有鹅呢。"

之后幼儿寻找同伴，两人一组，在有亮光的背景板前，边学做手影边想象着讲故事。

玖儿："啊呜啊呜，你好啊，我是大恐龙！"

又一："啊，我是可爱的小花猫，你可以不吃我吗？"

奇奇："我们来当小鸭子吧。"

小开心："那就去草坪上散步好吗？"

喜宝："草坪上可真舒服，我和小鸭子最喜欢了。"

与同伴讲述手影故事

幼儿在倾听老师的故事时一遍遍模仿其造型，进行经验的积累，然后进行迁移，感受手影游戏的快乐。在游戏的同时，按照自己选择的角色，与同伴互相交流、表现，感受小手的灵活和手影游戏的乐趣。

三、当小手遇上足球

在益智区的小朋友，也发现了小手游戏的乐趣所在。指偶和手指足球的相遇，让益智区满员。

筐子里有各种各样的小动物指偶，供幼儿自主选择来扮演不同的角色，也可以选择带有洞洞的动物卡片，将手指钻进洞里来充当小动物的脚，进行踢足球游戏。对于指偶的简单互动，幼儿乐于自己找两个一样的指偶套在手指上，甚至愿意把五个指头都套满，说："就和我的手指一样。"能踢足球的动物卡片刚套在手上，幼儿就开始发笑，也会尝试到底哪个手指头适合"足球员"上的洞洞。

手偶足球踢起来

美拉："换我，换我当兔子，兔子踢足球有点好笑。"

程程："这么多小动物我们可以都当一次，你看我的手，五只动物呢！"

米粒："小开心你接好，我的手指发球啦。"

小开心："好，那你小心一点，不要碰疼了我的小手啊。"

米粒："我小心一点，我的小手可厉害了呢！"

幼儿对指偶游戏的兴趣在观察手部后有了明显提升。通过熟悉并运用手的外部特征，幼儿对简单的套手指行为进行了升级。

幼儿的经验与学习：开始的自由手影游戏是对幼儿已知经验的重现，同时还让幼儿学会了新的手影。同伴之间的互动，发展了幼儿的语言表达能力，同时也刺激了幼儿想象力的发展。幼儿在套指偶、表现手影的过程中锻炼了手部的精细动作能力，手影也需要调动幼儿的已有经验，对比较抽象的影子进行具体想象，发展了幼儿的抽象思维。足球游戏中幼儿通过多次尝试形成了对手指粗细的感知，对于洞洞的大小和手指能不能伸进去有了预估意识。

教师的支持与思考：本次活动中，幼儿从手势语开始，对手影等游戏产生了兴趣。在手影游戏的过程中，教师发现幼儿能够表现出的造型比较有限，为了丰富孩子手影游戏的经验，使游戏能深入持续地开展，教师创设手影表演区，支持幼儿自主表演，同时，利用绘本故事和教师示范，增加幼儿手影动作经验，提高幼儿对手影的兴趣。关注不同兴趣组的游戏，鼓励幼儿体会用小手做不同游戏的乐趣。

在探索、玩转小手过后，幼儿感受到了自己小手的重要性，那么我们要怎样爱护和保护我们的小手呢？

爱护小手

一、重要的小手

经过一番实践和游戏，幼儿已经重新认识了自己能干的小手，自豪感满满。可是如果小手受伤了会发生什么样的情况呢？如果失去了手，生活会怎样？

沐沐："小手受伤了就不能做事情啦。"

米乐："小手受伤了会很疼的。"

龙宝："没有手就没法吃饭啦。"

玖儿："用嘴巴咬着勺子吃饭。"

钢镚儿："你想啥呢，你要给头喂饭吗？老师，举手咋举呢？"

米乐："端东西咋端呀？"

布丁："那手受伤了就端不了东西啦！"

玖儿："没有小手的话，吃饭还得奶奶喂！"

体验小手藏起来

幼儿讲述着小手受伤或没有小手给生活带来的不便，然后背起小手，感受十分钟"没有手"的生活，深刻体会手对自己的重要性。

二、我来保护小小手

幼儿感受了十分钟后已经有些着急了，原来没有小手会这么不方便，那我们应该怎么做呢？

喜宝："你把小手弄受伤了，小手就生气了。你也不能拿书看书了，但是，给他贴上创可贴，他就回来了！"

程程："不要把它弄受伤。"

沐沐："要慢慢走路，不要摔倒磕破手。"

小贝："在家里，不要摔到很硬的地方。"

龙妹："如果你受伤了，医生或老师赶快帮忙抹点药，也是管用的。"

老师："小手这么重要，我们当然要保护它。那我们要如何保护小手呢？"

　　小宝："每次都要洗干净手，用七步洗手法。"

　　小贝："要涂上护手霜，小手就不干燥了。"

　　米粒："不动尖利的东西。"

　　多多："妈妈说，不能吃手。"

涂上护手霜

洗干净小手

　　幼儿的经验与学习：本次活动中，幼儿首先通过交流和游戏，感受了没有手带来的不便，感知手对生活的重要性。其次，在教师的引导和梳理下，幼儿了解了保护小手的多种方法，并能在生活中践行，从自身感受出发，树立保护小手的意识。在自己的思考中，幼儿培养了积极动脑思考的习惯，提升了解决问题的能力，增强了自我效能感。

　　教师的支持与思考：本次活动中，教师始终关注幼儿的活动，及时把握幼儿活动的核心内容，运用适宜的活动形式和语言，支持幼儿探究和思考。引导幼儿通过游戏的方式，感受小手对生活的重要性，与幼儿一起讨论保护小手的方式，从而促使幼儿关注保护小手的方法，引导幼儿积极思考，锻炼幼儿语言表达、解决问题的能力。

结语

　　在整个活动中，教师时时关注幼儿的行为举止以及语言，尽可能为幼儿创造宽松自由的活动氛围，培养幼儿的自主性，从幼儿兴趣点出发，找到教育契机，支持幼儿的活动。

《指南》中指出：幼儿的学习方式是以直接经验为基础，在游戏和日常生活中进行的。要珍视游戏和生活的独特价值，最大限度支持和满足幼儿通过直接感知、实际操作和亲身体验获取经验的需要。整个过程中，各项活动与幼儿的生活紧密结合，同时符合小班幼儿观察力初步萌发的年龄特点；教师及时提供各类材料支持，激发幼儿兴趣，使其投入其中，参与度较高，接触新的科学工具和思维模式，为今后学习品质的发展奠定了基础。

活动暂时告一段落，但关于手的探索还可以更加深入，成长不只是自己身体的变化，当幼儿因自己能力的增强而与他人发生联结时，会有更多发乎其心的喜悦。后期教师也会继续在一日生活中发现问题，巩固新增经验，鼓励幼儿大胆讨论、实践，促进幼儿全方位发展。

夏日桃桃

孙婷婷

缘起

今日份午点播报：油桃、绿豆汤、巴旦木。孩子们每人一个油桃，有的吃得津津有味，有的咬了几口就说不想吃了，还有的一直拿着油桃，皱着眉头，无论如何鼓励都提不起兴趣。午点结束后，孩子们看着盘子里剩下的桃核说着："你的桃核大，我的桃核小，你的桃核胖胖的……"于是老师追随幼儿的兴趣，利用幼儿园前院的桃树，鼓励孩子们观察、发现更多关于"桃"的秘密，使幼儿的学习和对自然界的探究有机结合，融为一体。

活动脉络图

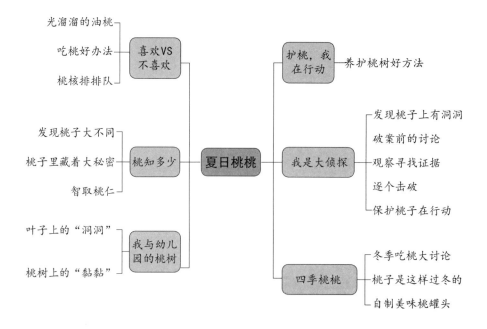

关键经验结构图

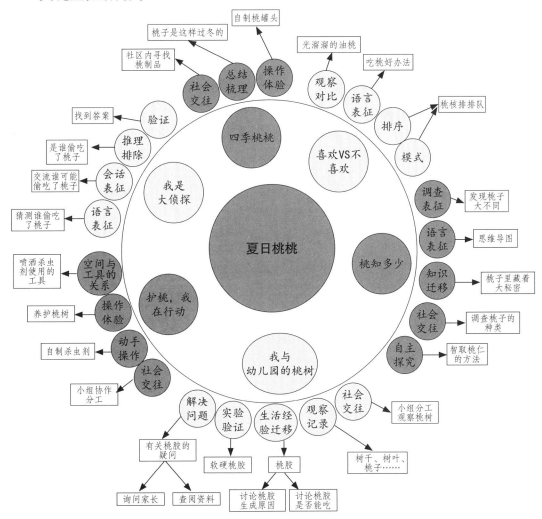

课程展示

喜欢VS不喜欢

一、光溜溜的油桃

七七："油桃吃起来脆脆的，咬上去嘎嘣脆。"

Coco："油桃的颜色红红的，看起来就很好吃。"

郎郎："油桃吃起来甜甜的，像棒棒糖一样。"

元宝："油桃吃起来太酸了，我不爱酸的。"

妞妞："油桃太大了，我一个人吃不完。"

酒窝："油桃太硬了我咬不动，把我的牙齿弄疼了。"

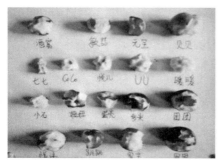
吃剩的大大小小的油桃

不接受油桃的原因

通过讨论，孩子们大胆讲述了自己不喜欢吃油桃的原因，老师梳理总结出三点：味道酸、果子大、口感硬。

二、吃桃好办法

该怎么解决有的小朋友不喜欢吃油桃的问题呢？孩子们根据已有生活经验展开了随机讨论，寻找接受油桃的办法。

暖暖："桃子太大了，可以用刀子切开，和小朋友一起分享着吃。"

贝贝："桃子太酸了，可以加点糖，那样桃子就不酸了。"

多米："桃子太硬了，把桃子在水里面泡一泡，桃子就软了。"

元宝："我吃过的水蜜桃是软软的，油桃太硬，可以吃水蜜桃。"

解决了不喜欢吃油桃的问题，这些吃剩的桃子在孩子们的眼里还能引出哪些有趣的事情呢？让我们跟随孩子们的兴趣一起去看一看吧。

桃肉切块撒上白糖好美味

我们喜欢上了美味的油桃

三、桃核排排队

午点时刻将要结束，孩子们开始自己的探索，只见团子和七七小朋友拿起自己的桃核开始比较，随后越来越多的孩子加入了讨论：

团团："七七爱吃桃子，七七的桃核最小了。"

妞妞："田田不爱吃桃子，田田的桃核最大了。"

跳跳："我和蛋壳、多米、佑佑比，我剩的最多，接下来是多米、蛋壳，佑佑的最小了。"

酒窝："我和跳跳、悠悠将桃核按照从大到小、从小到大的顺序排列出来了。"

跳跳："桃核还可以按照一个大一个小、一个大一个小的顺序摆放。"

悠悠："我的跟跳跳的不一样，我是按照一个小一个大、一个大一个小摆放的。"

吃剩的桃核可以有规律地排队　　　　　　大小桃核排排队

幼儿的经验与学习：幼儿发现吃剩的桃子有大有小，通过讨论大胆表述了自己不喜欢吃油桃的原因。教师梳理总结出三点原因，用绘画的形式进行记录，帮助幼儿迁移已有的生活经验，解决幼儿不爱吃油桃的问题。吃完油桃后，幼儿能用目测的方法观察出桃核的大小，并能两两进行大小的比较，反映出小班幼儿在比较模式中以核心经验为主的特点。在自主探究的过程中，发现了多于两个的比较规律，小组内自由组合，将吃剩的桃子按照规律进行排序。

教师的支持与思考：每一个幼儿对一种事物从不接受到接受，都需要一个过程，首先要给予幼儿尝试、出错的机会，站在幼儿的角度看问题，接受幼儿的"不接受"，挖掘幼儿"不接受"的原因。鼓励幼儿大胆表达，通过讨

论，发现共性的问题，引导幼儿用自己的方法去勇敢尝试，并为幼儿提供真实和可操作的材料，尊重、追随、支持幼儿自己解决问题、对实物进行趣玩探究的行为模式。

解决了孩子们不接受油桃的事件，教师思考在桃子成熟的季节，除了油桃还有哪些种类的桃子呢？从而为接下来探究有关"桃"的知识奠定基础。

桃知多少

一、发现桃子大不同

吃过油桃后孩子们对桃子产生了更大的兴趣，在生活中也愈发关注桃子。

元宝："我吃过水蜜桃，水蜜桃软软的。"

暖暖："我吃过扁扁的桃子。"

一一："我在家里吃的桃子上面有毛，妈妈说要把桃子上的毛洗干净才能吃。"

跳跳："我吃过红红的桃子，桃子汁把我的衣服都弄脏了。"

佑佑："昨天晚上我和哥哥吃了皮是黄颜色的桃子，是甜的。"

为了丰富孩子们对桃子种类的认识，在家长的帮助下，大家一起完成了有关桃子种类的大调查。

七七："有圆形、扁状的桃子；有的桃子上有毛，有的没有；有的桃子硬，有的桃子软；有的桃子甜，有的桃子酸。"

妞妞："我在水果店里看见了油桃、水蜜桃、黄桃。"

元宝："有黄颜色的黄桃、扁扁的蟠桃、红色的油桃，还有水蜜桃。"

孩子们大胆讲述了自己的发现，从不同角度了解了桃子的种类。桃子的外部形状、颜色和口感有很多不同，那么桃子的内部结构相同吗？桃子的种子在哪里呢？带着这些问题，我们继续探究桃子的内部结构。

水果店的桃子真是品种多样

我调查的桃子种类思维导图

和小伙伴讲述我的思维导图

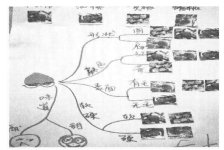

有关桃子种类的思维导图

二、桃子里藏着大秘密

桃子内部是什么样子的呢？带着新的问题，随着剥掉外皮、吃了果肉、打开桃核，桃子里的大秘密终于浮出了水面。

酒窝："七七，你看这个硬硬的、尖尖的核就是桃子的种子。"

贝贝："我也把桃子的种子吃出来了，看，上面有小洞洞呢。"

酒窝："不对，我吃杏的时候妈妈告诉我，杏的种子是核里面的杏仁，那桃子的种子也是桃核里面的东西。"

桃子的种子到底是什么样呢？孩子们通过观看图片及实物，初步了解了桃子的结构特征。

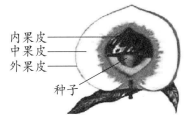

内果皮 ——
中果皮 ——
外果皮 ——
种子 ——

原来桃子里面长这样哦

看一看桃核的样子

硬硬的、表面凹凸不平的桃核又引起了孩子们的兴趣。他们把桃核拿在手里摸一摸、看一看、摇一摇、听一听，里面的声响激发了幼儿的探究欲望，桃核里面有什么呢？怎么才能将它取出来呢？聪明的孩子们想出了各种办法。

三、智取桃仁

关于桃仁的秘密成为新的探究热点，该怎么样打开桃核呢？这可难不倒爱思考的孩子们。

跳跳："可以用石头把它砸开。"

多米："用榔头把桃核砸开。"

佑佑："我的牙齿可厉害了，我能用牙把它咬开。"

妞妞："用门缝把桃核夹开。"

老师帮我们用门缝取桃仁

孩子们已经跃跃欲试了。当然，使用工具前，老师细心地叮嘱孩子们一定要注意安全。

多米："老师，我的桃核一砸它就跑了。"

新的问题出现了，老师将这一问题抛还给孩子们，希望他们能通过观察环境和工具，发现产生这一问题的原因。

悦悦："地板太滑了，所以桃核跑了。"

老师："那有什么方法不让桃核跑呢？"

悠悠："放到草地上桃核就不会跑了，草把桃核挡住了。"

悦悦："用胶带把桃核牢牢的粘到地板上，桃核就不会跑了。"

草地上取桃核成功了

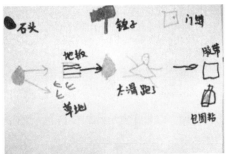

胶带固定好桃核成功取出了桃核　　　　记录我们智取桃核的过程

通过孩子们的努力和老师的协助，一个完整的桃仁出现在我们面前，孩子们露出胜利的笑容。于是他们又迫不及待地观察起桃仁来。

贝贝："桃子的种子像小雨滴。"

酒窝："像我们的眼睛。"

郎郎："我的是白色的种子，像花瓣的样子。"

一一："桃子的种子像小鸟的翅膀圆圆的。"

团团："桃子的种子像蝴蝶的翅膀。"

元宝："桃子的种子像公鸡的冠子。"

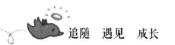

七七："我的是扁扁的，有点像瓜子的样子。"

跳跳："桃子的种子像乒乓球拍。"

幼儿的经验与学习：幼儿通过直接感知、实际操作、亲身体验，了解了桃子的种类。在家长的协助下，幼儿还将自己观察到的桃子种类运用简单的思维导图表现出来。在与同伴交流分享的过程中，幼儿能结合生活经验大胆猜测桃子的种子，并能运用多种感官，尝试用不同办法打开桃核。在打开桃核的时候，幼儿也能发现问题、解决问题，获得了有关桃子种子的直接经验。

教师的支持与思考：家长的加入，丰富了孩子们对于桃子种类的认知，孩子们带来的思维导图各式各样，教师创设了宽松愉悦的交流环境，使幼儿能够积极主动大胆地和同伴分享自己的所见所闻。在活动中利用自主交流—小组分享—教师梳理的形式，将桃子的种类进行归纳总结。在倾听孩子们有关桃子种子的讨论后，教师适时介入，鼓励幼儿选择适合的场地和工具寻找桃子的种子，这种"探究在前、支持在后"的策略无疑给活动的深入开展提供了有力支持。在再一次尝试打开桃核时，教师支持孩子们通过亲身感知、动手操作来验证观点。

环境是重要的教育资源，追随幼儿的兴趣，借助幼儿园前院桃树的环境资源，在"我与幼儿园的桃树"活动中，孩子们将继续探究桃树的秘密。

我与幼儿园的桃树

一、叶子上的"洞洞"

郎郎："老师，幼儿园滑滑梯旁边就有桃树，桃树上有桃子吗？"

带着孩子的问题，我们一起去一探究竟。

七七："桃树的叶子上有小洞洞。"

酒窝："是毛毛虫用叶子磨牙呢，所以有洞洞。"

一一："是螳螂吃的，我刚看见一只螳螂。"

悦悦："毛毛虫在没有人的时候偷吃的叶子。"

团团："没有叶子，桃树就会死掉。"

佑佑："桃树没有叶子，桃子就不能长大了。"

看看、画画我观察的桃树　　　　　　　　发现树叶上有洞洞

和小伙伴分享我们的观察记录

孩子们自由分组观察幼儿园的桃树，除了叶子上有洞洞外，他们还会发现哪些有趣的事情呢？

二、桃树上的"黏黏"

跳跳："老师，我发现桃树上有黄黄的、透明的东西。"

老师："树干上黄黄的、透明的东西是什么呢？"

酒窝："那是蜂蜜，蜜蜂在采蜜的时候留下来的。"

悦悦："是虫子把树干咬了，从树里面流出来的。"

田田："是蝴蝶的茧。"

Coco："黄色的是树胶，我摸过其他树的树胶，黏黏的。"

露露："是钉子虫。"

一时间，孩子们"脑洞"大开，小班孩子面对新鲜事物能迁移自己的生活经验做出判断和最初的识别。它到底是什么？动物留下的？桃树自己长的？是"蜂蜜"？是"虫子"？……或许，一个新的故事即将开始！

1. 问一问，爸爸妈妈来帮忙

多米："妈妈告诉我桃树上黄黄的、透明的是桃胶。"

酒窝："回家爸爸说，桃树上透明的、黄的是桃胶。"

团团："桃胶的颜色有的是黄色的，有的是透明的。"

郎郎："桃树皮上流下来的黄色液体是桃胶，桃胶也叫桃花泪。"

2. 想一想，讨论产生桃胶的原因

郎郎："有桃胶的树干都裂开了。"

一一："生病的桃树才会长桃胶。"

跳跳："桃树被虫子咬了，所以会有桃胶。"

悦悦："桃胶是保护桃树的。"

老师："原来只有生病的桃树才会长桃胶，而且长太多的桃胶，桃树是会枯死的。"

3. 比一比，了解硬桃胶和软桃胶

一一："桃胶摸起来是硬硬的。"

元宝："桃胶把我的手都粘住了。"

团团："桃胶被太阳晒硬了。"

多米："桃胶在阴凉的地方QQ弹，在太阳下就硬硬的。"

老师："我们一起来做个实验，看一看，将搜集到的硬桃胶泡在水里会发生什么呢？"

团团："泡过水的桃胶变大了，摸上去软软的。"

悦悦："泡过水的桃胶QQ弹，摸上去滑滑的。"

看一看、摸一摸"喝"过水的桃胶

通过观察，孩子们发现被树叶遮挡多一些的桃胶是软软的；通过桃胶泡水实验，孩子们发现桃胶的软硬确实与水分有关，喝饱水的桃胶，泡上一天会变得更大更多，就像海绵。

4.聊一聊，解答同伴小问号

这时，七七提出了新问题："桃子很好吃，那么桃胶可以吃吗？"关于这个问题，孩子们展开了讨论。

佑佑："不能吃，因为胶会把嘴巴粘起来。"

悦悦："桃胶有毒，不能吃。"

团团："桃胶像玻璃，玻璃不能吃，桃胶也不能吃。"

桃树受伤分泌的桃胶是能吃的，但桃树生病而产生的桃胶是不能吃的，直接掉下来的桃胶要经过处理后才能食用。

和爸爸妈妈寻找答案

幼儿的学习与经验：活动中幼儿能尝试自由组合、分工协作，谁负责观察桃树，谁负责记录观察的内容，能大胆地与其他组员分享交流自己的记录

表。在小组分享交流中，在教师的协助下发现记录表上的共同特点：树叶上有洞洞、树枝上有晶莹剔透的"神秘之物"，以及桃子的样子。结合已有的生活经验大胆猜测树叶上为什么会有洞洞，"神秘之物"是什么，在寻找"神秘之物"的时候，能用自己的方式想办法寻找答案。面对桃胶是硬的还是软的，能不能吃的问题时，幼儿各有各的想法，并说出了自己的观点，通过亲自操作得出结论。

教师的支持与思考：活动中教师给予幼儿更多自主参与的机会和讨论的空间，通过实地观察让幼儿收获了更多有关桃树的新经验，丰富了他们原有的认知。在发现树枝上有桃胶后，教师的追问使幼儿在原有的经验基础上进行大胆猜测，引发幼儿与这个神秘之物亲密接触，并引导幼儿回家后与爸爸妈妈一起查阅资料。五官探索、实地考察验证，每一次的靠近、观察、探究，每一次的触摸、尝试、体验，都会有不一样的发现，使幼儿萌生了对大自然的敬畏与喜爱。

树叶上有洞洞，树枝上有桃胶，说明桃树生病了，就此问题孩子们将继续探究如何保护桃树。

护桃，我在行动

养护桃树好方法

悦悦："给桃树吃营养药。"

酒窝："给桃树做保养。"

一一："给桃树浇水。"

小米："给桃树施肥。"

田田："给桃树打预防针。"

元宝："我在外面见过给树打吊水。给桃树上插一根管子，把药给桃树输进去。"

孩子们根据已有的生活经验，找到了保护桃树的办法，接下来孩子们将分组选择自己喜欢的方式保护桃树。

1. 自制辣椒、大蒜杀虫剂

让我们分组寻找自制杀虫剂的材料吧。后院有我们种植的辣椒,向厨房的厨师借点蒜。找好材料开始制作了。合作捣蒜、切辣椒、捣辣椒,将捣好的辣椒和大蒜用开水冲泡,加上洗洁精,自制杀虫剂就好了。

老师:"我们怎么给桃树喷药呢?"

硕硕:"用水管给桃树喷药。"

酒窝:"用我的水枪给桃树喷药。"

老师:"这些工具我们都可以尝试,但是我们一定要注意不能将杀虫剂喷到眼睛里,喷完药后要及时洗手。"

幼儿园的菜园里采摘辣椒

厨房里面寻找大蒜

给大蒜宝宝脱衣服了

捣一捣大蒜、辣椒

小水枪威力大,桃树上面喷一喷

小喷壶用处大,桃树下面喷一喷

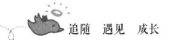
2. 给桃树挂营养液

3. 给桃树浇水

幼儿的经验与学习：活动中幼儿的精细动作及左右手的相互配合得到了锻炼，幼儿能自己完成剥、切、捣等行为，能相互商量、一起合作，共同完成制作杀虫剂的工作。幼儿能结合生活经验选择适合的喷洒杀虫剂的工具，通过讨论、实践，最终决定桃树上面用水枪喷洒、桃树下面用喷壶喷洒。用水枪喷洒时会注意观察周围的同伴并能与同伴保持一定的距离，佩戴好口罩，有了自我保护和保护他人的意识。

教师的支持与思考：从幼儿的观察记录表上，教师捕捉到幼儿发现桃树有虫子，从幼儿的对话中，了解到幼儿对保护植物有些浅显的经验，如给树挂营养液、浇水等。教师作为支持者协助幼儿搜集保护桃树所需要的材料，活动中幼儿认真专注，敢于探索和尝试，能根据事物的特性选择适宜的工具。教师鼓励、引导幼儿分组合作，不仅收获了知识，而且提高了自我解决问题的能力和社会交往能力。

在保护桃树的时候孩子们发现了桃子上有洞，洞从哪里来？孩子们将如何侦破？有可能是谁干的呢？

我是大侦探

一、发现桃子上有洞洞

"老师，这个桃子上面有洞洞。"跳跳的话音刚落，其他幼儿便随着跳跳手指的方向寻找有洞洞的桃子。

发现桃子上面有洞洞

孩子们对桃子上的洞洞很感兴趣，到底是谁偷吃了桃子呢？破案即将开始。

二、破案前的讨论——可能是谁偷吃了桃子？

跳跳："蜗牛爬到树上把桃子偷吃了。"

一一："小猫会跳到树上，小猫把桃子偷吃了。"

七七："毛毛虫会爬树，把桃子偷吃了。"

悦悦："老鼠爱吃所有的东西，是老鼠偷吃的桃子。"

硕硕："蛇会爬树，是蛇偷吃了桃子。"

多米："可能是麻雀偷吃了桃子，我在我们家见过麻雀吃树上的枇杷，

那只麻雀能飞到幼儿园。"

田田："是蚂蚁偷吃了桃子，蚂蚁可以爬树。"

大胆猜测是谁偷吃了桃子

三、观察寻找证据

做侦察的必备技能就是会观察。于是老师将有洞的桃子摘下来，请小朋友仔细观察桃子上的洞洞。

小米："我在桃子上看见了白色的便便。"

多米："桃子上的洞洞像眼睛。"

暖暖："桃子的洞洞像是被小鸟尖尖的嘴巴戳的。"

放大镜用处大，桃子洞洞看得清

四、逐个击破

有了这些线索，怎么确定到底是谁偷吃了桃子呢？我们进行了再次推理并逐个击破。

团团："幼儿园没有老鼠、小猫和蛇，所以不是它们偷吃的桃子。"

佑佑："下雨天才会见到蜗牛。"

酒窝："下雨天我在小区的草坪里看见过蜗牛。"

暖暖："毛毛虫吃树叶，不吃桃子，不是毛毛虫偷吃了桃子。"

贝贝："我在桃树的周围找了，没有蚂蚁出现。"

悠悠："我拿放大镜也没有找到蚂蚁。"

孩子们根据自己已有的生活经验推理出不是猫、蛇、蜗牛、蚂蚁等偷吃的桃子，他们会通过什么途径找到是谁偷吃的桃子？

暖暖："可以根据牙齿的齿痕来判断是谁偷吃了桃子。"

暖暖的话语让我们想到了绘本故事《谁咬了我的大饼》，从绘本中我们发现不同小动物的牙痕不同，如果小鸟的尖嘴巴咬了桃子，会是什么样呢？仔细对比后，我们锁定嫌疑动物——小鸟。

多米："我们找董伯伯，请他帮我们查一下监控。"

董伯伯："前两天我发现有小鸟在桃树上待过，是小鸟偷吃了桃子。"

找到证据，孩子们担心桃树上的其他桃子再被小鸟偷吃，于是保护桃子就行动起来了。

五、保护桃子在行动

酒窝："用袋子把桃子装起来，我们家的葡萄前两天被小鸟吃了，妈妈买了白色的袋子把葡萄装起来，再也没有小鸟偷吃葡萄了。"

一一："我和妈妈摘桃子的时候，桃子上就有袋子。"

寻找蚂蚁的踪迹

向监控室董伯伯寻求证据　　　　　　给桃子穿上"衣服"

稻草人齐上岗

玥玥："幼儿园的菜园子里有稻草人。"

蛋壳："我在老家的麦田里见过稻草人。"

老师："你见过的稻草人放在哪呢？"

玥玥："幼儿园菜园的稻草人插在土里。"

蛋壳："麦田里的稻草人也在土里插着呢。"

老师："滑滑梯把幼儿园的桃树包围了，旁边没有土怎么办？"

团团："把稻草人挂在树上。"

悦悦："我们可以把稻草人画出来，然后挂到树上。"

老师："你们解决问题的能力太强了，那就开始行动制作稻草人吧。"

稻草人挂树上，小鸟见了快快跑

幼儿的学习与经验：幼儿在"谁偷吃了桃子"的活动中，能大胆猜测，主动表达自己的观点，互相聆听，尊重他人的想法。大家一起讨论、推理，将之前猜测的答案一一排除。幼儿能够主动将使用放大镜的经验迁移到解决问题中，透过放大镜去观察桃树周围有没有蚂蚁以及被偷吃的桃子，对破案起了很大的作用。通过寻找监控视频，知道了破案要有真凭实据。在猜测、寻找、验证的过程中，幼儿的逻辑思维得到提高，体验了破案过程的缜密。

教师的思考与支持：幼儿的生活是幼儿园课程的核心，教师肯定幼儿解决问题的办法，没有立即去评判对错，而是支持他们寻找破案的证据。活动中幼儿的积极性高、参与性很强，都想当"小警察"破案，从"谁偷吃了桃子"这件小事开始，因好奇而引发一系列探究：破案前的讨论、破案时的实地调查、破案过程的推理和思考，绘本资源的适时利用。教师巧妙地为孩子搭建起解决问题和拓展经验的支架，只有跟幼儿一起好奇、共同寻找和建构生活的意义，课程才有特别的生命力。

四季桃桃

一、冬季吃桃大讨论

老师："夏天和秋天是桃子成熟的季节，我们能吃到桃子，到了冬天还会有桃子吗？"

蛋壳："不能吃到桃子，冬天太冷了，把桃子都冻坏了。"

悠悠："冬天可以吃到桃子，超市里面卖桃子呢。"

酒窝："冬天太冷了，树叶都落下来，桃树上都没有桃子了。"

团团："过年的时候我吃过黄桃罐头，味道可好了，酸酸甜甜的。"

蜜宝："我也吃过黄桃罐头，是我妈妈买的。"

老师："为什么要将桃子做成罐头呢？"

一一："做成罐头里面就会有桃子水，特别好喝。"

硕硕："我爱吃黄桃罐头，每次去超市妈妈都会给我买。"

孩子们提出了黄桃罐头，做成罐头是为了储存桃子吗？除了制成罐头还有哪些储存桃子的方式呢？借助幼儿园周边的环境，我们一起去寻找桃子的储存方法。

二、桃子是这样过冬的

进入超市，孩子们立刻被琳琅满目的商品吸引了。

多米："阿姨，冬天超市里面卖的桃子从哪里来的？"

团团："老师，我找到了黄桃罐头，阿姨说黄桃罐头可以保存到冬天呢。"

一一："老师，我找到了桃子干。"

酒窝："老师，我找到了桃子味道的水。"

老师："原来储存水果的方法有很多种，除了你们今天找到的放到冰箱冷藏、晒成果干、制作成罐头、榨汁制成饮料，还有真空包装。"

老师："储存食物的方法很多，是不是能无限地储存下去呢？"

蛋壳："只要放到冰箱里面就一直能吃。"

悦悦："放的时间长了，桃子会坏掉的。"

蜜宝："放时间长了就会过期的。"

酒窝："妈妈给我买水蜜桃酸奶时，会看保质期，过了保质期喝了会拉肚子的。"

老师："原来食物是有保质期的，我们应该在保质期内食用。食物经过加工贮存后，容易流失部分的营养，因此我们最好吃新鲜的食物。"

社区超市寻找桃制品

了解了桃子不同的储存方法，孩子们在家长的协助下体验自制桃罐头。

三、自制美味桃罐头

一一："我和姥姥做桃子罐头了，先把桃子清洗干净，削皮切成小块，然后放到锅里面煮，煮的时候放糖，之后将煮好的桃子放到干净的瓶子里面，就可以储存。"

玥玥："我和妈妈一起做的黄桃罐头，方法和一一的一样。"

制作美味的桃罐头

幼儿的经验与学习：在"四季桃桃"的活动中，面对如何储存桃子的问题时，幼儿能独立思考，遇到问题时能够采取不同的方式解决问题，去超市寻求答案时，能大胆地向工作人员表述自己的想法，将自己搜集到的有关桃子的物品与其他小朋友分享。在实地观察中，幼儿了解了食品的保质期与食品新鲜的关系，初步了解了健康的饮食习惯。

教师的支持与思考：面对幼儿提出的不同的储存方法，教师并没有直接给出答案，而是把幼儿已有的生活经验作为铺垫，启发幼儿借助幼儿园周边的超市寻求答案，进一步调动了他们对于储存方式探究的积极性。在超市搜集到有关桃子的制品时，教师稍做引导，让幼儿简单地总结自己的发现，从而汇总

成集体验证的结果，提升了幼儿的生活经验和解决问题的能力。家长是重要的教育资源，活动中家长与幼儿一起自制桃罐头，不仅增进了亲子情感，也让幼儿对其他食物的储存方式有了深入探究的欲望。

结语

"夏日桃桃"的活动源于孩子们对于午点所吃剩的油桃的谈话，教师抓住幼儿的兴趣点，利用幼儿园的自然环境为幼儿提供了良好的学习契机，在幼儿的兴趣点上提出问题，引发他们去体验且亲自探究。

《幼儿园教育指导纲要（试行）》（以下简称《纲要》）中指出"通过引导幼儿积极参加小组讨论、探索等方式，培养幼儿合作学习的意识和能力，学习用多种方式表现、交流、分享探索的过程和结果"。在"桃知多少"的活动中，幼儿自主发现问题、讨论解决方案、实践解决方案，充分的讨论和实际的操作能够帮助幼儿在活动中更好地理解问题，而分享能够让他们相互学习和欣赏，从而提升自己的经验。学习用讲述、记录和绘画等不同的方式呈现自己观察到的有关事物，养成了细致有序观察的习惯。在"遇到桃胶""谁偷吃了桃子"的活动中，幼儿遇到问题，产生疑惑时，教师不是简单地回复、直接答疑，而是在尊重、支持的心理氛围中，用认真关注、真诚肯定、启发引导、关切提醒和放手让幼儿自主探究，给幼儿自由探究以积极的反馈。遇到问题时怎么办？——求助他人、和家长一起讨论、上网查资料、和同伴分享经验等，这些方法也为幼儿以后的探究活动提供了有意义的经验。"无声胜有声"的教育方式更能够发挥幼儿的自主能动性。

泡泡之约

姜冰妮

缘起

这天，幼儿用洗手液搓出了很多泡泡，一边洗手一边玩泡泡，还在热烈地谈论着：

龙宝："哇，一池子的泡泡！"

考拉："你看，流下来了……"

玖儿："两个手合上，中间也有泡泡！"

孩子们的问题也接踵而来："怎样才会有泡泡呢？""泡泡是什么样的？""怎样才能有更多的泡泡呢？"于是，基于幼儿的兴趣和需要，老师深入分析，通过对泡泡的探究，让幼儿增长相关的知识和经验，获得科学的研究方法，养成自主思考解决问题的能力，锻炼动手操作能力和精细动作，体会和同伴、老师一起进行泡泡游戏的快乐。于是老师和孩子们一起开展了本次活动——泡泡之约。

活动脉络图

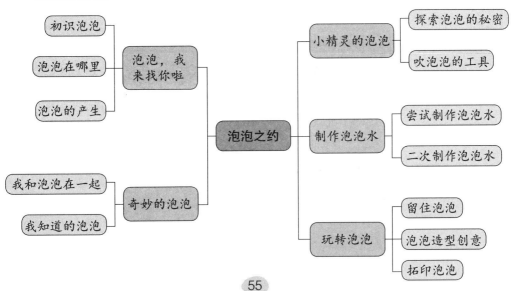

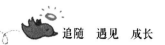

关键经验结构图

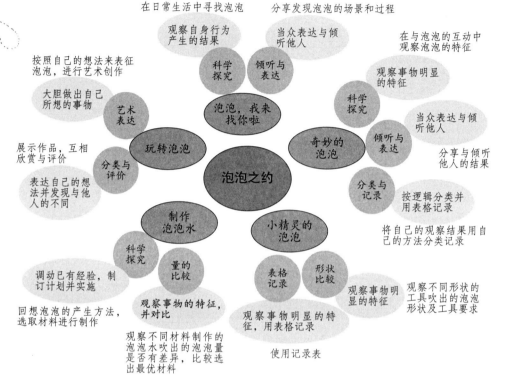

课程展示

泡泡，我来找你啦

一、初识泡泡

洗手时，孩子们一边玩肥皂泡泡一边交流，话题一直延续到洗手结束，孩子们玩泡泡的热情非常高涨，于是，老师和孩子们一起讨论分享关于泡泡的认知和感受。

小宝："泡泡圆圆的，软软的，很好玩。"

又一："泡泡是有颜色的，一戳就破了。"

程程："泡泡没有颜色，是透明的。"

小贝："我的剪刀吹泡泡器可以吹出很大的泡泡。"

图图："我有泡泡枪，只要按动按钮，就会吹出很多的小泡泡，特别好玩。"

布丁："我也有泡泡器。"

昊昊："我有照相机泡泡器，可好玩啦！"

孩子们纷纷表达自己关于泡泡的经验，看得出孩子们对泡泡并不陌生。其中米粒小朋友说："我打喷嚏的时候有鼻涕泡。"米粒的话引起了一片笑声。"究竟泡泡在哪里呢？"带着这样的问题，孩子们回家和家长一起观察，寻找生活中的泡泡。

二、泡泡在哪里

回到家的孩子在积极地观察、探索、制作，家长也用照片的形式帮助孩子记录。第二天一早，孩子带着自己的照片来到幼儿园，迫不及待地与老师、同伴进行分享交流。

Nounou："刷牙的时候嘴里有泡泡。"

美拉："洗澡的时候有泡泡，还有吃泡泡糖的时候爸爸能吹出泡泡。"

龙宝："我家鱼缸里就有吐泡泡的（氧气泵）。"

钢镚儿："游泳池里会有泡泡。"

布丁："在幼儿园吃饭的时候，汤里有透明的泡泡。"

琪琪："我看过电视里有泡泡的表演。"

奇奇："妈妈给我用洗洁精做泡泡液，能吹出泡泡。"

阳阳："洗衣机里有泡泡。"

多多："我把饮料摇一摇就有好多泡泡要出来啦。"

孩子们的答案五花八门，在讨论中，除了一些较为普遍的经验，如洗手、刷牙和洗澡中会产生的泡泡，孩子们也观察到一些特殊情况下产生的泡泡。对于这些特殊的泡泡，孩子们明显表现出了好奇和兴趣。

在家里合作吹出了巨型泡泡

洗手发现泡泡啦

水杯倒水的时候有泡泡，鱼缸里的鱼也在吐泡泡

泡泡机可以吹出泡泡

三、泡泡的产生

在分享的过程中，有的孩子提出："我没见过你说的泡泡，它是怎么出来的呀？"孩子们对泡泡的产生方式有了探究的欲望，于是，泡泡怎么产生的，又成为孩子们讨论的中心。

老师适当提示："想想你做了什么，让泡泡出现了呢？"

昊昊："洗衣液搅拌一下就有泡泡了。"

程程："酒精摇一摇有泡泡，它会挥发，很快的。"

钢锄儿："洗袜子的时候搓一搓就有泡泡。"

龙宝："妈妈给我买的泡泡器，只要蘸一下，一吹就吹出泡泡了。"

玖儿："橘子片（泡腾片）放水里，然后不就……那个啥了嘛！（有泡泡冒出来了）"

图图："我的泡泡里加了色素，搅一搅，不一样，是彩色的！"

在图图分享自己制作出彩色泡泡的时候，老师适时提问："泡泡是什么颜色的？"有的孩子说是彩色的，有的说是白色的，两种答案争执不下。这时，老师引导孩子思考解决问题的方法。

老师："泡泡到底是白色的还是彩色的？我们怎么才能知道？"

钢锄儿："看看泡泡就知道了。"

米乐："对，我们一起看看到底是什么颜色？"

玖儿："那我们把泡泡器带来幼儿园，一起看一看。"

孩子们纷纷表示了认同，最终选出了用泡泡机一起制作泡泡来观察。

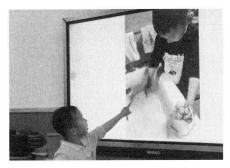

用网子蘸肥皂水可以揉出来泡泡

洗手的时候，手上有很多小泡泡

幼儿的经验与学习：本节活动中，幼儿从谈论对泡泡的认知开始，表达自己的观点，分享自己的经历，展现了对泡泡的认知经验，除了起泡器能产生泡泡，日常生活中还有很多能产生泡泡的方式，如倒水、打喷嚏等。

通过亲子观察，幼儿发现了生活中无处不在的泡泡，关注泡泡产生的方式和物品。在交流表达中，幼儿能结合照片，归纳输出自己与泡泡互动时的已有经验，讲述自己的经历，分享给同伴，锻炼了思维和语言表达能力。同时，在教师的引导下，幼儿能找到深入观察泡泡的方法，发展了与同伴互助自主解决问题的能力。

让幼儿从关注产生泡泡这一结果，进而思考泡泡出现的过程并回忆自己的观察发现，梳理时间上的先后顺序，以及自己行为和产生泡泡的因果关系，尝试用自己的语言分享自己的制作经验，与同伴共同寻找产生泡泡的原因。

教师的支持与思考：活动中，教师始终追随幼儿，提供宽松环境和平等表达交流的机会，使幼儿感受、倾听、分享、不同的观点。在面对问题时采用启发问答的形式帮助幼儿主动思考，同时观察了解幼儿对于泡泡的已有经验和兴趣方向，在活动中发现幼儿的兴趣点，并抓住提问机会引导幼儿深入思考，关注泡泡产生的方式多种多样这一讨论点，从而更好地支持幼儿探究泡泡的活动。

利用亲子活动，最大限度支持幼儿在生活中的观察和发现，进行个性化表达，感受家族成员之间相互支持的情感。及时抓住幼儿好奇但并不太清楚的

关键问题，比如泡泡的颜色，通过适时的语言引导，帮助幼儿发现问题所在，回想自己的已有经验，自主交流，表达观点，积累了观察、思考、分析、交流的能力，获得解决问题的新经验。

奇妙的泡泡

一、我和泡泡在一起

考虑到环境安全和泡泡随意飘动的特性，老师决定将观察泡泡的场所转移到户外，支持孩子们在更宽广的场地上观察，发现新特征。

用小猪猪泡泡器吹出了泡泡山

泡泡从上面飘下来了

老师帮助孩子们记录下了观察的全过程，作为后面讨论与分享环节的依据。

在整个户外探索过程中，孩子们的探索呈现出极大的随机性。有的孩子自己在固定的地方安静地观察，有的孩子看到新奇的泡泡器，会和同伴互换进行观察……

其间老师鼓励孩子们转换场地和角度来进行观察。

老师："如果我们想要看到泡泡从高空落下来，我们可以怎么样？"

琪琪："我把泡泡器举高一些。"

依依："老师来拿泡泡器，会高一些。"

又一："要不我站到滑梯上向下喷泡泡。"

于是，孩子们各自选择不同的方式，转换场地和角度来观察泡泡。老师借用孩子们的泡泡器，一边跑动一边喷射泡泡，带着孩子们跑起来，从而感受泡泡的动态特性。

孩子们在此次活动中根据观察需要有了不同的分工，有的孩子在滑梯上喷出泡泡，有的孩子在滑梯下打泡泡，共同制作泡泡山。老师在记录中，也观察到孩子们的潜力以及孩子们在有新发现时情绪的波动。

二、我知道的泡泡

结束了户外的观察活动，每个孩子在面对"泡泡什么样"的问题时，都跃跃欲试想要表达。

左闻："泡泡在阳光下是五彩颜色的。"

沐沐："泡泡小小的，有时候没有颜色。"

小开心："还有大大的。"

考拉："泡泡会飘，风吹到哪里泡泡就飘到哪里。"

小宝："有的泡泡是连在一起的，有的是断开的。"

阳阳："泡泡掉在地上会破，用手一戳也会破。"

分享结束后，老师帮助孩子们梳理了泡泡的特征，并按照颜色、形状、大小、多少等进行归类，鼓励孩子们在表格中按类别记录并进行小组分享。

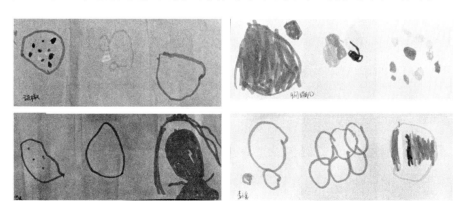

泡泡特点记录表

（左上：彩色的，粘在一起的，圆圆的；右上：大小不一的，彩色的，分散的；左下：闪光的，圆圆的，公主造型的；右下：大小不一的，粘在一起的，彩色的）

分享记录表

在分享的过程中，关于泡泡形状的话题讨论热度最高。

小宝：泡泡还有三角形的，我今天没见，但我就是知道。

昊昊：泡泡就是圆形的。

米乐：不对，泡泡应该还有方形的。

注意到孩子们的关注点，老师适时提问："方形的、三角形的你们见过吗？"孩子们明确地表示今天并没有看到，但是一部分孩子很肯定地说有。

花花："肯定有，我见过心形的吹泡泡器，一定能吹出不一样的形状。"

布丁："应该有，那多好玩呀。"

老师："那泡泡到底有没有这么多形状呢？我们怎样才能知道？"

钢镚儿："老师，我们试试吧。"

幼儿的经验与学习：尝试在集体活动中找到自己和他人的共同点并积极互动，树立积极的社交态度。在具有相同兴趣点时，可以在互动中为了共同的目标而努力，提升游戏的合作水平。尝试不同的活动方式，在活动区域，蹦跳、拍打，切实感知泡泡的特性，感知泡泡数量和空间的关系。

理解分类的简单含义，知道了分类表现的是形式上的不同，而不是内容上的不同。在之前的活动中，当教师提问"有没有不一样的答案"时，很多幼儿会将内容一样，但表达方式不一样的回答当作不一样的答案，这其实是没有理解分类的实际内涵。在这个活动的分类记录中，教师先引导幼儿根据颜色、形状、大小、多少观察泡泡的特征，再让幼儿用自己的方式表达出来。在记录过程中体会分类的含义。在经过自我对分类的理解和思考后，再次记录时，幼儿进行了简单的归类与总结，绘制出自己理解的泡泡的特点，并愿意在个别同伴或者集体面前大胆表达自己的想法。

教师的支持与思考： 教师给幼儿提供充足的、有落差的活动空间，让幼儿不只可以感受泡泡的外表特性，同时还可以在环境中感受其运动特性。用动态的方式观察动态的事物，在幼儿活动呈现出单调局面时，适时介入幼儿的活动，以同伴的身份给他们提供新的探索方式。

培养幼儿的逻辑思维能力，辅助他们进行简单的分类，再让幼儿用自己的方式记录观察结果，帮助幼儿体验完整的科学探究过程，并有根据地整理出幼儿的兴趣方向，提出需要解决的问题，支持他们进行深入探索。

小精灵的泡泡

一、探索泡泡的秘密

在前期吹泡泡和总结泡泡特征的经验前提下，老师利用孩子们的共性问题引导孩子们开展集体教学活动，提供给孩子们不同形状的吹泡泡工具进行探索。泡泡器的形状和泡泡的形状有关系吗？老师帮助孩子设计了单独变量——泡泡器形状与泡泡形状关系的实验，支持孩子们进一步验证自己对于泡泡形状的猜想。

泡泡的形状只有一种还是多种多样的？带着这个疑问，老师开始了集体教学活动，为了保证实验符合小班孩子们的思维特点，维持其兴趣，老师引入了"小精灵"这一形象，请孩子们帮助小精灵探索泡泡的形状，并在实验完成后，将自己的记录表当作信寄给小精灵，告诉它正确的答案。在开始时，老师先引导孩子们关注泡泡器和泡泡形状之间的关系，老师拿出圆形的泡泡器吹了一些泡泡，请孩子们观察。

老师："刚才你们看到我吹出来的泡泡是什么形状的？"

多多："圆形的。"

老师："那我吹泡泡的工具是什么形状的？"

小开心："圆的！"

经过简单的观察，孩子们明确地意识到泡泡器和泡泡形状之间存在着关系，纷纷说："原来圆形的工具吹出来的泡泡是圆形的。"老师根据孩子们观察到的实验结果，演示2×2表格的记录方法，明确空白的格子中要填上自己使用的泡泡器对应吹出的泡泡形状。

接下来，老师展示了三角形、爱心形、正方形的吹泡泡工具。在看到不同形状的泡泡器时，孩子们先进行了简单的猜想：

老师："你觉得三角形、爱心形、正方形可以吹出什么形状的泡泡？"

钢镚儿："三角形，这个洞是三角形的。"

美拉："正方形。"

孩子们紧接着开始了使用不同形状工具的尝试，并进行记录。在前期准备教具时，考虑到泡泡水有黏性和湿滑的特质，老师将所有记录表进行了过塑处理，并给孩子们提供油性马克笔，支持孩子们在实验过程中排除泡泡水的干扰进行顺利的记录。很快，孩子们都根据自己的实验顺利地完成了记录。

尝试用三角形的泡泡器吹泡泡　　　　　　　记下我的实验结果

在根据自己的记录表分享自己的实验结果时，孩子们恍然大悟，原来，泡泡只有圆形的，不论什么形状的泡泡器，都只能吹出圆圆的泡泡。对于自己的发现，孩子们纷纷表示要快点告诉小精灵。

二、吹泡泡的工具

回到室内后，孩子们的兴趣还未减退，在教室内继续寻找，还想尝试使用更多形状的吹泡泡工具。教室里的育教用品和生活用品形状多种多样，但毕竟不是专门为吹泡泡设计的，在能吹出什么形状的泡泡的好奇心驱使下，孩子们还面临另一个问题：什么样的工具才可以吹出来泡泡呢？

我觉得雪花片可以试试

哇，小勺子也能吹出泡泡

　　孩子们找到了雪花片、积木，甚至小勺子、剪刀，等等，只要是自己接触过的东西，孩子们都愿意进行大胆的尝试。他们对自己的实验结果很有成就感，激动地说："原来都是圆形的！"

　　老师注意到，小开心拿着自己选择的半圆形积木，眉头皱得紧紧的，努力地向着积木吹气，但都没有吹出泡泡。

　　老师："为什么没吹出泡泡呢？"

　　糖果果："我来试试！"

　　经过糖果果的尝试后，还是没有泡泡。

　　老师："看来不是吹的方式的问题。那是哪里不行呢？"

　　米粒："是她这个积木不行。"

　　老师："积木哪里不行？和你们成功吹出泡泡的工具有什么不一样？"

　　美拉："没有洞洞。"

　　程程："没有封口。"

　　孩子们对比了成功吹出泡泡的工具和失败的工具，意识到吹泡泡的工具也是有一定要求的。

有缺口的积木吹不出泡泡来

在同伴的帮助下，小开心寻找了符合条件的工具——小剪刀，最终孩子们都吹出了圆润的泡泡。每个孩子都通过自己的努力和同伴的帮助认识了圆圆的泡泡。

幼儿的经验与学习：初步感受实验的规范性。学习科学实验过程中所使用的记录表的使用方法：表格横、竖行的结构和一一对应的记录方式。不断实验获得不同答案，并使用表格正确记录实验结果。带着小精灵的任务完成实验，保持坚持不懈的探索精神。愿意将自己的成果告诉小精灵，答应小精灵的事情要做到，养成初步的责任感。在探索结束后主动收拾桌面、清洗材料，养成良好的卫生习惯和整理习惯。

在教室这一熟悉的场景下，动手动脑发现生活中材料的替代性用法，比如剪刀、小勺子、雪花片等，虽然在平时都有固定的用法，但在不同的任务下，也可以用来吹泡泡，发展创造性思维，不为常规所限制。在安全的范围内大胆发掘工具的多种使用方式，勇于探索。在集体活动中一起寻找问题的答案，关注到不能吹出泡泡的工具，根据集体活动中学到的经验——泡泡器和泡泡之间的关系，去迁移经验，关注泡泡器选择的不同，感受集体的力量和思想的多样性。在同伴遇到困难时可以提供自己成功的方法，找到不能吹出泡泡的原因——没有闭环的洞洞吹不出泡泡，帮助同伴找到可以成功吹出泡泡的工具，养成集体意识。

教师的支持与思考：活动的导入情景具有一定的任务性，引入"小精灵"这一童话形象，符合小班幼儿"爱幻想"的思维发展水平，使幼儿产生想要帮助他人的责任感。认真对待问题，反复尝试，维持实验探索兴趣。提供记录表，在实验过程中，帮助幼儿排除泡泡水的干扰，保证幼儿记录结果的清晰和完整。时刻关注幼儿，观察到幼儿兴趣维持在一个较高水平时，不打断幼儿的学习，更换新的场景或任务帮助幼儿在有兴趣的问题上进行更加细致的探索。支持幼儿在教室这一安全环境中自主探索，以此来发现新的有价值的问题——为什么有的物品吹不出泡泡？提出问题后，教师不直接告诉答案，而是鼓励幼儿们讨论问题，大胆表达自己的想法，尝试后再用排除的方法，通过自己的实际行动寻找答案，知道吹的方式、工具都可能影响是否可以吹出泡泡这一结果，保护幼儿的好奇心和探索的积极性。

制作泡泡水

经过这么多次的尝试，老师准备的泡泡水已经快用完了，可是大家还是想玩泡泡，那我们该怎么办呢？

一、尝试制作泡泡水

考拉："我们来做泡泡水吧！"

依依："对，我们一起来做泡泡水吧。"

老师："制作泡泡水，需要用什么呢？"

沐沐："要用洗洁精。"

程程："洗衣粉也可以。"

玖儿："肥皂也可以，是我奶奶说的。"

考拉的提议得到了大部分孩子的认同。"制作泡泡水，需要用什么呢？"在老师的提问下，孩子们积极表达自己的认知，并在回家后和家长一起寻找可以制作泡泡水的材料，带到幼儿园。

第二天，经过孩子们的分享交流，他们选出了四种生活中经常接触到的安全材料，并自主选择，分组尝试制作泡泡水。

活动中，小组中的分工是重点也是难点，除了要接水，倒起泡剂，还要搅拌。孩子们通过自主选择承担不同的工作，小组制作在有序合作中进行着。六个孩子一组，两个孩子负责接水倒在托盘中，两个孩子负责倒起泡剂，两个孩子负责最后的搅拌。

洗衣粉加水制作泡泡水

洗手液加水制作泡泡水

搅拌完成后，小组成员们纷纷开始了吹泡泡的尝试，孩子们用餐点中多出来的吸管吹泡泡。肥皂组在托盘中蹭了好久的肥皂，小组成员用了很大的劲去搅拌，托盘中的肥皂水也搅出了一些泡泡，但没有办法吹出泡泡。于是，肥皂组的孩子们开始观察洗衣粉组、洗洁精组和洗手液组的实验。在这个过程中，他们也发现了吹泡泡动作的不同。前期，孩子们都采用蘸一蘸，拿起来吹一吹的方法。由于自己制作的泡泡水起泡不如买来的泡泡水那样多，所以尝试将吸管插在泡泡水中，一直吹气，也可以吹出一些泡泡。

试一试我们调制的泡泡水能否吹出泡泡

小贝："骏一，你看我，你这样，插在里面一直吹，就有小泡泡了。"

骏一："我们快试试。"

龙妹："真的有一点，就一点。"

二、二次制作泡泡水

泡泡水的制作出现了瓶颈，一直不能吹出许多泡泡，孩子们主动向老师求助。老师通过查阅相关资料，帮助孩子们解决这一问题。

老师："这个问题，我也不知道，让我们上网去查一查吧。"

通过网络查询，老师找到了相关方法，并把方法讲述给孩子们听：可以通过加胶水、白糖这种黏合剂来帮助泡泡水更好地吹出泡泡。于是幼儿的第二次制作又开始了。

加入白糖，会不会成功呢？

大家一起来试一试

加入黏合剂后，小组制作的泡泡水吹出的泡泡多少仍有差距，在尝试和对比中，孩子们最终发现：用洗洁精制作的泡泡水，吹出的泡泡最多。老师引导孩子们在2×2表格的经验上，制作2×4表格，并让孩子们选出起泡最多的材料，在其下绘制了笑脸，代表洗洁精起泡的能力最棒。

洗洁精做的泡泡水吹出了最多的泡泡

幼儿的经验与学习：小组成员为了共同的目标而努力，他们分工完成了制作泡泡水的任务，在分工合作的过程中各司其职，不争抢、不推诿，初步建立了合作意识。用记录表的方式回顾自己的实验过程和结果，在本组实验结束后也同样观察使用其他材料的小组的实验结果，并在不同小组之间进行对比，感受记录表清晰的呈现方式——可以一目了然。看出哪一种材料的起泡能力最强，感受记录表所带来的便利。

遇到问题自己愿意主动思考，尝试用不同的方法解决，比如观察同伴成功的操作方法，进行模仿，养成积极解决问题的意识。知道大胆求助老师，除了询问他人，还知道通过查找资料的方式解决问题——在网上查到加入增稠剂的方法。感受成功结果来之不易和不放弃之后的成就感。

教师的支持与反思：面对新问题时，教师首先将问题留给儿童，调动幼儿已有的经验来解决问题，比如在泡泡水不够用的情况下，问幼儿有没有合适的解决方法，引导幼儿回顾自己的生活经验。在幼儿合作水平还不足以完成任务时，教师帮助他们划分职责，确认工作难点，让每一个幼儿都有平等参与活动的机会，鼓励幼儿在同伴的帮助下解决问题。

面对幼儿的主动求助，适时示弱，引导幼儿自主思考解决问题的方法——查阅资料。感受工具的多样功能，除了准备多样的制作工具，还选择生

活中可以反复利用的材料——吸管。帮助幼儿减少除了泡泡水材料以外其他变量对吹泡泡难度的影响，保证实验的科学性和有效性。用集体记录表来帮助幼儿梳理实验过程，引导迁移2×2记录表格的经验，再次学习完整的实验过程和清楚的语言表达。

玩转泡泡

有了充足的泡泡水，孩子们又可以进行吹泡泡的游戏了。泡泡水除了可以吹泡泡以外，还可以做什么游戏呢？孩子们提出了自己的看法。

老师："我们还可以用泡泡做什么游戏？"

厚厚："泡泡山，大大的。"

奇奇："印章，印泡泡。"

阳阳："吹泡泡，泡泡画，我玩过的。"

通过与孩子们一起归纳整理，孩子们选出了三种艺术方式，来表现泡泡。

一、留住泡泡——彩色泡泡画

泡泡的不稳定性也是孩子们前期较为关注的一点，一抓就破，怎么才能留住泡泡呢？

第一组幼儿选择在泡泡水中加入色素，将五彩泡泡吹在白纸上，留下漂亮的泡泡印迹。

考拉："哇，你看，这还有黏在一起的泡泡呢！"

依依："粉红色的泡泡，我最喜欢了。"

沐沐："泡泡公主。"

多多："看，留下蓝色的泡泡！"

孩子们在制作过程中既专注又仔细，一边创造，一边分享。老师始终关注孩子们，给予适时的引导和技术支持，提醒孩子们要关注自己泡泡水的颜色浓淡，颜色浓的泡泡水吹出的泡泡才可能在纸上留下明显的印迹。

制作泡泡画

二、泡泡造型创意

看到了图图和考拉在观察泡泡时吹出的泡泡山，第二组的孩子选择用绵密的泡泡来做不一样的造型。在白白的小泡泡中加上色素就可以做出更多彩的造型。

小宝："我们把吹的泡泡堆在一起。"

花花："滴一些蓝色，当天空。再吹出一些白白的云朵。"

米粒："长长的毛毛虫。"

小开心："让我摸一摸，这山被我掏出来一个洞。"

制作泡泡山

这个过程中，孩子们用到了湿巾、塑料瓶、泡泡水。吹出小小密密的泡泡，加入颜料，并通过自己的小手和泡泡之间的互动，创作出了泡泡山这一创意作品。

三、拓印泡泡

除了用泡泡水来直接表现泡泡，还可以用拓印的方法，创造出不一样的泡泡，第三组的孩子们决定用圆圆的印章来表现泡泡。

奇奇："老师你看，我的泡泡大小都不一样！"

又一："我的颜色也不一样。"

拓印小泡泡

喜宝："我就喜欢一个一个的泡泡。"

昊昊："泡泡妈妈抱着泡泡宝宝。"

拓印结束后的分享环节，孩子们自主表达了所拓印出的泡泡特点，用自己的方式制作了自己喜欢的泡泡的样子。

幼儿的经验与学习：幼儿愿意在集体中分享自己的经历，在同伴不清楚玩法时主动提供帮助，在分享泡泡玩法的时候自己介绍泡泡龙、泡泡画和泡泡印章的制作方法，帮助同伴了解自己的提议。

在创作与分享中感受不同选择所带来的结果，感知颜料浓淡、方式（一个挨一个、一个套一个或分开）和载体（白纸、黑纸、托盘）不同所呈现的多样效果，对多样性充满兴趣并愿意反复尝试。将自己对于泡泡特征的经验（颜色、分开或粘连等）加入作品中去，乐于用作品表达自己的想法。与同伴分享自己的作品，在交流过程中表达自己的创作意图，比如效果所呈现的是泡泡山，或者泡泡一家、泡泡公主等等，提升语言表达能力。

教师的支持与思考：尊重幼儿的多种表达，以包容的态度对待幼儿的选择和创作。尊重幼儿的提议，在幼儿提出和泡泡游戏的方式时，请幼儿自主选择，给予幼儿平等交流思想的机会。

当幼儿面对问题时，教师主动提示线索，帮助幼儿发现泡泡水颜色浓淡和加水多少的关系，便于幼儿在创作中进行自我调整并准确表达。提供丰富的材料，不局限于写实，支持幼儿呈现的作品有不同、有对比，感受材料、方式不同所表现出的差异性。在幼儿讲述自己的创作思路时，耐心倾听，用鼓励的语言反馈，支持幼儿大胆表达，听到泡泡一家、泡泡公主等具有个人色彩的创作思路时，夸奖他们"很有自己的风格"，保护幼儿的创意。不仅仅关注艺术创作的结果，还关注幼儿与材料之间的互动，特别是像泡泡这类不稳定的创作材料，比如用自己的小手消灭一些泡泡，创作有变化的山体等，让幼儿可以沉浸于创作这一过程中，在创作中感受变化的美，发展幼儿的想象力。

结语

《指南》提出："科学学习必定离不开对具体事物的探究和解决实际问题。"本次活动正遵循了这样的教育理念。为了此次课程可以真正的班本化，满足儿童所需，其过程不乏教师的思考和幼儿的反馈。

第一，课程主题的选择。小班幼儿喜欢接触泡泡，并愿意用自己的手去感知泡泡，同时泡泡的颜色、大小和形状等特性也在其他事物上具有普遍性，便于经验的迁移与扩展。泡泡的产生原理简单，但它的不稳定性，比如吹泡泡时气息的运用，以及抓握泡泡器不影响吹泡泡的方法等，也需要幼儿有一定的精细动作能力和耐心。在探索的过程中，也要会运用观察、比较、实验等方法，帮助幼儿形成受益终生的学习态度和能力。

第二，教师如何做好支持者、引导者和合作者的角色。在活动的准备阶段，教师查阅相关资料，了解泡泡主题下幼儿可能出现的探索方向，在探索过程中可能遇到的问题。时刻关注幼儿所面对的问题和困难，帮助幼儿养成主动思考和积极解决问题的能力。玩泡泡也是亲子游戏中很普遍的一个游戏，是幼儿的兴趣所在，便于幼儿直接感知、实际操作和亲身体验，符合学前期幼儿的学习方式。将幼儿的兴趣作为课程主题，既尊重幼儿兴趣，又可以以兴趣为根本支持幼儿深入探索。

第三，能否真正实现幼儿的主体性。在活动过程中把握机遇，"随机"生成、看似随意的进展方向，背后是教师关于幼儿学习方式——直接感知、实际操作和亲身体验的思考。教师对于教育价值的把握，促使教师引导幼儿采用观察学习、分享学习和合作学习等多种学习方式，让活动真正由幼儿主导。抓住教育契机，判断幼儿提出的问题是否可以实现有效学习，及时调整活动环境和材料，符合幼儿深度学习的方向，使学习达到事半功倍的效果。

一叶知秋，遇见银杏

刘 华

缘起

秋天是五彩斑斓的季节，孩子们惬意地漫步在幼儿园的林荫小道上，不经意间发现了一片"绿色的小扇子"。"这是银杏叶吗？""好像是的，银杏叶就是像扇子。""不对，银杏叶是黄的不是绿的。"

我们沿着孩子的疑问和兴趣，在充分保护孩子好奇心和探究欲的同时，激发孩子主动探索大自然事物的积极性，帮助他们建立起发现美、感受美、表现美的能力。为此我们展开了这次有趣的探秘之旅——一叶知秋，遇见银杏。

活动脉络图

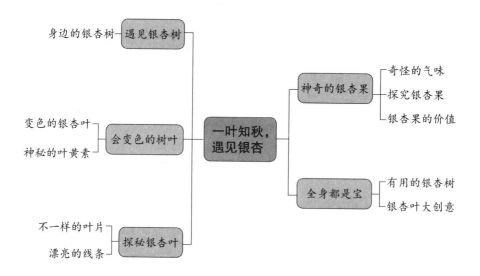

关键经验结构图

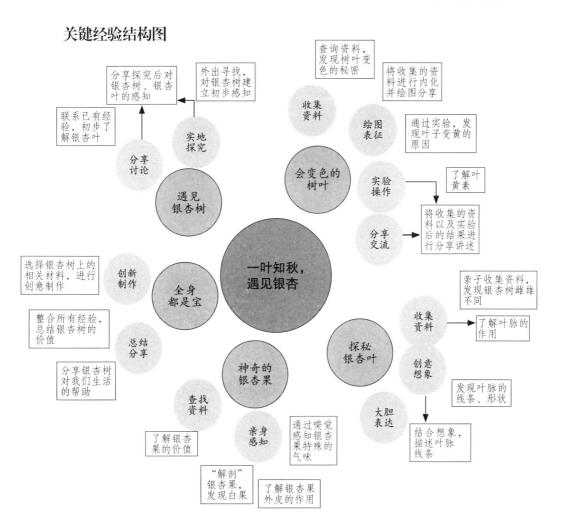

查询资料，发现树叶变色的秘密

将收集的资料进行内化并绘图分享

收集资料

绘图表征

通过实验，发现叶子变黄的原因

分享探究后对银杏树、银杏叶的感知

外出寻找，对银杏树建立初步感知

联系已有经验，初步了解银杏叶

实地探究

会变色的树叶

实验操作

了解叶黄素

分享讨论

遇见银杏树

将收集的资料以及实验后的结果进行分享讲述

分享交流

选择银杏树上的相关材料，进行创意制作

创新制作

一叶知秋，遇见银杏

全身都是宝

整合所有经验，总结银杏树的价值

亲子收集资料，发现银杏树雌雄不同

收集资料

了解叶脉的作用

总结分享

探秘银杏叶

创意想象

分享银杏树对我们生活的帮助

神奇的银杏果

大胆表达

发现叶脉的线条、形状

查找资料

亲身感知

结合想象，描述叶脉线条

了解银杏果的价值

通过嗅觉感知银杏果特殊的气味

"解剖"银杏果，发现白果

了解银杏果外皮的作用

课程展示

遇见银杏树

一、身边的银杏树

1. 这是银杏叶吗？

户外活动结束后，孩子们对刚才发现的"绿色叶子"展开讨论。

老师："刚才你们发现了什么样子的树叶？"

星星："是一片绿色的，像小扇子一样的树叶。"

豆豆："这是银杏树叶，我妈妈给我说过。"

虫虫："我见到的是黄色的银杏树叶，颜色不一样但都像小扇子。"

楠楠："这就是银杏树叶，再过几天它就变黄了。"

2. 你在哪里还见过银杏树？

通过回忆已有经验，孩子们讲述了自己发现的银杏树。

老师："你们见过银杏树吗？在哪里见到的？"

皓宇："学校图书馆周围有好多银杏树，我爸爸带我去玩过。"

普普："我家小区也有银杏树，但是长得不大，还是棵小银杏树。"

恺馨："幼儿园大门口就有银杏树，每天都站着欢迎我们。"

大宝、小宝："妈妈带我们去过一个公园，里面有一棵特别高的银杏树。"

愉快："学校门口的银杏树可漂亮了，一刮风，树叶飘下来，特别美。"

有了同伴分享的经验，大家对银杏树产生了极大的探究兴趣。追随孩子们的脚步，借助校园里优美的自然资源，我们一起开启了实地寻找银杏树的旅程。

3. 实地探寻身边的银杏树

通过亲身体验、实地寻找，孩子们发现了身边的银杏树。

老师："我们一起去校园里找一找银杏树吧！"

小七："我找到银杏叶了，它像小扇子，戴到头上像兔子耳朵。"

西米："我们在幼儿园找到了许多的银杏叶，好多好多。"

俊俊："我在幼儿园外面找到了银杏树，叶子黄黄的。"

愉快："这个叶子扇起来好凉快，和扇子一样。"

科科："老师，我们的叶子有黄色的，有棕色的！"

北北："我把树叶卷一起就变成了一朵花。"

银杏叶真漂亮

银杏叶像花一样

银杏叶像兔耳朵

黄色的银杏叶

幼儿的经验与学习：在这节活动中，通过亲身体验、实地探寻、建立新经验这一系列网状形式的探究，幼儿整合了已有的经验，大胆表达自己的所见所闻，发现了身边的银杏树，感受到银杏树不一样的美。在实地探寻时，发现了银杏叶色彩的不同，幼儿针对不同颜色的银杏树产生了疑问：为什么有的银杏叶是绿色，有的是黄色？是因为银杏树生病了，还是银杏叶掉色了？等等。

教师的支持与思考：基于幼儿的学习特点，教师根据幼儿的兴趣和需求，充分支持幼儿的表达及亲身体验，利用校园内的丰富自然资源，引导和帮助幼儿通过实地探寻的方式发现银杏树。整个活动教师与幼儿以谈话分享、亲身探究的形式围绕银杏树展开，问题的设计层层递进，引导幼儿提升整合零碎的经验，使幼儿形成有关银杏树的整体经验。同时放手支持幼儿通过实地观察、讨论、探索对银杏树叶展开新的探究。

幼儿对于树叶颜色的变化产生了浓厚的兴趣，我们追随幼儿的关注点和需求，设计了下一节探究树叶颜色变化的活动。

会变色的树叶

一、变色的银杏叶

前期的实地探寻中孩子们已经发现了银杏叶不同的颜色，为什么叶子会由绿变黄呢？

分享我的调查结果

树叶变黄调查表

老师："银杏叶为什么会由绿变黄呢？"

恺馨："这个是绿色树叶，它见到冷风就会跑走，然后变成了黄色。"

可儿："为什么树叶会从树上掉下来呢，因为它变黄了。"

小猪宝："这个是绿色的树叶，有一些黄叶子掉到了地上，有些黄叶子没有掉下来。"

北北："这个是太阳，这个是叶子，这个叶子（渐变叶子）是从夏天到秋天的颜色，慢慢变黄。"

愉快："快到秋天的时候，叶子当中的叶黄素变多，叶绿素变少，所以叶子变黄。"

通过亲子调查记录，孩子们对于银杏叶为什么由绿变黄有了经验上的了解：秋季温度降低后，叶绿素减少，叶黄素就会慢慢显露出来。孩子们又一次发现了大自然的秘密。孩子的学习应"重实践、重体验"，为了支持孩子亲身体验树叶变色的过程，我们设计了一个科学小实验——"寻找叶黄素"。

二、神秘的叶黄素

了解了叶子变黄的原因，知道了树叶里不仅有叶绿素还有叶黄素，下面我们一起来找找神秘的叶黄素。

老师："怎样才能找到叶黄素呢？"

虫虫："可以把叶子泡到水里，看水能不能把叶绿素泡出来。"

小乔治："叶绿素泡掉就能看见只含叶黄素的叶子啦。"

愉快："这样太慢了，可以把叶子撕碎，这样是不是就能快一点？"

大乔治："用热水应该能快一点。"

可儿："水太烫了会不会把叶子泡坏？"

小牛："烫坏了就看不到黄色叶子了。"

楠楠："最好用温水，就像我妈妈冲蜂蜜一样。"

高美："我爸爸说可以用酒精泡树叶，就能更快找到叶黄素。"

一起观察吧

幼儿的经验与学习：在本节活动中，幼儿通过亲子调查、分享讲述、提出假设、实验探究、验证解答等深入剖析的方式，有针对性地了解了树叶变黄的原因，了解了大自然中美丽的颜色，以及温度和颜色变化的关系。在实验探究环节，幼儿能够提出问题并大胆表达自己的想法；在验证环节，通过投票的

形式选出最佳答案。整个活动不仅激发了幼儿的探究欲、锻炼了他们动手操作能力，还使幼儿感受到了自然界的神奇之美。整个活动以幼儿为中心，顺应幼儿的需求，帮助幼儿在科学领域、社会领域中开阔眼界。

教师的支持与思考：在活动的推进过程中，幼儿的讨论重点即是幼儿的兴趣点。通过引导追问、分享调查结果、实验探究等方式，教师有效地支持幼儿，使幼儿通过层层深入的方法了解了树叶变黄的相关知识，将幼儿的零碎经验有效整合起来。

活动中根据不同液体进行分组的实验完全是幼儿自主需求的表现，教师识别后及时调整实验方法，支持幼儿根据自己提出的假设，使用凉水、温水、酒精等不同液体进行有针对性的实验探究，进一步支持幼儿学习兴趣的发展与提升，有效推动课程沿着幼儿需求与成长的轨迹前进。亲身探究过程中，幼儿不仅了解了简单的提取叶绿素的方法，也通过实验对比，寻找到隐藏在叶子中的叶黄素。

随着活动的深入开展，幼儿惊奇地发现了银杏叶外形的不同，有的像扇子，有的像爱心，为什么都是银杏树，却会有不同形状的叶子呢？依据幼儿的这一兴趣点，教师准备了下一节活动。

探秘银杏叶

一、不一样的叶片

在前期的探究中，孩子们发现了银杏叶变黄的秘密，随之又产生了新的疑问：为什么有的银杏叶像扇子，而有的像爱心呢？

孩子们根据已有经验展开联想并提出观点。

愉快："会不会是叶子太干了，缺少水分，所以裂开了？"

星星："有可能是风吹树叶，叶子碰撞在一起，碰裂了。"

朵朵："我觉得是叶子宝宝长大了，所以才会裂开。"

阳阳："应该是不同品种的银杏树吧。"

东东："有的银杏树的生长规律就是会让叶子裂成爱心形状的。"

小牛："妈妈给我说过，有爱心叶子的是树爸爸，有扇子形叶子的是树妈妈。"

喜乐："叶子也分男孩和女孩吗？"

科科："银杏树分男女的，树爸爸的叶子是爱心的，会开花，树妈妈的叶子是扇子的，不开花只结果。"

针对银杏叶形状的不同，孩子们的讨论十分热烈，纷纷说出了自己的观点。有的认为是树叶生长过程中受到外力的损伤导致的，有的认为是不同品种的树所以长出不同形状的叶子，有的则是调动已有经验，分享家人讲过的知识。每个孩子的已有经验不同，想法也就不同，但他们都大胆表达了自己的观点。孩子们对于"树爸爸和树妈妈"十分好奇，于是，老师和孩子们开始进一步探究这一奥秘。

银杏树也分雌雄啊

孩子们了解了树叶不同的形状是雌株和雄株造成的，也知道了雄株只开花不结果，雌株不开花只结果。关于银杏叶的第一个小秘密终于解开了。随着探究活动的开展，孩子们发现了叶子上有规律的线条，并对线条的排列产生了兴趣，于是我们立刻围绕"叶子上的线条"推进活动。

二、漂亮的线条

银杏叶上的线条是什么？有什么作用呢？

东东："树叶上的线线就是叶脉。"

小七："像西瓜外面的线线一样。"

喜乐："像孙悟空的金箍棒，好多金箍棒在一起的样子。"

愉快："叶脉是输送营养的，有好多叶脉是不一样的，奇奇怪怪的。"

东东："叶脉有好多根线线。"

浩宇："叶脉线线的颜色不一样，有绿色的，黄色的，还有红色的。"

对于银杏叶上的线条，孩子们你一言我一语，大胆表达着自己的想法。有的关注叶子的线条（艺术领域），有的关注线条的作用（科学领域）。在孩子们的讲述中，老师们也清楚地看到新的经验从最初的碎片化一点一点整合。

你也来看一看

幼儿的经验与学习：在本次活动中，幼儿以经验分享、讨论交流、科普学习的方法了解了不同形状的银杏叶分别来自雌株和雄株，而雌株和雄株都有各自不同的本领。同时，通过调动已有经验，幼儿大胆表达，形象地描述了银杏叶脉的形状以及作用，锻炼了想象力和语言表达能力，同时填补了经验空缺。

教师的反思和支持：在本次活动中，教师以引导者、支持者的角色介入，使幼儿通过层层探究形成新的知识经验，支持幼儿大胆猜想，主动表达，使幼儿学习到新的知识，填补了经验空白。观察叶子时，教师让幼儿自主探索植物生长的奥秘，不仅增长了具体的知识，还发展了探究兴趣，提升了求知欲。随着探究活动的深入，孩子们又发现了奇怪之处——带回来的银杏果发出了臭臭的味道，为此孩子们产生了强烈的好奇心：为什么银杏果是臭臭的？银杏果能吃吗？它有什么作用？根据孩子们的兴趣，教师设计了下一次活动。

神奇的银杏果

前面孩子们已经较为全面地了解了银杏叶，可是这个"臭臭的"银杏果到底为什么臭？有没有用呢？

一、奇怪的气味

老师："臭臭的银杏果是什么样的？有什么好处吗？"

北北："为什么银杏果有臭臭的味道？为什么银杏果是长在树枝上而不是长在树干上的？"

小王子："银杏果里面有细菌了，所以才会臭臭的。"

大乔治："银杏果臭臭的，虫子就不会吃它了。"

高美："银杏果会不会从外面臭到里面呢？"

朵朵："先洗一洗吧，说不定就不臭了。"

孩子们被银杏果的气味吸引了，打算帮它脱掉臭臭的外衣。我们了解到银杏果外皮有可能会引起皮肤不适，所以提前准备好了手套，做好防护的孩子们准备大显身手啦……

找一找银杏果

我来剥银杏果

一起洗一洗

二、探究银杏果

老师：　"银杏果到底长什么样？"

恺馨：　"银杏果里面有一层薄薄的膜，好像花生外面的红衣服。"

喜乐：　"银杏果穿了三层衣服，它为什么穿这么多衣服啊？"

小牛：　"我的银杏果不好剥。"

高美：　"使劲按，皮就能按掉。"

朵朵：　"洗完的银杏果好像不臭了啊。"

愉快：　"我妈说银杏果能吃，原来洗完才能吃啊，不然臭臭的怎么吃啊。"

豆豆：　"我妈妈说银杏果就是白果，很有营养的。"

原来因为里面的核是白色的，所以银杏树的果子才取名叫白果。银杏果穿这么多层衣服是为了保护自己，夏天天气很热，有了外面的"衣服"，银杏果就不会被晒干了。秋天，银杏果从树上掉下来，有了这些"衣服"的保护，

84

它们掉在地上的时候就不会被摔坏。

三、银杏果的价值

老师："银杏果能吃吗？它有什么作用？"

北北："我知道，银杏果可以做成药，可以治疗心脏病。"

愉快："它能制成药，咳嗽时吃的药。"

东东："我妈妈说吃银杏果还能变白。"

皓宇："我就吃过银杏果做的粥，还挺好吃的。"

科科："银杏果生吃会中毒的，一定要煮熟才能吃。"

原来，白果是可以食用的，但是之所以有吃白果中毒的事情发生，主要是因为食用方法不对，如果直接生吃白果，就很有可能因为白果中的氰化物出现中毒的反应。

幼儿的经验与学习：在本次活动中，幼儿们获得了关于银杏的更丰富的感性经验，而且领会了自主解决问题的方法，懂得了凡事要多思考多尝试。通过亲身体验，动手操作，将知识内化为经验。通过味觉体验加深了对银杏果的认识，看到亲手剥出的白果，加深了成就感。活动中，幼儿提取生活中对银杏果的点状认识，结合新的经验迁移，形成了对银杏果较完整的了解。

教师的支持和思考：本次活动中，许多幼儿不具备"银杏果可以食用"的知识，教师及时提供知识经验，以问题推动幼儿思考，支持幼儿在探寻中寻找答案，以动手操作激发幼儿的探究热情，以联系实际帮助幼儿建构新的经验。

目前，幼儿对银杏树的了解仍然为版块式的，为了帮助幼儿整合所学经验，教师设计了下一次的小结活动。

全身都是宝

一、有用的银杏树

在前期的活动中，我们追随孩子的脚步，以孩子的兴趣为线索，版块性

地了解了有关于银杏树的知识，活动最后，我们以小结的方式将所掌握的新经验进行整合，构建完整的关于银杏的经验体系。

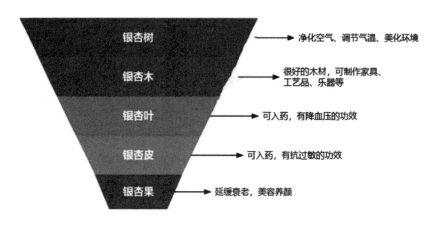

二、银杏叶大创意

了解了银杏的价值，那落下来的银杏叶也不要浪费，让我们一起动手，让它变得更美吧！

银杏叶大变身　　　　　　　　　　像一朵花一样

幼儿的经验与学习：这次活动中，幼儿主动分享，整合已有经验，在图片的梳理中完善并巩固了对银杏的整体认知。通过对银杏叶的回收利用、创意制作，幼儿在感受其美丽的基础上大胆展现了银杏叶的再创造美，激发想象力的同时，锻炼了动手能力，提高了感受美、欣赏美、表现美的能力，增强了对大自然的喜爱之情。

教师的支持与思考：本次活动中，教师通过问题导入，有效调动幼儿经验，巩固和复习已获得的知识，再以直观的方式支持幼儿梳理版块经验，进行整合。随后的创意操作活动，教师支持幼儿直观地感受银杏叶的美，创造性地表现银杏叶之美。以幼儿学习特点为出发点，在分享讨论、动手制作中，引导幼儿充分表达自己习得的新经验。

结语

"教育源于生活，让教育回归生活。"我们要抓住生活中的素材，把握生活中教育的契机，让教育和生活真正的成为一体，真正实现"生活即教育"。在幼儿的生活和游戏中以幼儿为主体，教师作为幼儿游戏的观察者和支持者，观察他们在游戏中的表现，及时给予支撑，促使他们的游戏深入发展。

《指南》中指出：幼儿园应充分利用自然资源和社区资源，扩展幼儿的学习和生活空间。银杏是幼儿感兴趣的事物，又是我们身边的自然资源，根据季节特征，师幼一起经历了一次有意义的探究之旅。在此过程中，幼儿发现银杏的秘密，探究银杏叶变色的原因、银杏果的价值、银杏树的作用等，积累了许多科学知识和生活经验，获得了个性化的礼物，教师及时捕捉幼儿的兴趣指向，顺应幼儿的需求，不失时机地创设生成课程，支持幼儿在自发探究之下实现学习与发展。

有关银杏的课程虽已告一段落，幼儿对大自然的兴趣却不会落幕。希望本系列课程能为幼儿开启探索大自然奥秘之门的一把钥匙。

玩具总动员

刘晓菲

缘起

区域活动开始了，玩具架上的汽车引起了大家的关注，孩子们纷纷围上去议论着："我以前也有很多这种汽车！""我的汽车好像坏了，不知道去哪儿了？""这些玩具我不喜欢了，都送给弟弟了！"在物质生活日渐丰富的今天，孩子们的玩具种类繁多，那些被遗忘的玩具该何去何从？如何帮助幼儿养成爱惜玩具的好习惯呢？我们从幼儿的需求出发，基于幼儿的生活经验，和他们一起探究玩具的功能，一起开发玩具的新用途。

活动脉络图

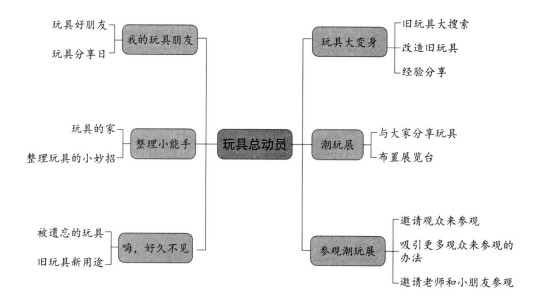

关键经验结构图

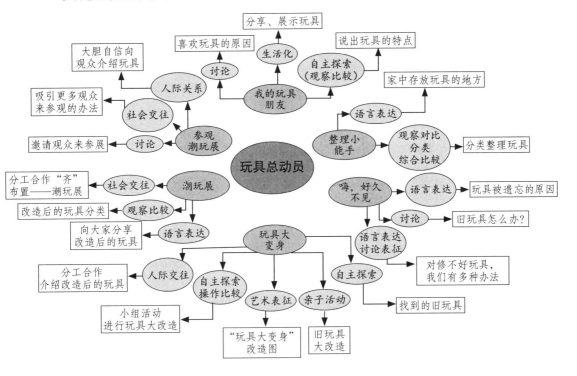

课程展示

我的玩具朋友

一、玩具好朋友

1. 好喜欢我的玩具

妞妞："玩具会带来快乐。"

豆丁："我们孤单的时候可以玩玩具，看看书。"

豆豆："玩具可以陪伴我们很久。"

比萨："如果我们有玩具，大人在忙的时候，我们就可以玩玩具不会孤单了。"

元宝："没有玩具就没有意思。"

这时有一个小朋友大声说："老师，我有可多玩具了，好玩，我可以把我的恐龙玩具带来给小朋友看看吗？"

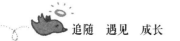
听到这样的话，其他小朋友也都加入了进来。

可可："我的公主玩具可漂亮了，可以换衣服，我想明天带来。"

焜焜："我的机器人玩具可以变身，我也要带。"

于是，老师肯定了孩子们想把玩具带来幼儿园的想法。

二、玩具分享日

晚上回家，孩子们都找到了自己最喜欢的玩具，第二天入园时，孩子们已经迫不及待地开始讨论。早餐过后，我们的玩具介绍会开始啦！

开心："这是我最喜欢的大眼兔，没有嘴巴和鼻子。"

垚垚："我带来了饮料机，可以出饮料哦，你们看！（边说边演示）"

果冻："我带的红绿灯不仅可以亮还能响呢。"

禾一："我带的毛绒玩具。"

可可："这个电动玩具可以变脸。"

玩具介绍会

玩具介绍会

幼儿的经验与学习：兴趣是最好的老师，当幼儿遇到形态各异、不同功能的玩具时"话匣子"就打开了。他们看一看、摸一摸、玩一玩、说一说，在倾听中了解不同玩具的构造，对玩具的不同种类、玩法产生了好奇。在分享过程中，幼儿一边描述一边演示，同类玩具的介绍也各有特色，语言表达能力、逻辑思维能力得到了提升。同时他们认真、专注而自信，就连平时比较腼腆的几名幼儿也大胆地来到大家面前，有模有样地讲解，宽松、愉悦的氛围为幼儿提供了良好的听、说环境。

教师的支持与思考：教师以幼儿为主体，充分创设想说、敢说和愿意说的环境，同时认真倾听幼儿的想法，利用开放性、挑战性的问题，引导活动一步步深入。在幼儿讨论过程中，及时总结、概括幼儿的想法，提升幼儿已有经验。同时，也为下一个活动的有效开展奠定基础。根据中班幼儿《学前儿童数学学习与发展核心经验》（简称《数学核心经验》），可利用物体的属性对物体进行匹配、分类，组成不同的集合。通过整理玩具巧妙地将数学知识渗透到幼儿的生活中。

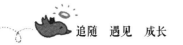

整理·小·能手

一、玩具的家

家里有那么多玩具，平时多放在哪里呢？

开心："玩具架子。"

辰辰："玩具车里。"

米乐："玩具箱里。"

夏天："家里有一个大屋子，都是我的玩具，有的时候半天也找不到我想玩的玩具。"

大家都滔滔不绝地说自己的玩具多之又多。

元宝："上次我在家玩拼图游戏，到最后有两块拼图都找不到了，还是妈妈帮我在另外一个玩具盒子里找到的。"

糖糖："我上次也是找不到我的小公主换装的衣服，过了几天在我的书架里找到了。"

二、整理玩具的小妙招

孩子们发现大家的玩具可真多啊，找起来很不方便，老师鼓励孩子们回忆在家庭中整理玩具的不同方法并进行讨论。

可可："我把毛绒玩具类的都放一起了。"

海米："我把小卡片都放在一个盒子里面了。"

松希："我把奥特曼的玩具整理到了一起。"

垚垚："绘本放在一起。"

分类整理好处多

我是整理小能手

92

我们一起想办法　　　　　　　　　　看，汽车多整齐

分享整理玩具小妙招

幼儿的经验与学习：孩子们的玩具可真多啊，找起来很不方便。基于幼儿前期的整理经验，发现玩具的不同属性，巧妙利用"慧玩数学"中的教具"汽车纸牌"，亲身感知、实际操作，进一步清晰"分类整理"这一数学核心经验。活动结束后，孩子们对于整理玩具有了更浓的兴趣。回家后，孩子们将新的经验运用到生活当中，根据玩具的大小、用途、材质、类别，以及幼儿对玩具的喜好等，对自己的玩具进行分类。从家长的视频分享中，孩子们都开心地向镜头比了一个"Yeah"。那是成功和自信的喜悦，同时也让家长从更深层次认识到幼儿较强的学习能力。

教师的支持与思考：教师基于幼儿实际生活经验，通过集体活动了解分类的不同方法。在区域活动中，投放适宜的材料，促使孩子们积极探讨，也能培养孩子们发现问题、善于思考、带着问题去寻找方法的良好习惯。小小的玩

93

具看似只能给幼儿带来愉悦的情绪体验，实则也蕴含着教育的意义和价值，孩子学会整理各种玩具，分类摆放，方便取放，给玩具一个温馨的家！

通过整理家里的玩具，以前被孩子们遗忘的玩具又出现了，为什么被遗忘呢？孩子们仿佛看到了新玩具一般，重新对它们产生了兴趣。

嗨，好久不见

一、被遗忘的玩具

米乐："玩具坏掉了。"

焜焜："玩具不喜欢了，玩得太久。"

海米："这个玩具太旧了，没意思。"

受伤的恐龙

咦，车轮不见了

二、旧玩具新用途

妮妮："我的玩具妈妈会送给团团妹妹。"

可可："我的电动汽车，爸爸和我一起给它换了电池，它就好了。"

豆豆："上次我和洋洋哥哥交换了我们的玩具，我觉得他的玩具好玩。"

比萨："我的旧玩具很多都坏掉了，汽车少了一个轮胎，还有金箍棒本来可以伸缩，现在也不可以了，就扔掉了。"

海豚："我的汽车太小了，可以把玩具送给小班的弟弟妹妹吗？"

壮壮："虽然我的小熊衣服扣子掉了，可我也不想扔掉。"

妞妞："我的芭比娃娃给摔坏了，不能玩了，可是我很喜欢它。"

夏天："可以把坏了的玩具放在另一个玩具上面玩，我的乐高玩具就是这样。"

垚垚："我发现我的小花盆底下漏了，妈妈在里面放了一张纸，垫上之后就在里面放了我的扎头皮筋。"

幼儿的经验与学习：通过和孩子们讨论坏玩具和旧玩具的处理办法，发现相较于丢弃来说，他们更愿意将玩具留在身边。如果将坏掉的玩具进行改造，那就能变成另外一种玩具。在讨论中，根据玩具的外部形态和功能，幼儿大胆想象，赋予旧玩具不一样的玩法。

教师的支持与思考：借鉴应彩云的绘本《永别了袜子》，希望孩子们可以更加珍惜自己的玩具，于是针对孩子们的前期经验，最终师生一致通过"玩具大变身"来更好地对待这些被遗忘的玩具。

玩具大变身

一、旧玩具大搜索

结合前期对家中玩具的整理，孩子们发现家中有不少不玩了以及破损不能使用的旧玩具，那么孩子们都找到了哪些旧玩具呢？

妞妞："一些毛绒玩具。"

邵安："散架了的汽车和零件。"

涵涵："很多乐高积木。"

旧玩具大搜索

糖糖："一些盒子、小花盆，还有五颜六色的公主装扮物。"

安安："我不太喜欢了，这个玩具玩得没意思。"

焜焜："我有新的奥特曼，还带闪灯呢，这个不带灯。"

孩子们整理了很多各种类型的旧玩具……

二、改造旧玩具

玩具该如何改造呢？利用区域活动时间，老师为孩子们准备了相关的绘本——《玩具诊所》《玩具太多了》，从书中清晰的图片，生动有趣的话语，孩子们了解了玩具改造所需要的工具和一些好方法。

周末到了，孩子们迫不及待地和爸爸妈妈一起进行了玩具大改造。通过家长反馈的视频，我们看到了小朋友改造旧玩具的过程，孩子根据自己的想象制作改造旧玩具的调查表，想出很多跟原来不一样的玩法，让旧玩具变成好玩的玩具或者拥有了新的作用。

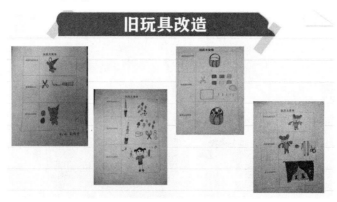

我的玩具改造计划

初次尝试玩具改造

　　孩子们的想法天马行空，一部分孩子还画好了改造图，可是新的问题出现了：改造需要的工具有哪些？而且需要和好朋友一起完成改造。于是经过大家的讨论，我们决定当天进行小组活动，孩子们根据自己的意愿自由分组，一起改造玩具。

分工合作

三、经验分享

孩子们通过集体活动以及亲子活动一起改造了旧玩具，给它们赋予了新生命，这不，孩子们在爸爸妈妈的帮助下，利用手机记录下了改造旧玩具的过程以及玩具的新玩法、新用途。

妞妞："一个纸巾盒子。"

豆丁："做了一个笔筒，可以帮老师把笔放在一起。"

豆豆："我可以送给弟弟妹妹。"

比萨："我和皮皮的玩具现在是恐龙王国。"

英俊："一个窗帘绑带，好看的娃娃很可爱。"

改造经验分享

幼儿的经验与学习：幼儿在不断有新玩具且玩法更丰富更新颖的情况下，就会慢慢遗忘原有的玩具，那么旧玩具或者已经损坏的玩具该如何处理呢？在周末，幼儿和爸爸妈妈一起进行了玩具大改造，在动手动脑中，尝试运用了一些常见工具，如剪刀、胶带、胶水等，初步了解了玩具的制作过程和方法，一起修补旧玩具，改造玩具，同时在遇到困难后，主动想办法解决，给了旧玩具新的生命。

教师的支持与思考：本次活动，对于如何对待很多不玩的旧玩具，幼儿想到了很多办法，比如可以修补，可以送别人，最重要的是可以让旧玩具有新玩法，有的幼儿改变玩具的原有游戏规则，想出新的游戏规则，有的幼儿通过将不同的玩具混合使用、增加游戏辅助材料等方法来增加玩具的趣味性。在区域活动中投放《玩具诊所》《玩具太多了》《玩具总动员》等绘本丰富幼儿的想象。利用改造后的玩具和同伴一起游戏，幼儿可以借鉴。

潮玩展

一、与大家分享玩具

孩子们对玩具进行分类，花了一周时间制作和改造玩具。这么多玩具展示起来比较乱，有什么办法可以解决这个问题？

豆豆："把东西放在一个展览台上。"

焜焜："让别人看到。"

元宝："每个小朋友介绍的时候快一点。"

海米："可以早上一部分，下午一部分，让小朋友介绍。"

豆丁："可以像逛超市一样，把玩具放在一起。"

二、布置展览台

孩子们提出来可以将玩具放在展览台上进行展示。那么新的问题出现了：展览台如何布置才能更吸引人？

老师："你们准备怎么布置场地？"

小虎："分组布置。"

可可："分类布置。"

于是小朋友们按照自己的计划进行展览台的布置，大家分工进行。

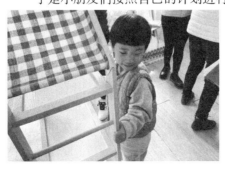

布展在行动

潮玩分类

设计潮玩展宣传海报　　　　　　　　时尚醒目的宣传海报

　　王海英的《幼儿一日生活中的深度学习》一书中有"玩—记—说—展"的深度学习故事方式，基于孩子们的讨论，我们将此方式运用到了本次的集体活动中。老师及时说出"展览会"这个新的名词，让孩子们一起了解。接下来孩子们通过亲子调查、集体活动，将更加详细具体地了解展览会是什么，举办展览会需要哪些前期准备以及展览会的举办流程是怎样的。

　　幼儿的经验与学习：基于教师讲解以及平日的观察，幼儿通过分工合作利用教室现有的物品布置场地。本着一切遵循幼儿的意愿，一切以幼儿的想法为主的思路，幼儿大胆尝试，自主商议如何布置场地，体现了幼儿参与环境创设的自主性，充分发挥了自己的想象力和动手能力，使幼儿在愉快的活动中开拓了思维，提升了想象能力，也体现了幼儿间互相交流、解决问题的能力。

　　教师的支持与思考：每一次的生成活动都是为了让幼儿的各个方面得到更好的发展。相较于主题活动，生成活动中更注重增强幼儿主动参与活动的意识，提高主动探究的能力。而关键之处在于教师能否适时适当地对幼儿进行引导。教师充分利用教室里的美术材料，支持幼儿自主设计。

参观潮玩展

一、邀请观众来参观

　　怎么邀请其他班的小朋友参观我们的展览会呢？我们应该怎么说呢？老师和孩子们一起展开了讨论。

豆丁："就说我们在班上布置了好看的展览。"

可可："还可以说展出的东西是各种玩具，其中一些是废旧玩具改造的。"

果冻："老师您好，我们想邀请班上的小朋友到我们班看玩具展览。"

二、吸引更多观众来参观的办法

为了展览会的顺利开展，孩子们精心布置会场，按区域分类，那么一切都准备就绪了，我们怎样才能让更多的观众来参观呢？

妮妮："告诉他们班上布置的可漂亮了，还有很多好玩的玩具。"

卷毛："还可以准备一些游戏让他们玩。"

比萨："咱们可以给来的小朋友送一些小礼物。"

老师："怎样安排展览区域的小活动呢？"

宸宸："我们可以设置抽奖游戏，抽中的小朋友有礼物。"

妞妞："可以参与我们的玩具改造，一起改造自己的玩具。"

三、邀请老师和小朋友参观

孩子们热情地去其他班级邀请到了小伙伴，大家一起高兴地来到我们的玩具展览区。我们班的孩子在展览区与其他班的小朋友积极互动，介绍自己改造的玩具。

邀请大朋友来参观

我是小小讲解员

幼儿的经验与学习：在此活动中，幼儿的自我意识更加突出。他们在潮玩展中积极主动地按自己想法进行游戏，大胆邀请他人并且介绍自己的作品，向同伴介绍玩具时，语言表达能力与逻辑思维能力得到了进一步的提升。同时他们会更加关注自己的作品，这样不仅提升了自身的观察力，而且显示出他们良好的学习品质。

　　教师的支持与思考：教师为幼儿提供适宜的场地、丰富的材料、充足的时间，给予幼儿时空支持。在让儿童放手游戏的基础上，相信幼儿的能力，尊重幼儿的自主选择。在潮玩展的活动中，幼儿有更多的机会展现自己在社会交往、语言表达等方面的能力，教师也有更多的时间去仔细观察。

结语

　　《指南》提出：遵循幼儿的发展规律和学习特点，珍视幼儿生活和游戏的独特价值，充分尊重和保护其好奇心和学习兴趣，最大限度地支持和满足幼儿通过直接感知、实际操作和亲身体验获取经验的需要。本次活动正是遵循了这样的教育理念，珍视生活中旧玩具的教育价值，在尊重儿童的好奇心以及探索旧玩具能不能再玩的过程中，使幼儿的社会交往、语言表述、图像表征、解决问题、平面设计等能力得到了进一步的发展，激发幼儿更加关注和重新利用生活中废旧物品的热情，将幼儿生活与学习探究有机地结合起来。

　　在"放手游戏""追随幼儿"这些理念的浸润下，越来越多的游戏主题来源于幼儿的实际生活，使幼儿萌发了无限创想。我们应该在尊重、追随、支持、推进幼儿游戏的同时，注意观察儿童行为，总结经验，为后期的活动做准备。作为教师，我们要学会观察、学会倾听，形成儿童视角。

　　本次活动，我们只是让孩子们带来了旧的玩具，通过改造、展览，我们希望孩子们能够爱惜自己的玩具。随着年龄的增长，孩子们今后应该买什么样的玩具呢？怎么买玩具呢？大家还有什么新的计划？这些思考就是本次活动蕴含的更深层的意义。

小区游乐场的约定

谭　峰

缘起

在活动"小区里我喜欢……"中，小区里的游乐场成为孩子们的热门话题：

宸宸："我最喜欢小区里的游乐场了。"

六六："我喜欢荡秋千。"

果果："但是我每次玩滑梯的时候都很挤，而且还有小朋友插队！"

康康："我每次玩秋千都要排好久的队。"

在这里，孩子们不仅发现了乐趣，还关注到了规则和秩序，这正是一个支持孩子积极探索和尝试，达成内心对规则的认同和内化的好机会，于是我们带领孩子们开展了关于"小区游乐场的约定"的班本活动。

活动脉络图

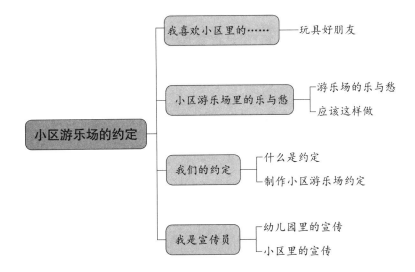

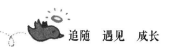 追随 遇见 成长

关键经验结构图

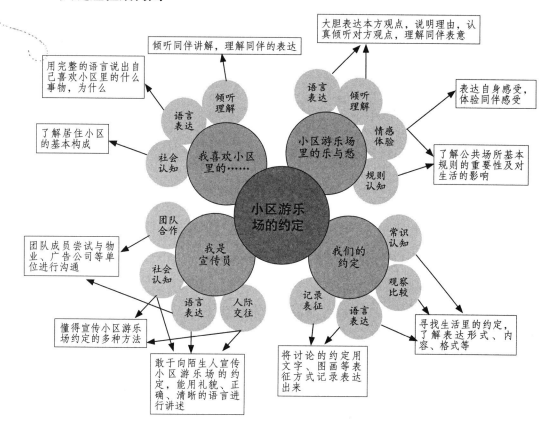

课程展示

我喜欢小区里的……

一、玩具好朋友

孩子们对周围的生活环境充满好奇心和探究欲，常常在晨间活动、户外活动、区域活动、餐前饭后、离园前等自由时间里聊着自己喜欢的事物：

糖豆："小小晅，告诉你个秘密，我们小区里新开了一个小商店。"

小小晅："我们小区里还有个奶茶店呢！"

毛毛："我昨天和妈妈去快递点取快递，看到无人快递车了。"

康康："我妈妈昨天带我到小区的操场打球，可好玩了。"

小米："鸿儿，你剪头发啦。"

104

鸿儿："嗯，妈妈带我去院子里的理发店剪的。"

孩子们的话语充满了乐趣，老师也不自觉地关注起他们的聊天内容，经过归类梳理，老师也提出了自己的问题：在你居住的小区里都有些什么？你最喜欢小区里的哪个地方？为什么？可以拍成照片发送给老师再和大家一起分享吗？孩子们按捺不住都说道："老师，今天放学就给你发照片！"第二天，老师将孩子们发来的照片整理好播放在大屏幕上，请孩子们一一介绍。

小米："我们小区有花和草，还有树。"

奥克："我们小区有健身器材，还有滑滑梯。"

小萱："我最喜欢去小区里的超市买东西了，现在我都可以自己一个人去超市了。"

芒果："我们小区里的健身器材特别好玩。"

祁帜："我喜欢小区里的单杠，我一下就爬上去了。"

果果："我最喜欢去游乐场。"

明明："我每天都要去我们小区的游乐场玩滑滑梯。"

毛豆："我最喜欢游乐场的秋千。"

鸿儿："我最喜欢游乐场了，每次都要玩好久。"

小区里的游乐场最受欢迎

在孩子们的表达、交流中，老师发现孩子们对小区里的很多设施、环境都有所了解，其中喜欢游乐场的居多，这是孩子们的天性使然。

幼儿的经验与学习：谈话讨论活动中，幼儿知道了在大家居住的环境里，不仅有各种各样的楼房和很多居民，还有一些公共设施，比如游乐场、健身器材、小超市、理发店、垃圾桶、操场、公共卫生间等。通过表达、讲述，

幼儿能更加清楚地了解自身居住的环境，以及自己居住环境与他人居住环境的异同，在表达的过程中幼儿的口语表达能力大大提高。

教师的支持与思考： 在幼儿天马行空的交流中，教师通过分类、梳理幼儿的谈话内容，提出问题，使幼儿的讨论聚焦产生主题，帮助幼儿有重点与核心地进行分享交流。通过交流，教师敏锐地发现幼儿的兴趣点，即对小区的游乐场特别感兴趣，幼儿也愿意分享自己在游乐场发生的一些故事，于是，教师紧跟幼儿的脚步，和他们一起了解小区游乐场的现状，开启了幼儿对游乐场更深入的讨论。

小区游乐场里的乐与愁

一、游乐场的乐与愁

小区游乐场是最受孩子们欢迎的场所，可在交谈中我们发现，孩子在小区游乐场里玩耍时除了有快乐的感受外，还有一些令他们感到不愉快的事情。接下来，根据自己在小区游乐场玩耍时最切身的感受，孩子们分成了乐事组与愁事组，分别陈述自己在小区游乐场玩耍的过程中，发生了哪些快乐与忧愁的事情。

1. 快乐的感受

晨晨："我在小区游乐场最喜欢和我的好朋友一起玩了。"

明明："小朋友们排队滑滑梯，就会玩得很开心。"

小米："我可以在游乐场和其他的小朋友玩过家家游戏，每次都可开心了。"

糯米："我可以在游乐场玩我的扭扭车。"

登登："我和我的好朋友没在一个班，上幼儿园的时候没法一块儿玩，但是晚上我们都到游乐场玩，就能一起玩，我非常开心。"

豆豆："我在游乐场学会了荡秋千，可以不用妈妈推我。"

2. 忧愁的感受

果果："我最喜欢玩滑滑梯，可是每次玩的时候老有人推我，这样很不安全。"

慢慢："我最喜欢游乐场的秋千了，每次都不想下来，但是后面还有小朋友要玩。"

暖暖："滑滑梯总有人插队，还有人从滑滑梯的下面爬上去，这样很危险。"

水果："有人抢滑滑梯，就不能很好地玩。"

花花："我去玩秋千，每次都要排好长的队。从秋千前面过去的时候，如果没量好距离就会被撞到。"

祁帜："玩秋千的时候一定要小心，我有一次就受伤了。"

乐乐："有的小朋友还破坏植物。"

毛毛："有的小朋友随地小便，弄得玩的地方很臭，还有很多蚊子。"

毛豆："大家的滑板车都乱放，挡住玩的地方了。"

宸宸："有的大孩子跑得很快，都快把我撞飞了。"

乐事组和愁事组分别讲述自己的感受

在分别陈述的过程中，孩子们讲述了自己的真实感受，也在倾听他人陈述时唤起了自己已有的经验。接下来，老师引导提问：在幼儿园里我们玩滑梯的人数更多，但为什么高兴的体验要多于不快乐的体验呢？孩子们你一言我一句逐渐展开回顾：

澄澄："因为在幼儿园我们玩的时候老师都说了要排队，我们都遵守规则。"

小十一："因为所有的人都会遵守规则，所以就玩得很开心。"

大萱："我们一个接一个滑下来，很快就能又轮到我玩。"

小树："老师告诉我们不要插队，要按顺序来。"

奥克："如果违反规则就会被取消，改正了才能再玩。"

欣欣："有时候我们看人太多就换个玩法，等人少的时候再来。"

通过孩子们的回顾，他们的思路逐渐清晰了，原来在幼儿园进行游戏有明确的游戏规则，大家都遵守，就可以有秩序地开展游戏，而在小区游乐场没有明确的规则，所以游戏时就有些混乱。

二、应该这样做

明确了原因，对于不遵守规则就会导致小朋友在小区游乐场玩耍时产生碰撞、争抢、长时间等候等不愉快事情的发生，孩子们展开了新一轮的思考：

糯米："让他们不要随地小便。"

乐乐："提醒小朋友把滑板车摆整齐。"

柚子："提醒大家不要乱扔垃圾。"

明明："滑滑梯的时候要排队。"

晨晨："不能大喊大叫。"

六六："荡秋千时，秋千前后画一条警戒线，提醒小朋友们不要靠近。"

暖暖："我们可以像医务工作者那样拿一个喇叭，对小朋友喊出规则。"

水果："可以将规则发到微信的业主群里，让大家都知道。"

小米："我们也可以画出来，就像进区的规则那样，张贴在小区的游乐场里。"

画出我们想的规则

孩子们通过讨论明确了在小区里应该有一些规则，帮助大家在小区游乐场里玩耍时建立秩序，获得更多快乐的体验。

幼儿的经验与学习：在活动中，幼儿说出了自己在小区游乐场玩耍时的感受，讨论小区游乐场中的"乐"和"愁"。在讨论中，幼儿与同伴分享自己的发现，幼儿不仅需要自己理解，还需要用语言进行输出，具有一定的表达能力。在他人分享时，能够安静、认真地倾听，发现游乐场中存在的更多问题，更加全面地认识、了解了自己所居住的地方。幼儿通过讨论的方式，想出了画出停车位、滑滑梯要排队、不随地大小便、不大喊大叫等解决方法。

教师的支持与思考：教师发现了幼儿在小区游乐场玩耍时有不同的感受，帮助幼儿梳理他们更愿意表达哪一种感受，鼓励幼儿用条理清晰、完整的语言来表达。当幼儿能够用语言表达出自己的感受后，教师又一次引导、鼓励幼儿用绘画的形式呈现，幼儿也进行了尝试。但从幼儿的作品中，教师发现大多数幼儿还不太能用绘画的方式表达出简单的意思，这也提醒教师本班幼儿在这方面的经验不足，需要进行一些相关活动提升幼儿的此类经验。

我们的约定

一、什么是约定

对于什么是约定，孩子们说法不一，老师便请孩子们在小区、幼儿园里寻找他们认为的约定并拍照，然后分享孩子们的发现。

明明："我在我们小区的花园里找到了'爱护花草'的公约。"

慢慢："我在健身器械那找到了健身器械使用时的注意事项。"

秦豆："小区树林里有养宠物时的温馨提示。"

六六："我在小区楼下找到了住户公约。"

毛豆："我们小区楼下也有健身器械使用时的温馨提示。"

暖暖："小区电梯里有一些公约。"

六六："幼儿园的每个区域都会有进区规则，都是小朋友应当遵守的规则。"

小明："值日生要好好做值日，不能在扫地的时候乱跑，这样就没人做值日了。"

小胖："这些约定让我们遵守规则。"

小米："还有提醒我们注意哪些事情很危险不能做的牌子。"

暖暖："这些约定都是为了让我们的生活更方便。"

欣欣："我们户外活动的时候也有约定，提醒我们能干什么，不能干什么，为了保护我们的安全。"

孩子们通过寻找、观察、对比和老师的讲解，知道了约定是为了规范人们的行为，以便让大家的生活更方便、安全。在观察对比后，孩子们发现小区里的约定以文字为主，幼儿园里的约定以图画为主，大家一致认为文字加图案的约定更能让到小区游乐场玩耍的小朋友看懂。

我们找到的约定

二、制作小区游乐场的约定

了解了约定是什么，以何样的形式呈现更好之后，老师继续提出问题：我们小区游乐场需要怎样的约定呢？孩子们根据自己在小区游乐场玩耍时的感受进行了讨论：

六六："玩滑滑梯要排队，不推挤。"

110

豆豆："荡秋千数三十下就换别人玩。"

果果："控制声音，不大喊大叫。"

花花："不摘花和草。"

奥克："不随地小便。"

有了约定的内容，如何将其用恰当的方式表征出来，让大家看得明白，引起了孩子们的思考：

果果："我要设计小朋友爱护花草的约定，要画一个大爱心，这样小朋友们就能知道我的意思了。"

毛毛："我要画一个小朋友随地小便的样子，在旁边画一个叉，这样大家就知道这样做是不对的。"

鸿儿："我要画很多小朋友排好队的样子，在旁边打钩。"

孩子们进行了第一次绘画，画完后大家一起参观讨论到底哪些作品能清楚地表达出约定的意思，能被别人看明白。经过激烈的讨论、挑选，孩子们选定了五条约定，并请老师帮忙用文字书写记录下图画表示的约定内容。

我们来设计约定、讨论约定

幼儿的经验与学习：幼儿通过调查、分享的方式，探访小区里的约定，知道了小区里的公约、温馨提示、标牌等是由文字、简单的图案和禁止图标等构成的，告诉在这个小区里居住的人们能做哪些事情，有什么需要注意的地方和一些方便生活的提醒等，让我们在小区里生活得更便捷。同时通过观察幼儿园里的约定，幼儿知道了用简洁的图案、符号、文字更能让小朋友知道在这些地方应该做什么，不应该做什么。通过设计绘画、交流分享等环节，幼儿对小区游乐场公约的设计有了更清楚的认识，如知道了设计约定时需要美观、简洁等，愿意积极主动为小区游乐场设计公约，同时也乐意与同伴分享自己的想法，展示自己的作品。

教师的支持与思考：教师在前期请幼儿对小区里的约定进行调查，教师将调查结果进行汇总。通过集体交流分享的方式，将小区公约、温馨提示进行整合，罗列出健身器械使用的公约、住户公约、花园公约等小区里的各种公约。在了解小区约定的基础上，鼓励幼儿了解幼儿园里的约定，支持幼儿找出两者的不同，帮助幼儿梳理"小朋友"版约定的注意事项。教师积极引导和支持幼儿的动手实践活动，在前期引导幼儿了解哪些约定需要设计，让幼儿在设计中清楚地了解应该怎样设计最合理，最后通过交流分享讨论的方式选出符合约定要求的作品。因为这份公约有每个人的参与，所以大家都心服口服地接受这份公约，也都愿意去执行。这正体现了《指南》中所说的中班幼儿能与同伴协商制订规则，能遵守基本的行为规范这一特点。

我是宣传员

一、幼儿园里的宣传

孩子们在班级内挑选出了五条约定，针对同一个约定不同小组的孩子又进行了各自的绘画表征，到底哪种绘画形式更能体现约定内容呢？孩子们产生了争论，有的说自己小组画得好，有的认为别人组的画不清晰。争论间，老师适时提问：这个约定是让我们自己看的吗？光我们看得懂就可以了吗？孩子们赫然明白，需要让所有去小区游乐场玩的小朋友都能看懂，光在班级中争论不起作用，于是大家决定去幼儿园其他班级征求意见。

去不同班级进行宣传，选出最终的约定

各小组的孩子到全园每个班级进行宣传，请班级里的小朋友进行雪花片投票、举手表决、站队确定等不同形式的投票，最终决选出五张搭配文字的图片，成为我们为小区游乐场设计的约定定稿。

小区游乐场约定定稿

二、小区里的宣传

到小区游乐场玩耍的还有很多没上幼儿园的孩子，如何让更多到小区游乐场玩的小朋友知道这个约定并能共同遵守呢？

果果："我们需要到小区里宣传。"

芒果："可以在微信里发个通知，就像我们做核酸的通知一样。"

奥克："可以拿个喇叭把我们的约定录进去，然后挂在游乐场一直播放。"

慢慢："可以发传单。"

澄澄："我们可以做成广告牌摆在那里。"

萱萱："可以请物业帮忙。"

于是孩子们兵分三路，一组到广告公司制作广告牌，一组到院子里发宣传单，一组请求物业帮助。

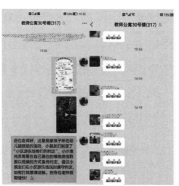

通过多种方式宣传小区游乐场的约定

幼儿的经验与学习：本次活动中，幼儿已经能够全方位地思考自己在做约定时应注意的事项，初次制订约定时幼儿已经意识到制订约定需要注意的事项。通过教师引导，大多数幼儿都可以用自己的绘画语言表达出较为复杂的意思。通过到幼儿园其他班进行宣传与投票，幼儿在陌生环境中表达自己想法的能力得到了初步的锻炼。通过设计、分享、交流，幼儿的绘画表征能力和语言表达能力也不断地提高。通过直接感受、亲身体验、实际操作，幼儿积极利用下午放学的时间去小区与物业协商沟通，利用假期的时间积极宣传等方法，让更多来游乐场的大人和小朋友知道了我们小区游乐场设计的约定。在遇到问题时，幼儿学会了分工合作，遇到困难一起克服，发生矛盾自己协商解决。本次活动对本班幼儿社会交往能力的锻炼非常大，幼儿体验到了劳动的快乐和为他人服务的成就感，体会到了自己作为小区一员的使命感和责任感。

教师的支持与思考：幼儿完成自己的设计稿后，教师让每个小组的作品都有资格参选，使幼儿有成就感和参与感。也做到了《指南》中所说的尊重和保护幼儿的自尊心和自信心，平等公平对待每一个幼儿。本次活动中，教师支持幼儿到不同年龄段的班级展示自己小组的作品，培养了幼儿的集体荣誉感。根据中班孩子做事情的专注度和持久性更强、初步具备协商能力和合作能力的特点，教师更广泛听取了幼儿的意见，在安全范围内允许幼儿大胆尝试。本次活动中教师相信幼儿能自己与物业沟通商量制订海报的事宜，给予他们做事的空间和机会。教师和家长一直在旁边以拍照、录像等形式记录小小宣传员的精彩瞬间，最后对宣传员进行鼓励和肯定，激发幼儿对小区的归属感和完成任务的成就感。

结语

在"小区游乐场的约定"系列活动中，教师作为幼儿学习的合作者、支持者、引导者，在每一个活动中能发现幼儿的兴趣点，发掘教育契机，深挖教育价值。本次活动可以说是一个发展中班幼儿社会性的非常好的契机，来源于幼儿生活的实际。幼儿在角色体验、社会实践中能收获新知，得到不同层面的发展，同时通过自己的努力尝试改变小区游乐场的现状，实现自我价值，获得成就感，由此感受自己作为小区一员是件快乐光荣的事情。

《指南》中指出幼儿阶段是人社会性发展的重要时期。在这个时期，幼儿学习怎样与人相处，怎样看待自己，怎样对待别人；逐步认识周围的社会环境，内化社会行为规范；逐步形成对所在群体及其文化的认同感和归属感，发展适应社会的能力。

本次生成活动虽然告一段落，但实则并未结束，教师鼓励幼儿在自己到游乐场玩的时候，看看其他小朋友是否遵守约定，将宣传、执行约定的事情坚持下去，做好监督员。鼓励幼儿将在小区游乐场玩耍过程中出现的新问题带到班级中进行讨论，以得到解决方法；让幼儿感受到用自己小小的力量为营造和谐、愉快的小区游乐场氛围所取得的成就感。希望幼儿的行动能呼吁小区里的每一个人，规范自己的行为，共同建设属于大家的和谐小区游乐场，建设美丽家园。

大树过"暖冬"

郝梦迪

缘起

冬天来了，孩子们在户外活动休息时，对冬天里的大树产生了讨论：

瑞瑞："为什么有的大树都秃了而有的大树还是绿的？"

羊羊："大树的树干上为什么有白色和一条红线？"

一一："老师，树干上的白色到底是什么？"

孩子们的疑问引起了周围同伴的注意，孩子们纷纷围过来近距离观察大树并展开了激烈的讨论。对于孩子们兴趣点的萌发，我们深入思考，抓住教育契机，和孩子们一起寻找大树过冬的秘密，于是便有了本次活动——大树过"暖冬"。

活动脉络图

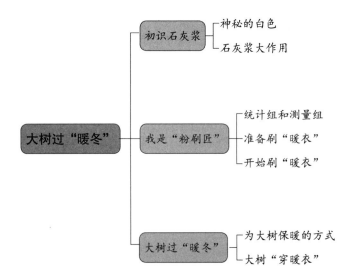

关键经验结构图

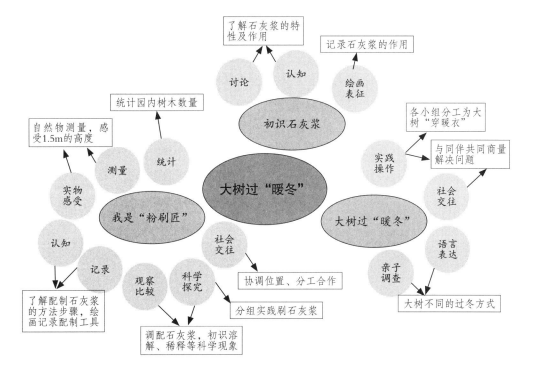

课程展示

初识石灰浆

一、神秘的白色

孩子们在户外休息时对树干上"神秘的白色"产生了浓厚的兴趣。老师发现后及时提出疑问："你们觉得树干上的白色是什么东西呢？"大米想了想说："我觉得是杀虫剂，可以杀死虫子让它从树干上掉下来。""我觉得是油漆，可以让大树变得很漂亮！"贝儿开心地说道。嘟嘟摸了摸树干说："白色是赛道吧，红色是冲刺线，虫子爬到红色就不能再往上爬了。"大家你一言我一语，激烈地讨论着。

二、石灰浆大作用

那么白色的东西到底是什么呢？基于孩子们的兴趣，老师提供了PPT图片、视频等媒体资源，引导孩子们观察探究。

探究石灰浆的作用

通过视频观察，孩子们对"神秘的白色"有了认知：原来树干上的白色是石灰浆。石灰浆具有防虫杀菌的效果，并且能够帮助树干伤口尽快愈合，帮助大树防寒、抗冻，使得所有树木整齐、美观，夜间还有警示、提醒人们的作用。

绘画表征石灰浆的作用

在分享的过程中，孩子们更加明确了石灰浆的作用，丰富了自我认知。因为石灰浆对大树有很重要的作用，能帮助大树温暖过冬，所以在寒冷的冬季，我们亲切地把石灰浆称作大树的"白色暖衣"。

饼饼："老师，为什么一定是白色的呢？黑色的、彩色的不可以吗？"

迪迪："对呀，妈妈说黑色的羽绒服比白色的更暖和，黑色更吸热，为了让树更暖和，为什么不刷黑色啊？"

新的问题使孩子们陷入了沉思。于是我们搜集资料支持幼儿的进一步探究。

使树木少吸收热量

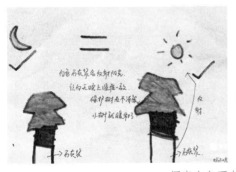

探究白色石灰浆的作用

子琪："原来害虫喜欢黑色的地方，不喜欢白色、干净的地方，树干涂上了雪白的石灰浆，土壤里的害虫便不敢爬到树上来捣蛋了。"

豆豆："是啊是啊，石灰是白色的，能够反射掉很多的阳光，这样，树干在白天和夜间的温度就差不大，不易裂开。"

通过观察、讨论，孩子们更加深入了解了石灰浆的作用，都想帮助幼儿园的大树过个"暖冬"，老师适时捕捉孩子们的想法，鼓励、支持孩子们进一步实践。

幼儿的经验与学习：本次活动关注幼儿的兴趣，基于幼儿的提问，幼儿深入了解了"白色"到底是什么物质。在前期，幼儿有了一定的思考、猜测和调查，通过图片、视频等媒介，教师与幼儿一起寻找答案，从而认识了新名词——"石灰浆"，通过观察、倾听、理解，幼儿获得了石灰浆作用的知识，并通过绘画的形式表征。幼儿知道了在冬天我们把石灰浆叫作"大树的白色暖衣"，同时在自主讨论中，幼儿基于已知经验通过交流能够感知和发现不同季节的特点，体验季节对动植物和人的影响。

教师的支持与思考：虽然是幼儿自己提出的疑问，但教师并没有直接输出答案，没用标准答案来禁锢幼儿的想象，而是鼓励幼儿根据自己的兴趣点和好奇点展开讨论，调动孩子已知的经验，结合自然认知，表达自己的不同观点。每个幼儿的语言特点不同，有的体现知识性、有的体现童趣……这都是每个人积极观察、思考后的结果，即使有的幼儿没有发表自己的想法，但教师也看到了他认同同伴时的坚定，倾听同伴时的专注，体现了良好的学习品质。

新的兴趣点的萌发引发新的问题，教师思考如何给予幼儿材料、环境的支持，使得幼儿能够结合周围环境，明确大树的数量，为之后的活动做准备。

我是"粉刷匠"

一、统计组和测量组

在体验刷石灰浆之前，还需要知道幼儿园有多少棵大树，经过讨论，孩子们一致决定去数数。就这样，大树统计组出发了……

一起去数数幼儿园有多少棵大树吧

艾玛："小操场旁边一共有五棵树需要穿暖衣。"

小豪："路灯旁边的树一排排，我们数了七棵。"

淇淇："快点给大树穿暖衣吧，它的树皮都冻裂了，还有很多被虫子吃的洞。"

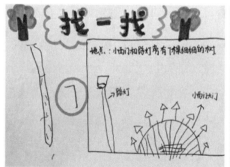

记录一下幼儿园大树的数量和位置

记录一下幼儿园大树的数量和位置

在统计组成员的共同努力下，通过点数、记录，我们获得了幼儿园大树的数量：小西门和路灯旁有七棵细细的树，大操场的滑梯旁边有九棵粗粗的树，上体能课的小操场旁有五棵细细的。孩子们在寻找的过程中，也发现大树存在的问题，急切地盼望着为大树穿上白色的"暖衣"。

芷萱："知道了大树的数量，我们快准备刷石灰浆吧！可是要刷多高呢？"

老师："你们觉得应该刷多高？"

小豪："石灰浆那么好，给大树全部都刷上。"

福娃："这样不好吧，只能刷到树干，不能刷到树叶。"

对于孩子们的激烈讨论，老师给予材料支持，通过搜集资料，孩子们知道了1—1.5m的位置最为合适。可是1.5m到底多高呢？

豆豆："用尺子，从根部拉到尺子上的数字，用白色画线固定。"有了尺子作为参照，1.5m量起来并不难。但是教室里这么多小朋友，没有足够的尺子。为了寻找解决问题的办法，老师鼓励孩子们运用自然物测量法，用教室里的其他物品比一比，看看1.5m到底有多高，最后小组内再合作将自己的发现记录下来。

尝试用多种材料感受1.5m的长度

尝试用多种材料感受1.5m的长度

在观察对比中我们发现，原来1.5m=15个胶棒=2根pvc管=5个30cm的直尺=6个扭扭棒=8根吸管=71个雪花片=31个插塑玩具连接起来的长度。

将观察的结果记录下来

幼儿的经验与学习：活动中幼儿通过自己的观察记录来统计幼儿园里有多少棵大树需要刷石灰浆，能通过简单的调查收集信息，并用图画或其他符号进行记录，同时能调动自己测量大树和同伴合作的已有经验，运用丰富的生活物品动手动脑探索物体和材料，丰富其数学认知，并乐在其中。其次，在教师的指导下，感知和理解事物"量"的特征，从而理解数的概念。

教师的支持与思考：引导幼儿积极主动地尝试自己的大胆推测，支持幼儿在熟悉的环境下自主探究，有利于推动幼儿根据自己的自主观察获取结果。给予物质支持方便幼儿记录，帮助幼儿更直观且更有效地获得认知，通过了解知道是石灰浆需要刷1.5m，鼓励幼儿在身边寻找物品，感知、体验1.5m的高度，在亲身体验中获得丰富的数学知识经验。

有了大树数量的信息，孩子们兴致勃勃地等待刷石灰浆，老师思考如何让幼儿充分理解石灰浆的配比过程以及所具有的科学原理。

二、准备刷"暖衣"

怎么制作石灰浆？石灰浆该如何刷？什么时候刷？这一系列的问题都是孩子们即将面对的。根据需求，老师提供视频、图片引导孩子们通过观看、记录了解石灰浆的制作过程及其重要事项，并在绘画记录中进一步巩固知识经验。

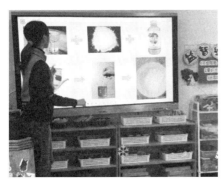
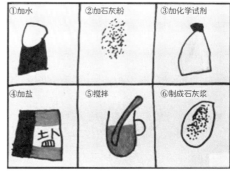

学习石灰浆的制作并记录下来

老师："石灰对人体是有害的，如果不小心弄到眼睛里、嘴巴里、皮肤上我们就会受到伤害。"

小豆："所以在刷的时候我们需要戴口罩和手套。"

大米："还有防护服、护目镜、刷子呢。"

在孩子们的讨论中，我们知道了刷石灰浆所使用的工具及防护措施。在老师和爸爸妈妈的帮助下，我们成功地集齐所有装备和工具。

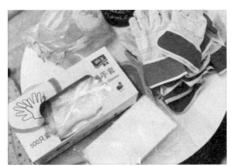

集齐装备和工具

幼儿的经验与学习：幼儿通过自己观看视频，对石灰浆的制作过程有了初步的认知，并能小组合作绘出配制表，感知和发现石灰粉遇水溶解的性质，能根据材料危害性的认知提出对自己的保护建议，并大胆寻找防护物品，有一定的自我保护意识。

教师的支持与思考：通过播放视频，教师引导幼儿初步了解石灰浆的配制方法，鼓励幼儿用绘画形式将配制方法表达出来，进一步巩固知识经验。同时和儿童讨论，抛出石灰对人体有害的问题，激发幼儿采取适当的防护措施并鼓励幼儿尝试用涂鸦表达，从而进一步推动幼儿寻找防护物品，自主探索，为下一步刷石灰浆奠定基础。

三、开始刷"暖衣"

"东西都准备好了，怎么刷啊？"萱萱有点担心地说道。

"我觉得要转圈刷，并且树根也要刷。"真真说。

基于孩子们的问题，老师使用教室里大树的替代物和美工工具让孩子们先体验一下刷石灰浆的方法，为实地刷石灰浆积累经验。

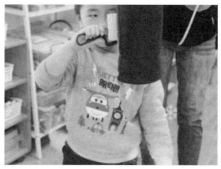

尝试如何刷石灰浆

"那什么时候刷啊？"萱萱又问道。

小果果想了想说："冬天刷，这样就能保证早晚的温度一样。"

饼饼："不对，石灰浆是保护大树不会冻坏的，所以应该在冬天来之前就刷。"

小果果激动地说："对哦，那就是秋天刷！"

对于他们的讨论成果，其他小朋友也表示赞同，这时老师介入说："石灰浆应该在秋末刷一次，初春再刷一次，这样效果更好。现在就是秋末，所以这个时间刷刚刚好！"听到这个好消息，孩子们开心极了！准备妥当，我们就要出发啦！

穿戴整齐，准备出发

孩子们分组行动，结合生活经验开始调配石灰浆，在与同伴的合作中完成加石灰粉→加水→搅拌的步骤，最终，我们的石灰浆制作成功啦！

小组分工，一起合作

小小粉刷匠们提起石灰浆，开始为大树刷上"保暖衣"，你来搅拌我来刷，孩子们齐心协力，共同合作。可是，一开始并不是那么顺利，渐渐地新的问题产生了：

悦儿："石灰浆都流下来了，没办法包住大树。"

老师："为什么会流下来？流下来说明石灰浆怎么了？"

福娃："水太多了！"

老师："那怎么办？"

福娃："我知道，加石灰粉，就像妈妈和面一样，再加点面粉。"

孩子们在交流中结合生活经验，寻求解决问题的办法。这一次，孩子们信心满满，在不懈努力下，终于让大树都穿上了厚厚的白色"暖衣"。

大树成功穿上了"暖衣"

幼儿的经验与学习：幼儿结合自己的生活经验，通过使用道具进行"刷石灰浆"的初步练习，学习并掌握了正确的粉刷方法。能自主讨论如何刷，了解何时刷最合适等问题。通过亲身体验获得搅拌可溶解稀释等科学现象，用对时间的认知去体会一年四季的轮回，巩固了认知中的规律和顺序。

教师的支持与思考：刷石灰浆的过程也是幼儿直观了解探究石灰浆的过程，教师通过经验分享、实际操作引导幼儿深入了解怎样刷，何时刷。同时在刷的过程中再次巩固幼儿对石灰浆配制过程的了解，满足了幼儿对石灰的探究愿望。及时关注问题产生，引导幼儿发现问题出现的原因，从而尝试解决问题，最后以小组形式鼓励幼儿相互合作，不断协调，分工再合作，增强幼儿与同伴交往的能力和坚持、认真、专注的品质。

通过实际操作，幼儿深入理解了刷石灰浆的操作过程，丰富了生活经验，这一活动也体现了生活化的教育理念。知道了为大树保暖的方法，教师思考如何支持幼儿了解更多为大树保暖的方法，促使课程活动有效延伸。

大树过"暖冬"

一、为大树保暖的方式

了解了石灰浆为大树保暖的方式，还有什么方法能够让大树温暖过冬呢？通过亲子调查，孩子们了解到了大树过冬的其他方式：用麻绳、布条缠住树干；用树叶和泥土厚厚的盖在树根部保护树根；搭建挡风架，像温室大棚一样为大树套上塑料袋，树干上裹上塑料膜，裁剪枯树枝、枯树叶，避免水分、营养过度流失；下雪天厚厚的雪也可以保护大树……

与小伙伴一起分享大树的过冬方式

幼儿的经验与学习： 幼儿通过亲子调查，积极思考，搜集大树的过冬方式，丰富了认知，同时通过制作调查表和分享调查表再次巩固和深入了解了大树不同的过冬方式，摄取他人经验的同时丰富了自我经验。在分享的过程中，幼儿自信讲述、敢于表达，建立了强烈的自信心。

教师的支持与思考： 前期幼儿在和爸爸妈妈一起调查大树保暖方式时已经获取了相关知识经验，所以在分享时，教师鼓励幼儿用语言来进行表达，支持幼儿相互分享经验。通过小组成员的分享，幼儿共同总结大树的保暖方式，丰富了幼儿的知识经验。

基于大树的多种过冬方式，教师思考如何给予材料支持，使得幼儿将所学知识运用到实践中。

二、大树"穿暖衣"

了解到大树不同的过冬方式，在老师和爸爸妈妈的帮助下，孩子们获得了布条、床单、麻绳、保鲜膜、稻草等物质材料的支持。接下来，就让孩子们分组去尝试吧！

1. 麻绳组

麻绳组的孩子们拿到麻绳，来到了大树旁，他们小组分工，你来拽绳我来缠，不一会儿，麻绳成功缠绕在树干上，还将最后一点麻绳压在里面，大树的麻绳保暖衣就做好了。

一起将麻绳缠绕在大树上

2. 保鲜膜组

孩子们拿起保鲜膜，你来拽我来拉，最后一起截掉，保鲜膜暖衣也做好了。

你来拽，我来拉，保鲜膜组成功啦

3. 稻草组

利用教室里的稻草和布条，孩子们一起为大树穿上稻草保暖衣。

同伴合作将稻草捆绑在大树上

4. 棉布组

第一小分队：用整块布包裹大树

孩子们在实践的过程中发现了问题：

悦儿："这样包的话，树根还是露在外面呀？怎么办？"

豆豆："用树叶盖在根部，当棉被。"

芽芽："如果刮风了，把树叶吹走了，怎么办？"

小果果："用石头把树叶压住。"

有了解决办法，孩子们又认真地投入活动中，不一会儿，棉布暖衣做好啦！

绑好整块布，再加上枯树叶保暖

129

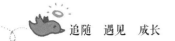
第二小分队：剪布条缠绕

孩子们你来帮我拉拉直，我来帮你使劲拽，小小剪刀握手中，变出长布条。

把布用剪刀剪成条，绑在大树上

各小组的暖衣已经全部完成，孩子们在大树上画上属于自己的图案，让大树永远记得我们。

画上专属图案

大树过冬的"暖衣"做好了，在孩子们充满爱意的保护下，幼儿园的大树终于可以不畏严寒，温暖过冬啦！孩子离开时还不停地告诉我："老师，大树一定会感谢我们的。"我也肯定地回答他们："一定会的，因为是你们让它们过了一个温暖的冬天。"

在有温度的教育中我们保护的不仅仅是大树，还有孩子们那一颗颗充满兴趣的好奇心、保护树木的爱心以及乐于探索的精神。愿我们的孩子能用自己灵动的眼睛去发现、去探索、去创造，在实践中体会、发现、感悟！

幼儿的经验与学习：幼儿结合前期的调查分享，已积累了一定的认知经验，通过合作、分工，以及同伴的讨论，运用实际材料进行进一步的尝试，对幼儿的社会交往能力有极大的提升。同时，此过程也提高了幼儿发现问题、解决问题的能力，最终收获了成功的喜悦感和成就感。

教师的支持与思考：教师结合活动前幼儿已知的大树的其他保暖方式，引导幼儿积极思考、主动寻找，讨论如何能够用丰富的材料给大树穿"暖衣"。鼓励幼儿大胆想象，发散思维，并鼓励幼儿尝试多种方法，和同伴一起通过感知实践，寻找好方法，为大树成功穿上"保暖衣"。

结语

"大树过'暖冬'"这一主题活动，教师基于幼儿的兴趣，引导幼儿积极主动地探究大树过"暖冬"的秘密，在活动过程中给予幼儿充分的材料支持，结合家园共育，使得活动更加自然，具有教育价值。

活动中针对幼儿的问题，教师并没有直接输出答案，而是鼓励幼儿根据自己的兴趣点和好奇点展开讨论。没用标准答案去禁锢幼儿的想象，让幼儿在其探究的过程中发现问题、解决问题，从而学会学习，这是教学的根本任务，也是深度学习追求的目标。

在探究石灰浆的过程中，幼儿通过观察讨论了解石灰浆的特性及作用；在为大树刷"暖衣"的实际操作中，幼儿结合生活经验，深度探究溶解稀释石灰浆的科学现象；在小组分工为大树穿"暖衣"的活动中，幼儿自主探究、分工协作，最终成功完成任务，促进了幼儿社会性意识的发展。

最后，在整个活动过程中，教师通过有效问题推动了探究的方向，激活了幼儿的思考，促使幼儿产生深度学习。在大树保暖问题的探究中，知识不是目标，只是载体，教师更加关注的是幼儿学习探究的过程，以及在此过程中幼儿兴趣的萌发、能力的获得、习惯的形成和品质的培养。

超市趣多多

刘 华

缘起

孩子们慢慢长大，对身边事物的关注和探究兴趣逐渐浓厚，对超市购物则尤为感兴趣。"我最喜欢我家楼下超市里面的积木。""我家旁边是盒马超市，里面有自助收银机，一扫就可以结账了。""我家外面有个二十四小时超市，妈妈说从白天到晚上都能买东西。"

在充分保护孩子好奇心和探究欲的基础上，老师准备追随孩子的问题，通过环境、材料的支持，深化孩子对超市的认知，培养理性消费的意识，丰富社会经验，让孩子建立起对社区的归属感以及初步的社会规则意识。

活动脉络图

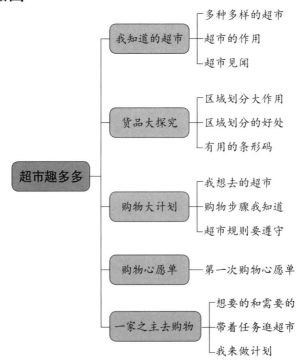

关键经验结构图

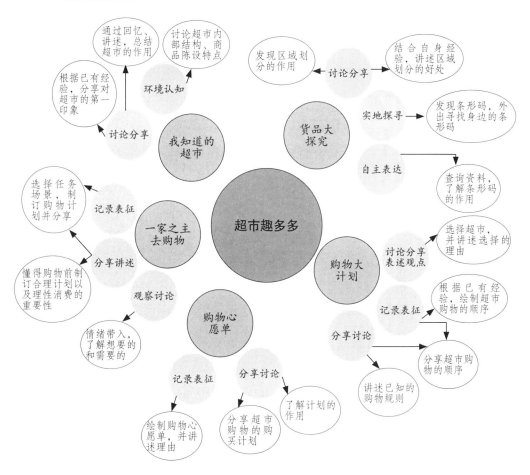

课程展示

我知道的超市

一、多种多样的超市

课堂上，孩子们对这几天逛超市的经验展开讨论。

老师："这几天你们去了哪个超市？"

星星："我和奶奶去了家园超市，因为离我家最近。"

普普："我和妈妈、姥姥去了我家门口的华润万家，里面可大了。"

虫虫："我和妈妈去了永辉超市，是开车去的，它的标志是红色和白

133

色的。"

楠楠："我去过麦德龙超市，那里的货物特别多。"

阳阳："我去过盒马鲜生，里面有个小朋友用的推车，可好玩了。"

喜乐："我也去过，盒马鲜生还能自主结账，不用排队。"

二、超市的作用

接着，孩子们对超市的作用以及好处展开了讨论。

喜乐："超市里有好多东西，我想买什么就能买到什么。"

阳阳："超市里还有卖饭的，我妈妈不想做饭了就去超市买一点，很好吃的。"

小乔治："超市离我家可近了，买东西很方便。"

科科："超市的东西摆放得很整齐，我一下就能找到。"

三、超市见闻

孩子们又互相分享了在超市的见闻。

老师："你们都在超市见到了什么东西？"

皓宇："我看见了一些我喜欢吃的薯片、棒棒糖，还看到了一种蔬菜——西兰花。"

普普："我看到了好多好多的笔、纸、零食，还有女孩子扎头发用的皮筋。"

恺馨："我在家园超市看到了酸奶，还发现了一个玻璃盒子里边装的一个公主，非常漂亮。"

大宝、小宝："老师我们找到了皮筋，妈妈给我们买下来了。我们还在家园超市里看到了很多漂亮的花。"

愉快："我在华润万家里发现了很多的玩具，有积木、剑，还有恐龙，还发现了卫生纸、洗洁精。"

小牛："超市里的玩具都是放在一起的，摆放得很整齐，有好多呢。"

喜乐："老师，我发现超市的物品都是放在架子上的，架子还不一样。"

润润："华润万家太大了，我有时都不知道我喜欢吃的食物放在哪里。"

小牛："超市里面有收银的阿姨，买东西要给钱。"

高美："超市里有购物筐和购物车，买的东西多就推购物车，买的东西少就拿购物筐。"

可儿："超市里还有许多不一样的标志，代表不同东西的区域，我们看着标志就能很快找到要买的东西。"

孩子们对超市购物有着较为丰富的经验，对超市里的物品有着极大的兴趣，都积极地表达着自己在超市的见闻。超市里的东西那么多，怎么能快速找到自己想要的东西呢？新问题的提出引发孩子们新的思考，最终，孩子们决定和爸爸妈妈再实地考察一次，一起寻找答案。

超市的东西真多呀

幼儿的经验与学习：在本次谈话活动中，通过主动分享，幼儿整合已有经验，大胆表达自己的所见所闻，建立起新经验。这一系列螺旋形式的探究，将超市这个平时常见的场所进行了功能性的全面了解，明确了超市的作用，知道超市给我们生活带来的便利。同时幼儿对于超市物品为什么要摆得这么整齐，为什么有不一样的货架，如何快速找到想要的物品等产生了疑问，于是，产生了新的亲子体验活动。

教师的支持与思考：基于幼儿的学习特点，教师根据幼儿的兴趣和需求，顺应支持幼儿通过家园联动的方式，对超市进行前期探究，有效帮助幼儿积累了经验。在引导幼儿交流讨论的过程中，教师帮助幼儿梳理经验，发现问题，鼓励幼儿通过互助，找到解决问题的方法。整个活动教师与幼儿以谈话的形式围绕"超市"进行讨论和分享，问题的设计层层递进，引导幼儿将零碎的经验提升整合，使幼儿形成有关"超市"的整体经验。

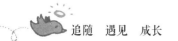

货品大探究

一、区域划分大作用

前期的实地考察中，孩子们已经发现了超市多种多样的物品，摆放也很整齐，为什么要这样放呢？

分享逛超市的趣闻

老师："超市里东西很多，怎样才能快速找到需要买的东西？"

小牛："超市就像我们班，分区域放东西，好吃的都和好吃的放在一起，我就能快速找到我要的东西了。"

小王子："超市里会把一样的东西放在一起，所有玩具都放在一块。"

恺馨："超市也是分区的，有玩具区和食品区，我在玩具区买了一个娃娃。"

东东："我去的超市有两层呢，一层是生活用品，二层才是好吃的。"

小乔治："超市里太大了，有时候我都找不到我要的东西了。"

喜乐："我没有自己逛过超市，我不会自己买东西。"

通过孩子们的经验分享和老师的梳理，孩子们发现了超市物品摆放的秘密——按类别摆放。孩子们又一次学到了新知识,那么为什么要这样摆放呢?

二、区域划分的好处

孩子们发现了超市里区域划分的秘密,也就是将相同类别的物品放在一起,那么这样摆放有什么好处呢?

皓宇:"一样的东西放在一起我们就能快速找到啦。"

虫虫:"就像班里的区域一样,我们找东西可快了。"

小乔治:"玩具区里全是玩具,水果区全是水果,一样的放在一起,我一下就找到。"

愉快:"不放到一起的话我们买东西的时候就找不到了。"

大乔治:"如果东西放得太乱,人去买东西的话就会累'死'。"

可儿:"分区域放东西我就能快速找到我要买的东西了,这样很方便。"

小牛:"我发现我买的玩具上有个竖线条,好多东西上都有,不知道那个是干什么用的?"

楠楠:"我买的书后面也有,我还发现交钱的时候要扫一下那个竖线条。"

分类摆放的超市真整齐

通过给孩子们梳理分类摆放的好处,孩子们发现在生活中有许多地方都是分类摆放东西的,这样极大地方便了我们的生活。同时一个奇怪的"竖线条"引起了孩子们的注意,这个"竖线条"是什么?每个物品上都有吗?它的作用是什么?追随孩子的兴趣,我们准备开始一次探究活动。

三、有用的条形码

"竖线条"是什么?它叫什么名字?作用是什么?孩子们针对这个"竖线条"展开了讨论。

老师："每个东西上都有这个竖线条，它是什么呢？"

喜乐："这个叫条形码，就像身份证一样，手机一扫，东西多少钱就出来了。"

北北："没有条形码就没办法结账了，就买不了了。"

恺馨："所有东西上都有条形码，因为都是买回来的。"

小牛："幼儿园的东西也有条形码，我在操场玩的时候见到过。"

幼儿园里有好多条形码啊

我在家里也找到条形码啦

幼儿的经验与学习：在本节活动中，幼儿通过提问—探究—验证—解答这种深入剖析的方式，有针对性地了解了分类给我们的生活带来的便捷，不一样的货架给不一样的货品提供了适合的家。随后聚焦到新发现——条形码（幼儿主动发现），在分组讨论、查询资料后，幼儿知道了条形码的作用。整个活动以幼儿为中心，顺应幼儿的需求，帮助幼儿在健康领域、社会领域、数学领域中整合性地提升经验。

教师的支持与思考：幼儿的讨论重点即是幼儿的兴趣点。以往对于超市中的商品，幼儿往往只是关注自己喜欢的东西，可对于商品的分区摆放来说关注较少，为了解决怎样才能快速找到物品这个问题，教师通过引导追问、图片展示、实物探究等方式，有效地支持幼儿通过层层深入的方法了解商品分类的相关知识，将幼儿的零碎经验有效地整合起来。

条形码的发现完全是幼儿自主需求的表现，教师识别后及时调整活动步骤，支持幼儿用多种方式搜集资料，进行有针对性的探究，进一步支持幼儿学习兴趣的发展与提升，有效推动课程沿着幼儿需求与成长的轨迹发展。

随着活动的深入开展，幼儿对于去超市购物的兴趣越来越浓，可是进入超市后到底要怎么买东西？先买什么再买什么？幼儿还是分不清顺序，为了帮助幼儿了解买东西时的正确顺序和应该遵守的公共秩序，教师准备了下一节活动。

购物大计划

一、我想去的超市

超市的规模、物品的种类以及距离的远近都是我们去购物前需要考虑的因素，时间少我们只能去距离较近的超市，时间充裕我们就可以去距离较远、规模较大的超市好好逛一逛，买不同的物品需要去不同的超市。如果我们班小朋友要一起去超市，你们推荐哪一个呢？

孩子们迁移前两次与家人逛超市的经验，提出自己的看法和观点。

愉快："我觉得家园超市比较合适，因为：第一，家园超市小，逛得快，如果去大超市的话就会错过中午吃饭了；第二，去家园超市的路上没有小道道，比较好找。"

星星："家园超市比较好，离得比较近。"

朵朵："我觉得蔬菜供应超市好，里边有很多蔬菜，但是零食比较少。"

阳阳："我推荐的是家园超市，如果我们错过吃饭的时间就可以在旁边买个肉夹馍吃。"

东东："我推荐蔬菜供应超市，因为我喜欢吃菜。"

普普："我推荐华润万家，因为华润万家卖的东西多。"

喜乐："我推荐外边的水果店，因为我喜欢吃水果。"

愉快："我觉得外边的超市不好，因为老师有工作证，能进学校，我们小朋友都没有，就进不来了。"

孩子们的讨论十分热烈，纷纷说出了自己的观点。有的以安全为重，推荐距离近的超市，这样我们走过去比较方便。有的孩子以购物体验为重，推荐规模较大的超市，可以让我们逛个够。每个孩子的角度不同，想法也就不同，但都大胆地表达了自己的观点。

孩子们纷纷表达自己的观点，讲出自己的推荐理由，这说明平时孩子们都能细心观察身边的事物，而每一个理由都有理有据，能考虑到现实情况，我们的孩子已经具有初步的判断分析能力啦！

二、购物步骤我知道

选择好了要购物的超市，我们是不是就可以直接去了？进入超市购买东西，需要什么步骤呢？还要遵守什么规则呢？接下来，孩子们进行了进一步的讨论。

老师："去超市购物我们要如何做呢？进入超市后应该怎么买东西呢？先做什么再做什么呢？"

喜乐："先找到自己要买的东西，然后去排队付钱。"

小朱宝："进超市要找个推车或篮子，这样才能放多多的东西。"

北北："要先拿篮子，然后买东西，最后排队付钱就好了。"

我的购物步骤图

对于超市购物的步骤，孩子们你一言我一语，在老师的帮助下，孩子们理清了购物的步骤，了解了购物时应遵守的公共秩序。在孩子们画的购物步骤图中，老师也清楚地看到新的经验从碎片化一点一点被整合起来。

三、超市规则要遵守

买东西这件事是平时生活中最常遇到的，可是对于在超市里买东西应该遵守的公共秩序，孩子们并不十分清楚。针对孩子们的经验缺失，老师采用了视频实例讲解，超市内部照片展示等直观的方式，引导他们了解超市里购物的步骤以及在公共场所应遵守的秩序。

逛超市也要遵守规则哦

逛超市也要遵守规则哦

朵朵："逛超市要戴口罩，不能在超市里大喊大叫。"

可儿："结账的时候要排队。"

俊皓："在超市里要跟紧爸爸妈妈，不能自己乱跑。"

小王子："买的好吃的要交完钱才能吃。"

俊俊："进超市要先拿购物筐再去买东西，不然就拿不下了。"

北北："买完东西还要把购物车或者购物筐放回原处，不能随便乱放。"

幼儿的经验与学习：幼儿以经验分享、讨论交流、绘图表征的方法将正确的超市购物步骤展示出来。同时，通过主动分享、大胆表达的方式，幼儿深入了解了公共场所中应该遵守的秩序，懂得了遵守规则的重要性。

教师的反思和支持：教师以引导者、支持者的角色介入，帮助幼儿提炼已有的点状经验，通过层层探究形成新的知识经验，支持幼儿在讨论—纠错—再讨论的反复碰撞中了解购物的顺序以及购物时的规则。同时，针对幼儿共同的经验，教师选择适宜的方式，帮助幼儿建立新经验，从而为后续的探究提供支持。活动后，针对自己制订的计划和心愿单，幼儿又发现了一系列问题，根据问题的核心和幼儿的学习需求，教师设计了下一次集体教学活动。

购物心·愿单

有了前期对超市的探究，现在终于可以把"逛超市"提上计划了，可是去超市要买些什么东西呢？

第一次购物心愿单

老师："去超市，你们都想买些什么呢？请你们说一说、画一画。"

恺馨："我想买三个棒棒糖、两个巧克力，还有两块蘑菇饼干。"

喜乐："我想买一个口罩、三瓶饮料。"

朵朵："我想买三包瓜子、一包薯条、两杯饮料、两个三明治。"

小牛："我想买五个玩具车。"

愉快："我还想把所有的奥特曼卡都买了。"

孩子们你一言我一语交流着自己的购物心愿单，之后，用表格绘画记录的方式，将自己的购物心愿单绘制了出来，相互分享。

我的购物心愿单

我的购物心愿单

幼儿的经验与学习：幼儿在问题的指引下，整合前期已有的经验，与同伴合作制订购物心愿单，讨论出"选择这个超市的理由""外出时的注意事项""出发前应准备哪些东西""采购物品意愿"四个板块的内容，并将讨论结果通过绘图的方式记录下来。购物心愿单的绘制，使得幼儿了解了计划单的作用与意义，根据自己的意愿完成的计划单更加激发了幼儿参与并遵守计划内容的积极性，最后计划单的展示使幼儿获得了成就感和满足感。

通过对心愿单的展示，幼儿又发现了一些问题："为什么我们想买的全是零食？""我们买了这么多东西都要把家里的钱花完了。""我妈妈当一家之主的时候不会这样买东西。"于是新的问题和讨论开始了。

教师的支持和思考：陈鹤琴先生主张"凡是儿童自己能够做主的，应当让他自己做主；凡是儿童自己能够想的，应当让他自己想"。本次活动以小组活动的形式展开，以幼儿的兴趣——家庭物品采购计划——为主线，通过前期的引导，帮助幼儿了解了本次计划的流程，支持幼儿用绘图的形式对自己小组的观点进行表征。通过自主制订计划，引导幼儿提升计划能力，内化遵守规则的意识。

在幼儿的心愿单中，教师发现大部分是零食类和玩具类，且每一种数量都很大，出现了"五个冰激淋""三个棒棒糖"等购物意愿。针对这样的现象，教师发现幼儿在理性购物方面没有相应的意识和经验，为了幼儿的身体健康，培养良好的消费习惯，教师和幼儿计划开展一次"想要的和需要的"超市购物大讨论。于是"一家之主去购物"的集体教学活动就形成了。

一家之主去购物

一、想要的和需要的

愉快："视频上的贝贝买了太多不需要的了。"

科科："他要上学只要买书包就行了，还要买晚餐的食物，玩具是不需要买的。"

润润："他买了玩具就没钱买书包了。"

小牛："那他就不能上学了。"

可儿："他应该先买书包和晚餐，能不能买玩具要问问爸爸。"

阳阳："如果家里有玩具了就不要再买了，浪费钱。"

看看视频中发生了什么？

通过有趣的动画视频，孩子知道了想要的和需要的本质上的不同，我们应该先买需要的，再买想要的，买想要的之前要询问家人的意见，还要考虑家里是不是已经有了。通过讨论，孩子的经验被唤起了，他们发现很多时候大家都没有做到合理消费。

二、带着任务逛超市

喜乐："我和爸爸去超市前都会问清楚要买什么东西，这样就不会乱买一大堆了。"

北北："国庆节的时候我和妈妈去超市，提前就说好了买国旗，最后我们就没有买其他的东西，只买了国旗。"

小王子："周末我和奶奶去超市了，因为是买菜做饭，所以我们就买了西蓝花和玉米，其他的都没买。"

愉快："我和爸爸说好了买一个赛车，在超市看见了玩具枪我都没要，因为说好了买赛车就只买赛车，不能乱花钱。"

潇潇："我姐姐去超市买本子，我一直提醒她不要乱买东西。"

每一次去超市购物我们肯定是带着"任务"的，所以购物前一定要计划好这次买的物品是什么。通过动画视频，孩子了解了"合理计划"的重要性。

通过老师的讲解，我们知道了购物前的计划是很重要的，只有认真做计划才不会让我们乱买东西。

三、我来做计划

自主选择情境，认领任务，制订购物计划并分享。

小七："好朋友过生日，我只买一个蛋糕、一份礼物就够了，其他的我家里有。"

愉快："我会买一个蛋糕、一个礼物，再做一张贺卡送给他。"

喜乐："我们家人去野餐，我要去超市买点蔬菜和一个餐垫就够了，其他的东西我家里都有了，就不用买了。"

科科："我的好朋友过生日，我会买一个蛋糕、一个礼物、一个生日帽、一瓶饮料。"

润润："我的朋友过生日我会问问他想要什么，然后再去买。"

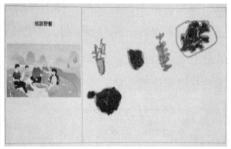

我的购物计划表

一起讲一讲我的购物计划

　　幼儿的经验与学习：幼儿先通过分析视频理解了"需要的"和"想要的"这两个概念，懂得了理性消费的道理。然后通过观看情境视频，幼儿了解了购物前需要制订合理的计划，并懂得了计划的重要性。随后在讨论和交流中发现了不做计划会出现的问题。最后通过经验迁移，幼儿自主设计购物计划，树立了正确的消费观，幼儿在具体的问题情境中已能迁移已知经验来发现问题，并进一步内化新获得的知识经验。

　　本节活动是生成活动推进中的一节集体教学活动，课程来源于教师发现幼儿对于消费没有正确的概念，在幼儿的购物心愿单中出现了过多的垃圾食品、玩具等，再加上许多家长对幼儿的消费观没有合理的引导，所以觉得有必要针对这个问题进行一次集体教学活动，目的是引导幼儿了解"需要的"和"想要的"并学会合理地消费。于是便围绕"合理消费"展开了一节集体教学活动。

　　教师的支持与思考：教师通过有趣的教学方法吸引幼儿参与到活动中，以反面事例呈现的形式支持幼儿，以纠错的角度让幼儿了解"需要的"和"想

要的"，又以问题推进的形式引导幼儿发现并了解计划的重要性。随后在野餐、生日聚会、美术写生三个具体情境中，支持幼儿转化并运用新习得的经验。整个活动以幼儿的经验空缺为出发点，在层层递进的提问和讨论中，让幼儿充分表达自己对于合理消费的看法，支持幼儿提升经验。

结语

《纲要》在总则里提出："幼儿园应与家庭、社区密切合作，综合利用各种教育资源，共同为幼儿的发展创造良好的条件。"在具体组织与实施中又指出："应充分应用自然环境和社区的教育资源，扩展幼儿生活和学习的空间。"基于园本课程主题和对社区环境的关注点，师幼开展了本次班本活动，帮助幼儿更好地明晰超市与人们生活的关系，感知超市在生活中存在的意义，了解超市购物的流程步骤、规则秩序、物品内容、摆放方式，培养遵守规则、理性消费的意识和良好的行为品质。在活动结束后，又引导家庭参与其中，鼓励幼儿和家人一同去超市采购，将经验迁移并实践内化。活动丰富了家园合作，为家园互动建立了便利的桥梁。

本次"超市趣多多"活动，基于幼儿能力发展的关键期，针对幼儿的兴趣和问题，引导幼儿关注身边的环境，激发幼儿对身边事物主动探索的兴趣，最终建立起对社区的归属感以及遵守社会规则的意识，丰富了幼儿的认知和生活经验。

妙"布"可言

刘 雷

缘起

游戏中，孩子们发现裤子上的"破洞"有很多线头，并随之展开了讨论："为什么裤子会脱线？""所有的布都会脱线吗？"……面对孩子们的问题，老师发现大自然和生活中真实的事物与现象是探究活动生成的生动内容，而身边的"布"是孩子们在生活中随处可见，必不可少的生活用品，这次无意的发现让孩子们对"布从哪里来""有哪些不一样的布"等有了深入了解的欲望，老师及时捕捉幼儿兴趣，挖掘"布"本身的功能特性、艺术价值，与孩子们一起开启了与"布"有关的奇妙之旅。

活动脉络图

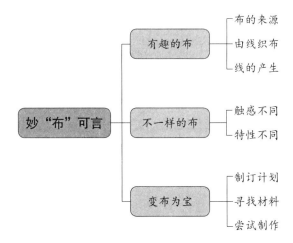

关键经验结构图

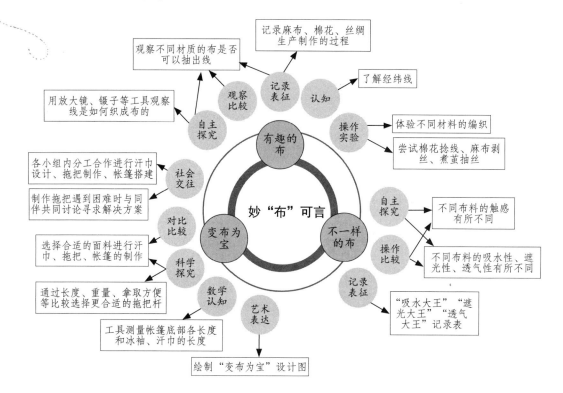

观察不同材质的布是否可以抽出线

记录麻布、棉花、丝绸生产制作的过程

了解经纬线

用放大镜、镊子等工具观察线是如何织成布的

体验不同材料的编织

尝试棉花捻线、麻布剥丝、煮茧抽丝

各小组内分工合作进行汗巾设计、拖把制作、帐篷搭建

制作拖把遇到困难时与同伴共同讨论寻求解决方案

不同布料的触感有所不同

不同布料的吸水性、遮光性、透气性有所不同

选择合适的面料进行汗巾、拖把、帐篷的制作

"吸水大王""遮光大王""透气大王"记录表

通过长度、重量、拿取方便等比较选择更合适的拖把杆

工具测量帐篷底部各长度和冰袖、汗巾的长度

绘制"变布为宝"设计图

观察比较　记录表征　认知　操作实验　自主探究　社会交往　对比比较　科学探究　数学认知　艺术表达　自主探究　操作比较　记录表征

有趣的布　妙"布"可言　变布为宝　不一样的布

课程展示

有趣的布

一、布的来源

孩子们对"脱线"这一现象产生了探究的愿望，教师及时介入提出问题："布是由线织成的吗？"引发了孩子们对这一现象的共同关注。孩子们兴趣盎然地讨论着，贝儿说："我觉得是，上次我妈妈的衣服就脱线了。""我的衣服怎么抽不出线？"福娃不解地问道。乐乐兴奋地说："就是用线织的，因为我见过织布机织布。"基于孩子们的兴趣和丰富又零散的生活经验，教师提供了棉布、丝绸、化纤面料、毛呢、麻布等多样的布料资源，以支持孩子们的探究需求。

集体讨论

在第一次自然观察中，孩子们在观察和操作中发现布都是由线编织的，但是，有的布能轻易抽出线，有的布很难抽出线，而有的布则抽不出线。

艾玛："线像织毛衣一样上上下下绕着编织在一起就成了布。"

贝儿："布是由线编成的，为什么有的可以抽出线，而有的却不行？"

嘟嘟："因为有的布太软了，线太细了，不容易抽出来。"

羊羊："因为每块布生产的过程不一样，所以有的可以有的就不行。"

爱玛："布的线是一横一竖压着的，肯定抽不出来。"

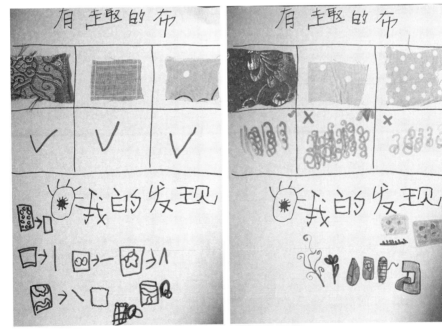

分享发现

分享发现

在观察、记录、分享的过程中，孩子们知道了所有的布都是由线织出来的，但织法有所不同，于是孩子们又对线的编织方法产生了兴趣，开始了第二次工具观察。

"线是怎么织成布的呢？"孩子们提出了新的问题，老师提供了便于深入观察的工具放大镜、镊子来支持幼儿的进一步探究。

小豪："这块布的线编得好紧呀，抽不出来。"

大米："我看到布上的线有的是斜的，有的是横的。"

瑞瑞："你们快看，线是一条一条交错着，紧紧地挨在一起。"

饼饼："我上次见过老奶奶用织布机上下织布，可有意思了，织出的线就是这样的。"

琪琪："怎么织的呀，我也好想试一试。"

在细致的观察中，孩子们了解了经纬线的编织方法，知道了大部分布是由经纬线织成的，只是编织的方向不同，编织的疏密不同，线的粗细不同，所以布的纹路才会有所不同。同时，孩子们产生了强烈的操作愿望，老师捕捉到孩子的兴趣，提供丰富的材料支持孩子们下一步的编织活动。

二、由线织布

孩子们收集了很多他们认为可以用来编织的材料：树枝、柳条、草叶、麻绳、纸条、扭扭棒、织布机等。孩子们利用这些材料，尝试用经纬线的方法进行编织。不同的材质搭配、不同的色彩组合、不同的图案设计、不同的疏密程度、不同的纹路肌理，丰富的材料在孩子们手中变得鲜活、灵动，呈现出富有创意和美感的编织作品。

尝试编织

三、线的产生

在体验编织的过程中，孩子们发现："这么多的材料都可以进行编织，但它们不是布，织布的线是用什么东西做的呢？"

通过观看视频，孩子们了解到布料中线的材质主要是丝、棉、麻，各自的来源是蚕茧、棉花、苎麻。孩子们用图画的方式记录了生产制作的过程。

了解线从哪里来

"前两天我们养的蚕都结茧了，蚕茧真的能变成丝吗？""我家里就有棉花，我们可以把它搓成线"……孩子们跃跃欲试。看到孩子们抑制不住的兴奋，我们决定收集材料一起来试一试。孩子们从家里找来了棉花、蚕茧，可是没有苎麻怎么办？孩子们竟然从户外找到了麻绳和麻布来代替。

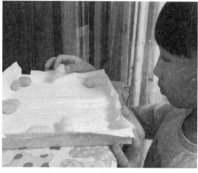

在生活中寻找材料

孩子们通过棉花捻线、煮茧抽丝来进一步感受原料是如何变成线的。并将找来的麻布抽丝剥线，体验苎麻剥茎抽丝变成麻绳的过程。

分组体验

幼儿的经验与学习：兴趣是最好的老师，幼儿发现了"破洞"的现象后，产生了诸多疑问，在迁移已知生活经验"看到过织布机"这一经历后，愿意主动探索、思考，尝试主动"剥线"从而去验证自己的猜想，并进行记录。通过自己尝试编织认知到了"经纬线"这一编织方法。对布从何来的欲望是激发幼儿探究和学习的内驱力，在探究不同的原料如何变成线的过程中，幼儿自己煮茧、捻线、抽丝，进一步将原料和布料进行搭配，培养了科学兴趣和探究能力，并掌握了探究方法。这一系列的经验，是幼儿主动探究得来的，大大满足了幼儿的好奇心和求知欲。

教师的支持与思考： 活动以幼儿亲身体验为基本形式，在活动推进的过程中，教师提供多媒体资源供幼儿了解布的来源及生产过程，帮助幼儿重现和梳理线的提取方式，并提供真实和可操作的环境，尊重、追随、支持了幼儿的探究过程。家长在活动中扮演了课程材料的提供者、幼儿经验的铺垫及教育效果延续者的角色，通过不同形式、不同手段参与了活动建设的过程。

在幼儿前期对三种布有了深入认知后，教师思考如何将布料的质感特点与其用途之间建立内在关系，从而为接下来探究布的特性奠定基础。

不一样的布

一、触感不同

在体验的过程中，孩子们还互相讨论着："蚕茧、苎麻、棉花它们做出的布会一样吗？"

乐乐："肯定不一样呀！不同的原料做不同的布。"

瑶瑶："一样的吧，最后都是布。"

福娃："不一样，摸起来肯定会不一样。"

听到孩子们的激烈争论，教师决定提供麻布、丝绸、棉布这三种布料，让孩子们摸一摸、看一看，更近距离地一探究竟。

初步感受布的触感

乐乐："哇，丝绸像冰块一样，滑滑的，冰冰的。"

曼曼："我怎么感觉麻布有点扎，摸起来不是很舒服。"

豆豆："这种扎扎的感觉好像在摸我爸爸的胡子，硬硬的。"

真真："我这块棉布好舒服呀！像棉花一样软软的。"

孩子们通过对这三种布的触摸知道了：原来，不同材质做的布其质感是不一样的。除了这三种布以外，还有哪些布料呢？老师和孩子们一起又找来了更多材质不同的布。

小豆："我的这块布很粗糙，而且还扎手。"

羊羊："我这个布是丝绸吧，摸起来又光又平滑。"

佑佑："我好喜欢这块柔软的布，贴在我脸上感觉很细腻。"

通过触感进行分类

基于"不同的布有不同的触感"这一特性认知，孩子们对"触感不同的布有什么用途"产生了猜测。"光光的丝绸可以用来做围巾。""舒服的棉布软软的，可以做弟弟的贴身背心。""我们装东西的袋子可以用硬硬的麻布做，不容易破。"

老师鼓励孩子们到生活中去寻找各种布制品，来验证自己的猜想。在寻找、分享中孩子们发现："贴身的衣服都用了很柔软的棉布，穿着特别舒服。""妈妈夏天的裙子冰冰凉凉的，是用丝绸做的。""家里的窗帘用了硬硬的麻布。"

在讨论的过程中，孩子们逐步建立起布的柔软、细腻、坚硬、耐磨等质感和用途之间的关系。同时，孩子们还发现："有的布不仅坚硬，而且防水。""窗帘布虽然很硬，但是它同样遮光。"追随孩子们的兴趣，我们继续探究："布除了摸起来不一样，它们还有哪些地方也是不一样的？"

156

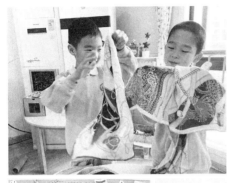

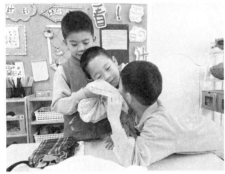

寻找其他不同

二、特性不同

充满好奇且善于思考的孩子们想到很多方法来探究。他们通过调动遮光性等和光源有关的已知经验，与同伴合作运用手电筒、小台灯进行"谁是遮光大王"的探索；通过吸水小实验的观察和比较，孩子们还发现布的吸水性的不同；利用风扇、吹气来感知透气性的强弱，并进行了记录。

特性不同

特性不同

　　探究中，孩子们发现了：棉布最吸水、毛呢最遮光、丝绸最透气。那这些透气性很好的布、吸水性很强的布、遮光性强的布都分别适合做什么？孩子们展开了新一轮的思考。

　　福娃："吸水好的布可以做成我们的毛巾，帮我们更快地擦干脸蛋。"

　　豆豆："我们的袜子也可以用吸水性强的布做，因为爸爸的脚总是出汗。"

　　点点："遮光性好的布就可以做窗帘，帮我们挡住阳光。"

　　Kimi："还可以做太阳伞，这样夏天就不晒了。"

　　小豪："硬硬的布还可以做袋子，装我的饭缸。"

　　小果："为什么硬硬的布可以做袋子呀？"

　　小豪："因为它很坚硬，就不容易破，也不怕被重的东西磨破。"

　　幼儿的经验与学习：从"不同材质的布会有不同的用途"这一问题出发，幼儿通过观察、实验的方法丰富了对布的认知和了解，在观察、触摸的过程中发现各种布的特性，并初步建立了布与制作物品之间的关系，用表征的形式记录自己的发现和观察，在亲身体验、自主操作中培养了解决问题的良好学习品质。

教师的支持与思考：教师更多以倾听者、支持者的角色参与幼儿的活动，帮助幼儿梳理经验。在尊重和保护幼儿好奇心和学习兴趣的前提下，与幼儿共同寻找材料，支持幼儿在小组活动中进行个性化的持续探究。

不同的布可以制成不同的生活用品，孩子们最想用布做成什么物品呢？在"变布为宝"的过程中，幼儿将进行持续的思考和探究。

变布为宝

一、制订计划

布可以制作成很多东西，"那我们用布做些什么呢？"孩子们像打开了话匣子，各个都有很多想法。

祥祥："我想用布做一个布娃娃。"

乐乐："现在夏天太热了，每次户外我都会流汗，我想做毛巾。"

嘟嘟："我想给我家做一个大桌布。"

福娃："我觉得我想做一个小拖把，每次值日大拖把太重了。"

羊羊："妈妈要过生日了，我想做个包送给她。"

沐沐："我们户外用纱做的帐篷，我觉得还是晒，我想在幼儿园做一个不晒的帐篷。"

变布为宝设计图

变布为宝设计图

　　孩子们将自己的想法绘制成"变布为宝设计图"，通过集体的商量、选择，最后决定尝试制作其中的汗巾、拖把、帐篷。

　　二、寻找材料

　　可是，什么特点的布适合做汗巾？用什么布做拖把？什么布做帐篷呢？新问题引发了孩子们新的讨论。

　　芽芽："我也觉得汗巾是棉布，比较柔软，和我的肉挨在一起也舒服。"

　　子琪："汗巾就用棉布，它是喝水大王，我弟弟的汗巾就是棉的。"

　　羊羊："做拖把也需要吸水的布，可以从哪里找呢？"

　　迪迪："我家的拖把是爷爷用不穿的衣服和破床单做的。"

　　沐沐："因为现在天气太热，有点晒，需要一个遮光布来做帐篷。"

　　果果："帐篷还需要厚一点的布，这样才不容易被风吹跑。"

　　有了初步的计划，孩子们回家后寻找了多种多样的材料并将其拿到了幼儿园。

搜集布料

搜集布料

孩子们在比较讨论中选择了适合做汗巾、拖把、帐篷的废旧、闲置且环保的材料。

三、尝试制作

1.汗巾组

孩子们选择了柔软的棉布进行汗巾的制作，那做什么形状更适合？

一一："不能太大了，太大了塞不下我的衣服里。"

贝儿："我觉得用方形，因为我家的汗巾就是方形的，不容易掉。"

汗巾到底做多大呢？一个孩子的关键问题的切入让其他孩子再次进行思考，同时也为孩子们制作合适的汗巾给予了进一步的推进。

高兴："拿一块汗巾来印着大小画下来。"

乐乐："量一下我们的领子口，能放进去就行。"

有了小组讨论，同伴确立，以及初步的设计思路，孩子们开始制作汗巾。

孩子们拿着自己裁剪好的汗巾开心地给同伴分享："制作汗巾太容易了，我还想再做一个。""我今天到户外就要带着它。""我要给我的汗巾写上名字，这可是我自己做的呀。"倾听着孩子们的交流，看着孩子们对于自己亲手制作的布制品如此喜爱，老师关注到接下来兴趣的延续，及时追问："夏天除了吸汗，你们还需要什么？"这时萱萱说道："一穿短袖就晒黑，我好想有一个和妈妈一样保护胳膊的那种袖子，妈妈总说买不到小孩子的。"萱萱的诉求很快就得到了其他同伴的支持。

于是，有了前期裁剪和制作的经验，大家迫不及待地开始了冰袖的制作……

制作冰袖

2. 拖把组

孩子们在一堆材料中，选择了自己和爸爸妈妈闲置的衣服及床单，并在幼儿园各个角落找到了一些可能适合做拖把杆的棍子。回到教室后，大家通过对其重量、拿取方便程度、长短适宜程度进行对比投票后，最终决定用pvc管和布条进行搭配，制作拖把。

挑选适合的拖把材料

可当孩子们看到一堆衣服和床单时，他们又讨论了起来。

豆豆："这么大一块布怎么和管子连在一起呀！"

爱玛："老师的拖把都是一条一条的，我们把它剪了吧，然后一条一条用绳子绑得紧紧的。"

迪迪："一条是多宽？"

Kimi："量一量老师的拖把。"

于是在孩子们你一言我一语的讨论中，小组同伴很快就明确了拖把的制作方案。

可是在第一次尝试后，孩子们就遇到了难题：所有的布条都绑在pvc管上，拖地过程中杆子总是戳到地上，根本没办法拖地。

于是，孩子们决定再次观察大人的拖把的构造，教师也及时提供视频让孩子们了解和掌握制作拖把的方法：剪好的布条要先绑在绳子上，再一圈圈缠在杆子上。

观察大人的拖把

有了新经验的获取，孩子们立刻进入了第二次的尝试。

制作拖把

制作拖把

最终，孩子们成功制作出自己的小拖把，他们颇有成就地拿着小拖把卖力地做起了当天的值日生，完成卫生打扫。

勤劳的值日生

3. 帐篷组

孩子们选择了一些厚厚的遮光布和防水布，在明确分工后，搜集材料，找到了路锥和护栏当作地基，为了让帐篷更加牢固，他们开始了讨论。

Kimi："我们把布系在大树上吧，我会上树，我去系。"

小果："我们可以在中间也放一个路锥，这样四个角和中间都稳固了。"

可在初步搭建的过程中，孩子们发现四个角的路锥总是不小心倒塌，在观察后得知，原来方形地基并没有呈现完全对称的方形，四个边的护栏长短不一，导致地基不稳固，于是，大家放下手中的活一起合力对护栏进行调整。

搭建帐篷

终于，孩子们一起合作完成了帐篷的搭建，这时真真小朋友提出："如果刮风了，我们的帐篷就有点漏风呀！"惹得小朋友们哈哈大笑，有人提出："那就把周围也都围起来，这样就不怕了。""可是还要留一边当作门，不能围住。"贝儿补充道。得到了大家的认同，说干就干，不一会，挡风的帐篷就完善好了，大家开心地在帐篷里玩起了"喝茶"游戏。

帐篷游戏

孩子们在与同伴的合作中完成了自己的制作计划，看着自己亲手制作的布制品，他们既骄傲又很有成就感，于是，我们将汗巾、拖把、帐篷投放在我们的生活区和游戏区，让它们一直陪伴孩子们度过在幼儿园的美好时光。

作品展示

Body:

幼儿的经验与学习： 在幼儿理解了布的特性的基础上适时展开活动，幼儿根据布的不同特性和自己制作的物品之间的关系有针对性和目的性地选择布料，更好地将已有经验与未知需求进行连接，并尝试自己动手计划和制作。尝试的过程也并不是一帆风顺的，在遇到问题时，幼儿能第一时间观察、思考、讨论，并在教师的支持下进一步寻找解决问题的关键方法，积极专注、不断尝试。在和同伴分工合作的过程中，不断提建议、做配合……在这样互相输出和接受的过程中，幼儿的社会交往能力进一步得到提升，发现问题、解决问题的能力也有所增强，经验也得到了积累。

教师的支持与思考： 课程的资源从提供到重新寻找，教师给予了幼儿更多的活动支持并赋予幼儿更多的自主权。从活动的开展形式上给予了幼儿更多自主参与的机会和讨论协商的空间，鼓励幼儿不断尝试，在试错的过程中习得有益经验。同时，教师不仅仅是简单跟随幼儿的脚步，而是追随幼儿的兴趣不断思考如何延续和拓展幼儿的兴趣点及经验，从而使活动更具多样性，更生活化。在小组合作探究的环境中，教师给予幼儿方法和材料上的支持，鼓励幼儿用设计图的形式记录自己的想法，为幼儿经验的积累提供多样的途径，引导幼儿将经验迁移到生活环境中。思考如何在多样性和生活化的活动中延续和拓展幼儿的兴趣及经验，从而支持园家两处的探究，为幼儿的经验积累提供多样的途径和方法。

结语

在"妙'布'可言"系列活动中，教师基于幼儿的视角，相信幼儿，不断激发幼儿积极参与的兴趣，同时充分利用家长资源和社会资源，让课程更加生活化。

幼儿对布的来源的认知表达能力在教师的梳理提炼下呈螺旋上升趋势；在关于布的触感、遮光性、吸水性、透气性的探索实验中，幼儿的自主探究与教师的支持引导互相促进；在"变布为宝"的设计制作中，幼儿的操作体验与教师的参与协助相辅相成，更明确了教师作为幼儿学习的合作者、支持者、引

166

导者的角色定位。

本次生成活动虽已告一段落，但在整个活动中幼儿的自主探索、积极尝试，使他们对"布"的认知变得具象且全面；同时，当幼儿有需求时，教师又能够适时介入，及时引领幼儿前进的方向，从而确保了有质量的课程实施，也引发了以下思考：

1. 在生活情境中捕捉幼儿真实的兴趣

在本主题中，幼儿对"布"的探索是由偶发的兴趣引起的，当幼儿有了主动探究的意愿和意识时，教师支持他们在小组观察、分享交流、表征记录、个性创造中解决问题，获得经验，提升幼儿的自主学习意识。

2. 在多维探究中促进经验迭代发展

基于幼儿深度体验的实践探究是我们开展主题活动的导向。注重多元化的感官体验，通过视觉、触觉、操作、实验等，多方位多形式地感知、发现"布"的特性，形成概念、建立关系，在不断发现问题和解决问题的过程中，幼儿的经验得到了螺旋式的上升。

3. 在多元评价中感知反思优化活动

活动中，幼儿、教师、家长既是参与者，也是评价者。对幼儿发展的评价、对环境材料的评价、对师友互动的评价、对支持策略的评价，多层次、多维度地渗透在活动的始终。评价过程中，通过寻找证据、收集证据、分析证据，不断感知课程、省思课程、优化课程，这种基于证据的评价与行动模式，有助于发现活动中存在的真实问题。

"值"得的一天

郭晓雪

缘起

刚升入大班的孩子们对值日及值日生的认识还比较单一浅显，于是老师及时捕捉孩子们对值日生的兴趣，基于大班孩子的年龄特点，以孩子们提出的问题为切入点，以解决班级存在的问题为目标，以培养孩子们的集体服务意识和自主服务他人的意识为愿望，促进孩子们社会性的发展和综合能力的提高。以"值日生"为主题共同探讨并生发活动，体验做不一样的值日生，让值日变成一件有意义且值得的事情。

活动脉络图

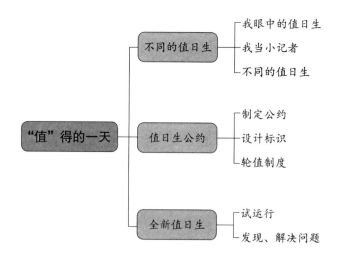

关键经验结构图

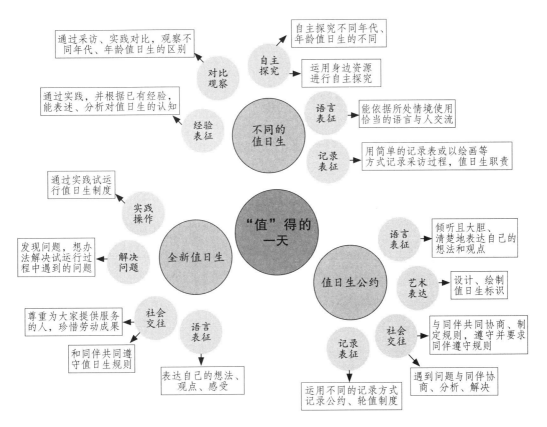

课程展示

不同的值日生

一、我眼中的值日生

孩子们对"值日生"的话题产生好奇并有深入探究的欲望，到底"什么是值日生"立刻引发了孩子们的讨论。

樱桃："值日生是为小朋友服务的人。"

奥斯卡："值日生是配合老师干活的人。"

跳跳："值日生是我们的榜样。"

老师："你当值日生时都做过哪些事情？"

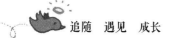

小米："我每次当值日生都要擦桌子、扫地。"

楚楚："我在吃饭前帮小朋友拿碗、发筷子。"

微笑："我当值日生时在放学前给大家铺床铺，晚上要给我们的被褥进行紫外线消毒。"

洋宝："在洗手时我会检查有没有人插队，或者有没有用洗手液洗手。"

老师追问："你希望咱们班的值日生还可以为大家做哪些事情？"

之之："我希望值日生帮我挂外套，衣架太高了我够不到衣架。"

暖暖："我希望每天放学前值日生可以检查小朋友的书包、衣服和水杯有没有带齐，我老是忘记。"

郎郎："我希望值日生可以提醒我们玩完回教室的时候别落东西。"

铁蛋："我爸爸说值日生要早上第一个来学校开门做值日，我希望值日生早上早点来给大家摆碗筷，不然都开饭了盘子和碗还没拿出来。"

我眼中的值日生

通过交流和讨论，孩子们了解到：值日生是学校安排每天负责执行勤务的孩子，是为班集体服务的人。根据孩子们的讨论，老师帮助小结、梳理和归纳，孩子们明晰了值日生不仅要劳动，还有服务、提醒、检查等职责。

当铁蛋说到自己爸爸当值日生的事情时，其他小朋友对这个回答很好奇。一千个小朋友心中有一千种"值日生"，一千个父母心中也应该有一千种"值日生"。孩子们想要回家采访一下他们最亲近的人，了解不同年代的值日生有什么不同。

二、我当小记者

孩子们看了记者的采访视频，了解到采访时需要提前明确采访话题，还需要话筒，并且要用礼貌用语。于是孩子们在准备好后对自己的家人进行了采访。

小记者："您觉得什么是值日生？"

跳跳妈妈："值日生是有责任心的人，愿意主动为同学、为班集体服务的人。"

铁蛋爸爸："值日生是勤劳、勤奋的人。爸爸以前当值日生就是一大早去教室拿钥匙开门，趁着同学还没来要赶紧洒水、扫地、擦桌子。"

小记者："您以前当值日生时都做过哪些事情？"

楚楚妈妈："我以前做值日生时负责教室里所有的卫生，包括扫地、拖地、擦桌子、擦黑板、浇水、倒垃圾等。"

之之爸爸："我小时候当值日生的时候干过很多事情，比如拔草、擦玻璃、摆桌子，还要给喂养的小动物清理便便，爬到树上摘果子。"

爸爸妈妈心目中的值日生

采访结束后孩子们将采访的内容用录制视频、绘画、表格等方式进行记录。

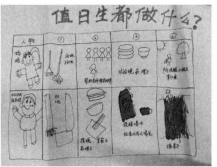

采访记录表

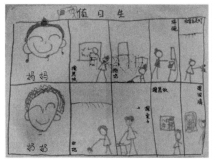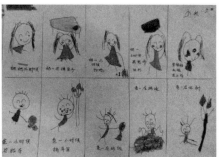

采访记录表

三、不同的值日生

孩子们把采访的视频和记录表带到幼儿园后,向同伴讲述并互相浏览,大家畅所欲言,分享自己和倾听同伴在家中采访的过程和采访后的感受。通过倾听、观察、分享、交流,孩子们发现:随着时代的不同和年龄的不同,值日生们的职责也会有所不同,具体要根据本班的实际情况决定。

分享采访结果

郎郎:"妈妈爸爸当值日生都要擦黑板、关窗户、倒垃圾、拔草。"

心心:"我们当值日生不用做这些事情,但是我们要在饭前为小朋友提前准备好碗筷,还要在饭前给小朋友讲故事或者介绍食谱。"

桓桓:"我妈妈以前当值日生,要给教室的水泥地面洒水,因为地面很脏有很多灰尘,我们现在是木地板不用洒水。"

老师追问:"哪些事情可以由小朋友自己完成而不用值日生代劳?"

楚楚:"区域活动结束后值日生不用再帮我们收拾玩具,我们可以自己整理好。"

九月:"放学前我们可以自己取书包、水杯,检查自己的物品。"

老师追问："中班值日生和大班值日生有什么不同？"

阳阳："中班时我们不会拖地，现在我们长大了可以拖地。"

芯芯："中班时值日生要检查小朋友水壶里的水喝完没，大班小朋友能自己记录喝水情况。"

芽芽："中班的值日生还不会介绍食谱，大班值日生可以为小朋友介绍食谱和营养价值。"

孩子们通过讨论和交流发现：中班值日生的职责更多是自我服务的内容，而到了大班后值日生的职责更多是为他人服务。孩子们结合前期积累的关于值日生的经验，分小组制作并完成了关于"大班值日生"的思维导图。

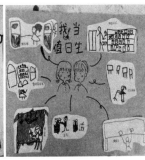

小组制作思维导图

幼儿的经验与学习：幼儿从"什么是值日生"这一问题出发，通过观察、交流、探讨、查询、分享、记录等多种途径，知道了值日生的深层含义；又通过当小记者了解了不同年代不同年龄的值日生的职责有所不同；接着结合并梳理前期经验，归纳出值日生有劳动、服务、检查、提醒四类职责内容，感知了值日生的重要性。比较了不同年龄的值日生职责的区别，了解了同伴间的想法，汇集了新的思路，从各个方面对值日生的职责进行了归类和讨论。小组合作共同绘制思维导图，对值日生有了深入、系统、完整、全面的认识和思考。

教师的支持与思考：首先，教师出示幼儿曾经值日的照片与视频，增强幼儿对值日生话题的亲切感；又通过提问和引导的方式，让幼儿敢于表达和交流；最后帮助幼儿小结、梳理，明晰值日生的四个职责。

其次，教师引导幼儿以自主探索为主要学习形式，请幼儿自己组织问

题、进行采访、准备采访时用的道具，并在采访结束后亲子共同绘制采访记录表。同时，教师协助幼儿将反馈回来的采访问题进行分类整合和梳理。

最后，教师引导幼儿将前期积累的经验进行整合，比较不同年代、不同年龄值日生职责的不同，引导幼儿学做力所能及的事情，培养他们独立自主的意识，提高自理能力和解决问题的能力。

获得了关于值日生的新经验，孩子们迫不及待要重新制订班级值日生公约来完善班级值日生制度，解决班里被动值日等问题。

值日生公约

一、制定公约

"我们需要制订班级值日生公约，让每个小朋友都能遵守，这样就不会有人忘记值日了。"贝儿的提议很快得到大家的赞同，他们开始讨论大一班的值日生最应该做的事情是什么。

嘉嘉："我觉得饭前按今天来的人数数好碗、盘子和筷子，分发给小朋友最重要。"

优宜："应该是扫地和拖地吧，如果饭后不打扫地面那地面会很脏。"

暖暖："应该是擦桌子，虽然小朋友吃完饭送碗前要自己擦桌子，但他们有时擦不干净，还是需要值日生再擦一遍。"

之之："下午放学前要把小朋友的被褥都铺开，不然晚上紫外线就照不到被子上，没法消毒。"

制定值日生公约

孩子们纷纷献计献策，他们最终决定以投票的方式投选出大一班值日生最应该做的八件事情。于是大家共同协商投票的原则是：将服务、检查、提醒和劳动这些职责平均分配，每人可投两票，还要考虑这些职责在本班存在的合理性、重要性、可行性。孩子们将自己的想法都画在一张大纸上并粘在白板上，然后进行投票和现场公示。最终我们的"大一班值日生公约"新鲜出炉。

二、设计标识

铁蛋在公约制订出来后提出一个疑问："我们怎么知道今天谁当值日生呢？"对此大家提出了不同想法，楚楚说："在值日生身上挂个吊牌。"茉莉说："在值日生胸前贴个sticker（贴纸）。"小意说："在值日生胳膊上戴袖章。"大家众说纷纭，看来，当务之急是要设计一款适合的值日生标识，让大家一眼就能认出谁是当天的值日生。

设计值日生标识

嘉嘉：　"我设计的是奥特曼值日生胸牌，别在胸前。"

贝儿：　"我设计的是像sticker一样可以贴的标识。"

成成：　"我设计的是一个像美国队长一样红蓝色的挂脖子的吊牌。"

诺诺：　"我设计的是手表标识，像老师戴的手表一样戴在手腕上。"

蹦蹦：　"我设计的是一个腰带标识，系在腰上。"

大家的想法和设计图稿都很有新意，但是为了统一只能挑选其中的一种作为班级值日生标识。孩子们经过商量决定进行两轮投票，第一轮投选出最适合的标识形式，第二轮投选出最优图案。

经过商讨，孩子的评选原则是：安全、便捷、美观、醒目、实用、耐用。每人投一票，同时阐述理由，每个作品都可以参评，每个孩子都有发言权、投票权和展示权。

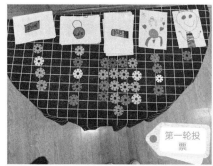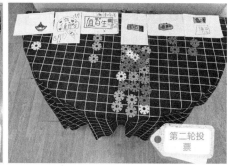

投选标识

熙熙："挂脖子的标识容易勒脖子，有安全隐患。"

楚楚："腰带不方便穿戴，也不醒目。"

萱萱："手表太小了看不见，容易被袖子挡住。"

郎郎："sticker如果没有了胶就很容易掉。"

彩虹值日生胸牌

经过两轮公平公正的投选，最终彩虹图案的胸牌脱颖而出，成为大一班的值日生标识。

三、轮值制度

值日生标识制作好后，嘉嘉提出了一个问题引起大家的思考：选谁当值日生？怎么选？

之之："谁来得早谁当值日生。"

Mini："想当值日生的自己举手。"

优夷："和我们中班时一样，按学号轮流当值日生。"

楚楚："如果当值日生那天小朋友没来怎么办？"

Sammy："让值日生前一天放学时告诉第二天要当值日生的人，提醒他们早早来，没来的就按学号轮下一个人。"

老师追问："一天选几位值日生合适？"

米宝："一天选两位小朋友，咱们中班就是两位。"

郎郎："选三位，我觉得两个人不够。"

阳阳："选一位，我一个人就能干完所有的事情。"

媛宝："咱们可以举手表决，少数服从多数。"

值日生轮值表

经过商议和举手表决，孩子们一致决定：按班级学号轮流，一天选三位值日生，每天下午离园前由当天的值日生负责通知第二天的三位值日生，并将轮值表上的sticker贴在第二天值日生的学号后面以示提醒。

幼儿的经验与学习：在投选大一班值日生职责时，幼儿结合大一班的班情，还有他们自理能力的程度、值日时间以及精力等，共同协商出投票的原

则；对大一班值日生职责筛选的过程中，每个幼儿都参与到讨论中，并且通过实践了解了投票方式是最公平公正的方式之一。

在设计标识时幼儿了解了值日生标识的作用和重要性，并愿意积极主动为班级设计值日生标识，还能根据评选原则公平公正地投票，乐意与同伴分享自己的想法，展示自己的作品。在评选轮值制度时，幼儿迁移了前期投选的经验，很快想到用举手投票的方式解决问题。

经过一系列的发现问题、解决问题，孩子们的探究和解决能力提高了，同时萌发了要服务他人、以集体为重的责任感和使命感，理解了规则的意义，能与同伴制订并遵守规则。

教师的支持与思考：幼儿通过投票亲身体会到少数服从多数原则在集体中的合理性，正如《指南》中所说：幼儿在活动中愿意接受同伴合理的建议和意见。在投票前教师还引导幼儿要从班级实际情况出发进行投票，并积极引导和支持幼儿的动手实践活动。在制订标识前期引导幼儿先了解标识的安全性和多样性，使幼儿在设计过程中清楚应该怎样设计最合理。完成自己的设计稿后让每个作品都有资格参选，使幼儿有成就感和参与感，也做到了《指南》中所说的尊重和保护幼儿的自尊心和自信心，平等公平对待每一个幼儿。

万事俱备，只欠东风，孩子们已经解决了一系列的问题，接下来就是值日生制度的试运行阶段了。

全新值日生

一、试运行

试运行期间的值日生们早早来到幼儿园，迫不及待地投入值日生的工作中，认真履行着值日生的职责和任务，主动为小朋友们提供各种服务。

谦谦："当值日生很感动，小朋友都给我说谢谢，我很开心。"

媛宝："当值日生是一件辛苦的事情，因为要为小朋友做很多事情，但是过得也很充实，感觉时间不够用。"

源源："我当值日生时很好玩！感觉很爽！"

小小："当值日生时我会心跳加速，很快乐的那种心跳加速，干完活后全身冒汗。"

谦谦："当我戴上自己设计的值日生标识时，感觉特别自豪。"

值日生试运行

试运行期间每个孩子都很珍惜当值日生的时光，再没有出现过被动值日、需要提醒督促、不知道今天自己做值日等现象。

二、发现、解决问题

在孩子们享受全新值日生带来的贴心服务的同时，孩子们也发现了问题：

Mountain："成成今天是值日生，但他早上来得很晚，餐盘和碗都是我和嘉嘉两个值日生拿的。"

阳阳："我午睡起来了，可值日生还在睡觉，我没有盘子吃午点就自己拿盘子，还帮小朋友们拿了盘子。"

小小："今天来了三十四位小朋友，值日生一共拿了三十三个碗，我是最后一个打饭的，没有碗了。"

老师追问："这些问题怎么解决呢？"

针对孩子们提出的三个主要问题：三人劳动分配不均、午睡后值日生不知道起床时间、数错碗筷数量，大家分小组进行讨论，每组最后由一位代表分享本组的解决策略。

媛宝："今天的值日生可以在放学前就告诉第二天的值日生他们明天值日，提醒大家早早来园。"

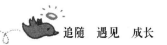

微笑："老师可以在午睡时提前十分钟叫醒值日生，起床时三个值日生再互相叫一下，但是不能影响其他午睡的小朋友。"

樱桃："我觉得在吃饭前三个值日生可以分工合作，根据自己的特长或喜好商量好一个取碗盘，一个数筷子分筷子，一个擦桌子。比如我很会数数我就可以数碗盘。"

茉莉："数碗盘时可以两个两个数更快，如果今天来园人数是满员就不用数了，直接把消毒柜里所有的碗盘都取出来。"

结合大家提出的策略，孩子们对分工又进行了调整，吸取第一阶段试运行的经验，在第二阶段试运行时果真解决了问题。

幼儿的经验与学习：幼儿通过直接感受、亲身体验、实际操作，进行了两个阶段的值日生试运行工作，并将试运行期间的问题记录下来进行小组协商、解决。在遇到问题时，幼儿学会了分工合作，遇到困难一起克服，发生矛盾大家协商解决。本次活动对值日生锻炼非常大，幼儿体验到了劳动的快乐和为他人服务的成就感，体会到了值日生的使命和责任感。

教师的支持与思考：根据大班幼儿做事情的专注度和持久性更强，初步具备协商能力和合作能力的年龄特点，教师广泛听取了幼儿的意见，在安全范围内允许幼儿大胆地尝试。因此，在本次活动中教师没有介入矛盾和分歧，而是相信幼儿能自己协商解决，给予他们充足的思考和解决问题的空间。教师一直在旁边以拍照、录像等形式观察、记录值日生一日的活动细节，并将试运行阶段发生的问题记录下来，以备组织下一次的活动商讨使用。最后，教师对值日生进行鼓励和肯定，激发大家当值日生的积极性。

结语

本次"值日生"系列活动可以说是一个非常好的发展大班孩子社会性的契机，可以贯穿于一日生活中的各个环节，幼儿在角色体验、社会实践中能收获新知，得到全面、综合的发展。

活动中幼儿对值日生含义的自主探究、认知理解，与家长的合作、教师的梳理归纳融为一体。在制订公约、设计标识、制订轮值制度等活动中，幼儿发现问题、解决问题的经验提升离不开教师的支持和引导，在全新值日生试运行阶段，幼儿的实践操作也离不开教师的观察和指导。教师作为幼儿学习的合作者、支持者、引导者，如何在每一个活动中做好支架作用，如何在一个活动中发现幼儿的兴趣点、发掘教育契机、深挖教育价值都是班本活动的关键。

本次活动虽然告一段落，但实则并未结束，后期在试运行过程中出现的问题孩子们还将继续讨论、协商和解决，再试运行，再提出问题，再解决问题。活动这样螺旋式上升发展，直到班级值日生公约制度和轮值制度健全并且全班幼儿都能熟悉、掌握和遵守。

"冰"学奇缘

姜 峰

缘起

冬天的第一场雪不期而至,正当孩子们兴致勃勃玩雪时,突然一个声音传来:"哇,小雪球在我手里变成了冰球。"好多孩子跑过来看,对这个现象充满了好奇,并且你一言我一语地讨论着。孩子们纷纷模仿这种做法,让雪在自己的手中变成冰球,不停地交流、分享、讨论着。我们发现孩子们对雪变成冰的现象充满了好奇和探究欲望。因此,基于孩子们的已有经验,追随他们的好奇心和兴趣,在甄别活动内容价值的基础上,教师选择适宜的活动形式、环境材料,与他们一起开启了一场妙趣横生的"冰"学奇缘活动。

活动脉络图

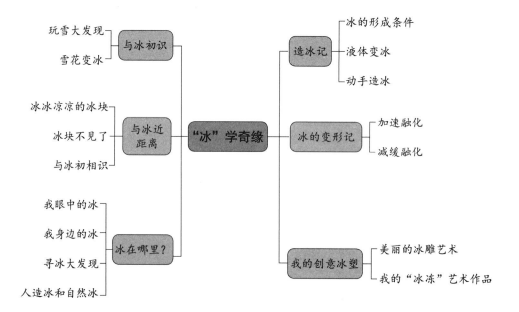

关键经验结构图

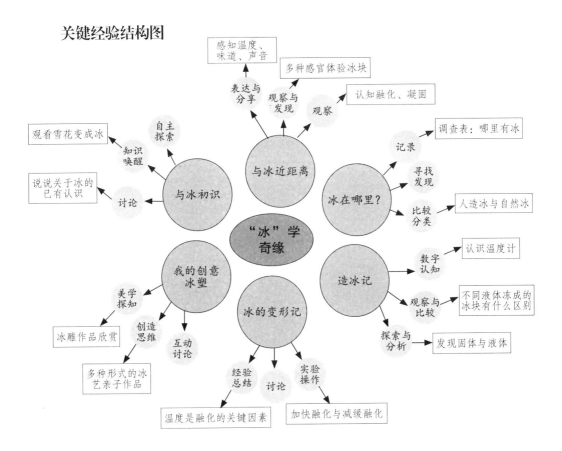

课程展示

与冰初识

一、玩雪大发现

大自然里蕴藏着无限的奥秘，也是孩子们汲取知识的广阔空间。看似在玩的孩子们其实在与大自然进行互动和联系，在玩的过程中，孩子们发现了很多好玩的现象。

艾米："我发现有很多的小雪花从天上飘下来。"

阳阳："小雪花落在地上有的没有融化，有的却融化了。"

久久："我把很多雪花团在一起，变成了一个小雪球。"

帅帅："我也团了一个小雪球，小雪球很硬，我扔在地上的时候摔成了好几瓣。"

臭臭很兴奋："我接住了落下来的雪花，你们猜，发生什么了？雪花竟然在我手里不见了。"

艾米："这不算什么，我有更大的发现，我把小雪球变成了小冰球，谁能做到？"

针对艾米的挑战性提问，有些孩子陷入了思考，也有围着艾米你一言我一语追问她的。

到这里，孩子们发现了雪变成冰球的现象，但是关于雪球变冰球的原因，孩子了解多少呢？接下来，有必要请这些有着同样发现的孩子们尝试说一说，同时，更好地了解孩子们关于雪与冰的已有经验。

雪花真的变成了冰球

二、雪花变冰

对于为什么雪花会变成冰这一问题，孩子们进行了积极的讨论。

源源："因为我有魔法，是我用魔法把雪球变成冰球的。"

赫赫："因为雪花一边下一边就变身了，就像奥特曼一样。"

团团："我把很多雪花攥在一起，小雪花抱在一起紧紧地，紧紧地，就像冰一样了。"

小彤："我记得妈妈好像说过，其实雪花就是冰。"

看来大家对雪花与冰的关系并不是很清楚，对二者之间的内在联系没有明确的认识，认为这个现象的产生一定是雪花在变魔法，那我们可以用什么办法来发现雪花与冰的奥秘呢？

果果说："我们可以分别查一查关于雪花和冰的知识。"孩子们都非常同意这个办法，于是老师和孩子们一起查找了相关资料，最后发现：大量的雪花先是融化成了水，而水又在低温的状态下很快凝结成了冰。

幼儿的经验与学习：幼儿的学习与经验积累往往源于玩耍，这也就是我们一直说的"玩中学"，这非常符合3—6岁幼儿的年龄特点。幼儿在冬季玩雪过程中的一些发现成了讨论的热点话题，而个别幼儿的独特发现，又激发了幼儿对于雪花变冰现象的极大兴趣和探索欲望，这也成了此次活动展开的线索。

教师的支持与思考： 在本次活动中，教师仔细观察幼儿在玩雪过程中的动作、语言交流、神情等，发现了幼儿对玩雪的兴趣非常浓厚。因地处关中地区，全球变暖使本地区冬季下雪可以看见大片雪花的现象实数不多，因此，教师发现幼儿对雪花的观察十分仔细，在幼儿玩耍的过程中，教师发现几个孩子将大量雪花变成了冰球，此时，教师及时引导幼儿观察这一现象，很多幼儿针对这一现象进行了激烈的讨论，可见，教师的引导非常科学有效。

与冰近距离

一、冰冰凉凉的冰块

孩子们对冰感兴趣，非常想要近距离观察冰，于是，老师支持孩子的观察操作需要，鼓励他们收集冰块，仔细地观察和了解。

乐乐："我摸了一下冰，哇！简直从手指尖一直冰到我的心里去了。"

贝贝："让我闻一下，冰是什么味道的？"

米粒："我也闻闻，咦？好像没有什么味道吧。"

帅帅："我也觉得它没有味道，我闻不出来。"

摸摸冰　　　　　　　　　　　　闻闻冰的味道

贝贝："让我舔一下尝尝是什么味道。"

帅帅："哈哈哈，苹果味道的吗？"

贝贝："不是，快把我的舌头粘住了。"

诺一："我刚才摸冰块的时候好像听见一点声音。"

松果："我也来听听，哇！好像真的有声音啊。"

妍妍："我也来听听，我怎么没有听见？"

一一："是啊，我也没有听见，冰里边根本就没有声音，它又没有嘴巴，怎么能有声音呀！"

冰里有声音吗

菲菲："果果，你来敲一下试试吧，我不敢，我害怕它爆炸。"

果果："好呀，我不害怕。"

菲菲："快看，冰裂了一个小缝子。"

果果："我再继续敲，试试看会咋样？"

菲菲："嗯，加油。"

二、冰块不见了

果果敲碎了冰块，过了一会儿，盘子里的冰块发生了变化，孩子们纷纷议论了起来。

久久："冰变小了。"

皮皮："盘子里有水了，我看见最开始的时候盘子里没有水。"

夏涵："两块冰粘在一起了。"

冰里有声音吗

186

萌豆："有的冰块融化了，有的冰还在凝固着，而盘子里的水正是冰慢慢融化变成的。"

通过近距离观察冰，孩子们直观感受了冰的外部特征：冰是凉凉的、硬硬的、透明的、没有味道，能被砸开，会慢慢融化成水。

三、与冰初相识

孩子们在近距离观察了冰，了解了冰的外部特征以后，关于冰的话题内容在不断向外延伸着。

米阳："夏天我在喝的饮料里见过冰块。"

启林："冰块都是透明的，我家里就冻过。"

米粒："有一次诺一的头磕青了，保健室的大夫用冰袋给他冰了冰。"

乐乐："我们家的冰箱里有冰呢。把我妈妈买的虾冻在了一起，而且虾上面也有冰呢。"

谦谦："妈妈带我去了一个游乐场，那里最神奇的地方就是里边所有的游乐设施都是用冰做的，每个游乐项目都特别好玩。"

通过大家的讨论，孩子们将自己对于冰的初步认识大胆表达出来，多是从自己的生活经验出发，知道冰的存在，但对于冰的外部特点和用途却还不太清楚。

在讨论过程中，萱萱表达了自己的疑问："大家说了这么多的冰，我觉得应该还有一些冰不是很容易被发现的，我觉得我们应该再仔细找找哪里还有冰，看看是不是会有新的发现。"

幼儿的经验与学习：幼儿通过近距离多感官参与观察，了解了冰的外部特征。通过交流讨论，表达出自己关于冰的已有经验。幼儿在同伴之间进行了经验分享与交流，不断扩展话题内容，同时也开启了新的探究内容。

教师的支持与思考：教师在本次活动中鼓励幼儿大胆讲述交流，认真倾听幼儿对于下雪及雪变成冰这些现象的简单解释，从而发现幼儿对于冰的已有经验的状况，幼儿对冰的认识只是简单地知道"冰"这一物质，也知道水会结冰，但是对于冰在怎样的条件下会变成冰，以及其他材料能否变成冰这些认识还比较模糊。

因此，在了解了幼儿的疑惑和未知需求之后，教师追随幼儿的问题，通过问题引导，环境材料的提供，支持幼儿进一步自主探究。

冰在哪里？

一、我眼中的冰

对于冰，孩子们充满了好奇，在生活中或多或少都接触过。但是孩子们究竟了解多少冰呢？让我们一起来听一听他们的说法吧。

嘟嘟："冰是很硬的东西，而且摸上去很凉，凉得我都不敢摸了。"

饭团："我觉得冰是尖尖的，因为在我们老家东北，可以看到屋檐下一道道尖尖的冰锥，有时候我会把它打下来。"

老师："那你们知道，冰是怎么来的吗？"

米粒："冰是从冰箱冻出来的。"

源源："但是，北极、南极有很多的冰山啊，怎么可能有那么大的冰箱。"

菲菲："冬天地上、水池里会结冰。"

老师："冰最后变成了什么？"

诺一："蒸发了吧。"

皮皮："我觉得是化成水了。因为冰是由水冻成的，那冰要是化了不就又变成水了嘛。"

我们从三个问题进行了交流：冰是什么样子的？冰是怎么来的？冰最后变成了什么？在讨论过程中，孩子们对这些问题有一定的认知，但也不是很准确。接下来，孩子们开始关注生活中的冰，进行了一次调查活动，并记录调查结果，获得对冰的更全面的认知。

二、我身边的冰

在我们的身边有很多地方都有冰存在，让我们细心找一找吧。孩子们和爸爸妈妈一起开动脑筋，通过网上搜集资料、实地考察等方式发现了我们身边各种各样的冰。原来冰在我们的生活中到处可以找到，在我们的冰箱里，在滑雪场里，在冬天的树枝上，在超市的海鲜区摆台上都可以发现冰。

我找到的冰在这里

孩子们在与自己家长进行调查的过程中拓展了原有的知识经验，对于哪里能找到冰有了进一步的认识，甚至还拓展到了南极、北极等。由于地域限制，对于一些无法亲眼看到的冰，幼儿在网络以及图片中看到了，从而丰富了自己的已有经验。

三、寻冰大发现

结合孩子们寻找生活中的冰所绘制的思维导图，可以看出大家的思路很宽阔，寻找范围很广，每个人寻找的点也有所不同，因此，孩子们在相互学习和分享交流的过程中说出了自己的见解。

谦谦："我最喜欢看关于北极熊和企鹅的纪录片了，所以我知道它们生活的环境到处都是冰，我猜北极熊和企鹅都特别怕热，所以它们都生活在北极和南极这么冷的地方吧。"

可可："我夏天最喜欢吃冷饮了，我吃着冷饮就觉得特别凉爽。所以我觉得冷饮里肯定有冰，因为只有冰是凉的。"

老师："难道只有冰是凉的吗？其他的东西还会不会像冰一样冰凉冰凉的？"

萌逗："应该是会有的，但是应该不会像冰那么凉吧。我真是找不出来有什么比冰还要凉的东西呢。"

启林："我在我家冰箱里翻出来了一袋很硬、很冰的香肠，这个算不算是冰？"

夏涵："这个应该不是吧，冰应该是透明色的，而且是水冻的。"

大班孩子善于思考，好奇心强，生活经验比较丰富，探究欲望更加强烈。在寻找冰的过程中孩子们有了很多关于冰的新思考，他们已经开始了从冰的外在特征关注到冰的内部实质的过程，对冰的认识也慢慢加深。

听听我在找冰过程中的发现

四、人造冰和自然冰

在上面的讲述过程中，有孩子提出疑问：每个人都讲了很多，有的是重复的，那怎样能将我们的调查结果更加清晰地呈现出来，一目了然，让大家都看明白呢？孩子们又进行了讨论：

雨点："分类吧，把我们找到的冰进行一次或者两次分类，这样不就看清楚了吗？"

老师："那怎么分类呢？"

香香："按照地点分，比如家里、超市，南极、北极。"

团宝："我觉得按照用途分，滑冰场里的冰用来玩，而冰箱里的冰可以放在饮料里让饮料变凉。"

阳阳："还可以按照制冰的方法来分，比如人造的冰和自然界产生的冰。"

跳跳："我同意阳阳的方法，就分成两类，我们一下子就能看清楚啦。"

松果："对，如果是人制造的冰就是人造冰，由于自然原因产生的冰那就是自然界形成的冰。"

米阳："这样的划分显得很清楚啦。"

冰的种属划分，使孩子们建立了一个对于冰形成方式的认知。冰的形成是需要具备一定条件的，其中温度是首要的因素。当小朋友感受到自然界中的冰的存在时，首先就会联想到这个地点的温度会比较低；而人造冰形成的方式则是由人干预得到的，这种冰往往是医用，如降温，或者用作其他生活用途。这种划分方式可以帮助幼儿进一步了解冰在生活中的广泛存在与运用。

我发现的人造冰

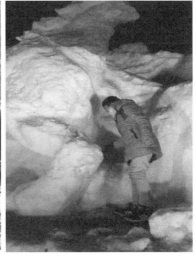

大自然里的冰

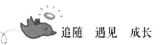

幼儿的经验与学习：幼儿通过交流讨论、亲子调查、观察分析的方法，了解了冰的外部特征、存在地方、冰的种类等知识，发展了语言表达、观察分析的能力，同时也加深了亲子之间的感情。在交流分享的过程中，幼儿丰富了已有经验，拓展了视野，对冰的认识由关注表面现象逐渐过渡到探究其内部的属性。

教师的支持与思考：教师倾听幼儿的交流讨论，通过问题引导，促使幼儿深入思考，有效表达；鼓励幼儿与家长一起进行调查，并用调查表的形式呈现调查结果。同时，引导幼儿在交流讨论的基础上，提出分类的属性标准，支持幼儿完成分类，使幼儿对冰的认知从表面特征逐渐过渡到内部属性，获得了新的经验，丰富了对冰的认知。

造冰记

了解了冰有人造冰和自然冰以后，孩子们迫不及待地要自己制造冰了。如何制造冰呢？孩子们开始了新的探究活动。

一、冰的形成条件

孩子们都知道冰要在很低的温度下才能形成，但是究竟什么样的温度才能形成冰呢？对温度的了解成了首要的条件。

桐桐："我觉得一定要很冷很冷才能产生冰。"

臭臭："我知道，要在零（摄氏）度才能结冰。"

——紧接着提问："对，我爸爸也告诉过我，那怎样才能知道温度已经达到零（摄氏）度了呢？"

菲菲："用温度计可以知道啊。"

贝贝："什么样的温度计可以知道我们的环境温度呢？体温计可以吗？"

天天："不可以吧。体温计没有零下温度。没有零下温度就不能知道有多冷。"

到这里，讨论陷入了僵局，看来，孩子们对温度计还没有准确的认识，那就先来解决这个问题吧。

于是，老师和小朋友找来了温度计，大家一起观察、认识温度计。

通过老师的讲解，孩子们明白了，温度计分为体温计和室温计，体温计是测量人体温度的，人体温度都是35℃以上，因此体温计的刻度是35℃—41℃，而室温计和体温计最大的区别就是室温计有零下的温度，因为我们在感觉很冷很冷的时候，这时的温度很可能已经达到零下了，而这时正是形成冰的临界温度。

二、液体变冰

知道了冰形成所需要的温度后，孩子们开始讨论用什么来冻冰。孩子们提出：水可以冻成冰，其他的液体都可以冻成冰吗？

诺一："要有一块冰肯定要有水，没有水怎么会有冰呢？"

一一："水是液体吧。那我觉得只要是液体都可以变成冰。"

妍妍："果汁也可以冻成冰，夏天我就和妈妈一起冻过。"

贝贝："牛奶也能冻成冰的。"

乐乐："酸奶可以冻成冰吗？"

泡泡："那我们把一些液体放在冰箱里试试不就知道了嘛。"

三、动手造冰

自来水肯定可以冻成冰，那饮料、酸奶会不会也能冻成冰？那要有一块冰，不管形状大的小的，粗的细的，高的矮的，还需要什么呢？不如一起来试试。

好，那就行动起来吧。孩子们找来了酸奶、雪碧、冰峰（西安本地橙汁饮料）等等。而且还找来了不同形状的模具，看看冻出来的冰的形状会不会受这些模具的影响。

多种多样的造冰工具和造冰原料　　把雪碧和酸奶倒入模具　　把水倒入模具

把冰峰倒入模具　　　　　把模具放进冰箱冷冻　　　　分享观看造冰成果

经过几个小时的冷冻，我们找来的液体都被冻成冰啦！

一一："快看，冰峰冻出来的冰的颜色是橙色的，和没有冻的冰峰是一样颜色的。"

妍妍："酸奶冻出来的冰是乳白色的，仔细看看冰块上还有一些纹理。"

夏涵："雪碧冻出来的效果和水冻出来的冰的效果是一样的，因为雪碧本身就是透明的。"

观察了一会儿，孩子们发现冻出来的各种颜色、各种形状的冰变小了，而且周围还出现了一些液体。原来只要温度超过零摄氏度，冰块就会融化啦。老师和孩子们一起用科学语言进行总结：冰是触感冰凉的固体，在一定的温度、环境下由液体固化形成，遇到高温就会融化，属于一种正常的自然现象，可自然形成，也可人为制造。

幼儿的经验与学习：幼儿基于已有经验，通过对温度计的认知，了解了温度计上的刻度含义，知道了零上和零下的温度，也知道零下的温度是形成冰的最重要条件。在操作实验的过程中，通过猜测和实验结果的比对，幼儿发现含有水的物质，比如活动中提供的饮料等液体都是可以冷冻成冰的，幼儿初步明白了一个道理：物质中含有水也是形成冰的重要条件。

教师的支持与思考：教师帮助幼儿通过问题讨论，厘清冰形成的必要条件，使幼儿明确冰形成的首要条件是零下温度。在冻冰材料的选择方面，教师支持幼儿寻找各种材料，提供小型冰箱，给予实验操作支持，让幼儿自己发现这些可冰冻物质的共性，从而自主总结出冰冻的第二个重要条件，即冰冻材料的特性。最后，通过科学语言的阐述，幼儿掌握冰的科学概念，对冰的认知更加系统化、科学化。

冰的变形记

一、加速融化

1. 发现融化

孩子们制冰成功后，欣喜地拿着冰观看、交流、讨论。慢慢地，冰块在流水，孩子们发现了这个现象，于是讨论开始了。

泡泡："你们看，冰块在滴水，它要融化了。"

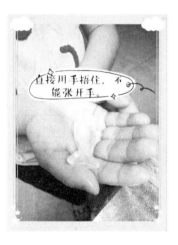

一一："快把它放到盘子里，我们看看它什么时候能化完。"

观察了好一会，萌豆说："怎么这么慢，我好着急呀。"

贝贝说："怎么能让它化得快一点呢？"

赫赫说："拿在手里应该会化得快一点，我试试。"

赫赫将冰拿在手里，不一会儿，手里就留下了水。

这时老师及时介入，问孩子们："为什么冰在手里会融化得快一点？"

赫赫："可能因为我的手力气比较大，我会把冰捏成水。"

团宝："不是，是因为手是热的，冰遇到热就融化得快。"

通过同伴分享，孩子们了解到了冰遇热会融化的道理。

2. 快速融化小妙招

用手可以让冰较为快速地融化，但是我们的手会感到特别冰，受不了，因此不能长时间地用手来融化冰。那么，除了用手可以让冰融化得快，还有哪些东西也可以让冰快点融化？

（1）物品辅助加速融化

用扇子　　　　　　　　放在太阳底下　　　　　　　用吸管

加热水　　　　　　在窗边用放大镜

小组活动中，孩子们基于温度高冰融化快的认知，都有意识地找那些能使温度升高的东西。最终，孩子们通过总结筛选，决定用以下几种方法进行小实验。

结论是果然温度越高，冰融化得越快！

（2）盐的妙用

在加速融化的探究中，一部分孩子通过询问老师、父母，了解到使用盐可以使冰加速融化，到底结果会怎样呢，孩子们进行了实验。

孩子们一边观察，一边交流：

格格："我们先放一点点盐试试。"

于团："好像没什么变化。"

源源："那我们再加一点试试吧。"

艾米："快看，冰块好像融化得快一些了。"

冰块真的融化了，原来盐还有这个妙用啊！

为了使孩子们进一步了解在路面上撒工业用盐来加速冰雪融化，缓解路面结

观察把盐和冰块放在一起

冰对交通的影响，我们采用观看视频的方式，使幼儿获得这方面的经验。

二、减缓融化

经过实验，孩子们验证了使冰快速融化的方法，对冰的兴趣也越来越高涨。

盛太："既然我们找到了那么多的方法可以加速冰的融化，我觉得我们也能想办法不让或者减慢冰的融化。"

妍妍："把冰放在冰箱的冷冻室里，冰就一直都不会化。"

米粒："可是我们教室里没有冰箱，怎么办呢？"

萱萱："把冰放远一点，我们不要接近它。"

老师："嗯，也可以。但是那样冰还是会融化。"

菲菲："对呀，因为空气就是热的。比如说我们现在有暖气，我们的教室就比户外温度高，所以即使把冰放远，冰会接触空气也会很快融化。"

二猫："对，空气是热的。因为小朋友们一起呼吸时会散发出热量。"

启林："我知道，电脑也会散发热量。"

天天："还有咱们的电视屏也散热呢。"

老师："你们想得可真全面，的确是这些热源让我们呼吸的空气升温了。那怎么办呢？"

格格："不让冰接触空气是不是可以啊。"

老师："怎样才能不让冰接触到带热源的东西，比如空气？"

天天："把冰包起来。"

皮皮："可是包得再严也会有空气进去，因为空气无处不在。"

萌豆："老师，我觉得可以把包好的冰放在你每次带冰用的保温桶里，保温桶就是能保热也能保冷。"

老师："那样就可以了吗？"

阳阳："用胶带把桶的口封住。"

帅帅："然后再把保温桶用我们睡觉的被子包好。"

老师："哇，估计冰不会化了。"

1. 对照实验

用什么办法可以减慢冰的融化呢？温度应该是关键点。因此，孩子们讨论后决定再进行一次对照实验，他们觉得可以用同样大小的三块冰：其中一块直接放在盘子里，它可以直接接触室温；一块用毛巾包住放在盘子里，它可以间接地接触室温；还有一块用毛巾包住放在保温桶里，用胶带将保温桶盖粘紧，再用棉被包住保温桶，让它基本与室温隔绝。孩子们讨论之后，决定在六小时后看看三块冰的状态。

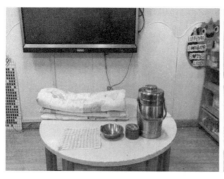

可用的保温材料

用毛巾包住冰块再放进保温桶

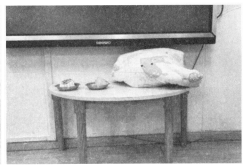

塑料袋套住保温桶隔绝空气　　　　　　用棉被包住带塑料袋的保温桶

观看三块冰的融化情况

很显然，完全接触空气的冰块最早融化了，在盘子里看见的全是水，摸一摸已经不那么凉了；而简单包裹的冰也融化了，但是摸着包冰块的毛巾还有点凉，这也说明简单地与空气隔绝也有一些作用；再看保温桶里的冰，也变小了很多，但在一样的时间里还可以看到冰块，说明我们让冰的融化减慢的方法还是有效的。这一次的实验再次证明冰融化的关键因素就是温度。孩子们通过两次对比实验深刻体会了这一物理现象。

2. 慢融冰在生活中的运用

冰在生活中的运用是很常见的，而且为我们的生活提供了很大的便捷，比如冰敷消肿、加冰饮料、发烧退热等。当然冰也会给我们的生活带来很多不便，我们也会想出办法来解决。同时，慢融实验给我们的启示就是可以用保温层来贮存冰，从而运用到生活中，如保鲜食品，让我们能吃到很新鲜的食物。

幼儿的经验与学习：幼儿在寻找让冰快速融化的方法过程中能够结合已有经验，知道去找那些升高温度的材料，如有人会想到放大镜聚焦产生热量，

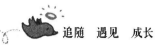

有人会想到加入热水，有人会想到用手捂住不打开，等等。在小组实验中运用自己的材料检验自己的预想，也发现了他们的预想和实际情况还是存在一些差异的。

教师的支持与思考： 教师发现幼儿在寻找材料的过程中会关注到材料能否升温这一重点，因此教师在材料上给予支持，给幼儿提供了电加热设备，让幼儿能真切地看到温度越高冰融化越快这样的实验效果。

在幼儿尝试探索慢融化的过程中，通过提问，帮助幼儿思考核心问题，快速准确找到解决问题的关键，提供所有幼儿猜想预设的材料，以支持幼儿的实验顺利完成。教师也会帮助幼儿排除一些实验的干扰因素，如用小毛巾包裹冰时速度要快，不能用手接触冰，等等。在进行小结时，幼儿也谈到了冰在生活中的应用。班里祖籍是黑龙江的孩子说起了冰雕，引发了孩子们的又一个关注点。

我的创意冰塑

一、美丽的冰雕艺术

冰在我们的生活中随处可见，它不仅可以为我们的生活服务，而且还有很多关于冰的艺术品，从孩子们的话语中，我们发现了孩子们的又一个兴趣点。

饭团："我在老家看到过冰雕。"

贝贝："冰雕是什么？"

萌豆："就是用冰雕刻的东西。"

阳阳："我也见过，我在电视上看到过。"

桐桐："嗯，我和爸爸妈妈去哈尔滨旅游的时候见过各种各样的冰雕。要用锋利的刻刀还有一些其他的工具去做造型吧，因为我觉得冰很硬。而且冰雕都很高、很大。不过，好像也有小点的冰雕。"

乐乐："哪里有冰雕呢？"

帅帅："应该在很冷的地方，这样就可以有很多的冰。要不然用冰箱冻冰太小了。"

既然孩子们对冰雕艺术有这样的兴趣，那就让我们一起来欣赏一下老师拍摄的冰雕艺术品吧。

美丽的冰雕艺术品

美丽的冰雕艺术，让幼儿叹为观止，艺术创作的种子在他们心中悄悄萌发。

二、我的"冰冻"艺术作品

欣赏过美丽的冰雕艺术，孩子们萌发了自己制造冰雕作品的意向。

艾米："冰雕好漂亮哦，我也想要一个。"

贝贝："冰雕那么大，我们怎么要。"

一一："我们能不能有一个小一点的？可是我们不会做。"

久久："我和妈妈夏天的时候冻过小兔子形状的冰块，也很好看的。"

阳阳："哦，对哦，像我们前天用模具冻的冰块，都很好看呀。"

皮皮："那我们也来制作一个'冰冻'艺术品吧。"

说干就干，为了支持孩子们的想法，我们和家长积极沟通，鼓励家长和孩子一起寻找材料，制作自己的"冰冻"艺术品。

诺一："我做了一个纯冰的冰糖葫芦，看起来是不是很美味？"

雨点："我找了一个一次性手套做模具，没想到做出来的冰雕作品我自己都觉得很吃惊呢。"

谦谦："我是先冻了一块冰，然后和妈妈一起用工具进行雕刻，还给冰雕涂了颜色。"

赫赫："我做了彩色的冰花，在盘子里装了水，把冰花放在盘子里，在冰箱里冻了五个小时，看我的作品，是不是很有创意？"

贝贝："我的'冰冻'作品是独一无二的，我非常喜欢这个创作。"

艾米："我做了彩色的冰块，就是在模具里装满水，然后滴了自己喜欢的各种颜色，最后脱模，作品就诞生啦。真的好漂亮啊。"

我们的"冰冻"作品

冰的魅力是无限的，只要我们有发现的慧眼。所有的创作都是独一无二的，每一次创作都是一次美好的旅程。

幼儿的经验与学习：对冰进一步的深入了解填充了他们关于冰的知识体系。此次的艺术创作不仅是对冰的简单雕刻和装饰，也是对冰的特性的一次深入探索，比如冰中间放入一块不能冻成冰的物品，这个物品就会被冰包围从而冻在冰的中间，或者镶嵌在冰的边缘，这使幼儿感知了冰与非冰可以相互作用，从而启发幼儿进行更意想不到的探索。

教师的支持与思考：教师始终支持幼儿的创作想法，积极联系家长，进行了这次有意义的亲子创造活动。美丽的作品是幼儿充分思考和操作的产物，是幼儿感受美、表现美、创造美的个性化表现。教师对幼儿的作品及时充分的肯定和赞美，使幼儿感受到成功的快乐。

结语

一块冰，光滑、冰冷、坚硬，温度升高可以融化变成水；冷却、凝固又变成了冰。在这个冰变成水，水又变成冰的过程中，幼儿用慧眼用心用头脑去感受、去尝试、去发现其中更多的秘密。

在此次探冰之旅的学习活动中，教师遵循以幼儿为本的教育理念，通过幼儿的视角发现极具教育意义的生活化课程内容，在幼儿一步一步深入观察、讨论、探索之中生成了一系列承前启后的能促进幼儿科学素养形成的教育活动。幼儿最开始对冰认知懵懂，通过同伴讨论交流、教师引导和支持、自己动手操作、寻求家长帮助等方式，对冰的认识逐步深入。知道我们人类是可以通过特殊方式制造冰，了解了冰的形成条件，丰富了幼儿关于温度的已有认知，明白了温度与冰融化或形成之间的密切联系。

幼儿时期是十分重要的时期，是幼儿多种学习素养的启蒙起始阶段。我们的教育应是启发、支持和引导幼儿主动探究和发现，获得有关周围物质世界及其关系认识的教育，是使幼儿获得有利于终身持续发展的能力的乐学、会学、好学的过程。基于此教育理念，整个活动拓宽了幼儿对冰的经验，教师作为此活动的支持者、参与者、合作者，在充分观察孩子的基础上，敏锐把握孩子的已有经验和未知需求，提供适宜的环境、材料支持，如多样的液体和模具，通过语言的引导，帮助幼儿梳理解决问题的方法，同时，选择适宜的活动形式，促使幼儿最大限度地获得知识、经验及快乐的体验。

细说城墙

刘　雷

缘起

在一次有关古建筑的探究活动中，孩子们对西安古城墙产生了极大的兴趣："城墙在哪里？""它为什么叫明城墙？""城墙上有什么？"……在讨论中老师及时关注孩子们的问题，分析城墙对孩子成长发展的教育价值，秉承对文化的传承，尝试围绕"城墙"这一具有历史性、传承性的文化资源开展探究活动，鼓励孩子通过感受、操作、实践去获得独特体验及教育价值，在领略古建筑之美的同时培养热爱家乡的情感，在探究中不断获得整体的、有联系的新经验。

活动脉络图

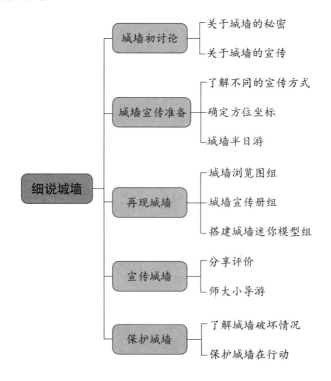

关键经验结构图

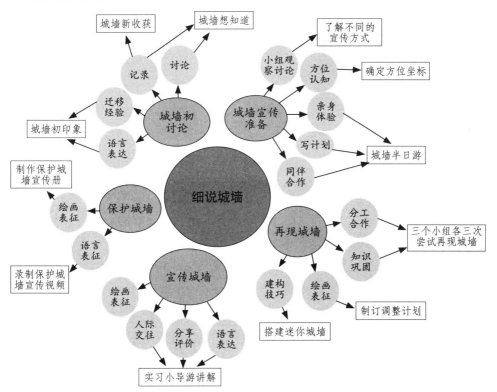

课程展示

城墙初讨论

一、关于城墙的秘密

1.城墙初印象

晨间谈话中，孩子们聊起了自己和城墙有关的故事……

贝儿："我去过一次，和爸爸妈妈从旁边的楼梯上去的。"

福娃："我没有去过，好想去。"

羊羊："我和妈妈从永宁门上去过，但没有走完，太累了，就下来了。"

小豪："上边可以骑自行车，还有游览车。"

乐乐："还有一些卖东西的地方。"

大家你一句我一句，非常热闹地讨论着，有的神采奕奕地描绘着自己眼

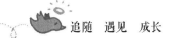

中的城墙，有的充满好奇地不断提出新的问题。

2. 城墙想知道

Kimi："我爸爸说城墙前面有护城河，护城河是干什么的？"

艾玛："那有几个门啊？从哪上啊？"

曼曼："那护城河有多长？上面好像有很长的城墙线，那是什么？"

点点："城墙上有多少城楼？"

孩子们好奇的问题越来越多，大家决定先用思维导图的形式记录下来，然后再一起寻找答案。

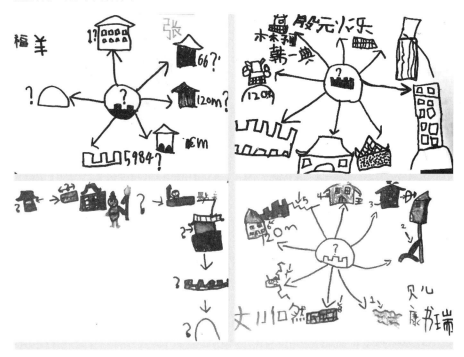

记录下我们的好奇

老师看着孩子们灵动且渴求的眼睛，决定引导大家一起来探究答案。

3. 城墙新收获

孩子们聚精会神地听着老师搜集来的有关城墙的历史、外形构造、建筑特点等的新知识，不断地表达自己的不可思议和惊叹之感。在倾听和表达的同时孩子们的认知得以丰富，对城墙的种种好奇得到满足。

听城墙的历史

收获满满的孩子们迫不及待地把自己关于城墙的新发现和与同伴分享讨论的过程记录下来，进一步巩固关于城墙的知识。

记录城墙的秘密

二、关于城墙的宣传

在接下来的日子里，孩子们很愿意互相分享自己所了解到的城墙知识。

福娃："我昨天给姐姐讲了城墙的四个门，我姐竟然都不知道。"

羊羊："我爸昨天说我像小导游，还让我打电话给爷爷讲了城墙呢。"

贝儿："别人怎么都不知道有关城墙的事呀？！"

祥祥："我还想让更多的人知道咱们的城墙。"

于是老师顺着孩子们的思路提出问题：如何让更多的人了解我们西安的明城墙呢？孩子们立刻七嘴八舌地发表自己的看法。

小果果："制作宣传图，上面写上关于城墙的知识，贴在公众场所，让更多的人了解。"

贝儿："借用城墙的地图，画个路线图，他们就知道怎么游览了。"

嘟嘟："用幼儿园里的材料搭建城墙，呈现给别人看。"

最后，大家一致决定通过"城墙宣传图""城墙游览图""搭建迷你城墙"三种方式向更多的人介绍和宣传我们的明城墙。

幼儿的经验与学习：基于前期经验和兴趣，幼儿能充分讲述和分享自己与城墙的故事和经历，自信表达自我的同时善于观察和倾听，有新收获，并不断提出新的疑问，将新旧经验进行适宜的融合和划分。自发运用不同的记录方式梳理和总结自己的已知认知和未知需求，能够清晰了解自己及同伴的探究意愿，有了一定的计划意识，从而在接下来的集体认知和小组巩固知识中提醒自己更有计划性，来获得更多有关城墙的相关知识，丰富对城墙的初印象。同时促使自身一直保持积极主动、认真专注的良好学习品质。

教师的支持与思考：兴趣是最好的教师，经验是儿童主动学习的基础。面对幼儿五花八门的问题，教师及时搜集相关资料，梳理学习，第一时间通过集体认知、小组讨论的形式，和幼儿一起了解和认识有关城墙的历史、外形构造、建筑特点等，在丰富幼儿们认知的同时满足幼儿的好奇，并第一时间支持幼儿根据自己的讨论结果进行记录，帮助其巩固关于城墙的知识。

其次，分组活动是教师有效引导幼儿主动探索去搭建情境的"脚手架"。幼儿已有经验与提升经验是相辅相成的，于是教师思考可以尝试鼓励幼儿以小组的形式，通过调查、探究、讨论、表达、协商等形式，一步步解决问题，并且使问题成为驱动力，达到小部分人的进行深度学习的目标。所以通过前期确定的三种宣传方式，两位教师决定尝试利用小组活动及下午区域时间，在接下来的活动中有针对性地展开分组探究。

城墙宣传准备

根据孩子们的提议分组，大家很快就加入了自己想参与的小组，并尝试了解如何用不同的方式宣传明城墙。

一、了解不同的宣传方式

1. 城墙浏览图组

问题：到底什么是浏览图？浏览图上都有什么呀？它有什么作用呢？

孩子们带着问题，开始了热烈的讨论。

一一："浏览图就是景区的介绍图。"

沐沐："它可能就是一张图，上面画着景区的路线。"

迪迪："我觉得浏览图上应该有很多路线。"

福娃："上面还有一些公众设施的标志吧，提醒大家。"

大米："我觉得还会有景点的图片。"

佑佑："这个图其实就是为了让更多的人了解这个景区。"

芷萱："也能让大家更清楚地看到景区的所有景点。"

看着孩子们如此高涨的探究欲，教师们决定充分利用家长资源，邀请家长朋友寻找景区游览图，提供给大家观察讨论，通过材料支持解决孩子们心中的疑虑——到底浏览图上有什么？

看看浏览图上有什么

看看浏览图上有什么

2.城墙宣传册组

"我都不知道什么是宣传册?"小组内的萱萱提出疑问,很快就引来了同伴的解答。

贝儿:"我觉得它像一本书,一页一页的,里边会有介绍。"

芷萱:"就是可以给别人宣传城墙的一本书,记录城墙景区的特点,有别人不知道的建筑知识。"

艾玛:"宣传册是为了让那些不了解城墙的人了解城墙。"

Kimi:"是为了让更多的人知道景区的一个册子吧!上面有景区信息。"

嘟嘟:"那我们要怎么制作城墙宣传册呢?"

嘟嘟的问题让刚刚还热闹的小组突然安静了,大家你看看我,我看看你,这时平时生活经验比较丰富的几个小女孩表达了自己的想法。

"首先我们需要很熟悉城墙,要不然不知道记录什么。"沐沐帮大家开始想办法。"那我们肯定还需要纸和笔,还要画得更清楚一点,让别人一看就明白,"艾玛补充道,"那我觉得还需要借助城墙的地图,通过宣传册让别人能够很快知道路线。"

孩子们的思路得到了同伴的认可,教师也及时加入,和孩子们一起了解宣传册的内容、作用及意义,为后期制作做准备。孩子们也决定先为"城墙宣传册"制订计划方案。

210

制订计划方案

3.搭建城墙迷你模型组

一开始，大家非常积极，开始关注探讨到底要怎样搭建和需要搭建成什么样？

小豆："需要搭建四个大门。"

豆豆："要搭建四个角，要注意一个西南城角是圆形，还有角楼。"

嘟嘟："还要搭建箭楼、主楼、吊桥这些。"

瑞瑞："还有垛口、敌楼、女儿墙。"

饼饼："还要搭建楼梯，告诉别人如何上城墙。"

最后，老师与孩子们一起商量，梳理总结了搭建的初步方向：搭建封闭的长方体，上面有城楼、城墙和城门。

二、确定方位坐标

在三个小组的前期讨论中，孩子们发现，所有的景区地图、浏览图上都有一个坐标，而在即将设计的宣传册和搭建城墙的过程中也需要方位坐标，那么关于如何了解各个景点的具体方位，善于思考的孩子们很快有了自己的想法。

大米："通过看南山辨别方位。"

福娃："看太阳，东边升起，西边落下。"

瑞瑞："用指南针。"

老师及时捕捉"方位"一词的认知点，进行知识补充，使孩子们认识及掌握方位坐标。

三、城墙半日游

"好想去城墙上看一看呀！""我想和真真一起在城墙上拍照！""我想从永宁门上城墙"，在和孩子们讨论的过程中，孩子们不断发出想要"逛城墙"的愿望。

于是，老师决定满足孩子们的意愿，鼓励其以小组形式制订了"城墙半日游"游览计划，为后续的"城墙半日游"做准备。

制订浏览计划

同时，老师结合五一假期，向爸爸妈妈发出邀请，请他们也参与到孩子们的探秘城墙之旅中。

发出邀请

在爸爸妈妈的陪伴下，孩子们按照自己的浏览计划和同伴们开始了属于他们的城墙半日游。一路上用画笔和相机记录游览路线及所见所闻。

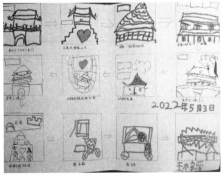
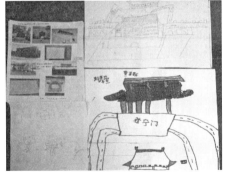

我们登上城墙啦

收获满满的孩子们回到班里就迫不及待地和同伴进行分享，大家聚精会神地倾听，热烈地讨论，场面好不热闹。

分享收获

幼儿的经验与学习：幼儿通过自己观察、讨论、记录、参加小组活动，来探索每一种宣传方式的含义及作用。首先，基于兴趣和前期疑问，幼儿能够在小组活动中与同伴积极主动讨论，分享经验，通过观察、分析等方法，初步感知三种宣传方式的特点。其次，在集体活动中，幼儿通过倾听、讨论了解方位坐标并结合已知经验，内化坐标存在的意义，积极主动、认真专注地获取知识经验，丰富认知，初步认识宣传方式的特点。最后，将认知经验和实践在后续的亲身探秘过程中相结合，进行迁移和匹配，并自我梳理整理，拓展积累自身新经验，从而更好地完整讲述和表达，增强其自信心。

教师的支持与思考：提供资源和环境是本次活动中教师给予的最大支持，教师及时发现和捕捉幼儿的探究欲和求知点，在幼儿对于不同宣传方式的认知薄弱和需再巩固时，及时给予新的认知，以不同的形式调动和丰富幼儿的学习途径，总结发现新问题，进行经验的新架构。

同时，能第一时间认识到最好的学习是在真实的情境中通过亲身体验与实践产生的，将"如何最大限度上满足幼儿对城墙的幻想"与家园共育相结合，鼓励调动家长带领幼儿身临其境地感受和欣赏，真正感受城墙具有的文化底蕴，进而验证所获得的知识经验。

最后通过对幼儿浏览后的分享，发现幼儿对于城墙的建筑材料、结构、细节等方面的收获颇感兴趣，于是将其作为接下来课程的生发点，对小组具体实施宣传时的细节设计进行指引。

再现城墙

有了前期丰富的认知和体验，孩子们很快便投入了城墙再现活动中。

一、城墙浏览图组

1. 第一次

"如何绘制城墙浏览图呢？"小组内的孩子们结合前期实地考察结果，首先想到了需要明确分工。

羊羊："分工合作，有人涂色，有人画。"

萱萱："我们可以再分小组，一个小组做一件事。"

真真："我们可以用剪贴画来制作。"

于是，大家开始商量各自负责做什么。有的画轮廓，有的剪贴城门，大家忙得不亦乐乎。

分工合作

最终，第一次小组合作后孩子们呈现出了初步的浏览图轮廓。但同时也遇到了一些问题："怎么确定四个门的位置？""四个主墙体围不起来""城墙的垛口画着画着就歪了"等等。

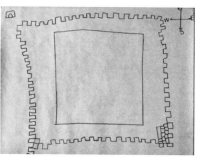

作品初形

出现问题后，孩子们并没有放弃，而是及时停止，在小组内开始讨论，教师也及时介入，参与其中，观察和倾听的同时和孩子们一起寻找解决方案。

曼曼："要先画方位坐标，确定四个门的位置。"

祥祥："老是会画斜，应该借助尺子绘画。"

羊羊："首先确定顶角，边画边注意。"

福娃："轮廓画完后，确定城楼、钟楼尺寸，边画边对比。"

根据大家提出的意见和建议，孩子们第一时间制订了调整计划。

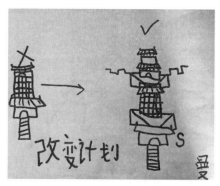
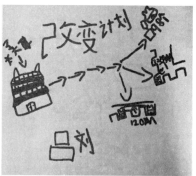

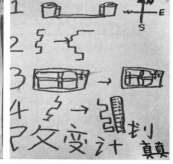

制订调整计划

并根据调整计划开始了第二次尝试。

2. 第二次

为了帮助孩子们更加清晰地明确城墙的构造和布局，教师及时投放了"城墙全景图"，供大家参考，从而能实施计划。

再次尝试

3. 第三次

不断地观察，不断地合作，不断地验证，就这样在一次次地调整和补充中，孩子们最终历经三次小组活动，完成了城墙浏览图的制作。

我们成功啦

217

二、城墙宣传册组

1.第一次

刚刚开始的宣传册组首先面临着三个棘手的问题。

（1）宣传册上画什么？

（2）如果小组内有小朋友画重复怎么办？

（3）画好的怎样能制作成册？

于是，针对这些问题，孩子们的组内第一次讨论开始了……

沐沐："再看看老师讲的视频，用思维导图再复习一下。"

艾玛："重新分工，每个人把要画的东西固定好。"

悦儿："画的时候在顶部留好粘贴的位置"

有了解决方案，大家马不停蹄开始了尝试。老师根据孩子们的需求提供城墙信息课件供参考，引导孩子们自主巩固复习有关城墙的知识经验，并通过思维导图的形式再次记录，加深印象。

知识记录

2.第二次

再次巩固城墙的信息后，孩子们合理分工，明确任务，很快在第二次小组活动中顺利完成了城墙宣传册的制作。

我们成功啦

三、搭建城墙迷你模型组

1. 第一次

初试过程中，孩子们针对"如何分组搭建？搭建什么？搭建顺序是什么？"展开了讨论。

小豆："分三组，一组搭形状，一组搭楼，一组搭城门。"

大米："分四组，按东南西北的方位来搭建。四个城门一定要有。"

小果："还有角楼、敌楼，对了还可以在中间搭建钟楼。"

芽芽："瓮城也不能忘记了。"

饼饼："墙是很重要的，也很多，先搭建墙。"

溪溪："还有门呢，门旁边才是墙。"

很快，大家在讨论的过程中，确定按四个城门分成4组，需要搭建三大架构：门—墙—楼，并利用班级的积木进行了尝试。

尝试积木搭建

其中，在探究"墙"的搭建时，孩子们使用了三种不同的方法：

（1）一排对齐搭建

（2）两排对齐搭建

（3）一排上下交错

在尝试的过程中，孩子们就哪一种方法更牢固进行了经验分享。

讨论一：

"你们各自为什么选择这样的搭建方式呢？"

溪溪："一排排对齐显得非常的美观、整齐。"

瑞瑞："看上去就很像砖块的感觉。"

大米："我们使用的是两排对齐搭建，因为宽度增加了，就比较牢固，但是积木太小，太麻烦了。"

点点："我觉得上下压着，就很坚固，刚才芽芽碰掉了几块积木，但我们的墙没有倒。"

没倒的城墙

讨论过程中，老师鼓励孩子们自己先发现一层一层垒起来更容易倒塌，而上下交错较为牢固，再及时介入，补充认知，引导孩子们掌握城墙"内外搭配，上下交错"的搭建方式。在实践中发现问题、解决问题。

讨论二：

嘟嘟："我们的睡觉房面积小，班级积木也小，不容易搭建。"

芽芽："可以用外面的碳化积木。"

讨论三：

大米："我负责安远门，应该是北门，可是北边在哪边？如何确定方位呢？"

饼饼："蕾蕾老师，我们需要手机上的指南针。"

在讨论中，孩子们不断地发现问题，同时利用生活经验，在寻求帮助的前提下，寻找解决问题的方法。

分工搭建

221

分工搭建

2.第二次

第一次尝试后，孩子们的迷你城墙初见规模，但细心的孩子们依旧发现了问题：

（1）西南圆形角楼应该怎么搭？

（2）城门大小不一样怎么办？

（3）主楼和箭楼的位置应该如何分布？

这些问题也引发了大家的再次思考，大家在小组内，根据四个城门分别提出针对性的解决方案，制订调整计划。

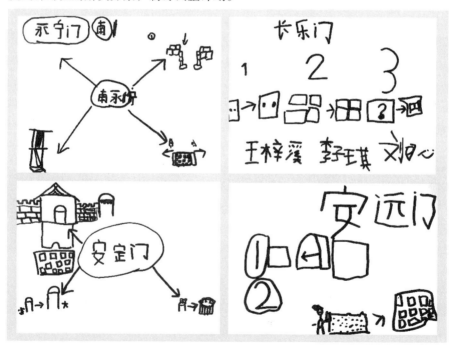

负责每个城门的搭建师，根据自己的调整计划，再次尝试。

3. 第三次

在大家不断尝试和调整中，搭建终于成功了！

　　幼儿的经验与学习：幼儿将关于城墙的秘密通过多元材料建构的方式呈现，能够通过讨论、交流、分享、吸收经验并输出，在一次次尝试中，逐步发现问题、探索、试验、纠错、计划、再实施，最后达到解决问题的目的，体现了良好的学习品质。改变计划的表征促使幼儿更加细致地分析并解决问题，使自己的改变得以实施，在小组分工、任务明确的前提下，完成任务。让幼儿成为活动的主导者、主动学习者，获得更多有关城墙的经验，让探究更具有挑战性。

　　同时，基于兴趣，将动态的项目活动与系统的主题活动链接，幼儿的兴趣得以持续延伸，这是一条更系统化的路径。

　　教师的支持与思考：教师放权，针对每个问题，给予幼儿充分讨论和实施的时间和空间，鼓励其自主寻找和解决调整，并不断引导幼儿巩固复习有关城墙的经验知识，从而支持活动顺利开展。教师尊重孩子们的需求，适时放手，例如在搭建组，发现积木太小的问题后，引导幼儿寻找适合的场地和材料，最终确定使用户外建构的碳化积木，帮助幼儿用指南针辨别东南西北四个方位。在小组出现问题后，教师及时叫停，适时介入，提供适宜的物质资源和材料支持，在孩子们出现意见分歧寻求教师的帮助时，给予方法策略支持，引导幼儿不断再次尝试。从而保证幼儿在接下来的活动中能通力合作。

　　三个小组成功地再现明城墙后，教师思考："如何将其展现给其他人，进行城墙的宣传呢？"这将成为接下来活动的开展方向。

宣传城墙

一、分享评价

　　大家用不同方式再现了城墙，同时孩子们也对同伴如何宣传城墙很感兴趣。于是，大家都迫不及待地开始倾听彼此的讲解，并表达肯定和赞美。

　　祥祥："我觉得他们的宣传册做得非常详细，里面有很多关于城墙的知识。"

嘟嘟："这个浏览图让我一眼就知道了城墙的四个门在哪里，他们还标注了方位坐标，更清楚。"

一一："太像了，太像了，真的就像是城墙的缩小版，东南角的圆形都搭建出来了，太厉害了。"

幼儿互评

二、"师大"小导游

有了一定的尝试，大家对于给更多的小朋友介绍和讲解我们的西安明城墙跃跃欲试，让我们化身"师大小导游"开启城墙宣传之旅吧！

1. 制作导游证

成为一名小导游，必须要有自己的导游标志，于是，大家经过商量在小组内开始设计自己的导游证。

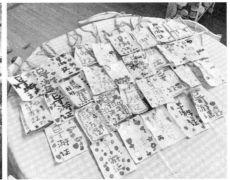

制作导游证

2. 导游讲解

携带导游证，邀请同伴和老师，我们的讲解开始啦！

小小讲解员

幼儿的经验与学习：在欣赏和评价同伴的城墙作品时，幼儿能够给予肯定和赞美，并且尝试以自己的想法提出一定的建议和意见，总结和归纳同伴的优点，能够以自己的情感需求和认知观点进行判断。思维方式的拓展和思考使幼儿评价时语言表达丰富和精确，认真专注的观察和倾听也很有效地帮助了幼儿在整个过程中拓展和延续新经验。同时，在讲解的过程中能够将已知经验清晰、准确表达和讲述，也是幼儿语言发展的重要学习途径，从而增强幼儿的成就感，提升幼儿分享知识的兴趣，也有助于幼儿建立自信心，增强表达欲，在成长过程中具有自尊、自信、自主的表现，同时促进其形成良好的社会性交往。

教师的支持与思考：面对幼儿分享讲解的积极性，教师及时以班级内互评的形式给予幼儿尝试和锻炼的机会，在此过程中发挥幼儿的主观能动性，更多地鼓励和支持他们不断展现自我，从而树立自信心，同时，给予幼儿的导游仪式感物质材料的支持，满足他们的"导游证"的制作需求。最后，教师也及时关注幼儿在讲解中反馈的"城墙被乱涂乱画，遭到破坏"这一问题，以其作为下一活动的切入点，和孩子们一起关注如何保护城墙，从而推进整个活动的情感升华。

保护城墙

一、了解城墙破坏情况

细心的孩子们发现，城墙因为历史悠久，局部已遭到了破坏，于是，大家决定想想如何来保护我们的西安明城墙。

被破坏的城墙

子琪："我们自己平时不能爬城墙，城墙会有损害，我们也会受伤。"

祥祥："也不能用坚硬的东西划城墙，不能在城墙上乱扔垃圾。"

佳佳："我们还应该做宣传画让其他人看到，让大家也保护城墙。"

小果："和大家约定，就跟班级公约一样，贴在城墙边上，所有人都要这样做，才能更好地保护城墙。"

佑佑："让导游或者保安告诉他们。"

小豆："可以录制保护明城墙的视频，大家打开电视都能看到。"

二、保护城墙在行动

经过大家的商讨，孩子们一致决定通过制作保护城墙宣传册和录制保护城墙宣传视频来提醒大家一起行动起来保护我们的西安明城墙。

制作保护城墙宣传册

227

保护城墙宣传使

幼儿的经验与学习：幼儿能从自己的亲身体验和实践观察中认识到古建筑需要保护，制定相应的保护措施是本次活动中情感升华的重点。能通过细致且具体的做法来提醒和宣传保护城墙是幼儿主观能动性和家乡归属感的体现，最终以不同的方式呈现也凸显了幼儿较强的动手和语言表达的能力，此过程也是情感态度教育的呈现。

教师的支持与思考：教师不断给予材料资源支持，满足幼儿完成"保护城墙"的情感需求，给予其充分的时间和空间进行操作体验，引导其在领略古建筑之美的同时培养幼儿热爱家乡的美好情感。

结语

幼儿园开展文化类课程，最终的落脚点都指向情感态度，教育的最终目的也是人的教育。在整个"城墙"主题历程中，教师始终将情感体验贯穿其中，让家乡情愫在幼儿心底扎根。保护西安明城墙是每一个西安人义不容辞的责任，此次活动激发了幼儿保护城墙以及关注周围环境的意识，通过设计保护措施引发幼儿爱自己的城市、爱生活、爱世界。

西安是十二朝古都，西安城墙是一本无字的史书，是我们城市的代表性建筑，有着丰富的历史文化和探究意义。城墙的每一个角落都向我们述说着历史，我们也见证着它的风采。源于对文化的传承，城墙的建筑原貌得以保留，城墙这一具有历史性、传承性的文化资源，促使幼儿在探究的过程中不断获得了整体的、有联系的新经验，这也是此次主题活动的价值所在。

遇"建"房子

陈　洁

缘起

升入大班后，孩子们对于自己所居住的小区有了更加深入的了解，时常能听到他们关于"家"的讨论。基于孩子们对小区位置、房屋结构、建筑特点等前期经验以及所产生的兴趣，话题由此展开：我们居住的房子有什么特点？房子是用什么工具和材料制造的？什么样的房子住着最舒服？楼层高些好，还是楼层低些好？大四班生成活动"遇'建'房子"的课程就由此而展开。

活动脉络图

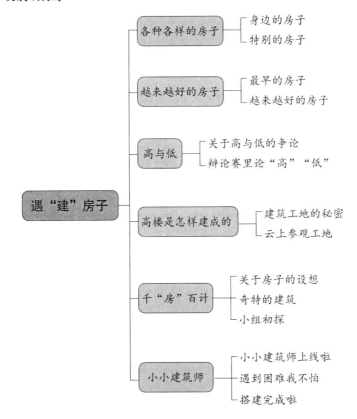

229

关键经验结构图

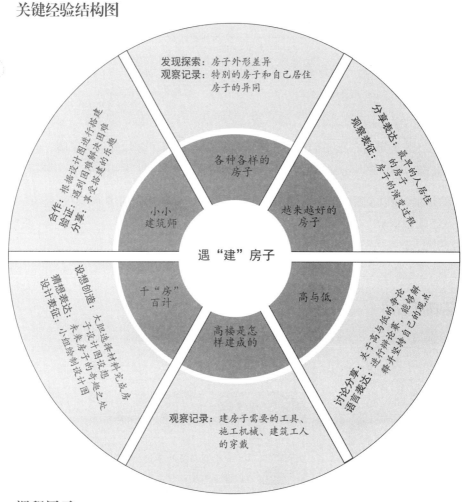

发现探索: 房子外形差异
观察记录: 特别的房子和自己居住
房子的异同

分享表达: 最早的人居住的房子
观察表征: 房子的演变过程

合作: 根据设计图进行搭建
验证: 遇到困难解决困难
分享: 享受搭建的乐趣

各种各样的房子

越来越好的房子

小小建筑师

遇"建"房子

高与低

千"房"百计

设想创造: 大胆设计图设想
设计表达: 子设计图设想
未来房子的有趣之处
小组绘制设计图

高楼是怎样建成的

讨论分享: 关于高与低的争论
语言表达: 进行辩论争论 能够解释
并坚持自己的观点

观察记录: 建房子需要的工具、
施工机械、建筑工人
的穿戴

课程展示

各种各样的房子

一、身边的房子

从幼儿园到家，再从家到幼儿园，这来回的路上有许多房子也有孩子们关于房子数不尽的话题，他们通过观察、比较、经验迁移，发现了许多关于房子的奥秘。

葫芦："我们周围的房子几乎都是很高的楼房。"

坦坦："我发现在老家低一点的房子很多，我们这里就很少。"

小琪：　"而且都是长方形的，准确地说是长方体的。"

子墨：　"我在曲江池边还见过梯形的房子。"

晨晨：　"有的房子高高的像一个火箭。"

彤彤：　"有的房子连成一片，像一片丛林。"

小可：　"我家小区全是高楼，我都被包围了。"

幼儿通过对身边房子的观察，发现建筑的外形各有差异，有的高、有的矮，有的楼房是单独的个体，有的连成一片；房子的形状也各不相同，房子有长方形的、方形的、圆形的；它们相同的特征是都有窗户、门、楼梯；不同的地方是，有的房子有三角形屋顶，有的就是平的屋顶，有的房子外观也会有一些特殊的形状，还有颜色等一些细节部分的不同，孩子们纷纷讲着自己的发现。

二、特别的房子

怎么还有这样的房子？孩子们看到西安的钟楼、大唐不夜城的建筑，提出了新的问题，这些房子为什么和我们居住的房子不一样呢？它们又有什么特点呢？孩子们选择用调查表的方式记录，考察了这些房子和我们居住房子的相似处和不同处，在班级里与同伴进行分享。

关于房子的那些事

奶糖："这些房子都有左右对称的特点。"

葫芦："建筑都需要很深的地基，这样才最坚固。"

汤圆："有的房子有专门的装置，可以抵抗大地震。"

子墨："我发现这些建筑都非常漂亮，使用了很多不同的材料。"

宝宝："无论任何建筑都有窗户，只不过有的窗户隐形了。"

房子是家的象征，房屋的设计也是艺术的表达。幼儿从自己周围的房子着眼，通过观察对比，得出了不同房子的外形和结构特点。

幼儿的经验与学习：幼儿对不同类型的房子有更深的了解，知道不同房子的用途，有人们生活的小区住房，有街边的商厦，还有仿照古人修建的房子供人们参观的。幼儿了解到房子具有对称等特点，知道盖房子需要有坚固的地基等知识，对房子的进一步探究产生了浓厚的兴趣。同时通过调查发现除了人们居住的房子之外，城市里还有很多古老的建筑，它们的功能和用途也都各不相同，并能将自己的发现和见解在同伴面前大胆讲述。

教师的支持与思考：幼儿在活动前通过观察、对比并记录的形式对身边的房子进行了探索，知道了不同房子的外形和结构特点。在活动中与同伴积极分享与交流。同时，对于身边的建筑也产生了更加浓厚的探究热情。基于幼儿对房子的兴趣，逐渐内化，层层深入，教师提出新的问题引发幼儿思考，这些建筑里面有人居住吗？过去的人们住什么样的房子呢？我们现在的房子和以前的房子有什么不同？接下来我们将逐步对房子的演变过程以及房子的变化进行深入探究。

越来越好的房子

一、最早的房子

西安有许多古建筑，生活在西安的孩子们享受着这份历史文化，他们知道钟楼、鼓楼等都是古人修建的建筑，那么还有没有更早的人们修建的房子呢？它们又是什么样子的呢？最早的人们是住在哪里的呢？基于这些问题，孩子们积极查找资料、询问家人，并在班级里进行了新一轮讨论。

　　汤圆："我知道，最早的人住在山洞里。"

　　葫芦："是的，还有人住在泥巴做的房子里。"

　　小琪："我知道，古时候人们住在草房子里！"

　　孩子们了解到我们的祖先原始人为了遮风挡雨、躲避怪兽，学会了依穴而居。

最早的房子

二、越来越好的房子

　　兴趣带动孩子们主动探索房子的历史与演变过程。

　　葫芦："最早的人住在山洞里一定很冷，没有门，里面也光秃秃的。"

　　小可："慢慢地，人们利用草、泥土、石头等好多不同的材料搭建不同的房屋！"

　　妞妞："还记得《三只小猪》的故事吗？三种房子，就属石头房子最结实了。"

　　宝宝："是呀，人们越来越聪明了，房子也盖得越来越好了。"

慢慢地，人类学会了制作和使用工具，开始利用石头、柱子、木材、茅草等材料建造房屋。这样建出来的房子不仅安全，还更加舒适。

房子的演变过程

孩子们了解到最早的人类住在山洞里，后来人们在山下的平原造了最早的草房子，随着人们对房子安全性要求的提高，有了木头房子、石头房子，孩子们发现不论是什么时期的房子，都有"门"和"窗户"。

幼儿的经验与学习：幼儿对人类居住的最早的房子有了全新的认识，对房子从"过去"到"现在"的演变有了初步了解。通过观察与分享，幼儿对不同类型的房子的特征也有了更进一步的认知，看到现在人们居住的房子越造越美，越来越高，功能性越来越强，感受到人们居住条件的日益优化，同时也感受到劳动人民的智慧。

教师的支持与思考：教师和幼儿共同搜集最原始的房子图片，如洞穴房、草房子、木头房子、石头房子等，并张贴在主题区，帮助幼儿建构对不同材质房子的认知。幼儿以绘画的方式再现古时候的房子，在绘画与分享过程中，加深了对古代不同类型房子的理解。随着活动的深入，幼儿发现现代房子和过去房子最大的差异就是，过去的房子都很低，可是现在的房子越来越高，小朋友居住的楼层也有高有低，究竟是高房子好还是低房子好，是住的高好还是住的低好，教师为幼儿的进一步探究提供支持。

高与低

一、关于高与低的争论

葡萄："我家住在二楼，我觉得很方便，平时上楼梯、坐电梯都可以。"

葫芦："我们在一楼，和我们教室的楼层一样，出去玩很方便。"

小宝："我家住在顶层，站得高看得远，离电视塔很近。"

现在有很多楼盘都是高楼盘，很多人尤其是家里的老人、小孩对于高楼层还是存在一些恐惧心理，觉得楼层高不安全，睡不踏实，孩子们根据自己的居住体验发表看法。

二、辩论赛里论"高""低"

高房子好还是低房子好，住的高好还是住的低好，孩子们提出以辩论会形式深入探讨这个问题，辩论很激烈，老师最后通过小结梳理，得出各自的优缺点。

1. 高房子优缺点

雨辰："高高的房子离太阳近，能晒太阳。"

萝卜："高房子能看得远，站在上边可以看到远方的风景。"

葫芦："房子太高了，如果电梯坏了，爬楼梯会特别累。"

彤彤："房子太高了，万一飞机撞上去怎么办呀。"

2. 低房子优缺点

奶糖："低房子，方便进出，而且不需要乘电梯！"

梓涵："低楼层方便逃跑，如果发生火灾，我们能第一时间跑出来！"

当当："低层房，小偷会进来偷东西。"

叶子："低房子光线不好，黑黑的，也很吵。"

唇枪舌剑，各说各的理

幼儿通过辩论了解到高低不同的房子的优缺点，同时在辩论过程中，充分锻炼了他们的语言表达能力，能够根据自己的想法组织语言，也提高了自己的胆量。

幼儿的经验与学习：在之前的活动中，幼儿积累了关于身边的房子、特别的房子、最早的房子、房子的演变过程等知识，为本次活动提供了很好的经验支持。幼儿自发成立了辩论小组，在辩论赛的过程中能够解释并坚持自己的观点，积极主动参与辩论，理解和尊重同伴的观点，通过聆听其他幼儿的观点，思考后进行回应。不但丰富了自己的经验，而且锻炼了自己的倾听能力。

教师的支持与思考：《指南》语言领域中指出，幼儿的语言能力是在交流和运用的过程中发展起来的，因此作为教师，应该为孩子们创设自由、宽松的语言交往环境，所以在这次自发创设的辩论赛中教师提供了有效支持。教师根据幼儿不同的观点进行组队，小组合作，搜集资料，寻找论据，鼓励幼儿大胆表达自己的观点与意见，锻炼了幼儿的语言组织能力；同时在这一过程中，进一步加深了幼儿对房子高低结构、功能的认知，随之，孩子们对高楼是如何建成产生了好奇。

高楼是怎样建成的

一、建筑工地的秘密

奶糖："我们家旁边正在盖很高的楼，是一片工地，都用绿颜色的布子围挡着。"

铭初："工地上有很多工人叔叔，还有工人叔叔开着大吊车。"

番茄："工地上的人都要戴安全帽。"

汤圆："工地周围很脏，我都不敢去。"

番茄："妈妈说让我离远点，工地周围不安全。"

孩子们根据自己所了解的建筑工地回忆施工现场的情景，他们对工地既好奇又有些畏惧，不知道围挡的地方到底是什么样子，更想知道，高高的楼房是怎样建起来的。

二、云上参观工地

为了满足孩子们的这一好奇，老师在上班路上正好路过一片工地，于是带着孩子们的期许，在下班途中录制了工地的工作情境，并将视频资料带到幼儿园分享给孩子们，因此一次云上参观工地活动拉开了序幕。

建筑工地的秘密

1. 我们听到了什么？

方梓："我听到了机器的轰轰声。"

铭初："我听到了工具敲打的声音。"

梓涵："我听到了水流声。"

2.我们看到了什么？

宝宝："我看见了安全帽。"

天放："我还看见了很多砖块、钢筋。"

蜜豆："我看见了许多的水泥，还有沙石。"

3.我们发现了什么？

雨宸："我发现了一个大深坑。"

小满："我知道，那个房子就是从那里开始盖的。"

糖宝："我看过一本书，房子最开始要从下往上盖，要先打地基。"

4.我们想到了什么？

妞妞："工人叔叔盖房子都会使用哪些工具呢？"

坦坦："我知道肯定会用到电钻、锤子、铲子。"

悦悦："他们进入工地之前，一定得做好安全防护。"

程子："工人叔叔还要借助大型机器，来把盖房子的材料运到更高的地方。"

孩子们对云上参观工地很兴奋，有些孩子还有更多的好奇，让家长带着去周围的工地进行了实地考察，获取了更多的信息，了解了建筑工人的工作环境与工作内容。

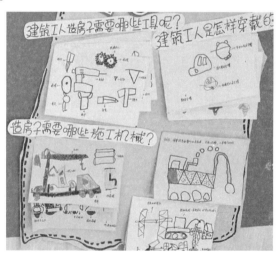

绘画表征建筑工地

幼儿的经验与学习：从施工初期到高楼耸立，幼儿感受到这一过程的漫长和工人叔叔的不易，他们看到的、听到的、想到的都在丰富着自己的认知。

他们知道了盖高楼所需要的材料与工具，知道工地要有安全保护措施，知道大型器械的用途，知道万丈高楼从地起。同时发现施工给周围带来的变化，也认识到城市建设使我们的城市越来越美。

教师的支持与思考：在活动中，教师为幼儿提供建筑工地的影像，支持幼儿通过多种方式与途径观察建筑工地，随后引导幼儿对盖高楼所需要的材料与工具进行分类，通过提问等方式引发幼儿思考并对其进行比较和观察。同时，绘画活动充分调动了幼儿已有的经验，他们初步了解了搭建房子的工作流程，感受到了建筑工人的辛劳和伟大。孩子们萌发了搭建房子的愿望，设计房子的想法在幼儿心中萌生。

千"房"百计

一、关于房子的设想

小小设计师的想法在孩子们心中萌生，他们带着自己的设想，大胆地选择所需用的材料，自由组成小组，反复讨论、集思广益，完成自己对房子的设想。

奶糖："我要设计一个公主住的房子！"

番茄："我要设计一个高高的、会走路的房子。"

葫芦："我喜欢特别大的房子。"

小满："我也喜欢公主房，我要把它画成粉色。"

红包："我好想体验古时候人们住的房子。"

天放："让我想想，用什么材料去盖房子，选一选吧！"

幼儿选择喜欢的搭建材料

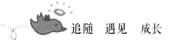

二、奇特的建筑

孩子们有了自己初步的设想，为搭建房子做了积极的准备，之前已经了解熟悉了古代房屋的结构与特点，以及自己身边房子的造型特点，观看国内外的名建筑图片，通过进一步的欣赏和了解，来不断地更新、充实自己的建构设计。

欣赏各种各样的房子

堆堆："哇！好漂亮呀，你看还有鞋子做成的房子呢。"

妙妙："这个房子是倒着的，里面会是什么样子呢？"

小可："我猜里面也可能都是反的吧，好想进去看看呀！"

孩子们通过欣赏国内外的建筑，纷纷赞叹这些建筑的奇特美，拓宽了思路，开阔了视野，为接下来的设计又增添了很多新的想法。那么，他们不禁发问了，未来的房子到底会是什么样呢？

安安："或许有云朵做的地面？"

葡萄："或许有能随着音乐跳动的房顶？"

豆豆："或许像童话里公主住的那样的城堡？"

方梓："又或许是功能满满的游乐场房子？"

听着充满童趣的对话，你会发现设计房子如此有趣！

三、小组初探

孩子们通过选择喜欢的材料，根据材料来构想自己心目中的房子，结合已有经验绘制设计图，进一步加深自己对房子的认知。同时在与同伴交流与分享的过程中，丰富设计图的各种细节，使其更加完善，为之后的实操环节奠定基础。

分组绘制设计图

幼儿的经验与学习：幼儿依据自己的搭建想法与同伴交流，结合自己的画图经验，商量合作设计搭建房子的图纸。通过欣赏奇特的房子，幼儿发现和猜想房子的奇特之处，开阔了眼界，小组探究进一步完善自己的搭建计划。

教师的支持与思考：教师充分相信幼儿的力量，根据他们的兴趣，支持和鼓励他们在探究的过程中积极动手动脑，寻找答案和解决问题。教师从活动一开始就追随孩子们的兴趣，引导孩子一步步讨论、策划、实践，绘制建造房子的设计图。为了开拓幼儿的思路，教师为幼儿提供国内外奇特建筑的图片，引导幼儿观察思考房子的结构、外形等奇特之处，也许未来的设计师将由此而诞生。

小小建筑师

一、小小建筑师上线啦

设计图纸在大家的共同努力下完成了，如何让自己的设计一一实现，对于幼儿是一个不小的挑战，在搭建的过程中又发生什么样的故事呢？

葫芦："我想好啦，我要把地基打得稳一些，要不然房子就塌了。"

小满："我跟张震霆在搭建的时候，想法不一样，我们还争吵了起来。"

郝昭："只是想到一点，我觉得应该大一点小朋友才能住进去。"

孩子们根据自己的设计图，做了一些搭建设想，选择的材料有木质积木、管道、乐高拼插块、泡沫球竹签、纸杯、吸管等等。

分组搭建中

二、遇到困难我不怕

1. 遇到的困难

在搭建的过程中，孩子们不是一次就成功了，很多时候想得容易，实践就会遇到一定的困难，孩子们善于发现问题，分析原因，寻找新的搭建方法或是修改设计。

震霆："纸杯房子老是塌，一点都不稳。"

汤圆："颜色搭配得不好看，没有我的设计图纸美。"

暄暄："没有按我们的图纸搭建，搭完和图纸一点也不一样。"

方梓："我们组是按照图纸搭建的，你们看，一模一样，在设计的时候就要考虑很多。"

孩子们通过小组讨论，将问题进行整合，分析问题的原因，积极寻找解决的办法，为接下来的搭建提供有力支持。

2.我们是这样解决困难的

孩子们反复尝试着搭建，失败了没有气馁，带着解决问题的办法重新开始，一次次地尝试着。

汤圆："搭建的时候地基一定要稳固，空间关系要掌握好。"

震霆："我需要有足够的耐心去完成。"

珊妮："我们需要加强合作意识，要团结，不能放弃。"

坦坦："我们要开动脑筋，多尝试，多总结经验。"

幼儿自己策划、分组，遇到问题会想尽各种办法，直到房子搭建结束。每一个房子都凝聚了所有孩子的智慧，这是大家一起努力的结果。

三、搭建完成啦

终于，在孩子们的共同努力下，各种各样的房子搭建成功了！

纸杯房

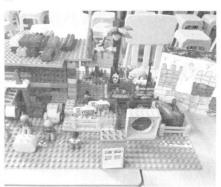

立体房　　　　　　　　　　　　　乐高屋

吸管彩色屋　　　　　　　　　管道立体房

幼儿的经验与学习：幼儿全程参与了整体的搭建实施过程，教师看到了幼儿坚持探索、积极思考的精神。幼儿自主发现问题、讨论问题、解决问题，并且乐于尝试各种方法，大胆地表达见解，乐于探究新事物，这些优秀的学习品质都会伴随他们成长。

教师的支持与思考：幼儿是天生的主动学习者，每个幼儿都对未知的领域非常感兴趣，当幼儿对于"搭建房子"产生兴趣时，教师围绕其兴趣点，提供多元材料支持引导幼儿进行探索。教师在活动中不断对幼儿进行引导和支持，让幼儿不仅对建构越来越感兴趣，而且在一次次尝试过程中提高了建构能力，也体验到了与同伴合作的乐趣。教师在幼儿活动中既做幼儿活动的支持者，又做幼儿的引导者，让幼儿在活动中放手尝试和体验，最终达到全面发展。

结语

生活即教育，此活动源于幼儿对身边房子的认知，然后一步一步丰富建构经验。整个活动幼儿都是以主动探究的方式参与其中，以身边的房子、最早的房子、特别的房子、高低不同的房子、如何盖房子、设计房子为线索，幼儿在不同活动中丰富了关于"房子"的相关经验。当然在这个过程中幼儿的主动建构并不是一帆风顺，他们也遇到很多的困难，经历了许多次失败。当他们真正行动时发现很多做法是行不通的，可能也不切实际，但令人欣喜的是，幼儿并没有因为困难而退缩和放弃，一次的不成功就会有第二次甚至更多次的尝试，因为这是他们感兴趣的、喜欢做的事情。他们享受着自由建造的乐趣，动手能力、创新思维能力也得到了锻炼与提高。接下来教师会充分利用家长资源，邀请专业的建筑师让幼儿更好地了解建筑艺术、建筑语言、建筑形式，促进幼儿更高水平的表现与表达，落实"以游戏为基本活动"的理念，进一步加强各类游戏与课程的相互联系，以幼儿的自发参与、探究及表达为主要形式，共同建构丰富多彩的班本课程。

"纸"遇见你

高晓茹

缘起

在"地球环保日"的活动中，孩子们关注到班级纸张的浪费情况。

多多："小朋友区域计划纸用了一半，另一半还是白的！"

小满："在纸上画了一点就换纸，太浪费了。"

随即就有幼儿提出："我们每天用掉多少张纸？能不能给小朋友规定每天用多少纸？"于是我们开展了——"'纸'遇见你"的活动，以小组活动的方式推进，更能满足个性化需求。纸的可变和多样性也成为可探究的源泉，用观察、比较、实验等方法呈现节约及减少消耗的方法，师生一同游戏探索其中的奥秘。

活动脉络图

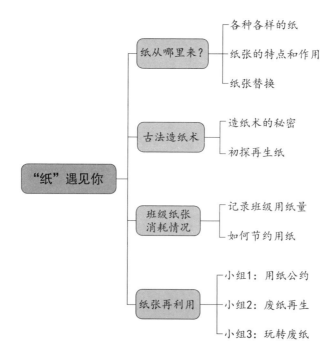

关键经验结构图

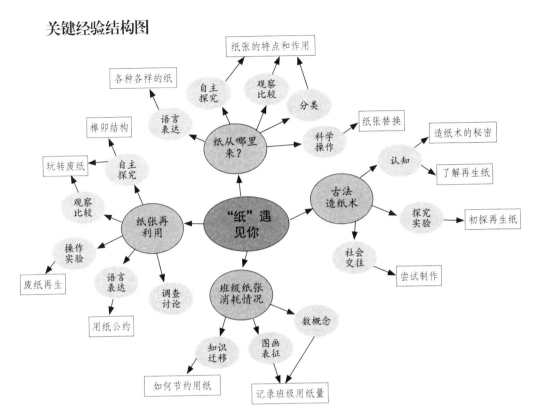

课程展示

纸从哪里来?

一、各种各样的纸

彩星:"美工区里面有很多小朋友画了一次的纸张,不用就会浪费,成了废纸。"

可乐:"有的小朋友用纸巾擦桌子,应该用抹布,不然就太浪费了。"

孩子们关注到了身边的纸张,在激烈讨论中都表示经常会有浪费纸张的情况,小满的一句话吸引了大家的注意。

小满:"浪费纸也就是浪费树木,乱砍伐树木,然后纸扔进垃圾桶就什么都干不成。"

小满有一定的知识储备,提出纸张是用树木制作而成的,但是"所有的纸张都是用树木制成的吗?"我向孩子们提出了问题后,孩子们也兴奋地开始

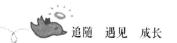

思考并表达了自己的不同看法。

我们的计划有点儿"白"

小满："纸都是用砍伐的树木制作的。"

叮咚："我觉得牛皮纸是用牛皮制作的，彩纸上的五颜六色是色素造成的。"

晨羽："纸是造纸厂用一些化学的东西做的，所以它很厉害。"

孩子之间产生了分歧，对纸的来源也仅仅是猜测，于是孩子们决定与父母一同寻找答案后再与同伴分享，第二天孩子们早早来到教室迫不及待地分享自己寻找到的答案。

多多："好纸是用树木做成的，黄纸是用麦秆做成的，都是不一样。"

嘉齐："很多植物，竹子也都可以做纸。"

妹妹："很早以前牛皮纸是用小牛的皮做的，现在的牛皮纸都是普通硬一点的纸加了一些颜色。"

石榴："每个人一天用一点纸，地球上就会有更多的纸在浪费。"

孩子们讨论着纸类的来源，也联想到地球上每人每天都会用掉很多的纸，并通过视频的形式直观地看到地球上纸张消耗情况，看完后都流露出难过的神情，有了初步的共情能力。

来看一看地球上有哪些纸　　　　小组成员一起讨论绘制结论图
张的浪费吧

孩子们知道了我们平时使用的纸张原材料并不相同，生活中见到的原生纸都是由木材、竹子、棉、麻等含纤维素的材质制作而成，孩子们有了一定的经验后对班级中的各类纸也产生了兴趣，兴奋地讨论着班级中纸的原材料。

二、纸张的特点和作用

孩子们你一言我一语热烈讨论着，在交流中发现了各种纸还有不同的特点。

桃子："班级里的纸太多了，我们把这些不一样的纸都拿出来放在一起吧，看看都有什么不一样。"

妹妹："如果这些纸可以互相换着用，那是不是也可以节约呢？"

妹妹的话又引起孩子们浓烈的兴趣，那就需要进一步了解纸张的特点和作用，于是孩子们忙碌起来，在班级中找出了不同的纸，教师为孩子们提供适宜的宽松环境，为孩子的纸张分类提供支持。

与同伴一起寻找班级里的各种纸

对收集来的纸进行分类和梳理后，孩子们使用多媒体工具进行绘制，在讲述与绘制过程中经验得到了进一步提升。

宁子："我们班有卡纸、对联纸、A4白纸、牛皮纸、皱纹纸，每种纸的作用都不一样。"

妞妞："A4纸使用的比较多，颜色很白。"

可乐："牛皮纸撕下来后有很多小毛毛。"

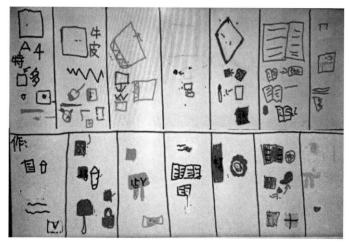

孩子们梳理纸类特点及作用

孩子们对各种纸以摸、闻、撕等多种方式进行了观察探究，纸张的特点基本都已了解。晨羽说："对联纸我觉得能换成别的纸，只要是红色就行。"妞妞提出了不一样的看法："对联纸虽然很薄，但爷爷用毛笔写对联的时候它就不烂。"

那纸张是否可以进行替换？孩子们决定进行一次实验，探索未知的秘密。

三、纸张替换

晨羽："我们班有写对联的红纸，用别的彩色红纸代替，这样就不浪费对联纸了。"

叮咚："不能用折纸的红纸，写对联的时候要用到毛笔，会把纸弄烂的。"

晨羽："可是对联纸比红色彩纸还要薄，它都不会烂，咱们的折纸肯定也可以。"

黄豆："还能用牛皮纸写，牛皮纸厚。"

石榴："不行，对联纸上面印着亮晶晶的东西，比较好看，别的纸上没有。"

黄豆："对联纸很薄，可能容易烂，别的纸应该会好一些。"

妞妞："我爷爷写对联的时候都会蘸墨汁，墨汁像水一样，写上去对联纸是不会烂的。"

第一次使用红纸与普通纸进行实验

孩子们以小组形式第一次用墨汁在不同的纸上进行书写，仔细观察其变化，发现红纸上面的墨汁比白纸上的墨汁干得更快。

黄豆："红纸干得快，还有好多纸我们都试试，我选牛皮纸。"

多多："美工区好多纸，别用太多会浪费。"

孩子们说完开始收集各种纸，又把纸裁成一小张防止浪费，惊喜地发现孩子们已经把"节约用纸"的理念不断进行着内化。

宁宁："这么多纸滴上水，干的速度都不一样。"

石榴："这是各种纸的吸水性不同。"

妞妞："光滑的纸吸水会很慢很慢。"

第二次使用多种纸类进行实验

孩子们尝试用水和墨汁进行探究，梳理记录后得出结论：红纸可以很快地吸收墨汁，但又不会把纸穿透。

孩子们发现吸水性强的纸撕开，里面的"小毛毛"会更加丰富，于是最终得出结论：摸起来手感纤维较粗的纸吸水性比较强，其实每种纸都有它独特而又无法代替的作用，所以在人们使用它时才能发挥出更大的价值。

幼儿的经验与学习：通过每天绘制的区域计划图，幼儿发现所用的纸张留有大量的空白处，从而引导出各种纸张的特点和作用，兴趣点不断在加深。幼儿通过直接感知了解地球上的纸张浪费与消耗情况，发现纸与人们的生活、与自然环境有着密切关系。在实验的过程中学会合作，在实验前大胆猜想实验结果，讨论实验的规则，明确实验的步骤；在实验结束后，交流实验的情况，梳理、积累有益的科学实验经验，在实践的过程中转化为自身的知识经验。

教师的支持与思考：当幼儿提出班级纸张浪费的观点后，教师作为支持者引导幼儿对纸张来源进行思考，幼儿有不同意见时，鼓励幼儿遇到问题大胆解决。

幼儿对纸类有了进一步了解，经验在不断积累，教师就需要大量的知识储备并进行整理。幼儿又提出了疑问，在现代社会这么多五颜六色的纸可以非常方便地制作出来，那么古时候没有工厂、机器，人们使用的纸是怎么制作出来的呢？幼儿对纸有着许多的好奇点，于是我们继续展开纸张奥秘的探索之旅。

古法造纸术

一、造纸术的秘密

小蘑菇："现在的纸好制作，有工厂和机器，古时候肯定没有这么多好看的纸。"

孩子们看着班级中五颜六色的纸张发出感慨，就"古时候没有工厂与机器，纸是怎么制造出来的呢？"这一问题展开讨论。

通过多种方式了解造纸术，与同伴们进行分享

桃子："古时候造纸，太辛苦了。现在造纸虽然有机器，但也需要好多步骤啊！"

小满："所以我们就更不能浪费纸了。"

妹妹："我们先在班里节约用纸吧，造纸的过程都太不容易了。"

孩子们通过各种方式了解了古代造纸术与现代造纸术，把自己获得的已有经验进行梳理，与同伴进行分享，在自由交谈中自然地将获得的新知识、经验表露出来，教师及时捕捉汇总。

孩子们对古时候人们艰难造纸表达了相同的感受，许多孩子也想尝试制作再生纸，体验不一样的造纸术。

二、初探再生纸

1. 了解再生纸

妹妹："我们可以使用卫生纸来重新做画画的纸，我和爸爸在家里做过，要拿水搅拌。"妹妹的话吸引着感兴趣的小朋友们，不了解再生纸的孩子们发出疑问："什么是再生纸？所有的废旧纸都可以吗？"

妹妹："拿很多废纸把它改造，把它改造成有用的纸。"

嘉齐："废纸被运到工厂里去，进行循环作用，就成新纸。"

可乐："废纸收集起来，温水浸泡，变成纸浆，然后蒸干、晾晒、裁剪，新纸就出现了。"

通过活动前查阅资料，活动中分享了自己的调查表，并在小组内进行讨论及梳理得出：再生纸是一种以废纸为原料，经过分选、净化、打浆、抄造等十几道工序生产出来的纸张，它并不影响办公、学习的正常使用，并且有利于保护视力健康。经过对再生纸的了解，孩子们都已经跃跃欲试想进一步探究。

调查梳理很重要

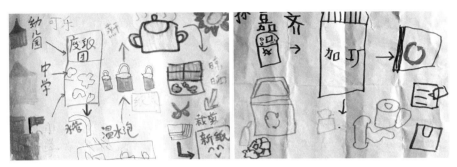

我们的调查表

2. 尝试制作

嘉齐："先找废纸，然后找勺子、杯子。先把一张纸撕碎放进纸杯，搅拌挤点胶再搅拌，然后倒在大的板子上面进行晾晒，晒干拿起来就成了一张新的纸。"

可乐："人工做特别累，要先收集废纸，用温水浸泡，把它揉成纸浆，再把它铺平晾干，接下来裁剪，就会有新的纸了。放一两天就可以了。"

妹妹："鼓捣一拌一拌就好。"

通过观看视频孩子们了解到了造纸方法有铺浆法和抄纸法，并梳理操作步骤及方法，利用区域活动时间将废纸剪成尽可能小的碎纸片，浸泡水中，捞取糊状的纸浆，用等量的水稀释搅匀。

妹妹："他们的绿色纸没有铺开，太厚了。"

童童："纸浆太少了，做的纸有些小。"

可乐："我们不应该晾在纸盘子里，纸盘肯定会和纸浆粘到一起，应该找光滑的盘子晾着。"

嘉齐："纸撕得不够碎。"

在制作过程中孩子们发现问题：1. 纸浆铺不均匀。2. 做好的纸有的地方厚有的地方薄；孩子们猜测原因有可能是：1. 纸浆太黏稠。2. 打蛋器方法使用错误。3. 铺纸浆一次不能铺太多。

仔仔细细，跟着步骤来

活动中，孩子们充分参与，根据已有生活经验，通过调查、发现、自主思考、与同伴讨论等方式，了解并分享什么是再生纸及再生纸的制作方法，孩子们虽然遇到了很多问题，但是并没有放弃，在区域里自主尝试制作再生纸，有问题进行讨论汇总后再次进行尝试。

孩子们知道班级纸张浪费现象很多，都表示要节约用纸，但是小满提出班级每天用纸的地方很多，但并不知道小朋友们每天的用纸量，孩子们讨论后决定可以先进行记录，看看班级中哪些地方用纸最浪费，大家纷纷表示赞同。

幼儿的经验与学习：通过学习和观看视频，幼儿知道蔡伦是我国古代伟大的造纸术发明者，也从中了解到造纸的基本过程，感受到古人的勤劳智慧，为中国纸文化的博大精深而感到自豪。现在的造纸术越来越发达，能用竹子、旧书、旧报纸等材料代替树木，造出各种各样的纸，给人们的生活和学习带来更多便利。幼儿通过经验内化理解后分享，在调查、操作的过程中感受到了双手创造的价值。

教师的支持与思考：在活动中教师通过自主调查调动幼儿了解认识再生纸的积极性，鼓励幼儿调动已有经验，进行分工、思考、合作。这样不仅能够充分调动幼儿持续探究的兴趣，也让教师充分了解了本班幼儿的知识经验与兴趣需要，本次活动核心是激发幼儿探究兴趣、体验活动过程、发展初步探究能力，教师要善于发现和保护幼儿的好奇心，帮助幼儿不断积累经验。

班级纸张消耗情况

一、记录班级用纸量

彤宝："我们先检查每人每天用几张纸，可以去记录。"

孩子们小组讨论后决定尝试绘制统计表，最终确定对A4白纸、彩纸、抽纸与纸盘、纸杯等进行统计。

毛希："这些纸的统计方式都不一样。"

桃子："要用不同的方法，抽纸经常会用到，但是纸杯和纸盘子只有下午区域活动的时候会用到。"

孩子们确定好方向后遇到了第一个问题，这些纸类的统计方式不能完全相同，需要根据纸类特点进行记录，孩子们发现问题后及时修正，可以看到他们不怕困难敢于尝试的良好学习品质。

彤宝："我们可以在边边写上星期几，横着写需要记录的纸类。"

桃子："可以打上小格子，小朋友在里面记录。孩子们有班级值日生牌的前期经验，所以很容易就能经验迁移进行纸张统计。"

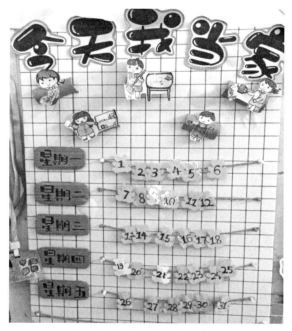

我们有使用值日生牌的经验呦

256

我们组员内选出每日统计方法

孩子们通过小组统计、投票的方式进行筛选，选择最合适的记录方式。接着发现了第二个问题，毛希：抽纸每天早、中、下午都要使用，记录全班小朋友的用量有些太多了。

桃子："可以分早上、中午、下午。在小组活动中每位孩子都积极参与讨论，在自己擅长且感兴趣的方面为自己的小组出谋划策，举手表决赞同后，孩子们及时调整，重新绘制新的统计表。"

小宁子："白纸的记录方式是每天在美工区投放7张纸，选一个小朋友进行记录，彩纸是需要全班小朋友用一张彩纸在一个标志牌上画上相同颜色的点点。"

小鲸鱼："每个小朋友用掉一张纸就要把一张废纸投到对应的盒子里，每天需要一个小朋友记录。"

小满："我们统计的纸需要每组有小组长，要不然别的小朋友会不知道。"

桃子："还要给他们讲一讲如何使用，比如说抽纸，就需要他们自己放进盒子里，必须要告诉他们规则才行。"

我们的记录方法多种多样

解决了如何记录，孩子们又发现了新的问题：（1）需要每组选出组长进行记录。（2）需要告知班级小朋友们如何记录。孩子们在探究的过程中发现问题与解决问题，学习不断深入思考。

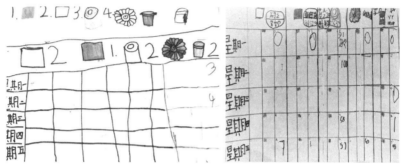

我们绘制统计表的初版与最终版（最终版包括：早上、中午、下午小组分工）

组员讲解记录表的使用情况

每组派出两名代表，把自己的名字签在相应的位置上，负责每组每天的记录，详细为全班小朋友讲解用纸量统计情况，通过不一样的记录方法，教师很快就能知道班级用纸量。经过一周的记录，孩子们对班级的用纸情况有了详细了解。如何让小朋友们都有节约用纸的意识，还需要孩子们继续开动小脑筋。

二、如何节约用纸

彩星："做一个牌子，写清楚每天使用不超过五张纸。"

黄豆："画过的纸放在美工区，分类放一个地方，一部分画画，一部分折纸，画上面的图案剪下来还可以做装饰。"

晨羽："我看到菜鸟驿站有一个奶奶经常收集纸壳子，我们也可以收集起来。"

说完孩子们纷纷表示可以把家里不用的废旧纸拿到班级中，之后进行再利用，孩子们有了收集的想法，教师也表示支持，与孩子们共同收集大量的纸壳、报纸等。

讨论收集了大量的纸

宁子："把小朋友用过的画画纸收到一起，教师用过的纸不需要了也可以放在一起。"

小满："做一个规则牌子，全班小朋友一起记，规定好每天的用纸量。"

石榴："我想用纸进行搭建，我妈妈带我玩儿过纸牌游戏，纸可以搭建。"

彤宝："纸这么软肯定不行，我想用废纸也造出纸来，不知道能不能成功。"

孩子们把废旧纸收集来后，又遇到了新的问题，孩子们心中"节约用纸"的方式都各不相同，有废纸利用、制作标志牌等，孩子们的已有经验以及兴趣点都各不相同，孩子们决定把自己的想法进行汇总，教师帮助梳理，共同讨论分出以下三组：（1）用纸公约；（2）废纸再生；（3）玩转废纸。

我们想法各不相同，但都对节约用纸感兴趣

幼儿的经验与学习：学会了关注生活中存在的问题，更学会了如何解决

问题。在记录、比较与统计中，幼儿感知了数的概念，体验了数在生活中的运用，在统计中发现数可以代表不同的意义，该经验可以迁移到生活中，用数学的方法来解决问题。同时也意识到我们应该节约用纸、保护环境。幼儿的语言能力也在本次活动的交流和运用中发展起来，通过梳理、讨论，幼儿根据不同的兴趣点分成了三个小组，分别探究节约用纸的方法。

教师的支持与思考：在活动中教师鼓励幼儿分享发现、讨论异同、碰撞观点。教师敏锐捕捉幼儿兴趣与疑问，并准确分析探究价值；基于幼儿的认知，为幼儿创设自由、宽松的语言交往环境，支持幼儿用绘画的形式与同伴交流，让幼儿想说、敢说、喜欢说并得到积极回应。

在发现孩子们兴趣点各不相同时，如何让孩子们更大限度地在自己感兴趣的事物中深入探究，应改变策略，尊重和保护幼儿的好奇心和学习兴趣，最大限度地支持和满足幼儿。按兴趣分组也更加有利于每位幼儿的学习与发展，虽然活动内容不相同，但最终目的都是通过活动来进一步强化节约意识。

纸张再利用

一、小组1：用纸公约

1. 了解规则牌

用纸公约组的孩子们想制作一个规则牌，提示班级小朋友每天只能用多少张纸。在孩子们心中什么是规则牌？一起来听听孩子们的答案吧。

熊仔："规则就是让别人遵守。"

嘉齐："要有一张纸，按照上面的做。"

琪琪："如果你做错一件事，它可以提醒你，如果你不知道这件事怎么做，它可以告诉你。"

石榴："就和区域牌一样，必须那样做。"

规则牌可以称为"指挥官"和"监督员"，让人们形成良好的规则意识，孩子们都清楚地知道规则牌的意义。孩子们的话匣子瞬间被打开，愉快地与同伴讨论都是在哪里看到过规则牌。

琪琪："比如说交通没有了红绿灯，车子就会碰头，所以需要交通规则，班里没有节约用纸的规则，小朋友就会浪费很多纸。"

妹妹："电梯里见过规则牌，不能抽烟，不能靠着电梯。"

小满："规则必须要是对的，不能是错误的。"

是呀，要想制作出一个规则牌可不是件容易的事情，要罗列出规则牌需要制作的注意事项，防止把错误的信息传递给班里的小朋友们。

一起绘制讨论结果吧

桃子："投票选出的规则牌一定要让大家都能看得懂，要给小朋友讲。"

彤宝："牌子要放到小朋友经常去的地方，一眼就能看见，如果他们忘了，看一眼就能想起来。"

丫丫："不能用软纸片，要能支起来。"

孩子们通过了两次小组讨论总结出规则牌的注意事项并制定好了规则，活动中孩子们充分参与活动，调动已有的生活经验，最终用图画表征的方式记录小组成员的想法。

2. 制作规则牌

桃子："组内小朋友不能都来画画，要先进行分工，谁想画画可以举手。"

孩子们已经能与同伴分工合作，所以在桃子提出了想法后，组内小朋友都表示同意。

彤宝："光画规则牌会不好看，我想装饰边边，让这个牌子更好看。"

熊仔："我要把废纸上好看的东西剪下来粘在板子上。"

孩子们各抒己见，很快一个内容丰富、色彩鲜艳的规则牌制作完成。在写写、画画的过程中孩子们体验文字符号的作用，培养了书写兴趣。但是摆放的位置让孩子们犯了难，即要不倒又要让全班小朋友清楚看见，孩子们开始在班级中寻找适宜的地方。

小宁子："要把它放到门口，让早上一进来的小朋友都能看得见。"

桃子："把它放到美工区，美工区用纸是最多的。"

小满："要把它靠墙要不然会倒下来的。"

孩子们尝试了各种可能性，突然熊仔发现了六一儿童节时老师展示小朋友作品的画架，他提议可以把板子放在画架上，于是孩子们立即行动起来。

给我们的规则牌找个"家"

二、小组2：废纸再生

1. 总结经验

叮咚："我们的纸浆铺得非常不均匀。"

嘉齐："晒干做好的纸有的地方厚有的地方薄，薄的地方一碰就破。"

经验总结：（1）纸泡软后会更好撕。（2）打蛋器要转快一点，往一个方向。（3）纸浆越少纸越来越薄。（4）网框要像铲子一样，慢慢捞起来。通过初探再生纸，孩子们对初探再生纸的操作进行了总结，思考讨论解决办法，有了结论后孩子们开始大胆进行尝试。

2. 制作再生纸

每一个总结都是孩子们精心梳理的。最终孩子们已经能够准确使用两种操作方法及工具，搅匀放进模具的纸浆，再轻轻压下使其表面看起来平坦了。

一起动手乐趣多多

妹妹："我们可以捡一些落在地上的花朵放上去，应该会很好看吧。"

于是孩子们自发在小区捡拾落叶落花，晾晒时孩子们将捡拾的落叶落花均匀地撒在模具上，并放在了有充足阳光的平坦地面上风干。本次活动孩子们操作更加熟练，通过了再次实践与操作，认识到不同工具的使用细节及注意事项，乐于收集美的物品并最终运用到作品上。

可乐："我们在外面晾晒，如果有别的班的小朋友在没干的时候拿起来就会失败。"

五颗星："我们可以贴标识提醒他们。"

孩子们非常珍惜自己与同伴的劳动成果，标识粘贴好后还会时不时跑去户外观察再生纸的变化。

粘贴标识牌，提醒小朋友

三、小组3：玩转废纸

1.废纸坚固法

妞妞："纸可以折纸、剪纸。"

嘉齐："可以画画、叠纸飞机，做很多艺术品，我看过纸的展览。"

孩子们兴奋地讨论着纸的用处，小石榴说：纸能搭建，我妈妈带我玩儿过纸桥游戏，纸可以搭建。"纸能搭建吗？"这是一个有趣的问题，瞬间吸引孩子们的注意力。

小石榴："可以，我在展览的地方看过一个纸做的椅子。"

豆豆："不可以，纸太轻了。"

多多："我认为纸箱可以，纸不行。"

妞妞："纸不能单独搭起来，需要积木支撑。"

蘑菇："可以，用很多纸粘在一起。"

小石榴的已有经验激发了孩子们探讨的欲望，于是孩子们在幼儿区域活动时组队开始尝试纸的承重游戏。

哇，折叠后竟然可以放这么多瓶盖

我们记录一下称重实验数据吧

棒棒："快看，改变纸的形状就能放这么多瓶盖。"

黄豆："太酷了吧，我要用废纸搭建海盗船。"

小石榴："我想用纸搭椅子，我见到过很厉害的。"

孩子们天马行空地开始想象，就"搭建的物品是否实用，是否可以提供给班级内的小朋友们使用"这个问题讨论后一致决定制作椅子。因为人数较多，小石榴提议可以根据大家的兴趣进行分工，使用各种材料尝试让纸更加坚固，进行小规模的比赛。孩子们很专注很认真，仔细尝试后发现让纸更加坚固并不是一件容易的事情，于是孩子们决定回家与家长一同探究尝试让纸变坚固的方法，再把好方法带到班级中与小朋友们分享。

我们一起观察椅子的特点

宁宁："把它卷一卷，卷得紧紧的就会变得很硬了。"

晨羽："一层一层地叠在一起就会变得很厚。"

孩子们把自己绘制好的方法与同伴进行小组梳理后得出了纸通过改变形状，可以有以下几种样子：折叠、叠加、平整、立体、卷折。

记录观察与调查到的内容

孩子们通过查阅资料，了解了如何让纸更坚固，把日常生活中的经验进行迁移，孩子们知道了纸不光能制作出好看的美工作品，还能进行搭建，在一个轻松自主的氛围里尽情探索，体验一个快乐而有意义的过程。

2.纸箱搭建

黄豆： "我们可以把瓦楞纸卷成一个三角形，来做四条椅子腿。"

棒棒： "老师帮我们用胶枪粘起来。"

宁宁： "戳一个洞插进去，然后再用胶枪粘。"

黄豆： "我觉得可以拼插，就像我们的玩具一样。"

使用粘贴、拼插的方式进行尝试

发现穿插比粘贴更加牢固后进行改进

孩子们观察椅子，对榫卯结构产生了好奇，进一步对榫头和卯眼之间的关系又做了进一步探究，孩子们了解了榫头和卯眼之间的关系，尝试用拼插的方式固定椅子的各个部位，实物呈现：在进行多次组合制作后，依据榫卯结构尝试再次拼插纸板，并对椅子进行加固、装饰。

我们完成啦

3.报纸搭建

蘑菇："可以把报纸卷起来，然后很多卷粘在一起，上面这样放着，下面横着。"

妞妞："好多报纸粘在一起就会很坚固了。"

晨羽："需要测量椅子腿和椅子背的距离，四条椅子腿是不一样长的。通过观察发现班级内的椅子四条腿并不是相同长短，所以报纸组的孩子们在卷的时候也需要用尺子进行测量。"

我们一起开动小脑筋

实物呈现：经过反复尝试，孩子们的椅子最终成型。

幼儿的经验与学习：幼儿在探究具体事物和解决实际问题中，增强了自主思考、动手操作的能力，尝试发现事物间的异同和联系，不仅获得了丰富的感性经验，也充分发展了逻辑思维。通过查找资料，了解了如何让纸更坚硬；通过选用不同硬度的纸进行尝试，最终选用组合报纸、组合纸板进行创作；通过了解榫卯结构尝试用简

我们一起完成啦

单的拼插方法进行制作。在本次活动中，幼儿对自己感兴趣的问题能动脑、动手去寻找答案，在合作中有所发现时会感到兴奋和满足，并愿意去发现并分享，有了初步的操作实践能力。

教师的支持与思考：教师顺应孩子们的天性，尊重孩子们的主体地位，给予孩子们支持和鼓励，把孩子们的已有经验进行适当地能力提升和拓展，教

师从中也可准确发现计划中的可实施性。亲子调查、记录的形式，调动家长参与幼儿教育的积极性。虽然孩子们感兴趣的方向并不相同，但是为他们提供适宜的环境与物质，能更大发挥他们的主观能动性。

结语

《纲要》中提道："教育活动内容的原则要体现既贴近幼儿生活来选择幼儿感兴趣的事物和问题，又要有助于幼儿的经验和视野。"纸在生活中十分常见，我们需贴近幼儿的生活，利用其可操作性、多变性等特点，使看似普通的纸蕴含不可估量的教育价值。

幼儿分三组的方式进行自主探讨、交流、总结方法，每组的团队意识在此环节得到了增强，我们随着幼儿的兴趣一起行走"纸"间，通过本次活动感知废纸的用途，进而引出利用废纸、爱惜废纸的情感教育，然后逐渐过渡到让幼儿自主探究尝试利用废旧报纸的活动中。内容层层递进，环环相扣，使语言、美术、环保观念及情感教育紧密联系，有机融合，符合大班幼儿的年龄特点和身心发展规律。

本次教育活动引发了以下思考：教师在科学教育活动中，语言要简洁、明了，便于幼儿理解。活动中幼儿的兴趣为什么会浓厚，参与的积极性为什么很高？作为教师需要敏锐地捕捉这些，为幼儿提供丰富的可操作的材料，让每位幼儿运用多种感官积极地探索，能够真正动手操作，自如地运用材料，自动调节自己的行为，从而使自身得到最大程度的发展，幼儿的兴趣点会随着成功的体验变得更浓。

幼儿从寻找各种各样的纸，然后亲身体验、积极探索，获得了关于纸的认知经验，感受纸的艺术美，学会新的技能，享受着与纸游戏的乐趣，在自由、自主、自发的"玩纸"过程中从原有认知水平向更高的认知水平发展。活动不仅仅是锻炼幼儿的动手技能，也是发展幼儿的思维能力，体现了幼儿自主思考和解决问题的能力，在体验中探索、感知发展探究能力，使他们感悟传统文化的魅力，将预设和生成不断契合，循序渐进。

追随 遇见 成长

"儿童经验"课程优秀案例选编

下册

张文芳 张璐璐 主编
宋姗姗 高东慧 严 瑾 副主编

陕西师范大学出版总社

我长大了

李怡萱

缘起

健康体检开始了，孩子们进行身高、体重等一系列身体检查。站在身高、体重秤上，贝贝用小手在佳禾的头顶比画后，高兴地说："我比你高。"佳禾不由得伸长脖子，也伸出手，像贝贝一样比画，嘴里嘟囔着说："我长大了就比你高了。"身体的一系列变化让孩子们感到欣喜，他们体验到了成长的快乐与自豪。为了激发幼儿的深度学习，本次活动从提高幼儿的自信心及自我认知力出发，促使孩子们对"长大"这件事产生更加浓厚的兴趣。

活动脉络图

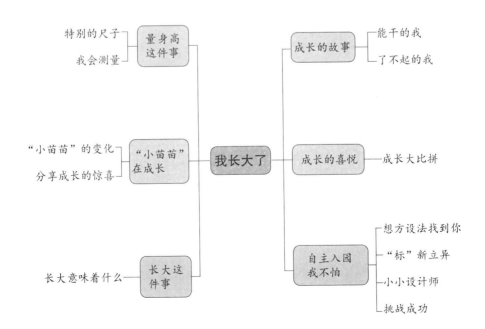

关键经验结构图

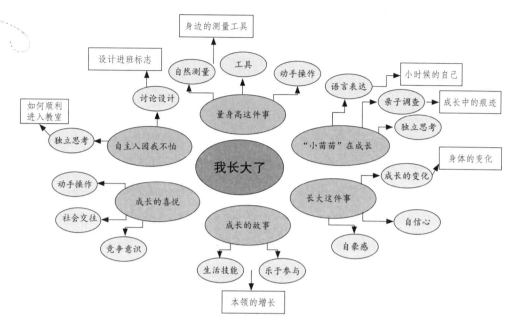

课程展示

量身高这件事

一、特别的尺子

体检时，测量身高的仪器上和大夫口中的数字，对于小小的孩子们来说并不知道那意味着什么，只有大家站在一起，比一比才更容易看出谁长高了。还有什么可以用来测量身高呢？

体检阿姨量身高

比比谁更高

我比你高

微微："尺子可以量身高。"

楚一："可以用手量。"

跳跳："我可以用我的胳膊,这样子量。"

图图："水彩笔筒也可以量啊,垒高就好了。"

佳禾："用一根绳子量,拉长绳子。"

孩子们众说纷纭,他们口中的"尺子"是自然测量物。利用生活物品(如A4纸、臂长、小棒、绳子、瓶子等)而非标准测量物(如尺等)作为量具来测量物体的长短、高矮、粗细等,就称为自然测量。究竟该如何测量身高呢?

二、我会测量

1. 找一找

孩子们越来越想知道自己到底有多高,于是开始在周围寻找各种自然测量材料。建构区的奶粉桶和纸盒,美工区的吸管和A4纸,甚至是益智区的塑料拼插积木,等等。

寻找教室里的自然测量物　　　　　　我找到的自然测量物

2. 比一比

找到材料,孩子们开始尝试测量。有的一个人把纸盒放在地面上,一个一个并列摆起来;有的是和好朋友一起将奶粉桶垒高;还有的将玩具一个一个垂直拼接好。

小兔："把奶粉桶一个一个放上去,跟小朋友一样高。"

桉纶："砖可以放在一边,小朋友站在旁边。"

尚泽："吸管接起来,就可以了。"

楚一："纸一张一张放在地上,让他躺下来。"

我和砖块一样高　　奶粉桶垒高高

第一次测量结束，孩子们在操作单上记录下来测量的结果。

我的操作单

初次尝试　　　　　　　　合作成功

　　这时，细心的楚一发现同一种材料在测量时摆放的方法不一样，测量结果就会有区别。到底应该怎么测量呢？哪一种才是正确的方法呢？在老师的鼓励下，孩子们进行了第二次尝试。

　　再次观察，孩子们获取了新的经验：首先测量时，使用工具的一端要和身体测量的起点对齐，然后测量工具要上下紧密连接，这样测量的结果才比较准确。通过两次测量，孩子们积累了一定的测量经验，在试错中自主发现了测量的正确方法，在亲身感知、实际操作中运用数学核心经验解决问题，获得了成功。

幼儿的经验与学习：在这次活动中，幼儿能大胆地使用奶粉桶、纸盒等材料进行测量，不仅发展了合作互助的能力，还提升了动手操作的能力。幼儿通过自发的测量活动，在实际操作中感知自己身高的变化，知道除了用尺子测量，还可以用其他的材料作为测量工具。活动中，幼儿不仅认识了不同量具测量同一物体得到的结果是不同的，还丰富了数学经验。在选择测量材料时，幼儿根据排列后的结果完成了操作单，提升了幼儿细致观察能力、视觉专注能力以及立体图形到平面图形的转化能力。

教师的支持与思考：教师提供给幼儿丰富的材料以及自主的环境，幼儿在相对熟悉的环境中学习和感知。《数学核心经验》中提到，在与生活真实情境联系的背景下，测量能够给予幼儿充分的动手操作机会，可使幼儿积累解决数学问题的方法，灵活地运用数学经验，发展幼儿的数学思维。

"那么我们长高了也长大，除了长高我们还有哪些变化呢？"在"长大的痕迹"过程中，孩子们将继续探索新发现。

"小·苗苗"在成长

一、"小苗苗"的变化

1. 小时候的自己

孩子们对小时候的自己有着满满的回忆，对同伴的小时候也充满了好奇。

跳跳："我小的时候，去理发了，结果剃了一个光头。"

尧尧："我小的时候，头圆得很。"

彤彤："我小的时候，还不会说话。"

宸宸："我小的时候，只会爬不会走路。"

微微："我小的时候，是胖乎乎的，没有长头发，是男孩子。"

　　孩子们回忆并分享自己小时候的样子。通过谈论，他们发现了成长带来的除了身高的变化，还有身体其他方面的改变。

　　2. 长大的变化

　　小兔："我现在喜欢吃蔬菜了，还会用筷子了。"

　　小宇："现在吃饭比以前多了。"

　　楚一："可以做很多运动了。"

　　跳宝："长大了就会不哭了。"

　　微微："现在会说很多话了。"

　　有了同伴的经验分享，大家对于"长大的变化"有着极大的探究兴趣。那么小时候的用品和现在的用品都有什么区别呢? 新问题的提出，引发了孩子们新的思考，于是他们在家与爸爸妈妈一起寻找"成长中的痕迹"。

　　3. 成长中的痕迹

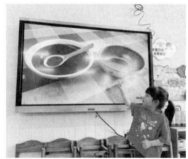
小时候的碗

小时候的水壶

变小的裙子

连体衣穿不上了

迷你自行车和"大"自行车

小时候的鞋子

　　小时候的物品显得小巧、可爱，再次看到它们，孩子们更真切地感受到了自己慢慢长大的变化。活动结束后，孩子们兴趣不减，在家里继续寻找着成长的"蛛丝马迹"。

幼儿的经验与学习：活动中，幼儿从家中带了自己熟悉的生活物品，运用多种感官，在看看、说说、试试的过程中进行比较，区分物体的大小差异，发现了小时候与现在的差别。对于幼儿来说，"量的比较"在数学核心经验的学习与发展中是一个渐进的过程。通过观察，幼儿发现了现在的自己与小时候的不同。除了这些变化，孩子们还收获了许多成长的惊喜。

教师的支持与思考：《数学核心经验》中指出，量的比较包含不连续量的比较和连续量的比较。连续量的比较指对物体的属性如大小、长短、粗细、高矮、厚薄、宽窄、轻重、远近、快慢等进行的比较。本节活动，教师利用白板邀请幼儿讲述亲自调查的结果，大胆表述增强了幼儿的自信心，培养了幼儿的倾听能力。在交流分享中，孩子的自信心和自我意识得到了一定发展。《学前儿童社会学习与发展核心经验》（以下简称《社会核心经验》）指出，自我意识是对自己身心活动的觉察，即自己对自己的认识，具体包括认识自己的生理状况（如身高、体重、性别、相貌等）、心理特征（如兴趣、能力、气质、性格等）以及自己与他人的关系。幼儿在了解自己的同时，从图片、视频中发现了小伙伴小时候的模样，也感受到了他们的不同变化，激起了他们的好奇心和兴趣，促使他们更愿意与同伴交流，在谈话中同伴关系也更为融洽。

二、分享成长的惊喜

孩子们对小伙伴的用品很好奇，一边观察一边用手摸一摸，不由自主地说着"我的鞋比你的大呢""我那时就比你高"等等。于是，孩子们便决定和同伴一起比一比，他们会有什么发现呢？看，他们与院子里的小伙伴比身高、力气、本领，与弟弟妹妹一起玩耍。从他们的眼中看到了他们对于成长的兴奋与惊喜！

看谁的力气大

与妹妹的愉快下午

孩子们用自己特有的方式表达和展示自己长大了。随着活动的开展，越来越多的孩子们参与到活动中，兴高采烈地诉说着自己的每一个变化。在讲述中，孩子们的自信心也得到了增强。孩子们从自我本身，开始关注到其他伙伴，这对于小班孩子们来说，也能让他们感受到同伴的存在。

幼儿的经验与学习：根据幼儿的兴趣，教师选择了一个切入口提出问题："小时候的你是什么样子的呢？现在的你和以前有什么不同呢？"《语言核心经验》指出，儿童语言能力的发展是伴随着日常交往进行的，学习语言最重要的就是让儿童参与到谈话中来，在谈话中发展语言能力。小班幼儿认知经验有限，不善于有意识地听他人讲话，对他人的话语也不能很好地理解，对教师的提问往往只能做简单的回应。因此，本节活动注重幼儿倾听和表达能力的提高，并提供丰富的谈话材料和宽松的语言环境，鼓励幼儿大胆表达。幼儿通过同伴间的模仿学习，能够大胆并逐渐完整地表达自己的所思所想。

教师的支持与思考：成长就在不经意之间，幼儿和爸爸妈妈一起回忆、记录，通过调查、自制成长小书、制作成长对比图三种形式，在观察、比较中直观地感受到长大所带来的身体变化，如衣服小了，袜子小了，帽子也变小了，手长大了，脚长大了，鞋子穿不下了。关于成长，幼儿和家长用自制小书等多种方式记录下来，在亲身经历、实际操作中，幼儿参与活动的积极性、主动性及热情高涨。在交流分享中，幼儿的语言表达能力得到了一定程度的提高。

长大这件事

长大意味着什么

1.身体的变化

除了身体变化，孩子们还发现了……

佳禾："长大是不用喝妈妈的奶了。"

艳艳："长大是会跑步了。"

图图："长大是腿变得很长。"

彤彤："长大是会玩玩具了。"

听到孩子们激烈的讨论，教师决定通过讲述绘本，来帮助孩子们对长大有新的认识。

2. 长大是什么

听完绘本后，孩子们对长大有了新的认识和理解：

跳跳："长大就是以后不乱吃东西了。"

霖霖："长大就是不爬高处了。"

玮玮："爱洗澡就是长大。"

彤彤："能自己换衣服就是长大。"

佳禾："长大是爸爸妈妈把你养大了，就要上幼儿园了。"

贝贝："长大了还会变聪明。"

我的成长小书

教师为孩子们提供了适宜的绘本，创造了宽松的语言环境，让孩子们愿意说、喜欢说，能大胆发表自己的所思所想，孩子们也在互相诉说着自己长大的新本领。

和伙伴分享我的成长故事

绘本《长大这件事》

幼儿的经验与学习：活动中，幼儿能够认真专注地听教师讲解绘本，喜欢绘本中的故事内容，并根据故事中的短句进行仿编。通过故事知道长大就是以前做不到的事情现在能做到了，长大就是可以独立思考很多事了，长大就是当觉得讨厌的时候可以忍让了……长大其实可以有许多言语来形容。长大这件事太美好了，太令人高兴了，它并不只是身体的长大，心也会随之变大。根据个别化学习教育目标和幼儿发展水平，幼儿按照自己的意愿和能力，在个别化学习区域中，以仿编、分享成长经历为主，进行了自主探索学习，这样很大程度激发幼儿学习的自主性，使不同发展水平的幼儿获得个别发展、自主发展和差异发展。

教师的支持与反思：绘本《长大这件事》，画面简洁、语言简短、通俗易懂并有一定的重复性，符合小班幼儿的兴趣和发展特点，教师利用该绘本与自制成长小书，丰富了图书区的阅读资源，进一步激发了幼儿寻找更多长大的秘密。正如《指南》中所说，教师在幼儿交谈中发现了他们的兴趣点，及时结合本月的阅读月活动，寻找相关绘本，并以此为契机。通过绘本阅读活动，幼儿知道了长大的含义。在绘本阅读中，拓展了幼儿对长大理解的已有经验。

成长的故事

一、能干的我

孩子们在交流的过程中，逐渐发现了自己越来越多的本领，到底谁更能干呢？结合自身擅长的事，幼儿提出进行"才艺大比拼"的活动。

彤彤："我会画画了。"

弋寒："我学会了游泳。"

楚一："我是姐姐和妈妈的小帮手。"

瑞泽："我的本领是吊很久的单杠。"

微微："我都可以照顾小弟弟、小妹妹了。"

小宇："我可以拼很难的拼图。"

生活环节中的比拼有擦桌子、穿衣、穿鞋比拼，区域活动中的拼拼图、夹小球比拼，以及照顾弟弟妹妹、给弟弟妹妹讲故事比拼，等等。经过讨论，孩子们一致决定从才艺、生活能力、本领、作为哥哥姐姐这四方面，进行比拼。

我最喜欢跳舞　　　　　　　　　我是讲故事高手

二、了不起的我

孩子们从身体的变化慢慢感受到了成长的骄傲。通过擦桌子、叠衣服、整理图书和自主取餐的能力大比拼，孩子们越来越愿意自己的事情自己做了。正如教育家陈鹤琴所说："凡是儿童自己能做的，应当让他自己做。"

我会盛饭啦！　　　　　　　　　看我擦得多干净

通过区域中拼拼图、夹小球等活动的比拼，孩子们的手眼协调能力、手指精细动作得到了进一步锻炼，孩子们参与活动的积极性得到了提高，也更愿意去尝试区域中其他更有难度的材料。

我是整理小能手　　　　"别跑"小球，我能夹住你

做哥哥姐姐比拼中，瞧，我长大了，还可以照顾弟弟、妹妹了。

别急，我来帮你剥　　　　我帮妹妹穿裤裤

幼儿的经验与学习：在前期探究兴趣的基础上，幼儿通过拼拼图、夹小球等一日生活的大比拼，不仅展示了自己，还发现了同伴的不同本领，初步建立了竞争意识。在比拼中，幼儿通过模仿同伴、互相学习，逐渐养成了不怕困难、坚持的良好品质。同时，幼儿小小的身体里蕴含了大大的能量，还会耐心、细致地照顾弟弟妹妹。正如绘本中所说："长大，就是对比自己小的孩子更友善了。"幼儿体会到自己慢慢成长为哥哥姐姐，逐渐学会了自己的事情自己做，懂得分享、关心别人、尊重别人，尝试成为老师和爸爸妈妈的小帮手，从而萌发了对长大的自豪与期待。

教师的支持与思考：教师适时地将竞争渗透到活动中，根据幼儿的兴趣点提出问题，引导幼儿参与讨论"长大"这个永恒的话题。幼儿在感受自己长大的同时，也在与伙伴的友好竞争中感受到了成功的喜悦。能力的提升和帮助别人获得的成就感与喜悦感都是孩子们成长的财富，而教师要做的就是带领幼儿去认识自己的成长！从幼儿的身边、从实际生活中出发，结合幼儿已有经验，为他们提供不同的材料，创设适宜的环境，聚焦小班幼儿的生活能力和动手能力的提高。

成长的喜悦

成长大比拼

孩子们已不再满足于一日生活的大比拼了，他们还想比更多的本领，让我们听听孩子们是怎么说的……

小兔："我们还可以比赛骑自行车。"

彤彤："还可以比谁吃饭吃得干净。"

微微："我们还可以比谁跑得快。"

泽泽："可以比穿裤子、穿鞋，看谁穿得快。"

老师："怎么看谁赢了呢？"

佳禾："比跑步谁的速度最快谁就赢了。"

跳跳："做得最好的那个小朋友就赢了。"

艳艳："比赛的时候，不犯规的人就赢了。"

通过讨论得出答案：跑得最快、做得最好、不犯规、挑战成功的，就算赢。瞧，孩子们的比赛开始了……

攀爬高手

灵活的我

看谁擦得又快又干净　　　　　　　比比谁最快

本节活动以竞赛的方式进行，培养了孩子的竞争意识，也让他们感受到了胜利的喜悦。看似平常的比赛，却是孩子们思考与商讨的结果。在亲身体验、表达、交流中，幼儿的经验得到了提升，能力也得到了提高，这促进了幼儿身体正常发育与机体对环境的适应能力。

幼儿的经验与学习： 有趣的生活技能与体能的比赛，促进了幼儿身体动作的协调发展，培养了幼儿坚强勇敢、不怕困难的良好品质，同时，增强了幼儿身体素质。小班幼儿具有较强的模仿能力，获胜的兴奋与喜悦也感染着其他的小朋友，这在潜移默化中提高了孩子的生活自主性与积极性。

教师的支持与思考： 《指南》中指出：发育良好的身体、愉快的情绪、强健的体质、协调的动作、良好的生活习惯和基本生活能力是幼儿身心健康的重要标志。活动以竞赛的方式进行，不但培养了他们的竞争意识，也激起了班上孩子们讨论的兴趣。了解幼儿的想法后，教师给予了支持，举行了一场本领大比拼。一节体能活动，塑造了幼儿坚强睿智、不怕困难、乐于合作的意志品质。

自主入园我不怕

还有一个月，孩子们就要升入中班了，到那时他们就要自主入园了。为了让孩子们有序入园同时提高孩子们的自理能力，老师们商量着让孩子们尝试自主入园。于是，一场关于"我要找到你——小三班"的讨论开始了。

一、想方设法找到你

对于孩子们而言，独自从幼儿园大门口到教室，会遇到许多困难和麻烦，那么如何克服呢？针对此问题，孩子们展开了与"迷路"相关的话题，他们是这样说的：

诺诺："可以问问哥哥姐姐。"

楚一："可以问老师，老师会告诉我们。"

一航："找保安叔叔。"

浩宇："跟着中班的哥哥姐姐走，走到三楼就到教室了。"

讨论后，孩子们一致认为：如果迷路了，可以在沿途寻求大人或大孩子的帮助。当老师提出谁还有更好的办法时，图图说："我们还可以跟着标志走。"

二、"标"新立异

什么是标志？标志有什么作用呢？对于不认识字的我们，该怎么办呢？这些问题一股脑地出现了，孩子们开始开动脑筋想办法。

小花："是一个牌子，要按照牌子走。"

跳跳："标志告诉人们着火了要用消防栓。"

图图："马路上就有标志，可以让我们安全过马路。"

可爱的安全标志

不一样的安全标志

标志，是表明事物特征的记号。了解了标志这一词的含义后，结合前期的知识经验，最终大家一致决定设计一个小三班的专属进班标志。

幼儿的经验与学习：儿童的世界是具体形象的，就像标志表现出来的一样，简约形象的图案会让幼儿喜爱，也给幼儿提供了广阔的想象空间。幼儿经

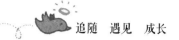
过观察和教师的讲解，知道标志是一种符号，是表明事物特征的记号。聪明的幼儿想到了，可以用标志提醒"迷路"的小朋友，帮助他们快速找到自己所在班级。班级指示标志增添了小班幼儿对于"班级"这个集体的认知，增加了归属感。

教师的支持与思考：教师基于幼儿兴趣，把握生活中的教育契机，引导幼儿从身边的安全标志入手，在探究中感知、思考、表达，从而不断加深与拓展他们关于标志的经验认知。引导幼儿通过讨论设想：自己要设计一个什么样的标志？促使幼儿在讨论中获取新知识，使新的认知为幼儿的后续实际操作、亲身体验奠定基础。

三、小小设计师

老师："你要设计一个什么样的标志呢？"

图图："我要设计一个汽车标志。"

彤彤："我要画一朵花来当标志。"

佳禾："我想要画一个彩虹的标志。"

最终，孩子们用画笔设计出了自己心中的进班标志。标志设计好了，新的问题出现了：这么多的标志该选哪个呢？孩子们商讨后决定用雪花片来投票，票数多的获胜。经过孩子们的仔细观察、对比，大家发现喜欢彩虹标志的小朋友是最多的，所以彩虹标志胜出。

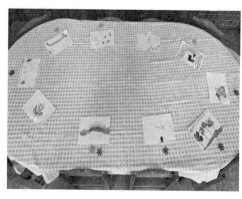

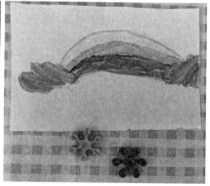

一起来投票　　　　　　　　　　属于小三班的标志诞生了

投选出进班标志，孩子们便将画好的彩虹标志分别贴在走廊的墙面上、楼道拐弯处和楼梯醒目的位置上。

给标志找"家"

四、挑战成功

孩子们第一次尝试，入园后在没有老师的引领下，大胆找寻粘贴在园内的彩虹标志，并在它的指引下顺利找到小三班的教室。

我会找到"你"——小三班　　来自爸爸妈妈的鼓励

每一次尝试都是成长的惊喜，每一次放手都有成长的回应。自主进班不仅证明了孩子们的成长，也增加了同伴交往的体验。

幼儿的经验与学习：幼儿用画笔设计出了自己心中的进班标志。幼儿只

285

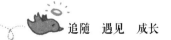

有多动手，才能提高智力，有所创造。通过讨论、自主设计和投票环节，幼儿最终为班级票选出最受欢迎的标志，放置在楼道中，从而指引大家顺利找到进入教室的路。正因互相肯定、互相信任而营造出来的一种难得的氛围，才促使幼儿在这个集体中有了归属感。而归属感是幼儿之间、师幼之间的一种默契配合。

教师的支持与思考：教育家罗伯特曾提出，"现代幼儿教育有十大目标，其中最重要的便是独立性"。培养独立性是儿童建立自尊、自信、自由的基石。

活动中，教师和幼儿们根据"如何顺利进入教室"这一问题展开了讨论，幼儿们各抒己见，发表自己不同的看法。基于此问题，教师将幼儿的注意力吸引到楼道，通过图片、视频，以及幼儿们的观察，使他们认识了标志并发现楼道藏了很多标志，最后在兴趣的激励下设计了属于自己班级的标志，通过投票的形式选出最受欢迎的标志。

结语

"长大"是一个永恒的话题，小班的孩子们探索自己长大的过程也是一种成长。他们通过发现、讨论、实践，感受到了自己的成长变化。"我"长大了，是每个孩子在心底发出的自豪，从小婴儿到大哥哥大姐姐，成长给孩子带来了收获与喜悦；孩子们从身体变化的探索到本领的变化，活动中敢于表现自己。教师及时抓住了孩子们身高变化的兴趣点，引导孩子们通过测量活动感知自己身高的变化。从孩子们的谈话内容中梳理出课程思路，并逐一实施，过程中随时观察与记录，根据孩子发展与表现动态，随时调整课程进展方向，再开展相关活动。

结合本次活动，孩子们亲身体验到了长大的乐趣和长大后身体以及本领的变化，也深入地了解了长大可以自己做的事，并为自己长大而高兴。

我们依然会继续延伸，期待孩子们的成长与蜕变！

嘘，你听！

韩宜檩

缘起

今天，晨间入园时，孩子们的讨论引起了我的关注。

艾琪："我的耳朵好冷呀。"

玥玥："我的耳朵现在特别软。"

多米："今天外面的风真大。"

旺达："我用手捂住耳朵，听不见你们说话。"

通过孩子们的对话，老师发现幼儿对于耳朵产生了强烈的好奇心与兴趣，并将孩子的问题进行梳理，用耳朵是什么样子的、我们的耳朵有什么作用、声音从哪里来、去哪寻找声音等问题让孩子们进行思考，老师在此过程中及时捕捉幼儿兴趣点，与幼儿一起开启了一场关于声音的探秘之旅……

活动脉络图

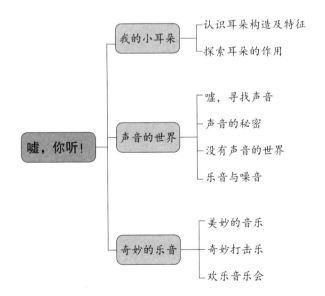

关键经验结构图

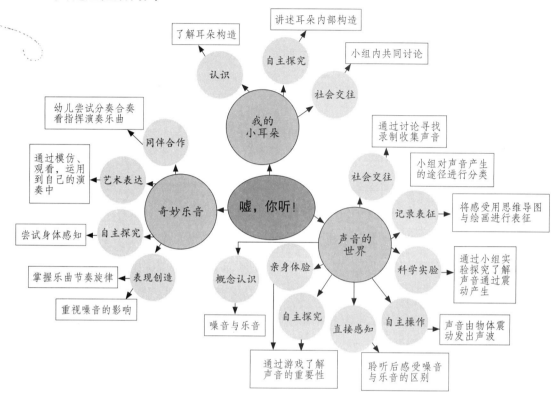

了解耳朵构造

讲述耳朵内部构造

认识

自主探究

小组内共同讨论

社会交往

我的
小耳朵

幼儿尝试分奏合奏
看指挥演奏乐曲

同伴合作

通过模仿、
观看，运用
到自己的演
奏中

艺术表达

奇妙乐音

嘘，你听！

通过讨论寻找
录制收集声音

社会交往

小组对声音产生
的途径进行分类

尝试身体感知

自主探究

记录表征

将感受用思维导图
与绘画进行表征

掌握乐曲节奏旋律

表现创造

声音的
世界

科学实验

通过小组实
验探究了解
声音通过震
动产生

重视噪音的影响

概念认识

亲身体验

自主探究

直接感知

自主操作

声音由物体震
动发出声波

噪音与乐音

通过游戏了解
声音的重要性

聆听后感受噪音
与乐音的区别

课程展示

我的小·耳朵

一、认识耳朵构造及特征

晨间入园多多一边观察米娜的耳朵一边说："米娜的耳朵比我的大。"豆豆说："我的耳朵可软了。"老师听到后提出问题："我们每个人有几只耳朵？""它们都有什么特点，你们知道吗？"老师的提问引发了孩子们对这一现象的共同关注。大家不约而同地说道："每个人的耳朵长得都不一样，但是每个人都有两只耳朵。"基于孩子们的兴趣与探究热情，老师在区域提供了放大镜、手电筒等多样的探究资源，以满足孩子的探究需求。

开始观察前，孩子们自发在区域内寻找探究工具，并仔细观察对方的耳朵。

天天："我用放大镜看到多米的耳朵里有一个黑黑的洞洞。"

多米："我看见豆豆耳朵里面有鼓起的东西。"

在此活动前，老师对耳朵的构造进行了梳理，幼儿迁移经验用工具观察同伴的耳朵。孩子们一起热闹地讨论自己所知道的知识经验，分享自己所看到的事物。

为了让孩子们更清晰地了解耳朵的构造，老师找来了视频及图片，让孩子们进行观察，同时提出问题："你们看到了什么？"

多米："耳朵长着一个长长黑黑的洞洞，叫耳道。"

小意："耳道再往里头就是鼓膜。"

米娜："鼓膜里面是耳蜗。"

二、探索耳朵的作用

这时操场喇叭响起了早操音乐，闻闻突然说："你听，要做操了。"旺达说："对了，今天早上的风很大，也是我用耳朵听见的。"孩子们陆续分享自己所听到的不同声音。

多多："我今天能听见鸟叫声。"

悠悠："在马路上我能听见汽车的喇叭声。"

禾豆："每天早上我都能听见妈妈手机的闹钟声。"

天天："玩户外器械也会发出一些声音，不过有点吵。"

在孩子们细致的观察与探索讨论中，他们发现了耳朵内部构造的小秘密，禾豆说："我们不能大声对着耳朵说话。"豆豆说："不要往耳朵里塞东西。"

旺达："天冷要注意保护耳朵，不要被冻伤，可以戴耳套。"

团团："我们不能随便乱掏耳朵，如果耳朵痒可以去医院请医生检查。"

有了同伴的经验分享，孩子们不仅知道了耳朵的构造与作用，同

发现耳朵小秘密

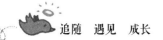

时还发现耳朵最大的功能就是听觉功能，这时老师追问："我们还能用耳朵听到哪些声音呢？"此问题引发了孩子们新的思考，于是师生一起去寻找答案。

幼儿的经验与学习：幼儿通过听听讲讲、照照看看、摸摸探探等多种感官体验形式，了解到耳朵的外形特征：耳朵共有两只，左右两边各一只；内部结构由外耳、中耳、内耳三部分构成。并知道耳朵是人们用来听声音的重要器官。感知到耳朵的重要性，教师提出开放性问题："耳朵有什么作用呢？"引发幼儿的思考：耳朵能干什么？耳朵可以听见什么声音？幼儿开始自己寻找问题的答案。

教师的支持与思考：幼儿通过自主观察了解到耳朵的秘密，教师在活动中提供幼儿自主探索的材料，提出问题引导幼儿思考，并将兴趣点通过组织多种活动方式进行延续，使幼儿认知得以提升。同时教师给予幼儿充分的交流时间，让幼儿互相交流启发，对幼儿在活动中积极思考、勇于尝试的行为给予充分的鼓励，让幼儿体验到交流的乐趣。

声音的世界

一、嘘，寻找声音

声音虽然一直无处不在，却因普通而一直被大家忽视。在好奇心的驱动下，孩子们决定自发在自己的身边找一找声音都出现在哪里，它们一样吗？带着这样的思考孩子们一起出发了。

从幼儿园的室内到室外，再到家里，孩子们通过观察、探索、体验感知耳朵听到的声音。经过一天的寻找，他们回到教室与同伴一起分享。

米娜："我找到了水龙头流水的哗哗声。"

多多："我听到有小朋友的哭声。"

小石榴："我听到推器械的声音。"

瀚瀚："拍篮球的时候会发出声音。"

拍篮球的"啪啪"声　　　　　　箱子滚轮发出"刺啦"声

孩子们在教室里和户外环境中都寻找到了许多自己关注和感兴趣的声音，他们获得了新知识。对于同一个物体发出的声音，孩子们从不同的角度有不同的解读。如汽车发出的声音，潇潇说是"唔——"的发动机发动的声音，而可乐说是"嘀嘀叭叭"的喇叭声。

在进行"这是谁找到的声音"游戏中，老师为孩子们提供他们当天所寻找的声音所对应的图片及现场录制的音频，同时追问："这么多声音，它们是一样的吗？"

悠悠："水龙头的流水音和我在山里听到的流水声一样。"

天天："家里玩玩具和户外玩玩具声音很像。"

小川："汽车喇叭的声音很大。"

旺达："也有电动车喇叭很吵。"

孩子们对自己找到的声音重新进行辨别和确认，加深和巩固对每个声音的认识，并自然而然对搜集到的分散、凌乱的声音进行分类、整合，建构对声音的整体认知。通过游戏激发孩子们的好奇心及探索欲望，使得孩子们尝试发现声音之间的联系，解决孩子们所困惑的问题。

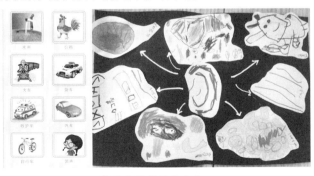

小耳朵能听见的声音

在寻找、发现、倾听、交流、分享中，孩子们发现声音出现在很多地方，无论是幼儿园还是家里，孩子们生活、学习的环境里都存在声音，经过引导，孩子们知道声音根据产生途径的不同，分为不同的声音，如人类生产生活所产生的声音、自然界的声音、动物的叫声。

同时孩子们通过绘画的方式进行表征，用思维导图的形式表示出自己所听到不同种类的声音，老师鼓励孩子们通过绘画进行记录，对分散凌乱的声音进行分类整理。

二、声音的秘密

我们寻找到那么多声音，又对声音进行了分类，孩子们知道凡是我们制造出的声音都属于人类活动产生的声音，不过也很多孩子很困惑地说道："声音到底是怎样产生的呢？"老师引导孩子们想一想："我们说话和不说话时喉咙发生什么变化？"

吉祥："不说话时喉咙没有动。"

瀚瀚："我唱歌时喉咙在振动。"

玥玥："我说话时喉咙在嗡嗡地动。"

伴随着孩子们的疑问，老师与孩子们开展了声音小实验的游戏，帮助孩子们获取新的知识。

摸摸喉咙在震动

实验1：盐粒碗上蹦蹦跳

选择实验1的幼儿对着碗面上的盐进行呼喊，这时老师提问："声音的高低对盐粒的跳动有影响吗？"

艾米："喊的声音大，盐粒跳得高。"

老师："怎样可以让盐粒跳得更高？"

石头："要一直大声喊。"

老师："怎样可以让盐粒跳得更久？"

小石榴："一直喊着，不要停，或者两个人一起。"

小盐粒在跳舞

孩子们通过实验发现，在碗上蒙一层保鲜膜并绷紧，在膜上撒盐粒，对着碗中央发出声音，盐粒会随声音的长短而跳动。刚开始静止的食盐，声音响起时，引起碗内空气振动，进而让保鲜膜也跟着一起振动，于是我们就看到保鲜膜上盐跳动起来。改变声音的大小，盐粒跳动的幅度也会产生相应变化。

实验2：皮筋跳跳跳

选择实验2的幼儿将女生扎头发的皮筋放置在音响上，用音响播放音乐，当音乐响起的时候她们发现皮筋会随乐跳动。

老师："你们观察到了什么？"

豆豆："把音响声音调大，皮筋就开始蹦得特别高。"

老师："音响声音的大小对皮筋跳的高低有影响吗？"

禾豆："把音响声音调小，皮筋就不太蹦了。"

老师："音响不响了皮筋还会跳动吗？"

看！皮筋蹦起来啦

米娜："音响一停皮筋也停。"

实验3：会跳舞的米粒

选择实验3的幼儿在大鼓上撒上小米粒，用鼓槌敲鼓，米粒随之跳动。

老师："鼓槌敲击的力度对米粒的跳动有影响吗？"

玥玥："我使劲敲鼓，米粒跳得特别高。"

老师："怎样可以让米粒跳得更高？"

桥桥："使劲敲就可以。"

老师："怎样可以让米粒跳得更久？"

悠悠："不要停下来，一直敲。"

敲敲打打米粒跳舞

孩子们通过亲身体验后，在与老师的一问一答之间，发现了声音是通过物体的振动发出的，如果物体不振动就没有声音。无论是哪个实验，最终结果都是一样的，道理也都一样。在实验中教师提出开放性问题，引导孩子们深入思考，激发孩子们的探索欲望，帮助孩子在体验中获得新知，增强成就感。

此次游戏孩子们通过猜想假设、实验验证、交流小结的方式，发现声音发出的原理。孩子们在游戏中通过自主观察、操作、思考、实验，体验了探究的过程，发展了初步探究的能力。

三、没有声音的世界

探索了声音的奥秘，孩子们都知道了声音是靠物体振动发出声波。

老师："想象一下，假如生活中没有声音会怎样？"

孩子们："那我们会很不方便。"

老师："我们的生活会发生变化吗？"

这个问题激发了幼儿的好奇心，他们热烈地讨论着。欢儿说："老师如果没有声音我们会怎么样？"老师顺势回应："你们想试试没有声音的世界吗？"这个提议调动了孩子们积极性。老师问："怎样可以让我们听不见声音？我们需要准备哪些道具和物品？"

可以阻隔声音的物品

老师一次次的追问使得孩子们兴趣更浓，结合前期记录的经验，孩子们讨论得火热朝天，最后讨论出结果是：阻隔听见声音的来源就听不见声音了，我们可以戴耳机、耳套、耳塞等物品，把耳朵堵住。

老师及时提供材料，以便孩子们借助材料来探索。于是开始了"假如听不见了，会怎么样？"的一天。

在游戏中孩子们发现听不见后，传递消息的方式有通过手指比划、用眼睛去看嘴型、用身体去比画等，但内容大家都是在猜测，这让孩子们陷入了思考，激发了他们的兴趣。活动结束后，孩子们迫不及待地开始表达自己的观点。

悠悠："戴上耳塞我就听不见声音了。"

艾米："游戏的时候我听不到闻闻说话的声音。"

天天："区域活动结束听不见收拾区域的歌声，都不知道什么时候该收拾玩具。"

老师追问："你们觉得，没有声音的生活，活动怎么样？"

桥桥："吃饭时听不见老师说话的声音，我都不知道什么时候要去打饭。"

吉祥："打饭时，禾豆勺子没拿，我说话他都听不见。"

感受没有声音的区域活动

孩子们在游戏活动中，通过亲身体验、实际感知的方式，切身感受到没有声音给我们生活带来的不便，知道了声音的重要性。在游戏活动中，孩子们通过思考在听不到声音的情况下，用简单的肢体语言传递信息，表达自己的想

法，这些都培养了孩子们的学习兴趣以及解决问题的能力。

四、乐音与噪音

在交流的过程中豆豆语重心长地对豪豪说："原来听不见声音我们的活动都无法正常进行，看来声音真的是很重要！"初夏听见后提出疑问："老师，声音这么重要，是不是所有的声音都对我们有用？"这一问题引发了孩子们的思考，老师决定继续来解决孩子们的疑惑，感受声音对人们生活的影响。

于是经过商量，教师决定将孩子们一日生活中各环节的活动声音进行了录制，随后选取了其中的几段声音在小组内让孩子们聆听，老师提问："你听到的这个声音有什么感觉？你喜欢这段音乐吗？"请孩子们说说自己的感受。

可乐："有个声音像是小朋友在尖叫，还有个声音像爆炸，是噪音很刺耳。"

小川："那个声音太难听了，我都不想听了。"

旺达："最后那个音乐特别好听，是区域活动结束时的歌曲，我都想跟着跳舞。"

噪音真刺耳

樱桃："我听到老师教唱儿歌的声音，很好听。"

通过此次小组活动，老师发现孩子们对于噪音和乐音能够清楚分辨并表达自己对两种声音的感受。噪音就是让人听后很不舒服，很刺耳，听了心情不好，不愿意再听的声音，会影响人们的生活和心情。乐音就是听了让人心情愉悦的声音。

幼儿想通过绘画涂鸦的方式画出自己所感受到的噪音，将自己的感受表现出来。

瀚瀚："好听的声音就像蓝蓝的天空，很美。"

小川："难听的声音会让我心里难受。"

画一画噪音

通过对话和涂鸦，老师发现孩子对于噪音和乐音能够清楚地用形象表达出来。在活动中，老师引导孩子们自觉地控制说话的音量，做一个文明宝宝，并结合生活实际引导孩子们去思考："怎样从自我做起减少噪音，不影响其他人正常生活和学习？"

米娜："我们在别人吃饭、睡觉的时候要悄悄说话。"

多多："在家里不能又蹦又跳，会影响楼下邻居。"

桥桥："在教室要学小花猫走路，不吵别人。"

团团："在小朋友看书时不能打扰他们。"

孩子们通过看看、听听、说说，知道噪音给人带来伤害，乐音给人带来快乐。他们萌生了在生活中减少噪音的想法，并积极想办法，从我做起降低、消除身边的噪音，同时学会了关心他人，培养了集体责任感。

说一说悄悄话

幼儿的经验与学习：本节活动幼儿在寻找、发现、倾听、交流、分享中发现声音的秘密，并对声音进行了分类。再通过自主观察、操作、思考、实验，体验并探究了声音的产生，发展了初步的探究能力。在游戏中使用绘画方式进行记录并对声音进行整合，同时用语言、行为、表情、涂鸦与思维导图的表征方式表达自己的想法，在活动中也学会了深入思考，知道从自我做起，减少自己制造的噪音，不影响他人正常生活，学会了关心他人，培养了集体责任感。

教师的支持与思考： 教师通过开放的问题引导幼儿观察、交流、探索，在游戏中鼓励幼儿仔细观察和思考，大胆表达自己的所思所想。在寻找发现声音的过程中帮助幼儿梳理总结，帮助幼儿建立概念认知。教师通过不断思考和追随发现幼儿的兴趣点并及时捕捉教育契机与幼儿交流讨论，让幼儿在表达的同时迁移他们的生活经验。

奇妙的乐音

一、美妙的音乐

孩子们都觉得噪音真的很难听，不过生活中还有很多好听的声音，于是孩子们开始讨论并决定去制造那些好听的声音。

闻闻："我们要制造什么乐音呢？"

多多："我们太小了，能制造什么乐音呢？"

吉祥："我们不能制造难听的噪音，对耳朵不好。"

多多："肯定选择制造好听的音乐呀。"

玥玥："用钢琴弹奏就很好听，可是太难了。"

天天："架子鼓也可以敲出好听的音乐。"

旺达："我们可以看看叔叔阿姨们的表演。"

十一："我们得找点可以制造音乐的东西。"

禾豆："我看过交响乐演奏。"

吉祥："但是我没看过，可以让老师帮我们找找看。"

经过孩子们的讨论，他们大胆表达，积极向老师提出需求，请老师帮忙寻找相应好听的交响乐视频与图片一起观看。初夏一边看一边对旁边的

欣赏交响乐表演

小意说："我们要是也能这样表演该多好。"老师说："我们也可以尝试呀，可是你们得先想想你们要用什么乐器。"

二、奇妙打击乐

经过仔细的观察，孩子们发现，原来演奏并不是一件简单的事情。这些乐器是要经过专业的训练才可以演奏，并且很多乐器并不适合小朋友演奏。由于孩子们的积极性很高，老师为孩子们提供了小型乐器。

孩子们拿到小型乐器后自主进行探索，认识并了解了手中的小型乐器。通过自主探索，孩子们发现小型乐器发出的声音各不相同，他们既好奇又兴奋。老师这时提问："你们看看自己手中的乐器都有什么特点呢？"

豪豪："我这个铃铛的声音，很亮。"

豆豆："我的鼓如果敲快一点会变成噪音。"

柔柔："这个木板按出的声音很干净。"

各种打击乐器

老师对孩子们手里的乐器名称和使用方法进行了讲解，在一次次的尝试中，孩子们逐渐掌握了小型乐器的用法，并能让乐器发出好听的声音。孩子们提问："老师，怎样才能像叔叔阿姨一样制造出好听的音乐呢？"老师再次为孩子们播放交响乐演奏视频，孩子们发现舞台中间的指挥很重要，演奏时所有人都得听指挥的，但是他们也觉得现在最重要的是先要学会演奏手中的小型乐器。

观察小型乐器

第一次，先通过聆听歌曲，看老师示范，有节奏地拍打身体，练习好节奏感。在反复尝试和练习中，孩子们慢慢熟悉了用身体部位打节奏，并了解了图谱内容，学会了看动作图谱。教师帮助孩子们梳理已有经验，引出问题，使幼儿进一步思考和总结。经过练习，老师提问："孩子们，现在你们知道图谱里每个东西所表示的意思吗？"

樱桃："竖线表示这一行里的一小节。"

桥桥："圆圈表示停下来。"

米娜："X表示一拍。"

悠悠："一小节有几个手图案，这一节就拍几下。"

第二次，老师请孩子们拿着串铃与沙锤进行演奏。在老师的引导下，孩子们共同学习运用两种打击乐器进行分组演奏和合奏，孩子们对要挑战的乐器充满了斗志与兴趣。过程环节由简到难，层层深入，最后孩子们实现了用打击乐器制造乐音的愿望。

三、欢乐音乐会

在认识并熟悉打击乐器及其正确的演奏方法后，孩子们也想进行表演，开个小小的音乐会。开演奏会还需要选择好听的乐曲，豆豆这时说："如何选择音乐呢？"经过孩子们的商量，老师找来五首好听的乐曲，孩子们听后对音乐进行投票选择，最终确定《菠菜进行曲》为本次音乐会的演奏曲目。

豆豆："这首歌曲听起来让人很开心。"

榛榛："它是乐音，听着让人心情愉悦。"

沐昀："这个音乐听着让我很欢乐、高兴。"

选定乐曲后，教师为孩子们打印图谱，并进行简单的节奏练习。首先通过拍打身体产生节奏，随后代入乐器进行试练，孩子们在活动中积极主动、认真专注。

沐昀："用体拍打节奏和拿乐器打节奏的感觉不一样。"

樱桃："拿着乐器不能一直摇，节奏图谱得看清，不然会很难听。"

初夏："要注意一起合奏的部分，大家速度得一样。"

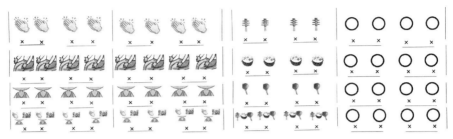

挑战升级，看图谱演奏

接下来孩子们要确定每组的指挥，在组内选出一位小朋友当指挥，学习乐曲的指挥手法，最后在小组内进行简单的节奏练习与配合。

多多："在表演的时候要微笑，坐得整整齐齐。"

闻闻："眼睛要看这指挥，不然就摇错了。"

吉祥："耳朵要听着音乐，卡好节奏。"

小组进行演奏练习

老师提问："你们觉得串铃和沙锤在演奏的时候给你们什么样的感觉？沙锤和串铃放在一起演奏会好听吗？"

玥玥："不能一起演奏，要分开，不然会是噪音。"

米娜："串铃听着感觉声音很亮，所以不能太使劲。"

通过尝试演奏，他们总结了一些小经验：当串铃组演奏的时候，沙锤组应该把乐器放在小腿上不发出声音；当沙锤组演奏时，串铃组也要把乐器放在腿上不发出声音；当遇到停止符时，不让乐器发出声音，这样，演奏出的音乐才会好听。

最后老师增加难度，让孩子们进行合奏。演奏中孩子们发现了合奏的乐趣，参与度很高。兴趣是孩子们学习的原动力，表演中孩子们主动学习、主动

探索，充分发挥想象，通过活动表现出他们不同的感受力和创造力。

幼儿的经验与学习：幼儿对新事物总是充满好奇，学习兴趣浓厚，通过自主探索的形式认知新事物，这个认知过程对幼儿来说无疑充满挑战，也极富乐趣。他们在一次次观察、触摸、模仿、操作、交流中，以及在教师的引导下，了解了打击乐器，并感受到了乐曲的旋律和节奏，并在一次次的分组演奏、合奏中，学会观看指挥、看图谱。

教师的支持与思考：教师引导幼儿一步步提出问题，分析问题，解决问题，最终共同决定用打击乐器制造乐音。在活动中，教师提出开放性问题，引导幼儿步步深入思考，又提供多样的环境、材料，组织多种形式的活动，引导幼儿自主探索、亲身体验和亲自操作。活动过程循序渐进，层层推进，最后幼儿掌握了节奏，通过乐器合作分奏、合奏，幼儿体验使用乐器演奏的乐趣。小班幼儿自制力弱，通过此次活动，幼儿的注意力与自制力都有所提高。

结语

对幼儿来说，声音是一个非常抽象的概念，好奇就好问，喜欢探究是小班年龄段孩子的特点之一。在整个"嘘，你听"主题活动进行中，幼儿对声音的探究始终保持着一种强烈的探索兴趣。在发现声音、探究声音、制造声音的过程中，幼儿对声音的认知逐渐丰富，探究能力初步形成，并掌握了一定的记录能力。本次活动幼儿对声音的探索兴趣意犹未尽，同时，教师也有以下思考：

一、观察幼儿的兴趣点

在本活动中，幼儿对"声音"的探索是由他们的兴趣引起，当幼儿有了强烈的积极性与好奇心时，教师支持他们在室外寻找声音，以小组为单位表征，并分享交流、解决困惑，以便了解声音的奥秘，最终使幼儿获得经验，提升探究意识。

二、尊重相信幼儿的能力

幼儿是积极主动的有能力的学习者，我们要尊重幼儿的学习方式和特点，最大限度地支持幼儿通过直接感知、实际操作和亲身体验来获取经验。本次活动教师有意识地放手，尊重幼儿并相信他们拥有自己的方法。当幼儿感受到被接纳、被认同时，就会产生积极的情绪、胜任力和成就感，形成深入探究的内在动力，会更愿意探索、解决问题，尝试新的挑战，积极表达他们的思考。

三、倾听理解幼儿的想法

与幼儿的沟通交流中，教师要做到的是精神高度集中地去倾听幼儿的话语，从幼儿的各个角度去理解，去记录，去反思。在幼儿探讨的话题中寻找有价值的矛盾点。在幼儿活动的过程中，教师要发现幼儿的需求，从而提供多方面的支持，这样才能让幼儿积极探索，能更好地建构他们的知识理论。

在此次班本活动中，教师还有很多要去学习、去思考、去探索、去反思的地方，要想真正地去做好，就需要去不断地去看见幼儿、倾听幼儿、理解幼儿，只有懂幼儿才能给予适时的支持与发展。

我和"它"的故事

陈 雪

缘起

　　小班刚入园的幼儿会将自己的玩具带来幼儿园，并时刻都拿着它。这样虽然缓解了入园焦虑，但是却不方便进行其他活动。为了帮助幼儿正确对待陪伴物，形成陪伴物在幼儿园的使用、收纳、整理规则，我们顺应幼儿的情感需要和兴趣，开展了本次班本活动："我和'它'的故事"。活动从绘本出发，通过情感表达、问题讨论、操作探索等活动，使幼儿从对陪伴物的依恋逐渐转变成对老师、对班级、对幼儿园的认同和喜爱。

活动脉络图

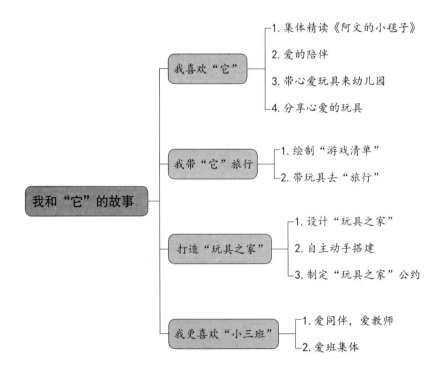

关键经验结构图

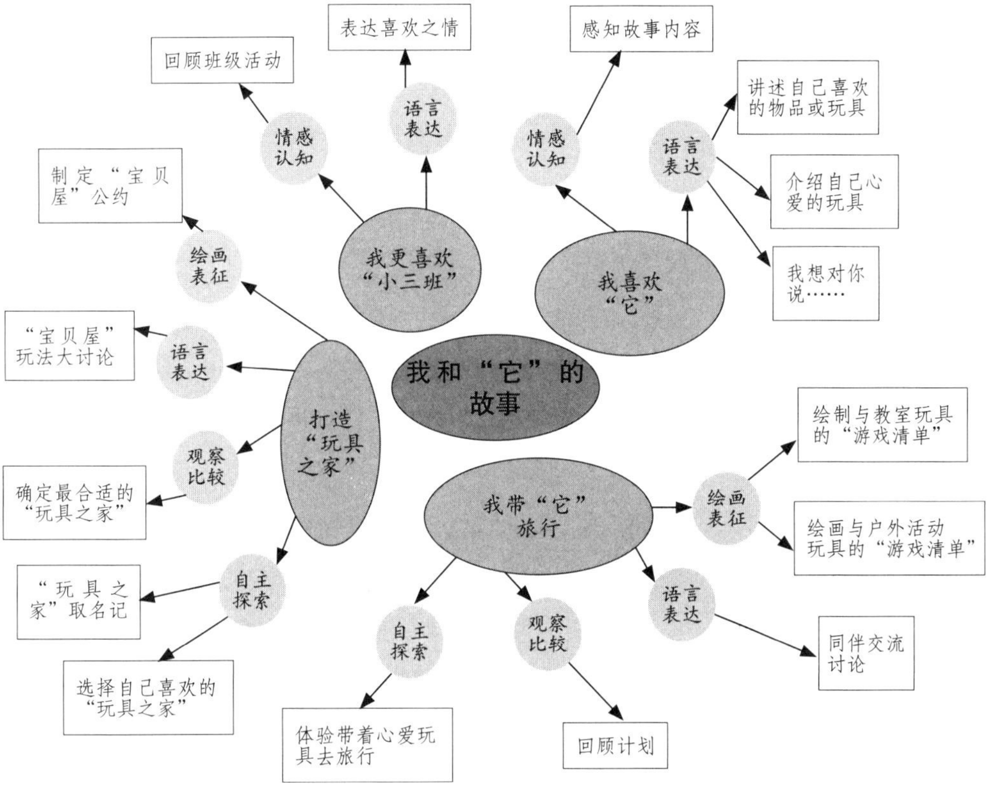

课程展示

我喜欢"它"

一、集体精读《阿文的小毯子》

孩子们逐页阅读绘本《阿文的小毯子》，了解绘本故事的内容。通过提问，老师引导孩子们感知主人公与小毯子的依恋之情。

老师："阿文为什么喜欢这个小毯子？"

孩子们听见提问都围过来，你一言我一语地讨论了起来。

如意："毛茸茸，很可爱。"

彬彬："他小时候喜欢，长大也喜欢。"

佳佳："好漂亮，金黄色会发亮。"

陶陶："阿文就想一直拿着它。"

钰儿："阿文喜欢它的小毯子，哥哥喜欢他的小被被。"

通过精读，孩子们发现小毯子每时每刻都陪伴着阿文，阿文喜欢它，离不开它。

精读绘本

二、爱的陪伴

亲子阅读时，小朋友和爸爸妈妈乐在其中。在阅读《阿文的小毯子》的过程中，小朋友和爸爸妈妈一起感受主人公阿文的喜怒哀乐，分享故事中小朋友感兴趣的部分。小朋友和爸爸妈妈反复阅读，一起感受亲子阅读的快乐时光。

亲子阅读

三、带心爱的玩具来幼儿园

孩子们运用迁移情感经验，大胆讲述自己喜欢的物品或玩具，并与同伴分享、交流。

老师："你是不是和阿文一样，也有一件从小陪伴自己的物品？"

典典："我书包里带了一个火山神鸟。"

如意："我有绒绒毛。"

罐罐："我喜欢大象。"

米多："我们家有个三角龙。"

彬彬："我喜欢我水杯上那个小恐龙。"

佳佳："奶奶给我买 恐龙变形蛋。"

原来每个小朋友都有一个心爱的玩具，而且都希望心爱的玩具每时每刻陪伴着自己。有了同伴的经验分享，大家对于心爱的玩具有着极大的探究兴趣。孩子们决定把自己心爱的玩具带到幼儿园，与同伴一起分享彼此的玩具。

四、分享心爱的玩具

孩子们纷纷向同伴展示自己带来的玩具，一一介绍玩具的名称、颜色、形状及购买时间等，教室里欢声笑语。

老师："你为什么喜欢带来的这个玩具？"

钰儿："我每天都抱着熊熊睡觉，它软软的。"

球球："鸭鸭小小的，洗澡的时候它可以和我一起玩水。"

罐罐："我喜欢和大象玩儿。"

如意："我每天都给绒绒毛喂饭吃。"

陶陶："小汽车，因为它很小，可以放在口袋里带着。"

彬彬："我喝水的时候，小恐龙陪着我，我就咕噜咕噜喝得多。"

追随孩子们的讨论，老师适时提出问题，请孩子们对心爱的玩具说说的心里话。

老师："你想对你心爱的玩具说点什么呢？"

佳佳："我想让小恐龙和大恐龙打招呼，我不知道大恐龙会不会把小恐龙吃掉。"

如意："绒绒毛，我好爱你，我想把我的发夹夹到你的头上。"

彬彬："小恐龙，我不想离开你，我想让你吃饭的时候陪着我，睡觉的时候陪着我，喝水的时候陪着我。"

典典："火山神鸟，谢谢你一直陪伴着我，我要跟你一样长一双翅膀飞到天空上。"

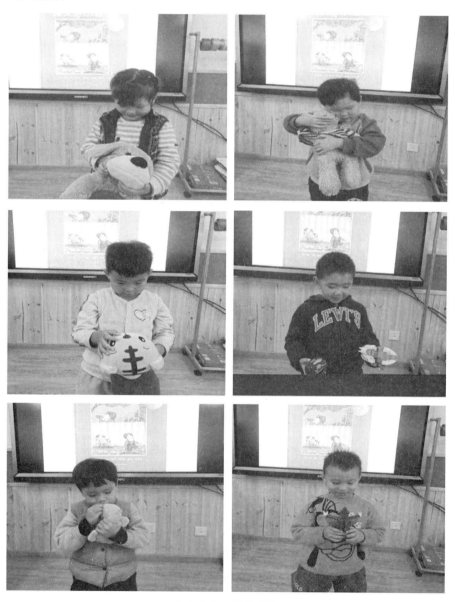

分享自己心爱的玩具

308

通过介绍玩具，孩子们表达了对心爱玩具的喜爱之情。孩子们在成长的过程中，可能都会有一个一直陪伴自己的玩具，不管是什么，它都给孩子们带来了很多快乐的感受。孩子们很喜欢自己的玩具，不想跟它分开。

在孩子们纷纷表示想和自己的玩具一起在幼儿园里玩一玩时，老师顺应幼儿，进行了新探究。

幼儿的经验与学习：绘本《阿文的小毯子》，使幼儿感受到陪伴物给自己带来的安全、快乐和幸福的感觉。生活中一件看似简单的物品，背后都有耐人寻味的故事。通过精读绘本，了解故事内容，理解阿文和小毯子之间的情感，孩子们在老师的引导下进行了情感迁移，大胆地讲述了自己与心爱的玩具之间的故事。这使孩子们提高了语言表达能力，获得了新的情感体验，积累了在集体面前分享讲述的经验，锻炼了胆量，培养了乐于分享的良好品质，增强了自我认同感。同时，孩子们感知到了在成长的过程中陪伴物与自己之间的情感。

教师的支持与反思：教师通过带领幼儿精读绘本，使其感知陪伴物与自己之间的情感。通过提问与讨论，迁移幼儿经验，引导幼儿讲述自己与心爱的物品之间的故事。鼓励幼儿根据已有的经验分享交流自己的感受，引导幼儿用完整的语言表达自己的情感。

在活动过程中，教师发现每一个孩子都有一个自己喜欢的玩具，大家都想将自己的玩具带到幼儿园和同伴分享。教师顺应了幼儿的想法，在接下来的活动中，教师请幼儿把玩具带到幼儿园进行分享和讨论，从而使幼儿了解更多的关于陪伴物的事情。

这些活动，基于幼儿和同伴分享玩具、表达感情的需要，教师组织了集体交流活动。通过同伴间的分享，幼儿分享交流的需求得以满足，这也提供了一次同伴交流情感的机会，丰富了幼儿关于玩具的认知。

讨论过后，幼儿纷纷表示，想和自己的玩具一起在幼儿园里玩一玩，于是"带玩具到哪里玩？""玩什么？"成了幼儿热议的焦点。教师顺应幼儿，进行了下一节活动。

我带"它"旅行

一、绘制"游戏清单"

孩子们迁移前期经验并结合教室区域绘制班级玩具"游戏清单"，从而表达自己想带玩具游戏的计划。

老师："想带你的玩具去小三班的哪里做游戏？"

彬彬："和小恐龙一起搭纸杯。"

钰儿："带着熊熊在木马上，摇一摇。"

米多："我给三角龙讲故事。"

典典："我玩玩具的时候，火山神鸟陪着我。"

绘制"游戏清单"

孩子们根据户外活动环境分组绘制"游戏清单"，从而表达自己想带玩具游戏的计划。

幼儿画出与心爱的玩具一起游戏的场景

幼儿画出与心爱的玩具一起游戏的场景

老师： "想带你的玩具去幼儿园哪里玩？"

钰儿： "哥哥在大五班，我想找哥哥。"

典典： "我想跟火山神鸟钻爬爬梯。"

陶陶： "早上来幼儿园，保安爷爷站在门口，想去那。"

如意： "和绒绒毛滑滑梯，去小树林。"

分享自己绘制的"游戏清单"

311

分享自己绘制的"游戏清单"

通过讨论得知，每个小朋友上幼儿园时都想带着心爱的玩具一起游戏，想带心爱玩具去游戏的地方也不一样，那就让我们一起体验这场玩具之旅吧！

清单制作好后，孩子们迫切地想要带自己的玩具去"旅行"，那就让我们开启这次快乐的玩具之旅吧！

二、带玩具去"旅行"

第二天，孩子们按照绘制的"游戏清单"，带自己的玩具去"旅行"。到达每一个旅行地点，孩子们都引发了新的讨论，并感受到了和玩具在一起的快乐。这个游戏让孩子们进一步熟悉了班级、幼儿园环境，增强了他们对班级和幼儿园的认知。

旅行途中，老师充当观察者、引导者的角色，用心记录孩子们的行为，以便回教室后引导孩子们思考和讨论。

带着心爱的玩具去幼儿园的角角落落"旅行"

带着心爱的玩具去幼儿园的角角落落"旅行"

和玩具在一起"旅行",大家都很高兴,但是玩具太多没处放,在游戏的过程中,玩具被遗忘在了操场,毛绒玩具掉在地上弄脏了。带玩具在教室"旅行"的小朋友,很不方便,没办法吃饭和喝水,睡觉时总是在玩自己的玩具等。

面对这些情况,老师引导孩子们思考:玩具没处安放怎么办?带着玩具不方便怎么办?最终,孩子们决定在小三班的教室里为心爱的玩具寻找一个"家"。

幼儿的经验与学习:在绘制游戏清单的活动中,幼儿组织较清晰明了的语言,和同伴、教师交流自己的想法,体验到了交流的乐趣,同时通过实际观察,幼儿根据自己的经验,用简单的绘画将自己心中的想法进行表征。在游戏过程中,幼儿锻炼了语言表达能力、社会交往能力和绘画表征能力。

在接下来的活动中,幼儿带着心爱玩具去"旅行",亲身体验完成了自己制订的玩具"游戏清单",获得了强烈的愉悦感和成就感。通过带玩具"旅行",幼儿熟悉了班级及幼儿园的环境,更深入地了解了幼儿园,更加爱上了

幼儿园。同时，在和同伴、教师交流的过程中，幼儿发现问题，正视问题，培养了学习、总结和反思的能力。

教师的支持与思考：教师基于幼儿的兴趣和愿望，积极为幼儿创设活动条件。通过积极的引导，帮助幼儿梳理自己的想法，使幼儿能愉悦地进行小组交流讨论，引发幼儿不断深入交流，为幼儿的语言、社会性发展做好支持。同时，引导和支持幼儿进行绘画表征，让幼儿感受不同表现方式的特点，体会绘画的乐趣。带领幼儿制作"游戏清单"，帮助幼儿初步形成做计划的好习惯。

本活动满足了幼儿的游戏需要，在完成玩具"游戏清单"活动的过程中，教师做好观察者、记录者和参与者，收集问题，组织幼儿活动总结与反思，发现问题，并通过提问，引导、启发幼儿交流讨论，并寻找解决问题的方法，从而引入下一节活动：打造"玩具之家"。

打造"玩具之家"

一、设计"玩具之家"

上节活动，孩子们带着心爱的玩具在"旅行"的途中，发现玩具时常会被遗忘，或者并没有和自己一起参与游戏，于是产生了打造"玩具之家"的想法。孩子们在教室里认真地挑选了适宜放自己心爱玩具的地方。

老师："为什么你会给心爱的玩具选这个家？"

如意："我喜欢粉色，这个框子大。"

佳佳："这个地方有好多玩具。"

陶陶："因为这个是白色的，还有典典的火山神鸟。"

彬彬："因为我喜欢黄色。"

米多："这个框子上面有花，其他地方不好看。"

球球："我喜欢读书的地方那个纱帐篷。"

典典："这个地方像房子，安全。"

孩子们选择自己心仪的"玩具之家"

孩子们纷纷为自己心爱的玩具选择了心仪的家，可是新的问题产生了……

老师："小朋友晚上都回家了，你们的玩具都在不同的家里，它们也想在一起做游戏，这可怎么办呢？"

佳佳："教室黑黑的，让他们在一起吧。"

典典："把它拿过去。"

陶陶："我要跟典典的玩具放在一起。"

钰儿："我和如意是好朋友，绒绒毛和熊熊也是好朋友。"

米多："我的三角龙可厉害了，可以保护它们。"

小朋友七嘴八舌地讨论着：到底应该把玩具放在哪里？大家最终决定，还是将玩具放在表演区。

听到孩子们的对话，老师决定让孩子们尝试打造一个适合放所有玩具的"玩具之家"。

二、自主动手搭建

尝试打造心仪的"玩具之家"

老师："你们心爱的玩具都有一个好听的名字，让我们一起给放玩具的地方起一个好听的名字吧？"

给"玩具之家"起名

老师将孩子们的想法分享在班级群里，请家长朋友引导孩子共同起名。大家讨论得热火朝天。

第二天，孩子们来到幼儿园里，一起讨论。孩子们纷纷觉得大家心爱的玩具也是自己心爱的宝贝。于是，孩子们决定采用了田梓钰小朋友和妈妈一同起的名字——"宝贝屋"！

"宝贝屋"诞生

三、制定"玩具之家"公约

孩子们认为，在幼儿园不是时时刻刻都能拿着玩具的，自己还有很多的事情要做。心爱的玩具有了可以存放的地方就方便多了，但是小朋友在和心爱玩具一起游戏时，出现了什么时候应该让玩具陪伴自己、什么时候应该专注幼儿园活动的矛盾。于是，孩子们开启了解惑之旅。

老师："你觉得在一天的什么时间可以玩自己的玩具？为什么？"

球球："去玩娃娃家时候，我可以给我的娃娃穿衣服。"

玉儿："散步的时候可以抱熊熊。"

彬彬："在建构区搭纸杯，我的小恐龙和我一起玩。"

老师："在幼儿园哪些时候不适合玩自己心爱的玩具？"

佳佳："上厕所的时候不能拿，变形蛋就弄湿了。"

典典："看书不能拿火山神鸟，要不然手就不能翻页子了。"

米多："滑滑梯不可以拿，三角龙会摔疼。"

老师："有什么好办法提醒大家在合适的活动可以与心爱玩具一起玩呢？"

米多："按个闹铃提醒小朋友。"

如意："我们画一下什么时候可以玩。"

佳佳："再画一下不能玩的时候，这样就不乱了。"

为了解决孩子们的疑惑，老师出示一日作息时间表，引导幼儿了解幼儿园一日活动的主要内容与时间。在讨论中，孩子们决定根据一日作息时间表制作"宝贝屋"时间表，在记录格上画出什么时候不能玩、什么时候可以玩。

制定"玩具之家"公约

孩子们齐心协力完成制作，并结合前期记录的经验，进行梳理总结：在户外活动、区域活动和自主游戏时间，可以和自己心爱玩具一起玩游戏；而在吃饭、喝水、教室做活动、做操、上厕所时，和玩具一起一点也不方便。

幼儿的经验与学习：活动中，幼儿大胆寻找材料，勇于交流讨论，自主选择了"玩具之家"的地点并结合自己的生活经验，和同伴动手制作，共同打造和装饰"玩具之家"，解决了玩具的安放问题，积累了收纳和整理玩具的经验，锻炼了动手操作、与同伴交往合作能力，同时，也培养了收纳、整理的良好生活习惯。在和爸爸妈妈一起为"玩具之家"起名字的过程中，锻炼了语言表征的能力。

本次活动，幼儿通过讨论、分享的方式，认识到在幼儿园里和玩具进行游戏应该是有规则和时间的，从而感知到时间与活动之间的关系与联系，知道了幼儿园一日活动的内容和顺序。通过制定"玩具之家"公约，幼儿明晰了可以和玩具一起游戏的时间，会用公约规范自己的行为，同时学习了思考、判断、筛选、少数服从多数的处事方法，增强了集体归属感和规则意识。

教师的支持与思考：教师是幼儿活动的支持者、引导者和帮助者，在活动中，教师着重引导幼儿解决玩具多没处放的问题。发现问题后，通过与幼儿讨论、提问引导、材料支持的方式，使幼儿不断思考，寻求解决问题的办法。这使幼儿积累了解决问题的方法及经验，增强了幼儿同伴交往的能力，也培养了幼儿认真专注、不怕困难、勇于尝试的良好品质。

随着"玩具之家"的建成，新的问题接踵而来。顺应幼儿的规则问题，教师和幼儿开展了下一节活动，制定"宝贝屋"公约，让幼儿逐渐建立与玩具一起游戏的规则。活动中在幼儿认识幼儿园作息时间和内容的基础上，引导幼儿讨论、交流解决问题的方法，使幼儿自主规范玩具的使用规则，建构规则意识。在此过程中，培养幼儿解决问题、交流合作、绘画表征和语言表达能力。在活动中用规则来规范幼儿的行为，逐渐将幼儿的注意力从自己的陪伴物上转移到同伴和教师、班级、幼儿园上，让幼儿爱上幼儿园，感受幼儿园的快乐生活。

我更喜欢"小·三班"

一、爱同伴、爱老师

老师播放演示文稿带领孩子们共同回顾这次班级活动。孩子们纷纷讲述着了自己在班级做过的事情，回顾着在幼儿园生活学习的点点滴滴，从而感受到幼儿园生活的美好。

老师："除了喜欢小三班的'宝贝屋'，你们还喜欢小三班的哪里呢？"

陶陶："我喜欢看书的毯子，它软软的。"

彬彬："我喜欢班上的老师，老师爱我。我还喜欢建构区的奶粉桶，它

们可以垒得高高的。"

球球："我喜欢玩积木，看书的帐篷，给妈妈做的手套。"

如意："我喜欢小三班的老师给我扎辫子，还喜欢读书的帐篷。"

典典："我喜欢洗手的那个水龙头，因为它不一样，还喜欢纸杯，可以搭得高高的。"

钰儿："我最喜欢'宝贝屋'了，可以把熊熊放进去，还可以抱着它。'宝贝屋'是我起的名字。"

二、爱班集体

孩子们相互表达对小三班的喜爱。在小三班有美丽的环境，有好玩的区域，有友爱的同伴，有亲爱的老师，还有这么多有趣的活动和事情，孩子们在一起就很开心，我们都爱小三班。

在班里的快乐时光

幼儿的经验与学习： 在本次活动中，幼儿从抱着自己的玩具不放手，到最后能大胆表达对小三班的喜爱，从爱自己的玩具到喜欢小三班的角角落落，收获友情和教师满满的爱，从参与各种活动体验快乐，到真正爱上幼儿园，远离分离焦虑，开启幼儿园阶段的快乐生活，幼儿完成了上幼儿园的第一次成长。

教师的支持与思考： 在本次活动中，教师通过对幼儿的观察，根据班级幼儿的基本情况和已有经验，小班幼儿的年龄特征和学习方式，以陪伴物为切入点，通过绘本阅读、玩具分享、同伴交流等方法，以及直接感知、亲身体验、动手操作等方式，鼓励幼儿自己解决自己的问题，不但培养了幼儿各方面的能力，也增强了幼儿的主人翁意识。通过创设"玩具之家"，制定"宝贝屋"公约等活动，让幼儿自主建构规则意识，规范和约束行为，进而从对物的依恋中转移到关注班级环境，关心同伴和教师，关注幼儿园的生活活动上，使幼儿产生班级归属感和认同感，顺利度过入园适应期，开启在幼儿园的快乐生活。

结语

在成长的过程中，每个孩子都会或多或少地对某种物品产生一定的依恋。一只布偶、一辆小汽车之类的小东西，不论去哪里都随身带着。对于他们来说，这不仅是提供安全感的"东西"，更是亲密的"朋友"。

心爱的玩具"它"，成了孩子们心中最温暖的陪伴。依恋物不能强行没收，因为成长是取舍之间的挣扎，更是挣扎之后的进步和成熟，对于孩子们来说，"心爱的玩具"是一个很有象征意义的符号，"它"代表着陪伴，也代表着内心对自我的投射。

这一系列活动，不仅仅是帮助孩子们缓解分离焦虑，还使幼儿将依恋对象从玩具转化成对班级、幼儿园的依恋，让孩子们在自然开放的怀抱中，渐渐喜欢上幼儿园，爱上幼儿园的生活。

小鱼保卫战

姚盼盼

缘起

对于中班的幼儿来说，朋友不仅仅是身边的伙伴，还包括父母、老师，甚至是路边的花花草草，还有幼儿园的"动物朋友"。一天早上，老师路过鱼池，发现几条小鱼躺在鱼池外边，其中有两条抢救及时，恢复了活力。可是遗憾的是，其余几条已经不动弹了。当老师把这个消息告诉孩子们，他们既伤心又着急。小鱼为什么会死？它们怎么会躺在鱼池外面呢？为了快速找到小鱼的死因，保护鱼池里的小鱼，一场"小鱼保卫战"就此拉开了序幕。

活动脉络图

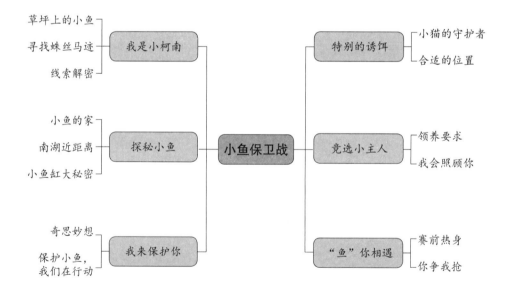

关键经验结构图

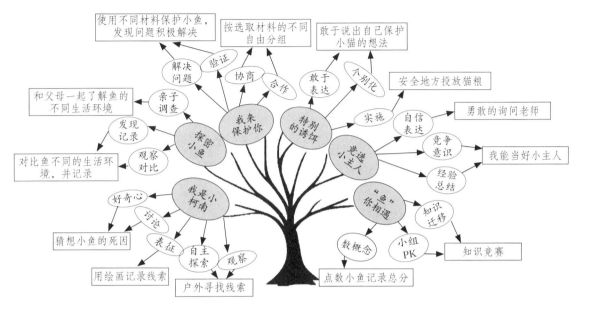

课程展示

我是小·柯南

一、草坪上的小鱼

当孩子们看到活蹦乱跳的小鱼躺在草坪上，既伤心又着急。小鱼怎么躺在草坪上呢?

金豆："小朋友把它捞出来玩，忘记放回去了。"

妹妹："天太冷了，水要结冰了，小鱼跳出来了。"

兜兜："有可能是一条小鱼跳出来，其他小鱼想救他，但是都回不去了。"

孩子们争先恐后谈论起来。关于小鱼的死因，他们也有了更深层次的猜想。

如意："看一看池塘旁边有没有小猫小狗的脚印?"

靳非："看看周围有没有小野猫小野狗? 看看小鱼的身体上有没有爪子印呢?"

燕窝："我们家的小鱼就是被花花（猫）吃掉了，会不会是小猫吃的?"

佑佑："我们可以去看看小鱼留下的痕迹。"

书朋："我们可以去找找附近有没有猫窝狗窝。"

阿德："我们可以去看监控，看看晚上有没有狗和猫来了，把小鱼咬出来，要是有血迹，就是咬死小鱼了。"

二、寻找蛛丝马迹

关于小鱼的死因孩子们猜想了很多，而对于小鱼到底是怎么从鱼池里跑出来的，孩子们还有着深深的不解，并且迫不及待地想要找到答案。于是老师将孩子们的猜想讨论，总结成以下四个问题：

1. 找一找，鱼池周围有没有小猫、小狗出现过的痕迹；

2. 看一看，哪个监控可以覆盖到鱼池的位置，把它画下来；

3. 问一问，董伯伯有没有发现鱼池周围的异常情况。

孩子们根据问题自由分成小组，带上水彩笔和记录本，到户外寻找答案。他们协商讨论、分工合作。寻找线索组：有的寻找，有的记录，还有的保管"线索"；寻找监控组：两两合作，同时记录；求助组的孩子们清楚、大方地向董伯伯表达诉求。

三、线索解密

通过观察、寻找、记录，线索逐渐清晰明了。

1. 测量发现：小鱼死亡的地方距离水池有十个小朋友手拉手那么远，因此孩子们判断小鱼不会是自己跳出来的。

2. 寻找摄像头：孩子们发现大型玩具的正上方有一个监控，直对着鱼池，可以从这个监控里进一步确定谁是"凶手"。

3. 发现证据：孩子们在鱼池周围发现了猫毛，在沙池里发现了小猫的脚印。根据这些蛛丝马迹，孩子们进一步确定目标。

4. 推理验证：近距离观察其他小鱼是否受伤。

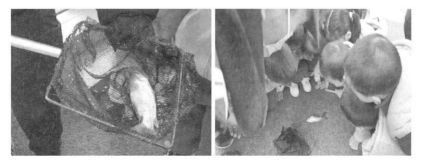

5. 采访董伯伯，明确小鱼死亡的真正原因：在监控里发现，到了晚上小

猫就活跃在鱼池周围的小桥上，当小鱼从桥下探出脑袋时，它迅速地伸出爪子抓住小鱼，并把它扔到草坪外边。

当知道这个原因以后，孩子们更加担心鱼池里其他小鱼的安全。

幼儿的经验与学习：兴趣是最好的老师。通过猜想原因—寻找线索—交流讨论—绘画表征—收集证据，幼儿们找到了小鱼死因。

在寻找线索时，幼儿们非常专注认真，并且不时地与同伴交流分享自己的发现，并能将自己的发现用绘画的形式表征下来，同时能将发现的证据保存下来。在询问董伯伯的时候，幼儿大方且自信，能清晰地表达自己的想法。为了能够测量鱼池边到池外草地上小鱼距离，幼儿利用自然测量物进行测量，如用脚去测量，用双脚向前跳着来测量，最后发现手拉手最直观，这显示出幼儿对于测量方法的熟练掌握。在猜想中活跃了思维，在寻找时提升了观察力，在交流时学会了倾听与表达，在绘画表征时懂得了分明主次。整个过程，幼儿自由分组，交流合作，积极探索，并且语言表达清晰，提高了人际交往的能力。

教师的支持与思考：鱼池是幼儿们最喜欢的地方之一，每次在户外他们都会跑过去看一看。正是因为对小鱼的喜欢、对生命的尊重与爱护，所以他们的兴趣才能一直聚焦于调查小鱼的死因上，对活动的开展提供了非常大的便利。当幼儿把这些想法表达出来时，教师及时给予肯定，并提出了新的建议。在这个过程中幼儿专注力增强了，探究和解决问题的能力提升了。教师还给予幼儿提供了足够自由的空间，让他们充分表达自己的想法。《社会核心经验》提出：人际交往行为不单是幼儿社会性行为的重要方面，更会对认知语言能力的发展起到促进作用。在整个过程中，教师还发现幼儿具有一定的质疑意识，并且能带着问题寻找答案。

探秘小·鱼

小鱼要在什么样的环境下生存才能不被小猫吃掉呢？鱼儿的生存还需要什么？孩子们利用周末的时间和爸爸妈妈一起做了详细的调查。

一、小鱼的家

橘子："小鱼生活在鱼缸里，我们家养了小鱼。"

南湖鱼儿多又多

荣荣："大海里也生活着小鱼。"

妹妹："水池里也有。"

天天："南湖里边就有很多鱼。"

二、南湖近距离

恰逢周末，孩子们带着丰富的食物，来到南湖边。关于鱼儿的生活环境，孩子们有很多话想说：小鱼生存需要什么样的环境？它是怎么睡觉的？天气越来越冷了，小鱼在南湖里不怕冷吗？小鱼需要冬眠吗？

了解南湖鱼儿的生活环境

通过亲子调查，孩子们对南湖鱼儿的生活环境有了更深入的认识。

三、小鱼缸大秘密

家里养鱼的幼儿开始关注鱼缸，并且对鱼缸里的材料有了更详细的了解。金豆小朋友还专门去了鱼鸟市场，向鱼店老板了解鱼儿在鱼缸里是怎么生存的，以及氧气泵、过滤器、水草灯等这些专业设备的作用。孩子们也能清楚、自如地用语言表达疑问，如小鱼的喂养方式，几天换一次水，多久喂一次鱼儿，等等。

鱼缸里都有哪些东西呢？

茁茁："鱼缸里有水泵、假山、小桥。"

书朋："还需要一些假山和水草。"

靳非："那里边还有个加热棒，可以让水的温度不那么低。"

橘子："还需要水草灯。"

壬子："我的小鱼在鱼缸里养着，里边有假山和水草，我需要三天喂它一次，一周换一次水。"

橘子："我家的小鱼妈妈还生了很多小鱼宝宝，鱼缸里的鱼儿越来越多了。"

茁茁："水泵是给水打氧的，这里还有个加热棒是给水加热的，这个仪器有过滤作用，流进来的水经过过滤就不用天天换水了。"

金豆："我养小鱼水温不能太高，喂食的时候不能太多，一次只能一点点。还有公的和母的，可以下小鱼苗、生小宝宝。"

| 我的小鱼缸 | 介绍鱼缸 | 采访鱼店老板 |

通过以上调查，孩子们对比了幼儿园、公园及家里的养鱼设施，了解了不同的养殖环境，更加激发了他们保护幼儿园鱼池里小鱼的欲望。

幼儿的经验与学习：这一系列的学习，丰富了幼儿对鱼类生存条件的认知，进一步调动了幼儿保护鱼类的积极性。《学前儿童科学学习与发展核心经验》指出，四至五岁的幼儿开始逐渐超越对具体事物的认识，并初步发现事物间的联系。比较生活环境中不同的养殖环境，将学到的有关鱼儿生存条件的新经验与已有经验相结合，为后期保护幼儿园水池里的小鱼奠定了基础。在家园共育和社会实践中，幼儿学到了专业的词语，也能用熟练、完整的语言清楚地表述。

教师的支持与思考：教师为幼儿提供丰富的活动资源，启发他们借助公园和家庭的环境资源去寻找答案。利用班级多媒体资源，创设宽松、自由的氛围，提高了幼儿的倾听能力，并提升了幼儿语言表达的逻辑性。

我来保护你

了解了不同环境下鱼类的生存条件后，橘子提出了一个问题："咱们幼儿园没有这些设备，而且水池里的水太浅了，这样下去的话，小鱼就会越来越少了！"这个问题的提出，对活动的开展起到了非常好的推进作用。老师及时抓住了这一契机，提出了下一个问题：怎么样才能保护鱼池里的小鱼？于是孩子们展开了激烈地讨论。

一、奇思妙想

靳非："每天派两个小朋友去看着，可以设牌子上边写着No，让小猫小狗远离鱼池。"

兜兜："找个罩子套在鱼池上。"

雨恬："在鱼池旁边安上栅栏。"

阿德："做一个陷阱，小猫小狗到跟前，就把它们装起来。"

乐乐："在旁边放猫食、狗粮，小猫、小狗有吃的喝的就不会吃鱼了。"

金豆："可以在鱼池周围建一个迷宫，这样小猫走到跟前就迷路了。"

书朋："在鱼池上放一个软软的网，小猫往上跑的时候就被撞开了。"

赫赫："在鱼池周围放上灯，晚上把它打开，小猫觉得是白天就不来了。"

讨论怎么保护小鱼

二、保护小鱼，我们在行动

哪里有保护小鱼的材料呢？孩子们来到教室外，在材料屋中找到合适的保护小鱼的材料。

1. 彩虹伞：

彩虹伞足够大，孩子们想用它搭到鱼池上做帐篷，这样小猫就不能直接接触到鱼儿了。在老师和董伯伯的帮助下，孩子们把彩虹伞架到了鱼池上，大小刚好，但是却直接漂在了水面上，孩子们立即否定了这个想法，因为小鱼会缺氧。

彩虹伞"帐篷"

2. 垫子：

希贝发现体操垫易折叠，并且有一定的高度，决定在水池周围搭建一个迷宫，这样小猫就不容易来到鱼池跟前。这时有小朋友直接把垫子靠在了水池边，当作围栏。大家一看这个效果更好，于是把垫子一个接一个围起来。

体操垫围栏

如意非常细心，所有的垫子都摆上之后，她发现有个位置还有一个缝隙，于是又拿来了沙包，把沙包摞起来堵在这个缝隙上。为了更加稳固，她还在外边增加了垫子和抛接球。

寻找材料，加固围栏

刚摆好的垫子却倒下了，几个小朋友又有了新的想法，他们用泡沫垫在外围支撑加固。

体操垫围栏全貌

但是随着一阵风吹来，垫子又被吹倒了。这时有孩子提出："我们不能一直在这看着垫子，如果垫子倒下去了小猫跳上来，小鱼就危险了。"

3. 栅栏：

孩子们开始继续寻找更加合适的材料。摆放在中一班户外场地上的栅栏，引起了孩子们的注意。于是，孩子们就去找王老师借来栅栏并摆在鱼池的旁边。栅栏虽然非常稳固，可是数量太少，不能把整个鱼池围起来。所以这个方法还是不可取。

小小栅栏用处多

331

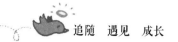

幼儿的经验与学习：幼儿能结合自己的已有经验自主选取合适的材料来保护小鱼。幼儿的动手实践离不开游戏材料的使用，幼儿与环境、材料积极互动的过程，其实就是他们认识与探索世界的过程。在动手实践的过程中，幼儿积极地与同伴进行合作、交流。发现问题时，幼儿能主动寻求他人的帮助，出现分歧时，能积极协商，听取同伴好的建议。活动提升了幼儿的组织能力、动手能力及探究能力。通过眼、脑、手等多种感官协调活动，幼儿积极去发现问题、解决问题，成为主动的学习者、探索者。

教师的支持与思考：自发、自由、自主的游戏状态能让幼儿在户外自主游戏中体现不同领域的发展和创造力。正是因为在日常的户外游戏中，教师给幼儿准备了丰富的材料并满足他们创造力和想象力，所以在本次活动过程中，幼儿能准确选取材料，在发现材料不合适时，能迅速想到替换的材料。

特别的诱饵

当所有的孩子都在保护小鱼时，一个声音出现了，靳非说："必须把垫子留一个小的缺口！因为小猫最喜欢吃小鱼了，就让它吃去吧！尽管我也舍不得小鱼，但是如果我们用围栏把鱼池全部堵上的话，小猫吃不到小鱼会被饿死！"

靳非的这一"特殊"想法，让孩子们站在了小猫的角度去思考问题。

一、小猫的守护者

对于靳非这样的想法，老师不能坐视不理，而是决定和他一起探索，找到一个两全其美的好办法。

第二天，靳非高兴地说："我找到好办法了！小猫不是只吃鱼，还可以吃猫粮，我和妈妈准备了两种猫粮，还有碗。这种猫粮是条状的有小鱼的味道，还有一种是颗粒的，味道也很好闻，小猫肯定喜欢吃。"

投放猫粮

基于靳非的想法，老师顺应孩子的暖心举动，关爱小猫，给它准备食物。为了安全，细心的他决定下午离园前将猫粮放在它可能会出现的地方。

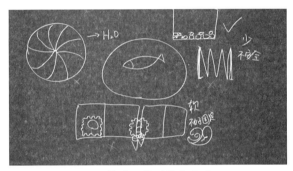

一一排除，找到最佳方法

在上个活动中，孩子们通过实践发现这些保护小鱼的办法都不可取。彩虹伞浮在水面，不透气；垫子太软，风一吹就会到；栅栏稳定性强一些，但是数量太少，如果小朋友们在鱼池周围活动也会有危险。孩子们决定还是把小鱼放到鱼缸里，觉得这个方法最合适。

二、合适的位置

那么鱼缸放在什么位置最合适呢？幼儿展开了激烈的讨论。

如意："放到董伯伯的卧室里，这样小偷就不敢来偷了。"

希贝："放进咱们班的睡觉房里，把门关上，这样就不怕小猫进来吃它了，而且还有暖气，不怕冷。"

边边："放进教室里吧，我们还可以照顾它，可以放钢琴上。"

妹妹："放到窗台上也可以。"

书朋："还是带回家吧，放学的时候咱们会开紫外线消毒，会伤到小鱼。"

鱼缸放哪里合适呢？

幼儿的经验与学习：在前期经验的基础上，幼儿的思维更加活跃，想法更加独特。在同伴都在想办法保护小鱼的时候，个别幼儿能勇敢、自信地表达自己的所思所想，敢于在同伴面前说不，在同伴不同意他想法的时候，能主动找老师来表达看法，并提出可行的建议，为本次活动的深入开展埋下了伏笔。这样既保护了小鱼，又能保护小猫，在这个过程中，幼儿学会了思考，并且能平衡这两者之间的关系。

教师的支持与思考：在整个活动过程中，给幼儿创造一个宽松、自在的氛围，使幼儿敢于大胆表述自己独特的想法，在对自己喜欢的事情上能够仔细观察。实施《指南》中强调：教师应尊重幼儿发展的个体差异。所以在个别幼儿提出来要保护小猫时，教师没有否定他，而是顺应他暖心的举动。教师接纳、鼓励、支持幼儿的探索行为，既安抚了他关心小猫的心情，也支持了他独特的想法。

竞选小·主人

想到每天离园之后老师会对教室进行紫外线消毒，将小鱼带回家的提议得到了大家的支持。大家都想把小鱼领养回家，可是鱼儿太少了不够分，怎么办呢？

一、领养要求

幼儿园的小鱼我们能直接带回家吗？在老师的协助下，孩子们一起去征求教务处孙老师意见。

兜兜："孙老师，咱们水池里的小鱼都被小猫吃掉了好几条，天气越来越冷了，我们害怕鱼池里的小鱼再遇到危险，想要把它领养回家，等到明年春暖花开的时候再送回来，可以吗？"

孙老师："真是个有爱心的好孩子，那你们知道怎么养小鱼吗？"

如意："知道，我们了解了很多养小鱼的方法，一定会照顾好它们的。"

孙老师："这样我就放心了，我同意你们领养小鱼了。"

经过讨论，孩子们决定推选出能对小鱼好的人、会照顾爱护小鱼的人。

二、我会照顾你

靳非："我们家没有一个小宠物，带回去刚好。我有很多时间照顾小鱼，小狗小猫我家也没有，不担心小鱼被吃掉。"

壬子："我们家养了两条小鱼，我有经验会把它照顾得非常好。"

希贝："我会给小鱼喂食，如果它开心的话，我还想带它下去晒太阳。"

竞选小主人

335

通过投票，我们产生了六名候选人。连不能参加现场竞选的孩子也发来了视频，进行了视频竞选。

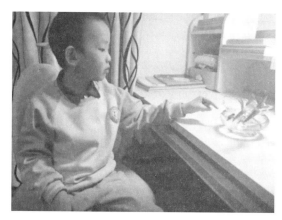

视频竞选

幼儿的经验与学习： 为了能竞选成功，幼儿做了充分的准备：有的在爸爸妈妈的帮助下制作了竞选PPT，对前期的经验进行了梳理，提升了自己的总结能力；有的用绘画的形式表达自己的想法，提升了自己的绘画表征能力；有的借鉴其他小动物的喂养经验，将饲养经验进行了迁移。在竞选的过程中声音洪亮、说话连贯、表达清晰，充满了自信。在竞选中，幼儿也懂得了接纳、支持和肯定。随着活动的开展，幼儿了解了更多保护小鱼的方式，化被动为主动，充分调动学习的主动性和积极性，潜力也得以挖掘。

教师的支持与反思： 教师根据幼儿感兴趣的主题，创设有利的条件，激发了幼儿的学习热情。活动中，教师努力为幼儿创设一个公平、公开、公正的环境，让每个幼儿都有机会来体验；同时给幼儿提供了自由表达的机会，让他们把自己的想法尽情地表达出来。为幼儿搭建了自主学习、积极参与、大胆尝试的平台，让幼儿的兴趣始终积聚在同一主题上，使幼儿愿意继续深入、广泛地探索。许多落选的幼儿表现很棒，他们没有因为竞选不上而生气、难过。学会承受挫折的能力对于幼儿是十分重要的，适当的挫折教育有助于幼儿上学后适应新的环境。

"鱼"你相遇

鱼池里的小鱼不够这六名幼儿领养，到底谁能领养？在遇到意见分歧时，孩子们常常用举手、贴雪花片以及在白板上画圆圈等的形式进行投票做决定。恰逢大班哥哥姐姐举行过"幼儿安全知识大赛"，所以本次活动老师提议孩子们采用新的比赛形式——知识竞赛。

一、赛前热身

什么是知识竞赛？通过观看哥哥姐姐知识竞赛的视频，孩子们直观地了解到竞赛的题目类型，以及需要做的准备工作。

孩子们分工合作进行赛前准备。六名参赛选手自由选择队友，两个小朋友组为一组，分为三个队伍。经过协商孩子们确立了队名，分别是小黄鱼队、小绿鱼队和小蓝鱼队。

小选手准备就位

为了比赛的公平、公正，孩子们还推选雨点当记分员。

记分员就位

小选手在做着赛前准备工作，一些小朋友则开始布置场地。

齐心协力布置场地

二、你争我抢

本次竞赛分为两种题型：必答题和抢答题。规则是：答对，得一条小鱼；答错，不扣小鱼。

比赛时小组成员间能协商合作。听题时注意力集中，抢答时出手果断。台下的小观众无比认真，当支持的队伍答题目时为他们加油呐喊。竞赛的过程巩固了孩子们对小鱼生活环境的认识，加深了对鱼缸的了解。小小记分员秉持着公平公正的原则对分数进行记录。随着难度的提升比赛进入白热化阶段。

热火朝天的比赛

认真的小观众

通过点数，孩子们发现小蓝鱼队获得了五条小鱼，小蓝鱼队的刘书朋和陈泽林小朋友，在公平、公正的竞赛中，赢得鱼儿的领养权。

小蓝鱼队获胜

准获得了小鱼的领养权也就意味着他们成为小鱼的新主人。第二天，小蓝鱼队队员小心翼翼地将小鱼装进准备好的鱼缸里。

带小鱼回家喽

新主人将小鱼带回了家，并承诺会定期在班级群里分享小鱼的视频或照片。一场"小鱼保卫战"落下了帷幕……

我会照顾好你的

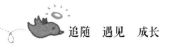

幼儿的经验与学习：中班幼儿第一次接触知识竞赛，对这样的活动感觉非常新鲜。在活动中，参与比赛的幼儿表现出了非常好的竞赛精神，友谊第一，比赛第二。啦啦队也非常认真，能积极参与到活动当中。在竞赛中，幼儿巩固了对鱼儿生活环境的认识，初步建立了良好的竞争意识。

教师的支持与思考：教师为幼儿创设良好竞赛的环境，充分调动了幼儿参与活动的积极性、主动性。教师根据中班幼儿的年龄特点，运用游戏的教学方式，引导幼儿通过难易不同的层层关卡。在游戏中幼儿明确了游戏的规则和方法，潜移默化地学会了竞争，这对他们人格的形成具有积极的作用。

结语

学前阶段是儿童亲自然情感发展的"关键期"，幼儿在这个阶段对自然界的水、植物和小动物有着本能的亲近和喜欢。幼儿都很喜欢小动物，在与小动物的交往中能得到极大的满足和快乐。这种特殊的动物情结产生的原因与幼儿思维的发展特点、幼儿理智的发展特点及幼儿的交往需要是分不开的。

在这场"小鱼保卫战"中，以"保卫小鱼"为主线，幼儿以观察、猜测、想象、探究、操作、感知等各种方式来保护小鱼，展现了他们发现并解决问题的能力。当幼儿对某一事物产生兴趣时，他们会用不同的方式、通过不同的途径表达自己的情感需求，教师要接纳幼儿的这种需求，充分调动幼儿学习的积极性，让他们成为学习的主人，这样教学活动才能焕发新的光彩。孩子有自己独特的发展节奏，尊重孩子就是要尊重孩子的个体差异，尊重孩子自己的发展水平。教师抓住幼儿的兴趣，层层递进，有效利用开放式的提问方法，鼓励孩子们积极提问、仔细观察、大胆猜测，最后通过直接感知、实际操作和亲身体验获取经验。整个活动幼儿展现了发现问题并解决问题的自主能力，同时体现出他们不怕困难、积极主动、认真专注、敢于探究和尝试的良好品质。

一场生日派对

王　静

缘起

　　游戏时间，几个孩子在聊天。昱彤："咱们搭个帐篷吧，放很多吃的，就可以开派对了。"若行："我们派对都是在饭店。"老师："你们派对会做什么？"一文："会吃饭、会唱歌。"泰澄："会做游戏。"老师："你们都参加过什么派对？"孩子们有的说节日派对，有的说家庭派对。

　　派对是英文party的音译，指中小型的娱乐性聚会。现在也有人说："欢迎来我的生日'趴'。"其实就是把"派对"读快点成了"趴"。泰澄提议："我们一起开个生日派对吧！"于是，一场有关生日聚会的策划在我们班展开了。

活动脉络图

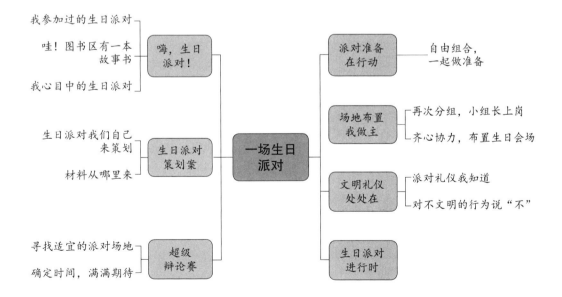

关键经验结构图

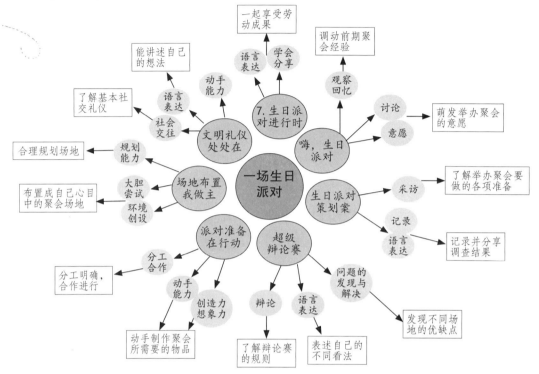

课程展示

嗨，生日派对！

一、我参加过的生日派对

乙恒："我参加过好朋友的生日派对。"

艾丽："我姥爷那天过生日，我们全家一起去饭店吃饭。"

豆豆："我也是，我过生日的时候，还邀请了我的好朋友参加，我那天穿着漂亮的纱裙，妈妈给我们准备了许多好吃的东西。"

倩倩："我参加豆豆的生日派对了，还给她送了礼物，是我自己做的小鸭子。"

亮亮："上次我的好朋友过生日，我们一起去野外玩耍。"

我参加过的生日派对

孩子们聊天时回忆起有关生日聚会的经验，与班级的其他小朋友分享以前参加过的生日聚会，从谈话中老师发现孩子们有较丰富的生活经验，并且非常喜欢参加生日聚会。有小朋友提出在班级游戏区域"大悦城"中创设生日聚会主题，因为那里有好吃的东西，有好玩的玩具，还有漂亮的衣服。

二、哇，图书区有一本故事书

前期通过经验分享，孩子们已经初步了解到有关生日聚会的知识，也进行了生日聚会的游戏，同时也加深了对生日聚会的讨论。图书区有一本《比尔过生日》的绘本被孩子们发现了，并且深深吸引了孩子们，大家围上去议论纷纷。

若行："原来生日派对的时候还可以玩很多的小游戏。"

小乖："玩小游戏可以增加气氛。"

艾丽："如果在我的生日派对上，爸爸能给我送惊喜，我会和比尔一样开心的。"

娜娜："生日派对的时候给过生日的人送蛋糕和祝福，过生日的人就会

343

追随　遇见　成长

很开心。"

露西："生日派对就要像比尔一样，邀请很多自己的好朋友。"

点点："生日派对也可以给过生日的小朋友唱歌、跳舞、表演节目。"

阅读绘本《比尔过生日》

结合绘本故事，孩子们了解到比尔生日聚会的具体环节，理解了生日聚会的含义。孩子们知道生日聚会就是在自己生日的时候邀请好朋友，大家聚在一起共同庆祝；生日聚会的时候可以送礼物、吹蜡烛、吃蛋糕、玩游戏等等。

三、我心目中的生日派对

孩子们根据自己对生日聚会的进一步理解，以绘画的方式呈现自己心目中的情景。此环节为语言表达交流少的孩子提供支持，换一种方式让他们表达对生日聚会的理解，进行交流分享。

用绘画分享

幼儿的经验与学习：在活动前期，教师向家长收集了幼儿以前参加生日聚会的照片，在活动进行过程中，幼儿回忆并描述曾经参加聚会的一些情景，唤起以往关于聚会的经验。通过绘本故事，幼儿感受比尔生日聚会的情况，同

344

时在讲述的过程中再一次体会和理解到什么是聚会，进一步萌发举办聚会的意愿，并以绘画的方式将自己心目中的聚会呈现出来。在这个过程中，幼儿非常乐意与别人分享自己开心快乐的事情，也能够清楚地描述出当时聚会的场景。

教师的支持与思考： 教师创设了一个宽松的语言环境，让每个幼儿都有机会进行分享，并鼓励幼儿大胆发表自己的想法和意见。通过"收集照片—回忆—分享"的方式充分调动幼儿有关生日聚会的知识和生活经验，为幼儿后续的实际操作奠定基础。在日常活动中，幼儿萌发在游戏区域开展生日聚会活动，同时惊喜地发现了图书区有关过生日的绘本，进一步点燃了幼儿对生日聚会的兴趣。教师引导幼儿将自己对生日聚会的感性经验以绘画的方式进行表达，并将绘画展示在主题墙，为幼儿相互交流提供有力的支持。

生日派对策划案

一、生日派对我们自己来策划

自从提出举办班级生日聚会，孩子们对这次活动充满了期待，这次生日聚会怎样开，都需要准备些什么，孩子们根据自己以往的经验，开始策划。他们将生日聚会所需要的物品用绘画的方式记录下来，并在班级里和小朋友们进行分享。

用绘画的方式记录生日派对所需物品

老师："你们策划生日派对，都需要准备什么？"

门门："需要准备很多礼物、双层的蛋糕，还有皇冠的生日帽子。"

哲哲："还要准备祝福语，在吃蛋糕的时候把祝福送给过生日的小朋友。"

倩倩："还要准备彩旗、彩带还有气球，挂在房子里面很好看。"

如如："要给过生日的小朋友准备漂亮的裙子和皇冠。"

洋洋："我觉得还要准备很多的糖果和零食，小朋友们都喜欢吃。"

天天："我觉得还要准备一个节目，到时候表演给大家看。"

对于这次的生日聚会，孩子们根据自己的想法进行简单策划，在听了别人的分享之后，孩子们结合自己的想法，大家一起商议，最终确定了本次生日聚会所需要的物品。

二、材料从哪里来

孩子们根据以往经验，通过归纳总结，知道举办生日聚会需要准备许多的物品，比如礼物、蛋糕、生日帽、彩旗、彩带等，对于生日聚会的环境创设有了初步的概念，可是这些材料从哪里来呢？孩子们各自想着解决办法。

乐乐："我们可以在网上订一个大蛋糕。"

若行："订个'熊猫到家'的蛋糕，熊猫还会和我们一起跳舞呢。"

豆豆："我想亲手给我的好朋友做一个生日礼物。"

艾丽："我想给包子买一个生日礼物，我知道她喜欢洋娃娃。"

洋洋："我们可以自己动手制作彩旗和彩带，我让妈妈在网上多买一些漂亮的卡纸。"

点点："我想让爸爸给我录个视频，我来唱首歌，到时候放给过生日的小朋友们听。"

原来准备一场生日聚会要准备这么多的东西，孩子们在讨论中相互思维碰撞，并且知道了生日聚会是一件很有仪式感的事情。

幼儿的经验与学习：在活动中，幼儿具备了主观搜集整理、归纳策划的能力，并能够在与同伴的讨论中汲取他人的经验，将之运用到活动的开展中。幼儿根据以往的经验，将举办生日聚会所需要的物品用绘画的方式记录下来，并在集体活动时跟大家分享，最后将记录的结果进行归纳总结，确定了举办一场生日聚会所需要准备的物品。关于材料从哪里来这个问题，幼儿利用多方资源解决，如请爸爸妈妈、老师帮助，自己搜集制作等，提高了解决问题的能力。

教师的支持与反思：教师注意如何充分调动幼儿的自主性，比如在分享环节，教师适时提出问题："派对都需要准备什么？"并为幼儿创设自由、宽松的语言交流环境，鼓励支持幼儿与同伴进行分享与交流，提高幼儿语言表达能力。在活动中，教师对幼儿所提出的问题以及得出的结论及时进行了总结，注重引导幼儿进行梳理汇总，帮助幼儿开展开始新的活动。

超级辩论赛

一、寻找适宜的聚会场地

1.幼儿园里找找看

在幼儿园里选择什么样的场地适合举办这次聚会呢？老师利用幼儿园内现有的资源，带领小朋友们在幼儿园参观音乐厅、操场、教室等场地，寻找适宜开展聚会的场所。

老师："你们觉得在幼儿园哪里举办生日派对最合适？"

开心："我觉得音乐厅好，音乐厅大！"

王子："我也喜欢音乐厅，音乐厅里面比较暖和。"

东东："可是我觉得操场好，操场更大。"

小乖："我想在操场举办，操场能挂很多气球和彩带。"

乐乐："我选择音乐厅。"

在幼儿园内寻找合适的场地

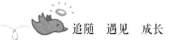
通过实地考察幼儿园现有场地，有一部分的小朋友觉得在音乐厅举办聚会最合适，有一部分小朋友觉得在操场的大舞台举办最合适，到底在哪里举办更合适呢？教师以此为切入点，提出问题，引导孩子们进行思考。

2.大操场和音乐厅

在选择场地的问题上，孩子们产生了分歧，而且各有各的理由。在此问题上，老师没有武断决定，而是让孩子们分析两个场地的特点及开展生日聚会对场地的需求，引导孩子们综合考虑哪里更适合开展派对。基于孩子们前期的辩论经验，老师提出以辩论会的形式解决问题，因此一场关于派对场地的辩论赛在中一班拉开帷幕。孩子们分为音乐厅组和操场组，进行小组讨论，推选辩手，搜集资料，为辩论赛做了充分准备。

操场方："大操场地方大，可以做很多游戏，音乐厅地方太小了。"

音乐厅方："音乐厅地方大，离我们教室近，搬东西方便，所以我选择音乐厅。"

操场方："音乐厅容易把小朋友摔倒，所以我选择大操场。"

音乐厅方："万一下雨了，大操场会把小朋友淋湿，音乐厅就不会。"

音乐厅方："音乐厅有暖气，可以穿漂亮的裙子，大操场太冷了。"

音乐厅方："大操场有沙子，容易进到小朋友眼睛，音乐厅干净一些。"

操场方："音乐厅不能放很多的桌子和椅子，地方太小了，大操场可以放很桌子，邀请很多小朋友。"

激烈的辩论赛

两组小朋友经过激烈的辩论，最终，大家觉得音乐厅更适合开办生日派对，于是大家就将聚会的地点定在音乐厅。

二、确定时间，满满期待

场地确定了，孩子们将时间定在12月1日的早上，理由是12月1日是12月的第一天。孩子们太期待这场聚会了，几乎每天都会问什么时候开办聚会，于是老师在家长群里征集了一本台历，让孩子们在派对那天画上了一个蛋糕。每天来幼儿园的时候在当天的日期上做上标记，随着标记一天天多起来，孩子们期待的生日聚会也越来越近了。

标记越来越多了，期待的日子终于要到了！

幼儿的经验与学习：幼儿在寻找派对举办地点时出现了分歧，到底在音乐厅还是在后操场的大舞台，幼儿各有各的想法，并通过激烈的辩论最终达成一致。幼儿在辩论前对辩论赛的规则要求做了进一步了解，并能越来越熟练地运用"陈述""假设""举例"等表达方式验证自己的观点，同时提升了自己的思辨能力、分析问题、解决问题的能力。在期待举办派对的日子里，幼儿对日历有了初步的了解，知道一年有十二个月，11月一共有30天，11月结束后就到了12月，派对就在12月的第一天，从而形成了关于月份与日期的初步概念。

教师的支持与思考：在时间和场地的选择上，教师原以为这将是一次以幼儿为主的谈话活动，但当幼儿的意见发生冲突时，应充分尊重和支持幼儿的想法，教师及时调整活动形式，时间和地点都是幼儿按照自己的意愿确定的，特别是在场地的选择上，幼儿权衡了两个场地的优点和缺点，最后达成一致。在整个活动过程中，幼儿想说、敢说，愿意表达自己的观点，并且感受到辩论的重要作用。教师尊重幼儿的想法和看法，坚持幼儿在前，鼓励支持幼儿自主思考、探究、辩论；做到教师在后，做幼儿举办聚会的支持者、合作者与引导者。

派对准备在行动

孩子们已有的经验丰富且杂乱，在这些经验的基础上开展聚会对他们来说是有挑战的。此时需要引导孩子们有序地解决问题，师生一起将讨论中提到的准备材料进行分类，将准备活动分解为彩旗制作、蛋糕设计、拉花制作、礼物制作四个小活动，并思考怎样才能在最短的时间内把这些物品都准备好。

自由组合，一起做准备

通过讨论统计出举办生日聚会需要准备的物品，具体组成彩旗、蛋糕、拉花以及礼物四个小组。

门门："我选红色的气球！"

艾丽："我想选个漂亮的礼物盒。"

开心："我喜欢做小旗子！"

双双："那我们来分个组吧，选我们喜欢的小组。"

小乖："我想给我的好朋友做一个礼物。"

露西："我想做很多五颜六色的彩旗。"

若行："我们还可以到其他班级借他们的绿植装饰。"

静静："我好朋友的班里有多肉，咱俩一起去！"

天天："我想和美工区的小朋友一组做派对的彩旗和画画。"

叶子："那我选礼物组，制作派对用的生日礼物！"

分组制作场地装饰品

搜集装扮桌面的花束

孩子们通过分工与合作，在短短的时间里制作了非常多的聚会所需物品，他们感受到了分工合作的重要性——分工合作可以事半功倍。有了这次的亲身体验，孩子们的合作意识明显增强。

幼儿的经验与学习：通过分组合作，幼儿具有了"分工合作"的概念，也促进了幼儿合作与交往能力的提升。幼儿通过分组探究，很好地锻炼了动手动脑能力，在与同伴交流表达的过程中，语言能力也得到的发展。活动过程中幼儿积极配合、积极参与、认真投入。分工合作对于中班的幼儿而言，是有一些难度的，在今后的活动中可以多给幼儿创造合作的机会，促进幼儿更好地发展。

教师的支持与思考：为了满足幼儿的想法，教师提供了丰富的环创材料，为幼儿动手动脑提供支持。由于需要准备的材料较多，教师引导幼儿通过分工合作的方式一起快速完成任务。当幼儿提出想要去自己好朋友的班里借多肉盆栽时，教师也给予幼儿充分的尊重和支持。幼儿在解决问题的过程中不断积累经验，并运用于接下来的活动中。

场地布置我做主

一、再次分组，小组长上岗

老师："你们准备怎么布置场地？"

烨烨："我们跟上次一样分组布置。"

香香："可以每个组选一个小组长！"

老师："都有哪些组呢？"

里里："拉花组和彩旗组。"

以牧："气球组。"

泽泽："布置桌面组。"

天天："还有装饰组。"

大强："那我们就开始行动吧！"

二、齐心协力，布置生日会场

布置生日会场，需要孩子们在音乐厅把收集的物品先进行分类摆放。老师通过提问，帮助孩子们发现问题解决问题，比如：要怎么准备？要摆放到哪里？这样提供了发现问题的条件。在这个过程中，孩子们能够亲自动手，根据自己的意愿和想法，将生日聚会的场地布置成自己心目中的样子。

布置会场

分工合作、自主装扮生日会场

活动中，孩子们齐心协力、分工合作，一起动手将派对的场地布置出来了。每个孩子在活动过程中都能自主地参与进来，相信在后面的活动中，他们的表现会更加出色。

幼儿的经验与学习：布置场地时幼儿自主商议各类问题：彩旗挂在哪里？气球立柱放在哪里？桌子怎样摆放？拉花如何悬挂？以往总是教师做环境创设，而在此次活动中幼儿成了环境创设的主人。幼儿将以往参加生日聚会看到的环境布置运用到自己班级生日聚会现场，这是对以往经验的灵活地迁移和运用。此次活动不仅提高了幼儿的动手能力、参与环境创设的自主性，也促进幼儿间互相交流、解决问题的能力。

教师的支持与思考：教师在场地、材料、公共资源等方面对幼儿提供了支持。幼儿自己动手进行物品摆放，只有有一定高度的地方教师给予支持与帮助。活动中教师放手让幼儿大胆设计并尝试，引导幼儿，支持幼儿，并激发起幼儿主动积极参与活动的兴趣，提高幼儿发现问题、分析问题和解决问题的能力。

文明礼仪处处在

在孩子们和老师的共同努力下，生日聚会的场地布置好了。孩子们发现在音乐厅举行聚会与往常在家在餐厅不一样，非常有仪式感。除此之外，在聚会上还有许多文明礼仪需要注意并学习。

一、派对礼仪我知道

老师："你们都参加过谁的生日派对？"

艾丽："我参加过姥爷的生日派对，姥爷那天过生日，我们全家去饭店举办了一场生日派对。"

豆豆："我参加过很多人的生日派对，妈妈的生日派对、我姐姐的生日派对。"

点点："我昨天还参加了我们小区给小朋友举办的生日派对。"

老师："参加生日派对的时候，你发现有不文明的行为吗？"

幼儿自由讲述自己对于礼仪的认识

依依："我发现在现场吸烟不文明。"

丁丁："见到熟悉的人不打招呼就没礼貌，没礼貌就是不文明的行为。"

老师："见到朋友应该怎么做呢？"

包子："和朋友抱一抱或者握握手。"

淼淼："给朋友说'你好'。"

老师："参加生日派对要有礼貌，需要遵守规则，比如：使用礼貌用语，衣着得体，文明进餐等。我们把这些行为称作文明礼仪。"

二、对不文明的行为说"不"

老师："今天分为三组，小朋友可以体验不同的派对上的文明礼仪行为。"

观看视频，找出不文明的行为

1.第一组：播放进餐相关视频，孩子们进行演示。

老师："视频里的小朋友是如何文明进餐的？吃饭的时候应该怎么做才

文明？"

乙恒："长辈不动筷子的时候小朋友不能动筷子。"

艾丽："吃饭的时候筷子不能在菜里面挑来挑去。"

天天："要坐端正，腿不能伸太长"

2. 第二组：老师提供聚会中与他人相遇时各种行为的照片，孩子们进行判断并分类。

老师："请仔细辨别，哪些行为是有礼貌的，请将照片粘贴在对应的图表中。（分类图表）"

对不文明的行为说"不"

3. 第三组：老师为孩子提供各种各样的服饰与鞋子等，幼儿挑选适合参加生日聚会的服饰。

老师："请你们仔细观察，看看哪些衣服和鞋子适合参加生日聚会，哪些是不适合的。"

挑选适合的服饰

通过大家的分享，孩子们了解到了聚会中的餐桌礼仪、社交礼仪、服饰礼仪等，也知道参加聚会的时候哪些行为是不文明的，哪些行为是被大家喜欢的、文明的。

幼儿的经验与学习：本活动在这一系列的生成活动中起着至关重要的作

用，策划一场生日聚会的最终目的不是表面的吃吃喝喝、玩玩乐乐，而是在这场场聚会策划中孩子们对"聚会"有更深入的认识和理解。一场场聚会隐含的"礼仪与文化"也是至关重要的，在活动中幼儿了解了聚会的着装礼仪、社交礼仪和就餐礼仪，养成良好的礼仪习惯。

教师的支持与思考：幼儿活动要源于生活，贴合实际，基于幼儿的兴趣点。教师引导幼儿了解参加聚会时应该注意的基本的礼仪，幼儿通过实际操作结合以往的生活经验，知道了基本的社交礼仪、就餐礼仪以及着装礼仪。在本次活动中，教师引导幼儿进行尝试和总结，并通过自己的亲身操作来感受整个过程，这就是探索的过程。

生日派对进行时

12月1日，孩子们最期待的日子到了。早饭后，中一班的生日聚会隆重拉开帷幕，小寿星们穿上了精心准备的礼服登场了。他们即将要度过一个难忘的生日。所有的小朋友欢聚在自己亲手打造的聚会现场，唱着歌，跳着舞，吃着生日蛋糕，给小寿星们送礼物、说祝福的话，感受集体生日聚会中的喜悦，同时享受着自己的劳动成果。

快乐的生日派对

这场生日聚会成功地举行了，从前期准备到后期的分工合作、策划、筹备，孩子们都亲自参与，最后一起享受自己的成果。他们既高兴又自豪，充满了成就感，相信这次的生日聚会一定是孩子们最难忘也是最开心的一次聚会。

幼儿的经验与学习：通过前期一系列的准备活动，中一班的生日聚会如期举行了。在聚会中，幼儿情绪高涨，参与性强，并且从着装礼仪到社交礼仪再到餐桌礼仪这些方面都有了很大的提高。在送祝福的环节，每一位幼儿都能向小寿星说出来自内心最真诚的祝福。表演环节，幼儿能大方地在集体面前展示自己的才艺。大家在自己策划、组织的聚会中感受到成功的喜悦。

教师的支持与思考：在活动过程中，教师为幼儿提供了场地以及多媒体音响等举办聚会的基础条件，而教师更多是以倾听者、观察者以及支持者的角色参与幼儿的活动，追随、尊重并支持幼儿的想法与行为。活动结束后教师引导幼儿将经验迁移、回归到生活环境中，并在班级中创设餐厅角色区，请感兴趣的幼儿在区域活动时继续开展生日聚会的活动。

结语

本次活动从思路的产生到活动的开展，从产生分歧再到逐步解决问题，最后推动聚会顺利开展，所有的过程都基于幼儿的兴趣点，以儿童视角开展的。教师追随幼儿发展的脚步，努力创设自由、宽松的环境，鼓励和支持幼儿大胆想象、勇于创造。孩子们自己决定自己的节日如何庆祝，在筹备的过程中，他们学会了主动思考、友好合作。教师切实体会到，只要给孩子们机会，让他们自己去尝试、去发现、去验证，去解决，他们都可以完成。教师的理念也自然而然地渗入家园共育中。家长在家通过和孩子聊天，惊喜地发现孩子在活动中一步步的成长与变化。在整个过程中，孩子成长，家长喜悦，老师获得专业的满足感。

"5"龟冬眠记

刘婧雯

缘起

要问中五班的团宠是谁，一定会收到孩子们一致的答复——可爱的小乌龟。5只小乌龟是从小班下学期来到我们班的，孩子们会定时给它们喂食、换水，和它们做游戏，照顾得十分细致精心。孩子们的兴趣和帮助小乌龟顺利过冬的现实需要，成为活动生成的契机。基于让幼儿生发尊重生命、敬畏生命的情感价值，以及在为小动物冬眠准备工作中如何积极思考、主动学习、科学探究、与同伴交往等多维度的教育价值，"5"龟冬眠记活动应运而生。

活动脉络图

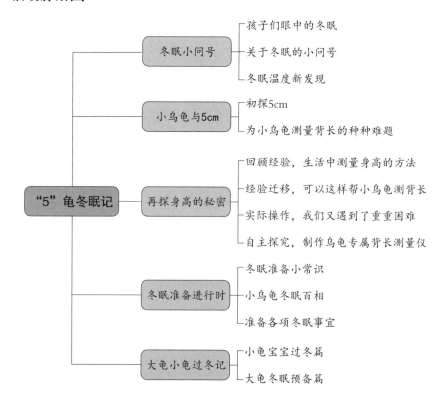

关键经验结构图

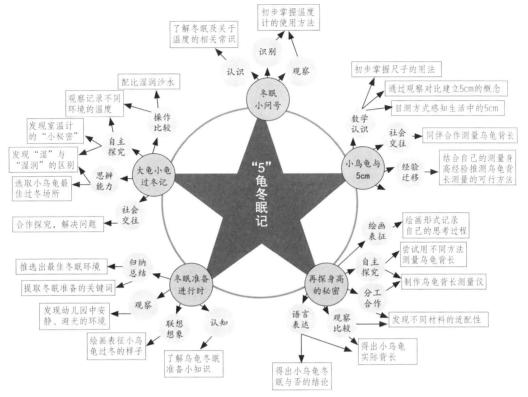

课程展示

冬眠·小·问号

一、孩子们眼中的冬眠

听说自然界中的许多动物都需要冬眠，孩子们对冬眠的那些事儿产生了浓厚的探究兴趣。孩子们眼中的冬眠是怎样的存在呢，大家展开了自己的讨论：

文君："冬眠就是在冬天时候的睡眠。"

小五："最冷的时候开始睡觉，一直睡啊睡，睡到暖和的时候。"

二丫："冬眠就像放假，小动物可以美美地休息休息，不用辛苦找吃的。"

南杉："冬天小动物因为很冷所以就没有力气，万一遇到天敌怎么办？所以就会找一个地方把自己藏起来，这样就能很安全地过冬了。"

在孩子们的心中，冬眠就是要睡一个很长很长的大觉，小动物会睡过漫长而寒冷的冬季，之后又会变得精神满满。

二、关于冬眠的小问号

关于冬眠，孩子们很好奇，也有许多的疑问，于是一场关于冬眠的探究就此拉开了帷幕。

可馨："是所有小动物都要冬眠的吗？"

森川："动物冬眠会不会被吵醒呢？"

阿布："动物要冬眠，我们怎么不冬眠呀？"

托托："那我们的小乌龟要不要冬眠呢？"

在老师的引导下，孩子们了解了关于动物冬眠的许多小知识。原

孩子们在认真倾听

来小乌龟真的是需要冬眠的，这是因为乌龟是冷血动物，冬天温度过低，会导致乌龟行动不便、觅食困难，因此需要降低代谢来保存能量。另外天气寒冷，大自然中的食物来源减少，所以，冬眠是小乌龟的一种自我保护，这样可以减少体能消耗，帮助它们顺利过冬。

同时，大家在调查中还了解到了关于小乌龟冬眠的条件：气温≤15℃的时候就要开始冬眠了，除此之外，背长≤5cm的小乌龟和病龟是不能够冬眠的，否则可能会危及生命。

三、冬眠温度新发现

这时，孩子们又提出了新的问题：那现在我们这里温度有多高？小乌龟们可以开始冬眠了吗？活动室墙上悬挂着的温度计吸引了大家的注意。

二宝："我觉得现在的温度是36.5℃？"

老师："为什么是36.5℃呢？"

二宝："体温计经常显示我的温度是36.5℃，那咱们这应该也差不多吧。"

由此看来，中班的孩子对温度有一定的了解，但还没有特别清晰的认知。于是老师取下了挂在墙上的温度计，大家一起仔细观察。原来小小的温度计上还有这么多的奥秘——每一条小短线都代替了一个温度值，红色的水银条所指

的地方就表示现在的温度。

哇！原来我们活动室现在的温度是22℃。

一起观察室温计

阿布："我们在室内有暖气所以才温度高，但小乌龟是住在走廊里的。"

南杉："我们要把温度计挪到小乌龟的家旁边测。"

于是，几个孩子小心翼翼地把温度计拿到了走廊，原以为会有惊喜地发现，但是……

桂宁："红色水柱怎么没有变？"

二宝："要不咱们在这先放一会儿，过一会儿再来看。"

孩子们在这一过程中，结合自己的已有经验（体温测量）进行了联想和思考，通过直接感知和亲身操作学习到了温度计的使用方法。最终测到的温度为17℃。

易航："我想，再过几天它们就真的该冬眠了。"

幼儿的经验与学习：幼儿天生具有敏锐的觉察力，他们对生活中的各种现象都充满着好奇，而大自然和日常生活中的真实现象就是幼儿科学探究的生动内容。关于小乌龟冬眠的种种问题，幼儿能够大胆猜测并表达自己对冬眠的所观所想，同时，在随后的活动中加以系统了解，使自己在动物冬眠领域的科学认知得到提升。另外，在活动中幼儿对温度有了新的认知，通过认识并观察室温计、尝试读取室温计刻度等，搭建起科学探究和数学认知之间的桥梁。这不仅激发了幼儿进一步探究乌龟冬眠的兴趣，也使幼儿在探究中认识周围事物和现象时发展了初步的探究能力。

教师的支持与思考：何谓好的活动？教师认为一次好的活动首先是基于儿童立场的。本活动着眼于儿童视角，重在倾听幼儿的声音——孩子眼中的冬眠是怎样的？孩子们关于冬眠又有怎样的疑问或兴趣点呢？教师在活动中扮演着追随者、支持者的角色。一方面，追随幼儿的脚步，关注幼儿的言语、行为

等并进行观察记录，使幼儿在一定空间内自主探索；另一方面支持幼儿的学习，关注幼儿遇到的问题，通过适宜方式帮助他们化解无法解决的问题，例如本活动中教师帮助幼儿认识室温计、读取刻度等。

通过本活动的开展，幼儿对乌龟冬眠有了较为全面的认知，同时幼儿有了新的问题：班里的哪几只小乌龟是不适合冬眠的？是背长小于5cm的？接下来，教师将基于中班幼儿年龄与认知发展特点，思考如何将5cm的长度概念转化至中班幼儿能够理解的能力范围内，同时应当以何种方式引发幼儿测量乌龟背长，为后续活动奠定基础。

小乌龟与5cm

一、初探5cm

孩子们在帮助小乌龟冬眠的第一步时就遇到了难题，孩子们知道了背长≤5cm的小乌龟需要冬眠，可是并不知道5cm是什么意思，也不知道班里的这五只小乌龟的背长都是多少，更不知道到底谁需要冬眠、谁不能够进行冬眠。

这时候不得不请出尺子来帮忙了。

樱桃："5cm就是从0向上数五个格子。"

子芊："5cm就是那里有个数字5的地方。"

在老师的帮助之下，孩子们首先通过直尺上的刻度对5cm建立了概念，并且尝试通过目测发现生活中的5cm。

右右："一根油画棒的长度有5cm。"

冬宝："我在拼塑玩具中发现了5cm。"

轩轩："美工区里的小石头块看起来有5cm。"

南杉："我们的手指是不是也看起来有5cm？"

樱桃："哈哈！我们的手就是尺！"

…………

发现生活中的5cm

二、为小乌龟测背长的种种难题

在有了关于5cm的经验之后，孩子们开始使用尺子或是自然物尝试为小乌龟测量背长，从中他们又发现了新问题：

桂宁："龟背是弧形的，不好用尺子测量。"

Mia："我想给小乌龟测背长，可是它总爱朝旁边爬。"

初次尝试测量乌龟背长

幼儿的经验与学习：生活中充满着数学，对于5cm这一长度概念的感知是本节活动的重点。幼儿结合自己已有的经验表达出了对于5cm的理解，通过直尺上的刻度对5cm建立起概念，并通过目测发现生活中的5cm……最终循序渐进地了解了生活中数字的种种含义，初步感知生活中的数学的有用与有趣。在此基础上，幼儿通过自由结合分组开展了测量乌龟背长的初次尝试。各小组都遇到了不同的小问题，通过交流将各自的问题进行汇总并尝试讨论解决，在这个过程中幼儿积极主动、不怕困难、乐于合作、敢于探究和尝试的良好学习品质得到了充分发展。

教师的支持与反思：每当幼儿遇到问题开始讨论时，教师都会感到欣慰，因为这是幼儿成长的声音。本活动中每个小组的幼儿几乎都遇到同样的新问题，即无法顺利测量乌龟背长，这该如何解决呢？本着激发幼儿好奇、好问、好探究的"三好"原则，教师将继续以观察者、支持者和合作者的身份参与幼儿活动，在最大化发挥幼儿主动性的基础上，调动幼儿积极性，促进幼儿独立思考、与同伴合作。

再探背长的秘密

一、回顾经验，生活中测量身高的方法

多多："妈妈会让我站得直直的，再用尺子测一下。"

二丫："先靠在墙上，上面贴着长颈鹿尺子，用手比一比就能看到我的身高是多少了。"

小米："妈妈拿着那种软软的尺子，直接比在我的身上。"

淙淙："我站在一个仪器上，上面会下来一个板子碰碰我的头，然后就会自动说出来我有多高了，这很神奇！"

绘画表征：我们是这样测身高的

看来，孩子们都测量过身高，并且对于身高测量有着很丰富的经验，那这些经验能不能帮助小乌龟来测一测背长呢？孩子们的探究热情进一步高涨起来。

二、经验迁移，可以帮小乌龟这样测背长

结合已有经验，孩子们策划起了为小乌龟测量背长的最优方案：

嘉华："小朋友用手扶住小乌龟，然后我在旁边测，我们再一起看刻度。"

阿布："可以用两把椅子固定住小乌龟，然后把尺子放在中间测量。"

乐乐："用两本书立起来，把乌龟放在中间，用尺子从上面测量。"

二丫："用桌子腿夹住大绿，再用尺子测量桌子腿和桌子腿之间的长度，就是大绿的背长。"

桂宁："三个玩具固定好乌龟，在空的地方放一把尺子。"

淙淙："我们也可以制作一个专门的装置，固定好小乌龟后再测。"

绘画表征：可以给小乌龟这样测背长

三、实际操作，我们又遇到了重重困难

于是孩子们按照自己的构想，再次展开了尝试：有的小心翼翼地扶住小乌龟再进行测量，又害怕自己力气太大把小乌龟弄"疼"了；有的和朋友一起搬来了小椅子试图固定住小小的乌龟；有的甚至还挪动桌子，企图用更大的桌子挡住小乌龟逃走的"脚步"……但是结果都不尽如人意。

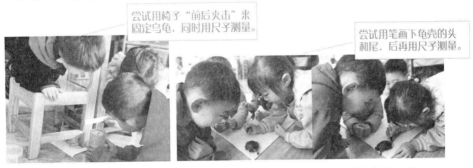

尝试用椅子"前后夹击"来固定乌龟，同时用尺子测量。

尝试用笔画下龟壳的头和尾，后再用尺子测量。

樱桃："看来真的需要做一个专门给小乌龟测量背长的测量仪了。"

老师："你们打算怎么做？"

樱桃："我觉得要让小乌龟先站直，不能斜着，斜着就不准确了。"

小米："而且上面要有5cm的刻度。"

老师："你们觉得测量仪还需要具备什么特征呢？"

淙淙："要防水！不然很容易坏掉的。"

老师："再想想看，我们测身高的仪器还有些什么？"

梦龙："要有个像墙一样的东西撑住它，硬硬的。"

有了初步的构想之后，孩子们兵分几路开始了合作尝试，有的寻找并对比所用的材料，有的绘制测量时所用的记录表，有的着手为测量开始了准备工作……

四、自主探究，制作乌龟专属背长测量仪

1.底板制作

制作底板的孩子们仔细思考并商讨了底板所需的各种要素，从安全、放水、便捷等多角度进行了综合考量。

小雨："底板选硬一点的东西，小心拿起来的时候会摔到小乌龟。"

毛豆："拿一本书再套一个塑料袋，因为小乌龟是湿的，这样才不会把书弄坏。"

梦龙："书太大了，塑料袋套不上，找一个小一点的硬纸板吧。"

Mia："我们还得给另一边放一个挡板，不然它又跑了。"

说干就干！孩子们起初选择了书本来当底板，其中两个孩子分别选择了两种不同的书（软皮、硬皮），另外两个孩子分别找到了大塑料袋和保鲜袋，之后他们自己开始对比：软皮的书会耷拉下来，不可取；大塑料袋相对较硬，套在书上不平整，也被淘汰；但硬皮的书太大又装不进保鲜袋里。这时他们想出了新的办法：用区域材料中的小纸板作为替代材料，并分工合作对选择的小纸板进行了全面加工——用保鲜袋包装。

制作底板

袋子需要粘住，孩子们找来了各种自己觉得可用的胶，有宽胶带、细胶带、双面胶、小胶棒等等，此时他们又要解决从哪粘、哪种胶适合粘的问题。

麦克尼："用胶棒粘接口的地方。"

二宝："双面胶从下面开始粘。"

文君："可是那样很容易散开。"

桂宁："那就用最宽的胶带从上面全部粘住。"

通过对比，孩子们再次达成一致：用宽胶带。但孩子们怎么也找不到宽胶带的头，所以老师介入成了支持者，孩子们首先看着老师是怎样做的，然后，自己试着撕开。之后再需要用宽胶带时，他们已经可以自己完成不需要他人的帮忙了……最终，底板制作完成！

底板制作完成

2. 量尺制作

孩子们首先在教室中选择了各种各样适合作为量尺的材料，并进行一一比对，最终选择的长度、重量等都适合的小积木作为量尺，使用双面胶将量尺固定在底板上，并自主使用小尺子在底板上标明5cm的刻度。

制作量尺并绘制刻度

测量乌龟背长

3. 开始测量

终于到了测量环节。孩子们十分欣喜，最终得出叽叽、咕咕和大绿需要冬眠，小绿和小花还有点太小不能冬眠的结论。

幼儿的经验与学习：幼儿的科学探究同科学家们的探究一样，遵循着基本的研究范式：①提出问题，"小乌龟的背长是否大于5cm"；②理论基础，探究并获得测量乌龟背长所指向的关键经验；③推理假设，大胆猜测并提出各种测量背长的解决方案；④实证研究，通过观察、比较、测量等多种方法获取探究结果。⑤分享交流，师幼共同总结与回顾活动。在这一过程中，幼儿经历了发现和获取知识的过程，领悟了科学的思想观念，体验到了科学家研究自然界所用的方法。

另外，幼儿通过自由结对进行活动，形成了分工合作的概念，这是促进幼儿社会化发展的重要方法。尝试通过分组探究与记录，极大地锻炼了幼儿的动手动脑能力。在与同伴交流表达的碰撞中，幼儿的语言表达能力也得到发展。

教师的支持与思考：本活动最主要的目的是让幼儿以测量背长时所遇到的问题为线索，不断发现新问题、解决问题，最终在同伴的配合下，完成长度测量仪的制作并获得幼儿期待已久的结果。在这一过程中，教师为幼儿创设了自由而宽松的探究环节，在幼儿需要时适时介入，鼓励幼儿与同伴共同解决问题。当幼儿意见产生分歧时，一方面鼓励幼儿尝试完整表达自己的想法从而说服他人，另一方面关注幼儿是否能够倾听他人的意见与建议，并适时引导，使其掌握沟通与合作的技能，在活动中感受自主动手、积极动脑所带来的成就感。

冬眠准备进行时

一、冬眠准备小常识

该怎样帮助乌龟们顺利完成冬眠呢？这可是一个专业性的问题，带着新问题孩子们继续探索。首先，邀请了团子小朋友的妈妈进行了家长助教活动。团子家中养了许多的乌龟，可以说是非常专业了！家长从现实的角度带领孩子们全面了解乌龟冬眠的方法。由于疫情原因，此次活动采用了线上助教的方式，从中孩子们了解到乌龟冬眠可以通过沙土冬眠、椰土冬眠等方法进行。

一起了解冬眠准备工作

二、小乌龟冬眠百相

原来小乌龟冬眠是睡在土中或是沙中的。小乌龟们冬眠是什么样子呢？孩子们展开了自己的联想。

南杉："小乌龟会把自己埋起来，像盖了一层被子一样。"

团子："它们冬眠的时候会不会做梦，会说悄悄话吗？"

小米："它们在里面一定很暖和，很舒服吧？"

右右："小乌龟有的可能趴着睡，也可能仰着睡，但是不会侧着睡（会倒）。"

二宝："它们会把手和脚都收回去，我觉得这样更安全。"

绘画表征：乌龟可以这样冬眠

三、准备各项冬眠事宜

在老师的引导下，孩子们还提取了冬眠准备的关键词——避光、安静、潮湿。原来小乌龟需要在既避光又安静的地方"睡大觉"，同时还要一直保持湿润的状态。家长朋友也为小乌龟准备好了椰土带到了幼儿园，此时已是万事俱备只欠东风了。

表征出冬眠关键词

可馨："我们总在楼道里讲话还会大笑，小乌龟在那睡得着吗？"

阿布："要不搬到睡觉房里，和我们一起睡。"

嘉华："大家在睡觉房玩的时候很大声，而且还很热。"

在班里找了许久，孩子们发现活动室里除了走廊其他地方都有暖气，而且大多数的地方都是很吵闹的，会打扰到乌龟的冬眠，最终孩子们在活动室里没有找到合适冬眠的地方。接着，孩子们分小组来到了幼儿园的大环境里，继续发现哪里是相对安静的地方，此次寻找也成为接下来活动的经验准备。

寻找避光或安静的场所

哪些地方是既安静又避光的呢？孩子们通过排除法逐一排除，最终决定幼儿园户外养殖区角落里的小房子最为适合。

幼儿的经验与学习：在认知层面，幼儿关于乌龟冬眠的具体方法有了更进一步的了解，并能够结合幼儿园现实情况，运用排除法逐步筛选出小乌龟最佳冬眠位置。在能力层面，幼儿观察比较、归纳总结的能力得到了明显的提升。"大自然，大社会，都是活教材"，幼儿在活动中走向自然，发现并比对自然万物的异同，有目的地观察思考，最终选出最适宜的环境。在情感层面，幼儿好奇心和探究欲得到了充分保护，亲近自然、喜欢探究的热情也得以激发。

教师的支持与思考： 小组活动充分调动了幼儿主动学习的积极性，增加了同伴之间的情感联结，本节活动形式丰富且适宜。首先，家长线上助教拓展了幼儿科学知识，帮助幼儿积累了经验。其次，教师引导幼儿大胆联想，通过绘画表征的形式将自己的想象记录下来与同伴分享，并结合第一节子活动所了解的内容提取关键词，这对于中班幼儿而言是一个挑战，幼儿不仅需要回忆并表达已习得的内容，同时还需要调动抽象思维能力，将零散的内容梳理归纳。教师此时扮演者引导者与合作者的角色，以平等的同伴关系与幼儿进行谈话，大家一起有商有量地向着最终话题不断前进，进行思维碰撞，最终得出了冬眠准备关键词。接下来，将是孩子们最为期待的操作环节——分别帮助大乌龟和小乌龟过冬，幼儿在这些活动中是否还会遇到问题呢？教师又该如何应对呢？一起期待吧！

大龟小龟过冬记

一、小龟宝宝过冬篇

1.我们与室温计的再次相遇

孩子们的目光再次聚焦在了两只小龟宝宝身上，它们虽不冬眠，但也需要孩子们的悉心照料才能顺利过冬。孩子们要在高于15℃的地方常规饲养。

由于幼儿园仅有一个室温计，于是孩子们自发地陆续从家里拿来了更多的室温计，分别放在他们认为适宜的地方，同时，进一步了解了温度计的使用

发现室温计的小问题

方法。这时，出现了新的问题。

南杉："我发现这个温度计好像是坏的，这上面只有10℃和20℃，怎么没有15℃？是不是工人叔叔粗心没有印上去？"

小五："而且这上面的小短线比咱们班的要多很多啊！"

老师："再仔细观察观察，你还发现了什么？"

阿布："我们班的室温计有一个点，这个有九个点！"

文君："我觉得15℃就藏在这些点点里。"

孩子们仔细地点数，终于解决了心中的疑问，原来，15℃真的藏在这些点点里呀。在随后的测温中孩子们发现虽然是在室内，但不同区域的温度仍然有所差异。

2. 寻找小龟宝宝最爱的过冬场

到底哪里才是小龟宝宝最喜欢的过冬环境呢？还得用事实说话，于是孩子们纷纷拿起室温计和自己的记录表，开始了他们的讨论：

毛豆："我测到的是20℃。"

桂宁："是的是的！睡觉房和水房的温度一样，都是20℃。"

小雨："不对不对，我在睡觉房测的温度是23℃。"

老师："为什么他们两人测出的结果不一样？"

嘉华："因为桂宁在窗边，小雨在暖气旁边呀，暖气边上会更暖和，温度高。"

老师："你们觉得把小乌龟放在哪里更加适合，为什么？"

轩轩："暖气边吧。"

可馨："放在水房的暖气边，需要水的时候就可以很快接到水。"

小米："可是我们总会在水房聊天，吵醒了它们会不会睡不着？"

文君："那么活动室也不行，我们玩的时候也会很大声。"

可馨："那我们小点声？"

轩轩："不如放在睡觉房的暖气旁边吧。"

在你一言我一语的讨论中，小乌龟的过冬场地最终确定，孩子们决定将小龟宝宝放在睡觉房里暖气片旁边，并一起将小乌龟的家小心翼翼地抱了过去……

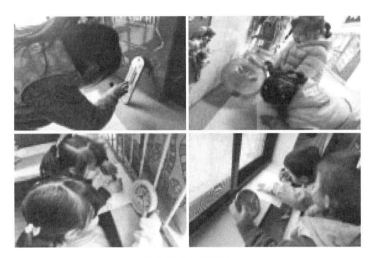

寻找最适宜的温度

二、大龟冬眠预备篇

1. 关于湿润的环境，我们有话说

回顾冬眠准备

冬眠准备正在如火如荼地进行，2021年末西安疫情的到来打乱了孩子们探索的脚步，于是我们的冬眠准备不得不暂时终止。大乌龟和小乌龟们在幼儿园门卫董伯伯的悉心照料下顺利地度过了寒冷的冬天……

新学期伊始，重返幼儿园的孩子仍然关心着老师们在学期末是如何照顾小乌龟的，于是我们继续开展了关于冬眠环境准备的最后一个问题：小乌龟冬眠所需的湿润环境是怎样的？

老师："湿润是怎样的状态呢？"

文君："湿润就是湿湿的。"

可馨："刚洗完的手就是湿湿的。"

航航："游泳池里面是湿润的。"

教师："湿和湿润一样吗？"

嘉华："可能不一样吧！湿是大大的，湿润是小小的。"

二丫："一个东西湿润就是说在它的表面有水。"

2.小试牛刀，模拟适宜的湿润环境

看来，孩子们对于"湿润"的含义有一定认知，但是并不通透。到底怎样的环境才是湿润呢？孩子们提前在幼儿园沙水区找到了许多干沙，并且和同伴一起拎到了活动室，一场物理模拟小试验就此开始了。孩子们自由分组并且有序协商分工，小组内有的舀沙，有的倒水，还有的进行观察记录，在商量中配比出了自己心中适宜小乌龟冬眠的湿润环境。之后在老师的引导下，通过纱布的辅助，孩子们了解了真正的湿润环境的特点。

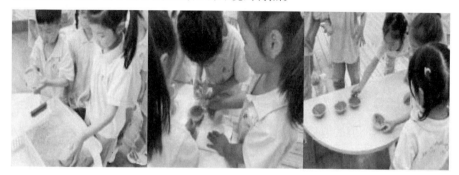

模拟配比沙水

孩子们："好期待冬天的到来，到时候我们就可以亲手帮助小乌龟完成冬眠了。"

教师："我们一起期待这个冬天的到来吧！"

幼儿的经验与学习：本节活动根据不同乌龟的过冬方式的不同，分为小龟过冬和大龟冬眠两个篇章。在第一篇章里幼儿基于前期活动中关于温度的已有认识经验，再次进行深入探究，尝试自主认读度数并应用室温计进行测温。活动中不仅巩固了幼儿关于温度计的应用经验，同时也使幼儿体会到了同伴分工合作的高效。在第二篇章中幼儿通过实际操作，边做边思配比出了自己心中适宜的湿润环境，同时在活动中明晰了"湿""湿润""潮湿"等词语的区别并能准确表达其含义，这使幼儿在语言领域的核心经验得以发展，使其感受了中华文化的博大精深及语词之妙用。

教师的支持与思考：整个活动中幼儿的主动性和积极性得到了最大化的发展，每位幼儿都有强烈的求知欲、好奇心和探索欲，这体现在幼儿喜欢刨根问底，不断发现新的问题，并想寻求新的内容或答案等方面。面对这种情况，教师在实践中发现分组或小组活动是教育内容延伸的最好方式，故而给幼儿提供了足够的空间和舒适、轻松的学习环境，同时关注为幼儿营造一个宽松、鼓励的氛围，让幼儿在轻松和谐的状态下探索发现。

结语

这是一场围绕小乌龟展开的探索之旅，也是一段关于动物朋友的温情故事。这个课程的生成，对教师的课程领导力也是一次检验：

一是对课程生成时机与方向的把握。教师首先做到了观察幼儿的行为和聆听幼儿的语言，并及时发现孩子们对乌龟的探究兴趣及乌龟将要进行冬眠的需求。从中对该主题蕴含的教育价值进行定向把握。层层深入推进幼儿进行深度学习，最终生成了许多有趣的活动。

二是对活动组织形式的恰当选择。如何在众多组织形式中选择其一，使孩子们天马行空的想法变成切实可行的行动方案。比如：在观点分歧时引导孩子进行协商、讨论及举手表决；面对疑惑时，鼓励孩子们从多方面寻求解答；面对多样化的推测时，让孩子通过观察、假设并进行实验验证……

三是教师角色的灵活转换。一日生活皆教育，教师的角色是成为幼儿学习的观察者、支持者、引导者与合作者。孩子的学习在老师的引导下逐渐深入，不断发现问题—解决问题—再发现—再解决，如此往复。

"枝枝"丫丫

姚骅容

缘起

孩子是大自然的宠儿，也是大自然的追随者，大自然的一草一木、一枝一叶都能引得孩子们驻足。这天午饭后，和孩子们一起在户外散步，突然听到"吱吱吱"的声音，随即，孩子们发现树上站着一个叔叔，纷纷猜测叔叔在干什么。随着孩子们的议论，老师随即和孩子们一起开启一场"枝枝"丫丫的探究之旅，孩子们在感受自然万物美的同时，萌发亲近自然、热爱自然的美好情感！

活动脉络图

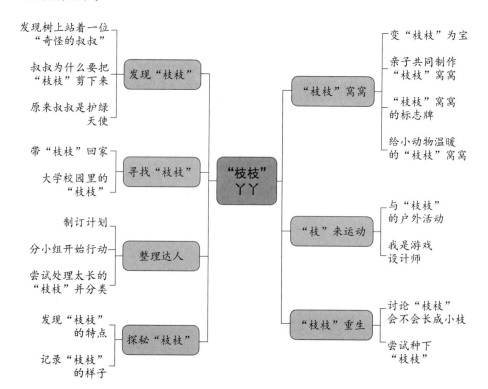

关键经验结构图

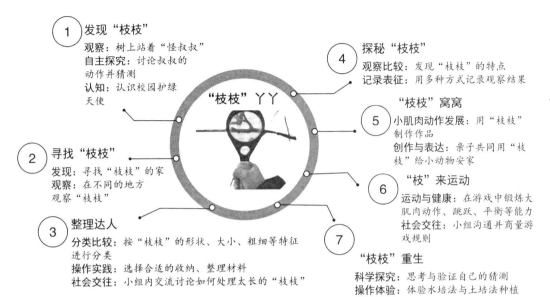

① 发现"枝枝"
观察：树上站着"怪叔叔"
自主探究：讨论叔叔的动作并猜测
认知：认识校园护绿天使

② 寻找"枝枝"
发现：寻找"枝枝"的家
观察：在不同的地方观察"枝枝"

③ 整理达人
分类比较：按"枝枝"的形状、大小、粗细等特征进行分类
操作实践：选择合适的收纳、整理材料
社会交往：小组内交流讨论如何处理太长的"枝枝"

④ 探秘"枝枝"
观察比较：发现"枝枝"的特点
记录表征：用多种方式记录观察结果

⑤ "枝枝"窝窝
小肌肉动作发展：用"枝枝"制作作品
创作与表达：亲子共同用"枝枝"给小动物安家

⑥ "枝"来运动
运动与健康：在游戏中锻炼大肌肉动作、跳跃、平衡等能力
社会交往：小组沟通并商量游戏规则

⑦ "枝枝"重生
科学探究：思考与验证自己的猜测
操作体验：体验水培法与土培法种植

课程展示

发现"枝枝"

一、发现树上站着一位"奇怪的叔叔"

一天午饭后，老师和孩子们在户外散步，突然大家听到"吱吱吱"的声音，孩子们循声望去，老师也带着疑惑和孩子们共同开始探究。

画画："咦，是什么声音？"

雯雯："快看！树上站着一个叔叔。"

二虎："呀！有人破坏小树"

橙子："这样会伤害小树吧。"

随着雯雯的发现，孩子们驻足仔细观察这位站在树上的叔叔到底在做什么，并饶有兴致地猜测、讨论叔叔的行为。

观察树上"奇怪的叔叔"

二、叔叔为什么要把"枝枝"剪下来？

大宝："叔叔喜欢那些"枝枝"。"

涵涵："因为那个树枝长得太长了！"

柏聿："是因为要冬天了，太冷了。"

泡泡："因为叔叔要用树枝做手工。"

二虎："可能是那些树枝长得太歪了。"

糖糖："叔叔需要树枝盖房子。"

融融："树枝长得不结实，刮风的时候会掉下来砸到小朋友，所以要剪下来。"

熙熙："因为叔叔的工作是剪树枝，所以他把树枝剪下来。"

橙子："这样小树会很疼的吧。"

三、原来叔叔是护绿天使

观看《大耳朵图图——护绿小天使》视频，仔细观察叔叔的动作，想一想叔叔为什么要把树枝剪下来。

思远："为了大树的主干更好地吸收营养。"

小宝："为了大树更加美观、整齐。"

大宝："原来叔叔是护绿天使呀！"

观看视频《大耳朵图图——护绿小天使》

原来，修剪可以更好地平衡树的生长，也可以控制长势。把多余的枝条剪除，就可以保证其他树枝以及叶子都可以更好地接受阳光的照耀。

幼儿的经验与学习：幼儿天生具有敏锐的觉察力，细心的宝贝们在散步时听到"吱吱吱"的声音感到非常好奇，但他们更好奇的是"站在树上的这位叔叔是谁"。通过发现—讨论—探究三个环节的推进，幼儿知道了叔叔砍下"枝枝"的原因，原来叔叔在保护大树。幼儿发现与探究、观察与思考问题的能力得到发展，萌发了热爱植物、保护植物的情感。

教师的支持与思考：《指南》中指出，教师要经常带幼儿接触大自然，有意识地引导幼儿观察周围事物，激发其好奇心与探究欲望。一次好的活动一定是从幼儿的角度出发设计的。在本活动中，教师扮演的是幼儿学习与发展的支持者、引导者和合作者的角色，跟随讨论的话题，教师拓展并延伸幼儿的兴趣，和幼儿一起开始探究"树枝"的秘密。

寻找"枝枝"

一、带"枝枝"回家

孩子们通过观察和学习，发现原来砍树枝的叔叔是"护绿天使"，宝贝们惊奇地发现陕西师范大学的校园里有很多"护绿小天使"，所以地上有很多修剪后掉下来的"枝枝"。

米娜："我发现很多地方都有'护绿天使'。"

糖糖："叔叔走啦！地上还剩下很多树枝。"

泡泡："我们可以捡回去做手工。"

小九："还可以把我们的教室装扮得很漂亮。"

带"枝枝"回家

二、大学校园的"枝枝"

我们的幼儿园坐落于绿树成荫的陕西师范大学校区内，孩子们每天放学后都会相约一起在大学校园里玩耍。近期孩子们对树枝有着浓厚的兴趣，离园后宝贝们和爸爸妈妈发现大学校园里有好多树枝，原来最近几天正值大学里的校园环卫工人修剪树枝。

橙子："我发现曲江流引那里也有枝枝。"

柏柏："有树的地方就能掉下来枝枝。"

柏聿："草丛里也有枝枝。"

君桐："有些枝枝上面还有小虫子。"

在大学校园里找到的"枝枝"

幼儿的经验与学习：幼儿兴致勃勃地在大人看上去平淡无奇的大树下耐心寻找，通过直接观察、亲身体验认识了"枝枝"的"家"原来是大树，不同类型的大树上"枝枝"的造型也不同，还知道了不仅是幼儿园旁边的大树需要修剪树枝，原来每棵树都需要修剪，才能长得更好。这些都基于幼儿自己的探究兴趣而习得。

380

教师的支持与反思：整个活动幼儿踊跃参加、积极分享，教师只有掌握了幼儿的学习特点，为他们提供条件，才能更好地引导幼儿进行探究，从而获取更广阔的学习和发展的空间。我国著名教育专家陈鹤琴先生曾提出"大自然、大社会都是活教材"。眼前的"枝枝"就是大自然馈赠给幼儿最好的礼物，教师期待爸爸妈妈能和宝贝们更多地亲近大自然，融入大自然的怀抱，一起做大自然的孩子。

整理达人

一、制订计划

周一回到班级后，宝贝们发现捡来的"枝枝"太多了，我们班的教室、睡觉房里全都是"枝枝"，长短、粗细各异，而且树杈形状、弯曲的程度也不一样，该怎么把它们放整齐呢？

糖豆："可以用扭扭棒把树枝捆起来！"

小暖："扭扭棒太短了，我觉得要用毛线。"

小宝："用纸箱子也可以把它们装起来！"

雯雯："我觉得可以用做操的装垫子的那个筐子。"

大宝："老师，我们还可以用你电脑旁边那个高的花瓶。"

讨论怎样给"枝枝"分类

二、分小组开始行动

柏聿："长的必须放到大筐子里。"

熙熙："超级小树枝可以放到这个小盒子里。"

泡泡："超级粗的也要放在大筐子里。"

浩然："有一个奇奇怪怪的树枝怎么办呀？"

壳壳："把那个奇形怪状的树枝单独放下吧。"

团子："用扭扭棒绕一圈，扭一扭，树枝就在一起了。"

致远："用毛根多绕几圈树枝就不会开了。"

泡泡："谁来帮我剪断丝带？"

寻找材料并尝试给"枝枝"分类

三、尝试处理太长的"枝枝"并分类

柏聿："你用脚使劲踩住，我和熙熙在两边。"

橙子："'枝枝'实在是太硬了！"

熙熙："我使劲拉都拉不开！"

浩然："幼儿园里董伯伯修剪树枝是用锯子。"

柏聿："那我们可以去找董伯伯，他有好多工具。"

问题解决："枝枝"太长怎么办？

董伯伯帮孩子们把特别长的"枝枝"锯开了，孩子们又回到班级中把"枝枝"分类放好。孩子们分工并合作，共同让树枝变得整齐美观。

给不同的"枝枝"分类

幼儿的经验与学习：本次活动，幼儿扩展了自己对树枝的认知经验。通过分组合作活动，形成了"分工合作"的概念，在教室里的众多材料中，幼儿自由地选择自己认为合适的材料，在操作中探索研究树枝分类的办法，在失败和成功中比对操作，学习关于树枝和分类的经验。幼儿能够根据树枝的形状、大小、粗细等特征进行分类，形成"类概念"，其分类能力已经得到初步发展。

教师的支持与思考：教师在活动中最大限度地支持和满足幼儿通过直接感知、实际操作和亲身体验获取经验的需要。《指南》中也提出："引导幼儿在观察和探索的基础上，尝试进行简单的分类、概括。"对于中班的幼儿而言，感知物体相似性并进行理论分类是有一些难度的，在今后的教学活动中可以多尝试训练幼儿的感知、分类能力，由易到难、由简到繁，鼓励幼儿继续观察并发现幼儿园中其他需要他们进行分类整理的材料。

探秘"枝枝"

通过前期与"枝枝"的接触，孩子们在观察和操作中发现"枝枝"的一些特性，还发现每根树枝都不一样，有的很干很容易掉渣渣，而有的怎么使劲都掰不断，这是为什么呢？老师提供"放大镜"来支持孩子们进一步探究。

一、发现"枝枝"的特点
画画："'枝枝'的外面有皮。"

一丞："'枝枝'太干了，会掉渣渣。"

君桐："每根树枝都长得不一样。"

糖糖："这个树枝有点软，有弹性。"

二虎："老师你摸，这个树枝这里滑滑的呢。"

泡泡："'枝枝'摸起来疙里疙瘩的。"

科学小子探究时间

二、记录"枝枝"的样子

在认真观察和激烈讨论之后，孩子们选用水彩笔、油画棒、马克颜料和吹墨画需要用到的墨汁、吸管等物品，选择自己喜欢的方式记录"枝枝"的模样。

小宝："'枝枝'应该是一截一截的。"

文文："'枝枝'很细，所以画的时候也要画得很细。"

画画："我画的枝枝是弯弯的。"

大家都用自己的办法记录了"枝枝"的样子，每个人都在细心地观察、探究。

看完快快记下来

幼儿的经验与学习：幼儿一起看、听、闻、摸，发现了关于"枝枝"的秘密，通过观察、记录、分享的步骤完成了对树枝的探索，知道了"枝枝"的特点，即每个"枝枝"的长短、粗细、形状都不一样，并运用自己喜欢的艺术表征方式来记录"枝枝"的美，在记录时幼儿还充分发挥自己的想象力，讨论自己的枝枝长得像什么。

教师的支持与思考：整个活动幼儿都非常专注，仔细思考并用自己的方式进行记录。教师在了解幼儿学习兴趣，明确中班幼儿的思维特点是具体形象思维占主导，学习方式要在注重真实演绎和主动参与的基础上，跟随幼儿的兴趣，给予幼儿足够的学习空间和支持。

"枝枝"窝窝

一、变"枝枝"为宝

班里有这么多的"枝枝"，我们可以用"枝枝"做什么呢？孩子们开始了关于"枝枝"作用的讨论。

暖宝："这么多'枝枝'都掉下来了，树上的小动物怎么办呢？"

柏柏："小鸟就没有家了"

糖豆："校园里的小野猫也没有家。"

小宝："用'枝枝'可以给小动物做个房子。"

二、亲子共同制作"枝枝"窝窝

孩子们关于"枝枝"用途的讨论有声有色，可就在这时，疫情再度来

袭，幼儿园周边部分小区实行封控管理，但是疫情也不能阻挡孩子们学习的热情，于是关于"枝枝"窝窝的活动就从幼儿园延伸到了家庭中。

亲子共同制作

三、"枝枝"窝窝的标志牌

再次回到幼儿园后每个宝贝都分享了自己和爸爸妈妈制作"枝枝"窝窝的方法。孩子们想把自己和爸爸妈妈一起制作的"枝枝"窝窝送给小动物们，让它们过一个温暖、舒适的冬天。

泡泡："我们的'枝枝'屋很漂亮，小动物们肯定很喜欢。"

小宝："老师，那万一我们的'枝枝'屋被别人拿走了怎么办？"

壳壳："幼儿园里很安全，还有监控呢。"

橙子："我们可以画一些标志牌，告诉别人这是小动物的家，不能破坏！"

浩然："对！我们可以画超大的标志提醒别人的呀！"

"枝枝"窝窝专属标志牌

"枝枝"窝窝专属标志牌

四、给小动物温暖的"枝枝"窝窝

小暖："我要把做的送给树上的小鸟。"

团子："我想送给流浪的小猫咪。"

米娜："我要给幼儿园里养的小鸭子一个家。"

给小动物安家

幼儿的经验与学习：亲子共同制作"枝枝"窝窝，不仅锻炼了幼儿的创造力和动手能力，丰富了亲子感情，还发展了幼儿爱护小动物、关爱大自然的情感。幼儿来到幼儿园后，对其他小朋友和爸爸妈妈一起制作的"枝枝"窝窝很感兴趣，大家相互分享、彼此介绍，在展示自我的过程中提升表达能力与自

信心。

　　教师的支持与思考：面对突如其来的疫情，很多幼儿园再次停课，但如何做到停课不停学？家庭与幼儿园之间的线上家园沟通成为新的教育实践重点。不难看出，在家的幼儿依然保有对"枝枝"的兴趣，和爸爸妈妈充分利用各种材料制作"枝枝"窝窝。回到幼儿园后教师注重倾听、尊重幼儿的创作与表达，促使幼儿获得最大的发展。

"枝"来运动

一、与"枝枝"的户外活动

小暖："我们可以比赛，看谁的力气大，能扔得远！"

添添："可以把'枝枝'摆成格子玩。"

糖豆："我们可以把'枝枝'搭在独木桥上，看谁能跨过去。"

萱萱："'枝枝'还能当接力棒，我们可以比赛跑步。"

橙子："还可以用'枝枝'摆成房子的样子，跳房子。"

二、我是游戏设计师

橙子："我要玩跳房子，用'枝枝'摆成房子的样子。"

大宝："我想玩平衡木，可以把'枝枝'搭在平衡木上跳过去。"

豆豆："咱们可以把篮球当西瓜，玩猪八戒拿树枝运西瓜的游戏。"

壳壳："咱们先玩橙子说的，这个游戏好玩。"

与"枝枝"做游戏

与"枝枝"做游戏

幼儿的经验与学习：与树枝成为好朋友的幼儿在户外活动时还不忘带着"枝枝"一起玩耍，怎样玩呢？幼儿自主开展了与"枝枝"的游戏，他们与自己的同伴共同进行游戏创设，商量游戏规则并不断调整，自由选择玩伴、自发交流并自主开展游戏。幼儿创造力、想象力、思维能力及社交能力得到提升，同时在与"枝枝"游戏时锻炼了自身的身体协调、平衡及肌肉动作的发展。

教师的支持与思考：幼儿园应该是一个乐园，自由游戏可以随时随地发生。教师提供了充分的自主游戏时间与空间，以及丰富的户外活动器械支撑幼儿自主设计游戏。幼儿一边玩一边探讨改进游戏规则，教师则在一旁观察、记录，并适时予以引导支持。

"枝枝"重生

一、讨论"枝枝"会不会长成小树

丹阳："'枝枝'没有根，不能长成大树。"

融融："小树就是'枝枝'长多了变成的，所以会长成大树。"

柏聿："'枝枝'是小树的胳膊和腿，长大了就是小树。"

小宝："把'枝枝'泡在水里，就能发芽了。"

糖糖："要种在土里才行。"

雯雯："'枝枝'到了春天才发芽。"

君桐："'枝枝'需要土地的营养才能长大。"

小宝："等'枝枝'长大了我要给奶奶做成拐棍。"

二、尝试种下"枝枝"

有些宝贝认为能长成树，有些认为不能长成树。认为能长成树的宝贝中，有些认为要把"枝枝"种在土里，有些认为要插在水里，"枝枝"到底能长成树吗？带着问题孩子们分为两组，开始了种"枝枝"的活动。

第一组：土培

糖糖："这个土好硬呀，挖不开。"

雯雯："咱们去沙池区拿个铲子吧！"

土培组尝试种下"枝枝"

第二组：水培

柏聿："咱们得找个能装水的花盆。"

小宝："这里有个铁筒子。"

致远："让我来把这个大的插进去。"

水培组尝试种下"枝枝"

种下"枝枝"的宝贝们满怀欣喜地期盼着来年春天的到来，让我们一起等待！

幼儿的经验与学习：教师选择一个切入口提出问题："'枝枝'会长成小树吗？"幼儿通过自己的已有经验大胆猜测，并自信地表达观点，自然而然展开了班级辩论活动。有些幼儿认为"枝枝"发芽长大就变成了小树，有些幼儿认为"枝枝"已经断了，不会长成小树。实践是最好的检验方式，于是幼儿决定用不同的方式把"枝枝"种下来，看看是不是会长成小树。此次活动丰富了幼儿的种植经验，更重要的是幼儿明白了实践是检验真理的唯一标准。

教师的支持与思考：教师调动幼儿已有经验，通过集体教学活动和小组活动，创设丰富的教育环境，使幼儿能够积极主动、认真专注地投入讨论。教师支持幼儿通过自主思考—小组讨论—观察并验证—亲身实践的方法，激发并保护幼儿的探究兴趣，培养幼儿形成受益终生的学习态度和能力，在亲身观察和实践中培养科学探究、发现规律、寻求真理的学习品质。

结语

《指南》中指出：探究是儿童学习的目的，也是儿童科学学习的方法。"'枝枝'丫丫"是幼儿在户外发现校园里的园艺师在修剪树枝时引发的活动，教师顺应幼儿的兴趣并了解其中所蕴含的价值。树枝是什么样的？修剪树枝有什么好处？怎样整理修剪了的树枝？树枝可以用来做什么？教师并没有做复杂的预设，但是在整个活动中幼儿的欢笑和探究时的认真让教师看到简单的魅力。幼儿在游戏中亲身体验和实际操作，积累了自己的经验；积极主动，不断探索和尝试，提升了观察能力及感知能力。教师在整个活动中遵循幼儿探究在前、教师支持在后的原则，根据幼儿探究活动的发展情况，层层递进地提出问题，激发幼儿对"枝枝"产生持续探究的兴趣，适时地以肯定、期待的态度帮助幼儿完整、有逻辑地提出疑问和表达观点，并通过提问题、适当反问促进幼儿不断思考与探索，以维持有意义的学习情境。

遇见"大白"

刘胜军

缘起

大班的孩子对自己生活的地方非常熟悉，对小区里的一花一木都充满了感情，对于小区里面的工作人员也是非常了解。因为疫情，每日的核酸让孩子们对于"大白"这个疫情时代小区里特有的工作群体，有了更多接触。"大白"到底是些什么人呢？他们会做哪些工作？什么样的人才能当"大白"？孩子们对此充满了好奇与兴趣。基于孩子们这一兴趣点，我们展开了系列活动：遇见"大白"，孩子们一起探索有关"大白"的点点滴滴。

活动脉络图

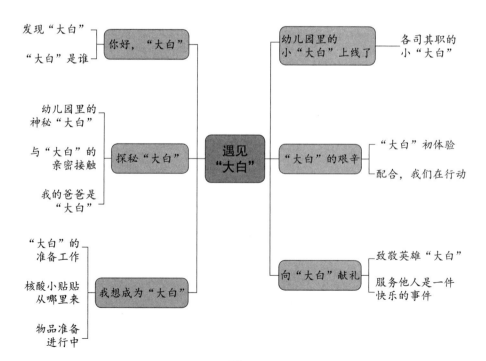

关键经验结构图

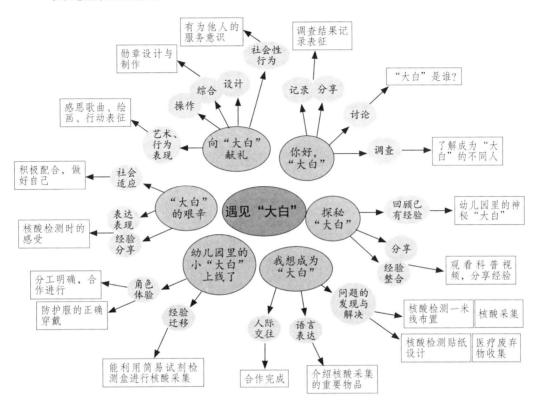

课程展示

你好，"大白"

一、发现"大白"

新冠疫情的出现，打乱了人们的日常生活，进行核酸检测成了小朋友日常生活的一部分。"大白"这一新的群体，从电视新闻中，逐渐走到了人们的身边，每个小区都能看到"大白"忙碌的身影，这些身影也引起了孩子们的注意，孩子们纷纷好奇，讨论穿着白色衣服进行核酸检测的"大白"到底是什么人，他们长什么样子，哪些人可以当"大白"。

荃荃："'大白'都有哪些人呢？都是采集核酸的人吗？"

樱桃："'大白'有医护人员。"

开心："'大白'有警察和医生。"

少辰："'大白'有社区工作人员。"

可馨："'大白'还有志愿者,我们小区有许多的志愿者。"

天天："'大白'还有快递员吧。"

孩子们根据已知的经验,认为"大白"不仅仅是采集核酸的人,还有医生、警察、社区工作人员、志愿者,甚至快递员,可见孩子们对"大白"已经具有初步的认知,大致了解"大白"的人员构成。但是究竟是不是这样呢?老师鼓励孩子们针对这一问题展开进一步的调查,了解"大白"这一特殊群体的构成及其具体工作。

二、"大白"是谁

在与同伴的讨论中,孩子们已经初步了解到"大白"不仅仅是采集核酸的人,他们在讨论中提出的猜想现在以自己的方式寻求答案,以自主调查的方式验证"大白"都是哪些人,他们都做些什么工作,并主动分享调查经验。

我与姑姑的探讨

我们的讨论

上网查找我想知道的结果

采访一下我的警察爸爸

1. 分享自己的调查方式

老师:"你们都是通过什么方法进行调查的?"

可儿："我和姑姑视频通话，问姑姑了。"

南杉："我和妈妈一起在电脑上查询了。"

天天："我问了爸爸。"

毛毛："我问了我妈妈，她是'大白'。"

2. 分享自己的调查结果

樱桃："'大白'有医护人员，医护人员负责采集核酸。"

小宝："'大白'有志愿者叔叔阿姨，他们要负责配合小区的防疫。"

昕玥："志愿者还要拿着喇叭在楼下喊大家做核酸。"

托托："他们会说：'赶快下楼做核酸'。"

阳阳："'大白'还有警察，警察负责隔离人。"

当当："还有保安大白，守在被封了的小区门口，不让人随便进出。"

晞晞："还有一些'大白'会到家里来采核酸，还给家里送菜。"

孩子们通过与亲人的视频聊天、采访身边的人及在网络上浏览相关的资料，对成为"大白"的人进行了深入了解，小组长总结了组员们的讨论结果并通过思维导图的表征方式进行了记录。孩子们讨论逐渐进入白热化状态，老师参与了讨论，并通过集体教学活动将孩子们的认知进行了梳理和总结。

讲述我的调查结果

通过老师梳理孩子们关于"大白"的调查与分享，孩子们得知"大白"是身穿防护服为我们服务的工作人员，他们的真实身份可以是医生、护士、社区工作人员、公安民警、志愿者等，他们都有不同的工作，因为他们身着白色防护服，冲锋在抗疫一线，他们在防控疫情中无私奉献与付出，是新时代平凡而又伟大的人。

395

幼儿的经验与学习：幼儿通过自己的观察及经历并以与家人讨论等方式构建相关经验，巩固已有的认知经验，并自信进行表达。在其他人的回答中，幼儿激发了关于"'大白'是谁"的探索欲望。教师通过调查、记录及分享等环节，有效地提高了幼儿的语言表达和绘画记录表征能力。活动以集体活动与小组活动结合的形式开展，幼儿积极参与整个活动呈现了异常热烈的氛围。

教师的支持与思考：教师是幼儿学习与发展的支持者、引导者以及合作者，及时关注幼儿自身学习和发展的整体性，通过新问题的追问使幼儿能够积极主动、认真专注地投入讨论，将兴趣点延续，为幼儿后续亲身体验、实际操作奠定基础。教师通过集体教学活动、小组分享等互动形式，支持引导幼儿进一步了解事物内涵，通过师幼讨论获取新知。当幼儿遇到问题时，教师不急于解答，而是引导幼儿大胆猜测，并鼓励幼儿尝试通过多种方式解决自己的问题，从而培养幼儿积极主动、乐于想象和创造的学习品质。

探秘"大白"

一、幼儿园里的神秘"大白"

幼儿园里的核酸检测又井然有序地开始了。做核酸的场地在幼儿园前院，升旗台前摆放两张桌子，桌上铺着一次性桌布，等待做核酸的地方架起了可移动的围挡，幼儿从一边进来做核酸，做完后从另外一边有序离开，避免密集接触。

孩子们在做核酸时，悄悄地议论。

岱枝："我看到了做核酸的'大白'已经准备好了，穿上了防护服。"

宸宸："怎么有这么多'大白'呀！有的"'白'坐在两边，有的'大白'坐在中间，还有的'大白'还拿着手机。"

妙妍："拿着手机的是在录信息。"

棠棠："我看到一个录信息的'大白'好像是刘老师，刘老师也是'大白'？"

依依："幼儿园里的'大白'还有保健大夫、严老师，还有大四班的梁老师，我都看见他们了，我认识他们。"

孩子们在日常做核酸的过程中兴奋地发现幼儿园的保健医生、老师们都摇身变成了"大白"，原来"大白"没有那么可怕，他们都是孩子们熟悉的人！这些熟悉的人，也是孩子们了解"大白"最便捷的资源。

请扫我的核酸码

幼儿园里的"大白"采集核酸

二、与"大白"的亲密接触

老师："今天我们班级也来了一位'大白'，大家认识她吗？"

若行："这是我们幼儿园的保健医生，我们做核酸的时候就是她帮我们采集的。"

保健医生："小朋友们你们好，我是幼儿园的保健大夫，负责小朋友的日常健康晨检，疫情来临我们也主动承担起幼儿园的核酸检测任务，成了'大白'，能为小朋友和老师们服务我们很高兴。"

孩子们看到"大白"的真面目，欣喜不已，一个个打开话匣子，似乎有问不完的话。

依依："我想问'大白'穿防护服热不热？"

棠棠：" '大白'万一想要上厕所怎么办？"

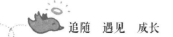

昕玥："吃饭的时候防护服要脱掉吗？"

岱枝："防护面罩戴上能看清楚吗？"

小美："防护服能不能重复使用？"

保健医生："我已经听到了大家问题了，作为'大白'虽然很辛苦，但能为大家服务我心里很开心。'大白'的衣服是专门定做的，每次都要从无菌袋里取出来，使用一次后就必须处理掉，不能重复利用。防护服密封不透气，每次做完核酸我里面的衣服都会湿掉，头上也会勒出印痕，穿上衣服之前不能喝太多的水，要不然就要不断地上厕所，这样防护服就会报废，不能再使用。"

孩子们通过和保健医"大白"的互动，感受到了"大白"的辛苦。

这就是我们的保健医生"大白"

我有问题想问你

三、我的爸爸是"大白"

1. 观看视频

班上若彤的爸爸是一名医生，疫情期间一直奋战在抗疫一线，对于"大白"的工作非常了解，我们有幸征得若彤爸爸的同意，请他录制了一段关于大白日常工作的视频，并现场和孩子们进行了互动。

我的爸爸是"大白"

我的"大白"爸爸讲科普

2.讨论与分享

天天："我的爸爸是一名警察，他也是一位'大白'。在疫情出现时，他穿上防护服忙碌在抗疫一线，他主要是负责维持秩序，控制一些捣乱的人。"

若宸："我的妈妈是师大的一名老师，她每天都要带着哥哥姐姐进行核酸检测，她负责组织大学生哥哥姐姐进行核酸检测，有时候疫情严重的时候，她还要为哥哥姐姐们送饭、送东西，可辛苦了！"

易泽："我妈妈是校医院的医生，她在疫情严重的时候经常要加班，也非常辛苦。"

孩子们的爸爸妈妈有的也工作在一线，他们在介绍自己的爸爸妈妈时充满了自豪，他们明白爸爸妈妈默默地守护着我们，非常勇敢，不怕困难，是最伟大的人。老师从孩子们的目光和语言中感受到了他们对爸爸妈妈、对"大白"们的敬意。

幼儿的经验与学习：幼儿能回顾已有经验即幼儿园日常做核酸的场景，并且能用语言分享自己的发现。在交流中，发现幼儿园里的神秘"大白"其实就是我们身边的教师、保健医生，他们就不会那么害怕，反而激发了他们想要与"大白"近距离接触的愿望，同时一系列的问题油然而生："大白的衣服热不热呀？""上厕所怎么办？""衣服能重复利用吗？"等等。幼儿由此了解到"大白"的不易，进而引发深度思考："大白"的工作只有核酸检测吗？对此，幼儿纷纷表达自己的想法，分享自己爸爸妈妈作为"大白"的经历，因自己爸爸妈妈是一名"大白"而感到骄傲与自豪。

教师的支持与反思：教师以幼儿园日常生活中的核酸检测为契机，带领幼儿了解幼儿园里的"大白"。在交流环节，教师注意观察幼儿、倾听他们的想法，了解他们感兴趣的问题，针对问题提供有效的支持，如及时邀请保健医生参与到教育活动中来。教师利用一切促使幼儿探索与深度思考的便捷资源，帮助达到解决问题的目的。在与保健医生沟通交流中，幼儿了解了"大白"的不易，同时对核酸采集的过程比较好奇，想要体验成为一名"大白"，为大家贡献自己的一份力量。

我想成为"大白"

一、"大白"的准备工作

医护人员在核酸检测之前会先做好充足的准备，然后再请大家有序进入采集点进行核酸检测，保证采样过程高效有序。孩子们也想通过游戏的方式体验一下"大白"的工作，通过回顾自己采集核酸的经历，以及对"大白"工作的了解，孩子们开始讨论体验"大白"采集核酸所要进行的准备工作有哪些。

天天："采集核酸需要准备防护服。"

乐乐："准备场地，场地要通风。"

昕玥："场地消毒工具。"

彬彬："准备试管还有棉签。"

我来为你介绍这些物品

二、核酸小贴贴从哪里来

小朋友的水壶上有很多漂亮的小贴纸，这上面的图案你们都认识吗？它们都是从哪里来的？它们有什么特殊的意义？带着疑问，老师请小朋友们对自己收集的核酸贴纸进行小组初探。

快看我们收集的核酸贴纸

快看我们收集的核酸贴纸

如意："这个是李小白！"

米娜："这个是波斯客，他是外国人。"

豆豆："张小骞是拿兵器的人！"

蓉蓉："棕色的是霍去病。"

老师："为什么要发核酸小贴纸？"

橙子："因为贴纸很好看，要奖励给做核酸的人！"

小暖："有了贴纸才能进出小区。"

泡泡："进出师大的时候也需要看核酸贴纸。"

浩然："这样就知道谁做核酸了，谁没做核酸。"

老师："你们都收集了哪些贴纸呢？"

丹阳："我去过秦岭，秦岭四宝就是'清零'的意思。"

熙熙："只有我们西安才有这种贴纸。"

涵涵："我知道他们是将军，能保护我们。"

俊琪："唐小妃真名叫杨玉环，是唐朝的妃子。"

看来小朋友对核酸检测点发放的贴纸都非常了解，知道它们都有特殊的意义，代表着城市的特色，也知道贴纸的发放也能减轻巡查人员的工作量，他们不用查看检测证明，只需要查看核酸贴纸就知道人们是否做了核酸。但问题也随之而来。

1. 没有贴纸怎么办

依芮："我们可以在网上买。"

乐乐："可以自己设计也可以去商店买。"

天天："我们可以将生活中有趣的图案收集下来，作为我们的核酸贴纸。"

若行："可以将我们西安的景点拍成照片，打印出来就能变成核酸贴纸。"

2. 你想设计怎样的核酸贴纸

开心："我觉得奥特曼是大家都喜欢的，核酸贴纸如果是奥特曼，大家肯定会争抢着去做核酸。"

小门："我前一段时间在大唐不夜城看到了不倒翁小姐姐的表演，也可以把不倒翁小姐姐的样子制作成核酸贴纸。"

二贝："我们可以设计大雁塔，大雁塔是西安最有名的建筑。"

天天："我想设计一个会吃掉病毒的恐龙。"

如意："我觉得核酸贴纸上可以有一些可爱的口罩贴纸。"

壳壳："应该是住在西安的古代人！"

3. 分享自己设计的核酸贴纸

浩童："我设计的是一个万能护士拿着棉签。"

金豆："我设计的是唐代的一个将军的样子。"

妙研："我的是西安城墙，我觉得城墙能保护我们。"

倩倩："我的是超厉害的奥特曼，能打败一切！"

我们设计的核酸贴纸

我们设计的核酸贴纸

三、物品准备进行中

老师： "还有哪些东西是我们没有准备到的？"

可乐： "没有垃圾袋。"

埃里： "还没有消毒的洗手液。"

晗晗： "还缺少放棉签的粗管子。"

张汤： "还需要在地上贴上一米线。"

寻找设置一米线的物品

粗管子、垃圾袋、小喇叭这些东西我们还需要准备好哦！

403

在活动中，教师引导孩子们将核酸检测前期所需要准备的物品记录下来，组织孩子们自由分组进行核酸检测相关物品的准备工作。在准备过程中提出新的问题——没有的物品我们可以找其他物品代替吗？——引发孩子们思考与讨论，并启发孩子们分小组绘画，将自己设计的漂亮贴纸用绘画的形式表现出来。

幼儿的经验与学习：幼儿对核酸采集已经有了一定的生活经验，他们通过自身的体验和细致的观察了解了核酸检测前所需要做的准备工作，并能主动对核酸采集工作中需要的物品进行大搜集。在收集的过程中发现很多东西无法达到自己满意的效果便突发奇想，采取以物代物的形式再次进行搜集，这锻炼了幼儿的想象力和创造力。利用绘画表征的方式设计、制作核酸贴纸以及记录核酸检测所需要的物品等，使幼儿更加明确了核酸检测的复杂与不易。

教师的支持与思考：在活动中对于幼儿出现的问题或者新的想法，教师并不急于给出答案，而是让幼儿在实践中利用多种方式找到解决问题的方法，如材料的缺失、贴纸的设计与制作、一米线的标记等，最大化地支持幼儿的想法。由此教师也看到了活动中幼儿的另一面，能将浴室桶、棋垫等用以物代物的方式利用起来，让人出乎意料。教师对出现的问题及时进行梳理，帮助幼儿以多种方式进行探究，并为其解惑，活动中，教师给予幼儿足够的自主空间，最大程度上为幼儿创设宽松的游戏和学习环境，并根据幼儿的现有认知和新的疑惑与兴趣点，引导幼儿对下一步的策略进行深度思考。

幼儿园里的小·"大白"上线了

孩子们在了解了"大白"在核酸采样前的准备工作，并依据自己的想法收集核酸检测中所要用到的东西，一切就绪之后，幼儿园里的小"大白"核酸检测队就正式上线了，随之引发了新的讨论："核酸检测的时候都有哪些人在现场呢？""核酸检测中的工作人员分别负责什么工作呢？"

各司其职的小"大白"

老师："核酸检测时候都需要哪些工作人员？"

戴尔："医护人员，他们进行核酸的采集。"

可可："还有志愿者，他们用喇叭在楼下喊：'快点下楼做核酸。'"

昕玥："还有发贴纸的。"

一横："有组织大家排队的，提醒大家注意一米线。"

大山："还有现场消毒的。"

仙儿："要有扫二维码的机器。"

老师："核酸采集人员有没有分工呢？"

可馨："有的，他们有的在机器跟前让大家刷二维码。"

小雨："还有专门给拆棉签的。"

晞晞："有专门的'大白'给大家准备管子。"

埃里："大家分工合作才能更快地完成核酸检测。"

大可："我们也可以分工合作。"

通过自主讨论，小朋友知道了会有志愿者组织大家进入采集点并维持秩序，提醒大家注意戴好口罩和保持一米间距；还有为做完核酸采集的人员发放贴纸的"大白"；有按顺序刷二维码的"大白"，以及进行具体采样的医护人员等。

看我变身"大白"

我来给你做核酸　　　　　　　　　　　赶快下楼做核酸

　　小朋友们自主选择自己感兴趣或想要成为的角色，一起体验了"大白"的工作，他们负责的事情虽然不同，但是在一起合作完成每一次的核酸检测，非常有序，也体会到"大白"在不同岗位的辛劳与不易。

　　幼儿的经验与学习：在前期幼儿能自主进行分工，活动环节完全是基于幼儿自主、自发进行的。教师以辅助者的身份参与其中，使幼儿成为活动的主人，这也体现出了幼儿相对的自主性。出现问题后幼儿相互配合、共同解决问题的能力较强，如：在穿脱防护服时，由于防护服与日常服饰有所差异，因此会出现较难穿脱的情况，但是幼儿却能一边尝试穿一边进行交流，互相帮助、相互分享快速穿着防护服的经验；在核酸检测体验过程中，幼儿都能各司其职，按照自己事先商议的角色坚守岗位，直到班级的幼儿全部做完核酸检测，才纷纷回到安全区域脱下防护服。这体现出幼儿做事情有始有终、坚持不懈的良好品质。

　　教师的支持与思考：社会认知需要体验才能更好地让幼儿快乐成长，教师适时为幼儿创设体验"大白"的游戏场景，小"大白"活动成功上线。活动让孩子们通过体验、合作、坚持不懈换来丰富的自我认知和经验拓展，从而更好地达到自主学习自主教育。活动中幼儿体验到了核酸采集的全过程，从穿脱防护服、角色分工、核酸采集、结果查看，整个环节都是幼儿依据前期探索的已有经验自发开展及组织的。教师充分放手，给幼儿足够的施展空间。从另外的角度看，此次活动也是幼儿对于"大白"这一熟悉又陌生的群体的再认识，并且由感性认识上升到理性认识，感性经验逐渐变得具体而形象。

"大白"的艰辛

一、"大白"初体验

孩子们通过自由分配角色，亲身体验了"大白"工作的艰辛后，纷纷畅所欲言，表达自己的"大白"初体验。

可乐："我感觉特别热，而且很不方便。"

大头："口罩勒得我脸上都是印子。"

昕玥："戴上面罩之后我的眼睛都是模糊的，看不清楚东西。"

乐乐："如果想上厕所就要憋着！"

可馨："我喊大家下楼做核酸，嗓子都疼了。"

代代："消毒的时候背着那个消毒桶非常重。"

晞晞："我要不停地提醒大家看着一米线，好多小朋友都不遵守。"

可馨："不停地洗手，非常累。"

"大白"的奇妙感受　　　　　　　　　分享消毒的经验

二、配合，我们在行动

老师："今后我们应该怎样做才能减轻'大白'的工作重担呢？"

依依："我们可以在核酸检测的时候遵守防疫规则，不乱跑、不乱动，保持一米距离。"

沐沐："要听从'大白'的要求，按照要求进行核酸采集。"

泽泽："提前打印好检测码，要不然轮到你做核酸了半天找不到码就会浪费时间。"

雷烨："做核酸的时候还要戴好口罩，要不然'大白'会不断提醒，他们嗓子就会很累。"

开心："在小区做核酸的时候，要赶快下楼，要不然'大白'会不停地喊。"

排队扫码做核酸就是最好的配合　　　　戴好口罩、保持一米距离就是配合

通过对"大白"进行的初体验，孩子们讲述了自己当"大白"的体会，初步体验到奋战在抗疫一线的工作人员的辛苦。因此，小朋友们认识到平时要主动配合好防疫工作，特别是在做核酸的时候，提醒自己的父母及其他家人也要积极配合，不要让"大白"们太辛苦，用自己的实际行动减少"大白"工作中的艰辛。

幼儿的经验与学习：幼儿在体验了当"大白"之后，能大胆表述自己的一些感悟和想法，并在表达的过程中充满了对"大白"的感谢和敬意。幼儿通过实际操作和亲身体验获得一定的生活经验，知道在疫情时期所要遵守的社会规则。这对于他们的语言表达能力和思维能力也是一种锻炼和提高。

教师的支持与思考：教师及时捕捉孩子们感兴趣的事物，给幼儿提供自主学习的机会，充分的空间、时间与资源，鼓励幼儿自由探索、尝试操作、体验实践过程中的乐趣。通过对"大白"的体验，幼儿了解到了他们的辛苦，产生敬佩之情，这也引发了幼儿用自己的方式感谢"大白"，这对幼儿社会性的发展有很大的意义。教师鼓励幼儿将完整的流程记录下来，不断通过自己的尝试与参与，感受其中的不易。

向"大白"献礼

一、致敬英雄"大白"

通过对"大白"的认知、调查以及初体验，孩子们知道"大白"在抗疫的第一线工作的不易，决定用自己喜欢的方式去感谢"大白"，表达自己对"大白"的敬意。

沐桃："我觉得他们太辛苦了，我想给他们说：谢谢，你们辛苦了！"

夏天："我看见他们我会给他们鞠个躬！"

若行："敬个礼也是可以的。"

依依："我会唱歌，唱歌可以使他们心情舒畅。"

若彤："我觉得不要唱歌，'大白'忙得很，唱歌就会耽误'大白'的时间，让'大白'工作的时间更久，更辛苦。"

以牧："对，我觉得只要我们排队的时候按照要求站队，这就是爱他们。"

开心："我要做勋章送给他们，他们都是英雄，我妈妈上次参加志愿者都得到勋章了。"

亮亮："给他们做个礼物吧，我最会画画了。"

天天："要是冬天了可以给他们送暖宝宝。夏天太热了，就可以给他们送降温贴。"

我为"大白"画幅画　　　制作最美的勋章　　　您辛苦了，谢谢您！

老师一次次的追问使得孩子们兴趣更浓，孩子们对用什么方式表达自己对"大白"的敬意讨论得火热，之后老师将孩子们的想法进行梳理总结，及时提供给幼儿相应的绘画材料以及图纸，引导孩子们用自己的方式向"大白"表达感谢……

二、服务他人是一件快乐的事情

老师："'大白'为大家服务觉得很自豪，小朋友能为他人做些什么呢？"

开心："我每天吃完饭都能把我们小组的桌子擦干净。"

亮亮："我每天早上来给自然角的花浇水。"

天天："我为大家铺床铺，整理玩具。"

叮当："周五劳动日的时候我们清洗了沙池区的鞋子。"

若彤："我也想去当志愿者。"

给自然角的花浇水

为大家擦桌子很开心

为大家铺床也是一件快乐的事情

清洗沙池区的鞋子

"大白"的付出获得了社会的尊重，他们的辛劳得到了人们的认可和感激。孩子们认识到为他人服务是一件有意义的事情，也乐意用给自己的力量为班级为周围需要帮助的人做一些力所能及的事情。孩子们付出了自己的行动。

幼儿的经验与学习：通过小组讨论、设计勋章、手工制作等活动，幼儿为自己心目中的英雄献出自己的爱心。制作时，幼儿能自主选择喜欢的材料进行创作，他们对材料、对物与物的属性和联系有了自己想法，提高了动手动脑能力，发展了想象力与创造力。同时，对于"大白"的付出，幼儿产生敬意，并从身边做起，萌发为他人服务的意识。

教师的支持与思考： 教师引发幼儿讨论，激发幼儿自主表达对"大白"的敬意，并为幼儿提供材料，支持幼儿实现自己的想法。同时基于幼儿对"大白"的感激以及"大白"服务他人之后的自豪感，激发幼儿的同理心，引发幼儿乐于为他人服务的意识。教师为幼儿劳动意识的培养提供有力支持，如进一步完善班级值日生制度，细化周五劳动日分工，为幼儿提供为他人服务的机会，满足幼儿的劳动需求。

结语

疫情期间随处可见的"大白"引发了幼儿极大的好奇，幼儿对"大白"既陌生又熟悉，采集核酸的"大白"、志愿服务的"大白"、小区门口守卫的"大白"，他们守护着人们的平安，同时也映入幼儿的视野。作为教师的我们抓住幼儿强烈的好奇心以及对新事物愿意尝试探索的欲望，开展了本次主题活动，为幼儿提供条件，创造机会让他们真正在亲身体验后了解"大白"。活动中幼儿以发现—探秘—体验为三部曲，展开与"大白"的相知相遇，了解"大白"的点点滴滴。在本次活动中，幼儿收获的不仅仅是有关"大白"的知识，更重要的是学会了主动去发现、思考和探究，在体验分享的过程中，感受"大白"工作的不易，从而萌发对"大白"的敬意，决定从自身做起主动配合核酸检测，遵守防疫政策，做一名合格的社会人。同时我们也意识到只要教师多用心观察，大胆放手，从生活点滴去了解幼儿的兴趣和需求，多与幼儿交流、讨论，我们总能创造出适合幼儿的课程内容，从而最大限度地激发幼儿的自主性和创造性，提高幼儿的自主学习能力。

玩具——丢不掉的爱

李　娜

缘起

在一次玩具分享会中，孩子们带来了各式各样的玩具，相互交流着自己玩具的构造、特点与玩法。在分享讨论自己和玩具的故事时，孩子们谈到了废旧玩具的处理情况：

添添："我家里有很多破损的玩具，都堆成山了，妈妈准备把这些玩具都扔掉。"

团团："每次大扫除的时候，妈妈总会在仓库里翻出来很多玩具"尸首"，然后用扫帚扫入簸箕。"

听到孩子的谈话，我们不禁想到：废旧玩具就只能扔掉吗？不，一定有其他的办法，于是，老师引导孩子们一起开启了一次废旧玩具的改造之旅。

活动脉络图

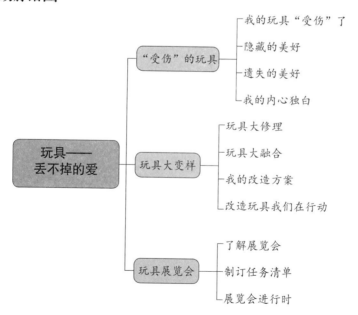

关键经验结构图

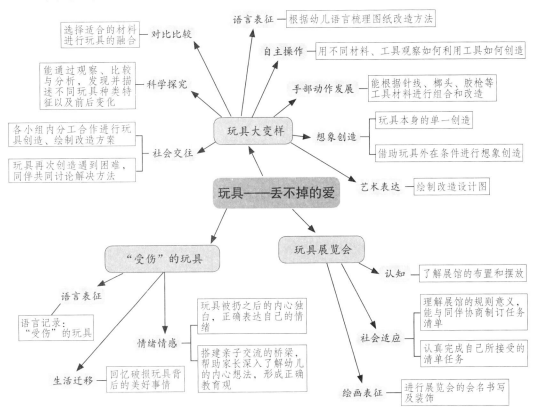

课程展示

"受伤"的玩具

一、我的玩具"受伤"了

孩子们对"破损玩具"这一现象产生了强烈的探究愿望，老师及时介入提出问题："你的玩具哪里'受伤'了？"引发了孩子们对这一现象的共同关注，于是孩子们纷纷讨论着。

小毛豆："爸爸出差的时候带回来的小蛋糕，过了一段时间灯就不亮了。"

果果："我家小白熊的脖子和身子直接咔嚓分裂，哥哥说像行走的木乃伊。"

可心："我的发条小鸡再也不会摇摇摆摆往前跑了，无论怎么扭动发条，小鸡还是一直呆呆站在那里。"

基于孩子们的兴趣点和遇到的系列问题，老师利用区域活动时间为孩子

们创设自由、宽松的语言交往环境，鼓励孩子们大胆与同伴交流，支持他们想说、敢说、喜欢说。

分享交流玩具"受伤"的情况

　　分享交流中：在孩子们的分享交流中，他们通过一双双"火眼金睛"和一个个善于思考的小脑瓜，快速找到并说出玩具破损的具体原因，这些玩具有的面目全非、惨不忍睹，有的缺少零件、缺胳膊少腿。

　　分享交流后：在观察、交流、分享的过程中，孩子们知道了每个玩具的破损程度，无论破损的程度有多严重，并不影响孩子对它的喜爱和迷恋，孩子都还视它为珍宝。可是对于这些一件件、一堆堆的破损玩具，孩子们为什么会如此喜爱？于是我们紧随孩子的脚步，慢慢倾听这些玩具背后隐藏的美好又温暖的故事。

　　二、隐藏的美好

　　孩子们认真倾听着同伴们娓娓道来的故事，被同伴带来的玩具背后隐藏的美好故事深深打动和吸引。当同伴在讲述那些面目全非的玩具时，孩子们总会认真倾听，感同身受。

添添："虽然六轮驱动遥控赛车坏了，但是我并不嫌弃它，因为那是爷爷买给我的第一件礼物。"

崽崽："挖土机虽然缺了零件，但并不影响我在家里继续玩铲土的游戏。"

寻宝："大波浪芭比娃娃是爸爸去出差为我带回来的，虽然芭比娃娃的头发缠成一团，但我还是每天睡觉的时候搂着它。"

可心："小班的时候因为第一次离开爸爸妈妈上幼儿园，当时我只有小兔兔，是小兔兔陪伴了我的小班生活，我才能够很快喜欢上幼儿园。"

三、遗失的美好

每件玩具的背后隐藏着一份美好和感动，但同时也许会留有许多伤心的泪。

"我的噼啪噼啪掌被奶奶扔掉了。奶奶说因为噼啪掌是小孩子玩的，我现在已经长大了，玩那个很幼稚。可是没有它我好伤心，我担心如果妈妈做的饭比爸爸做的饭还要好吃，我还是想用它为妈妈加油鼓掌，可是以后再也不能为妈妈鼓掌了"，团团的眼睛里似乎闪着泪花，脸上挂着委屈，耷拉着脑袋伤心地说道。妹妹听到团团的话语哽咽地说："我的一些心爱的玩具在家里悄无声息地不见了，我寻找了好几天，也没有找到，爸爸肯定全扔了，爸爸最爱扔我玩具了。"

乐乐："三角龙和公主娃娃是我所有玩具里的最喜欢的，虽然破旧，但是我很不舍，可是妈妈没有和我商量就把它们全部送人了。"

旦旦："我有一本玩具故事书，是一到三岁阅读的，可是我四岁了，妈妈觉得我长大了不需要了就扔到垃圾堆，但是我用不上我可以送给两岁的弟弟呀！"

孩子们用最稚嫩、最真实的语言诉说着自己的伤心和难过，心理呼应、情感共鸣让我们再一次感受到在他们幼小的心灵里似乎有一抹忧伤，作为成人的我们是否真正想过要走进孩子的内心最深处，读懂他们的语言、听懂他们的故事，进而增进亲子情感并与其有效沟通呢？

四、我的内心独白

当老师再次为孩子和父母之间架构起一道心灵桥梁的时候，尘久的阴霾终将过去。

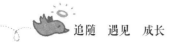

老师："对于丢弃的玩具，你想对它们说点什么呢？"

妹妹："爸爸，你扔了我的玩具我很伤心，我那么好的玩具就被你不爱惜地扔了。"

乐乐："妈妈，你下次要扔，告诉我，要征得我的同意，好吗？"

布丁："妈妈，我以后玩玩具会特别爱惜保护它，保证都不坏掉，这样你就不会扔了吧！"

叶子："我以后不会把玩具摆得乱七八糟，我会收拾整理好。"

崴崴："虽然坏了，但是对我来说比宝贝还要宝贝。"

诉说委屈难过

幼儿的学习与经验：兴趣是最好的老师，幼儿对破损玩具产生了强烈的探究愿望，眼睛与小脑瓜碰撞出闪亮的火花。幼儿能够快速说出玩具破损的具体原因，在区域活动中、在整个语言交流的过程中大胆讲述把破损玩具当宝贝的具体缘由。在自由、宽松的语言交往环境中，他们与同伴大胆交流，想说、敢说、喜欢说并得到积极回应。

"破损玩具——失望的心里独白"一系列环节是激发幼儿表达情绪情感方面的必经过程，幼儿在回忆中和反思中收获了成长，提升了遇到问题解决问题的能力。知道合适表达情绪并及时做到有效沟通，整个活动中幼儿充分感受到亲情和关爱，形成积极稳定的情绪情感。

教师的支持与思考：活动过程中，教师更多以倾听者、支持者的角色参与幼儿的活动，帮助幼儿大胆陈述自己的意见或理由。在充分尊重和保护幼儿好奇心以及学习兴趣的前提下，教师与幼儿共同谈话和交流，支持幼儿正确释放情绪情感。同时对于大人扔玩具这件事，教师抓住了核心要点，为幼儿和家长架构亲子沟通的桥梁，同时通过为幼儿录制视频的形式让家长深入了解幼儿内心的情绪波动，帮助家长树立正确的教育观，尊重幼儿。

不同的玩具破损程度不一，那这些破损的玩具究竟有哪些利用价值？幼儿最想用这些破损的玩具做什么？在接下来"玩具大变样"的过程中，幼儿将进行持续的思考和探究。

玩具大变样

一、玩具大修理

基于孩子们在活动中得到情感升华和共鸣，对于破损的玩具表现出爱惜和不舍，那这些破损的玩具到底如何能恢复原样或更加好玩呢？于是孩子们根据玩具的破损程度寻找不同的材料进行玩具大修理。

老师："破损的玩具如何修理？"

添添："如果是毛茸茸玩偶之类的可以找针线进行修理。"

妹妹："一些塑料之类的玩具，比如零件脱落的玩具，可以利用老师的电熔胶枪牢牢粘紧。"

寻宝："用针和线也可以把他们缝起来。"

布丁："根据玩具的种类找不同的工具和材料。比如玩具身上的螺丝帽松口了，我们就需要找螺丝刀解决。"

毛豆："还有一些本身靠电池发电的玩具，那我们可以寻找适合的大小电池进行安装，但是不一定是电池的问题，有的玩具可能是线路问题。"

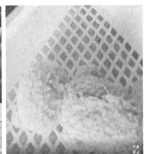

小小修理家

孩子们根据玩具的材质等特点，大概梳理出不同的玩具使用的工具也有所不同，最终他们通过集体商量、选择，决定尝试使用针线、螺丝刀、胶枪等工具修理这些破损的玩具。

二、玩具大融合

一个个残缺的玩具在孩子们的手中焕然一新，每一个玩具都获得新的生命，这样的功劳肯定离不开主人的动脑思考和想象创造，可是未修理成功的玩具怎么办？那"一个玩具+一个玩具"是否可以创造出新的玩具的问题，引发了孩子们进一步的探究和讨论。

可心："我的玩具小鸡和依依的发箍固定在一起，就是一个小鸡发箍。"

KK："我从家里带来的小汽车可以和豫豫带来的积木轱辘粘在一起，可以成为一辆帅气的跑车了。"

炳南："虽然我带的小黄鸭只能漂浮在水面，但是我可以给小黄鸭进行改造，在小黄鸭的身上装满泥土并种上大蒜，我的小黄鸭就变成了一个种植小盆栽啦。"

朵朵："家里的乐高塑料积木没啥用，可以和其他拼插玩具组合，最后就会成为一个门插。"

叶子："我可以用露出线头的'毛毛虫'进行改变，用针线在它的身子上缝一个纽扣和绷带，这样就会用来绑窗帘。"

马宝："虽然我们家脚踩的塑料充气泵坏了，但是我可以用它做一个充气泵大头娃娃。"

三、我的改造方案

孩子们能够说出两种玩具拼接在一起具体的思路，并大胆说出创造出来的新型玩具具体的样子。至于创造新型玩具需要用到的材料和工具，孩子们则你一言我一语地讨论起来："我可以利用找到的材料将两种玩具进行改造。"明明坚定地说道。"可是一个人可以完成改造吗？需不需要好朋友的帮助呢？"马宝对明明的观点产生怀疑。"在改造的过程中我们可以根据改造方案来完成。"KK提出了制订改造方案的好主意。最后大家明确了自己的改造计划，知道了要提前考虑并搜集改造的具体材料，最终制订了改造方案。

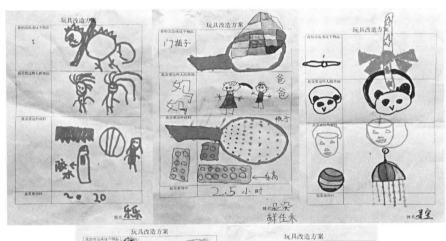

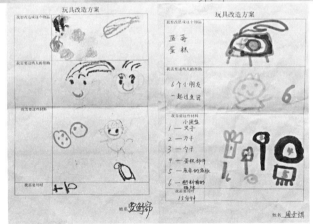

改造计划

四、改造玩具我们在行动

1.尝试制作

孩子们拿着自己定好的改造方案寻找适合的材料开始制作。

改造中：

我是小小改造师

2. 遇到的困惑和解决办法

改造时孩子们都在聚精会神地摆弄着自己手中的宝贝，但是改造过程并非容易，独立完成还是合作完成都有不小的困难和挑战。平时细心的朵朵也遇到了“天大的难题”并噘着嘴巴说：“为什么这根线穿不到针后面的洞洞里？”“平时我在家经常看到奶奶做针线活，她每次穿针都很厉害，都是一只眼睛闭着一只眼睛睁着才可以成功。”果果振振有词。布丁在旁边紧接着说：“老师，为什么我闭着眼睛穿线的时候手老是发抖，我是不是太紧张了呢?”布丁的话语惹得小朋友们哈哈大笑，但是大家最终都以“如何将线穿在针的洞洞里”而绞尽脑汁想办法，期待共同合作完成这个具备挑战性的任务。

布丁：“我负责拿针，果果和朵朵负责来穿线。”

朵朵：“果果可以用眼睛紧紧地盯住针孔，当我把线穿进‘洞洞’的时候，你们用手指捏住线绳往外一拉就好了。”

孩子们开心地和同伴分享着改造的趣事：“改造玩具虽然麻烦但是超级好玩。”“我还想再改造一个。”“今天回家我可以把家里的闲置破损玩具拿出来继续改造。”“真想把这件让人兴奋的事情告诉妈妈呀！”“这么多新型玩具，要是放在展览馆该多好！”

改造后：

看，玩具改造好啦！

幼儿的经验与学习：幼儿结合生活经验，通过探索，熟悉和掌握了玩具的改造过程，他们动手操作，乐在其中。幼儿在即将改造时，能够提前收集所需要的材料以及考虑在改造中遇到的困惑。对于遇到的困惑和问题，幼儿能发挥其想象和创造，在一系列改造的过程中敢于挑战有一定难度的任务。在使用工具的过程中，幼儿对于遇到的问题能够倾听和接受别人的意见，不能接受则会说明自己的理由，这都是幼儿自尊自信自主的表现。教师鼓励幼儿在修理过程中大胆尝试，通过小组活动的形式鼓励幼儿分工合作，增强了幼儿同伴交往的能力，提升了幼儿坚持认真专注的品质。

教师的支持与思考：从给玩具进行修理且发挥原有的作用到借助外在元素对玩具进行创造和融合，教师在这个过程中给予了幼儿更多的活动支持，并赋予幼儿更多的自主权。从活动的开展形式上，教师给予了幼儿主动参与的机会和讨论协商的空间，鼓励幼儿不断尝试，在遇到困惑时能够倾听别人的意见并习得有益经验。教师在跟随幼儿脚步的同时追随幼儿兴趣，通过不断尝试，发现问题的本质，寻找问题产生的原因以及通过多种方法解决问题，从而促使幼儿形成思考问题的能力。

教师仔细倾听幼儿的交流，观察幼儿脸上洋溢的笑容，为幼儿的成长感到无比欣慰。当看到幼儿对自己亲手制作改造的玩具如此喜爱，听到幼儿"如果有能展览新型玩具的展览馆该多好"的话语时，教师及时捕捉幼儿的心理活动，挖掘新的问题导向，并关注幼儿兴趣的延续，及时追问："展览馆是什么样的？"从而展开"玩具展览会"的相关活动。

玩具展览会

一、了解展览会

在生活中孩子们会经常接触一些别具一格的展览馆，且他们对每个馆的环境布置以及物品的陈列方式也能说得头头是道。那我们的展览馆也将提上日程，于是打造展览馆的计划也随之而来。

崽崽："我们可以找一个空旷的场地。"

寻宝："我们可以为我们的展览馆起个好听的名字。"

子淇："找一些有高低错落的木头架子，可以把我们的展品摆放在上面。"

来宝："每次的展览馆都会有很多参观的人，大家还对着展品进行拍照。"

二、制订任务清单

经过和孩子们的交流我们一起梳理了打造展览馆的任务清单：

第一，确定展览点。

第二，布置场馆。

第三，物品摆放。

第四，确定参展人员。

三、展览会进行时

1.确定展览点

老师："你们想在哪里举办展览会呢？"

布丁："走廊就可以，因为小朋友都能看到我们的展览品。"

萌萌："其实教室就可以，因为班上就有桌子、一些高低不一样的玩具柜，更方便摆放我们的作品。"

孩子们通过观察，打算在活动室筹备和布置展览。因柜子高低不一，不能凸显摆放的层次，孩子便在楼道里开始搜寻可用的物件。

寻找可以作为展台的物品

寻找可以作为展台的物品

2. 布置场馆

老师："环境如何布置？"

丁丁："首先得有一个名字，我们需要起一个好听的名字。"

毛豆："可以找一些亮晶晶的颜色纱，把纱铺在桌子或者柜子上面进行装饰。"

设计、布展，我们一起行动

3. 物品摆放

老师："如何摆放？"

团团："把我们需要把摆放的展品摆整齐，这些展品摆放的角度要面向参观的人。"

满满："每个物品之间留一些空隙，保持距离。"

毛豆："这些展品要有改造人的姓名，这样大家就知道是谁改造的了。"

玩具摆放进行时

4. 确定参会人员

忙碌的展前准备工作在大家的分工合作中快速完成，那到底邀请谁来呢？大家纷纷开始议论起来。

萌萌："这么有意义的事情，我还是想让爸爸妈妈来见证。"

老师："他们如何得知这件事情？"

乐乐："可以给大家打电话。"

依依："但是打电话肯定来不及，而且眼看就要放学了。"

仔仔："老师可以发个群通知，@所有人，大家就都知道了。"

为了让家长们得知下午放学时有展览会的事，孩子们都各自想着不同的办法，但是基于时间的原因，孩子们最终在老师的协助下通过微信"@所有人"的方式来告知家长们。活动到这里其实已全部结束，但关于"@所有人"的话题还有许多思考，这个话题是来自孩子的生活，来自老师和孩子们平时的交流，来自孩子们关注周边的人和事物，而这些才是真正有意义的课程，也更足以说明当下课程的理念来源于孩子的生活中，又回归孩子生活去。

别样的展览会在放学时如火如荼地进行着。

开心玩具展览会

幼儿的经验与学习：基于前期参观过博物馆、美术馆，了解过不同馆中布置情况的经验，幼儿通过自由讨论获得"如何布置我们的展览馆"的任务信息从而进行梳理。幼儿在与同伴交流讨论"展览馆中是如何布置展品"的过程中勇敢自信地表达自己的所思所想，在理解他人语言的基础上组织自己的思想，增强了理解与表达的能力。在活动的过程中，每位幼儿能够积极、快乐地参与到集体活动中来，愿意为集体做事，也因大家共同完成任务而获得成就感和幸福感。

教师的支持与思考：活动中教师根据幼儿的生活经验提出问题，为幼儿创设自由、宽松的语言交往环境，引导幼儿迁移生活中所见到的不同展馆环境创设的已知经验，鼓励支持幼儿与同伴交流布置展馆的诸多方法。同时，引导幼儿通过小组合作的形式明确小组的任务内容，鼓励幼儿积极参与活动，从而激发幼儿在活动中发现问题、寻找原因、解决问题的良好学习品质。

结语

苏霍姆林斯基说："世界上没有才能的人是没有的，问题在于教育者要去发现每一位幼儿的兴趣、爱好和特长，为他们表现和发展提供充分的条件和正确的引导。"本次活动正体现了苏霍姆林斯基的教育理念。活动中教师遵循幼儿的兴趣和发展规律，基于他们的兴趣提供充分的条件和正确的认知，帮助幼儿树立正确的人生观、价值观，同时帮助家长形成教育观。

本次活动深受幼儿喜欢，之所以如此是因为成功的教学活动需要的不是强制，而是激发幼儿在活动中的兴趣取向。兴趣是幼儿最好的老师。在班本活动中，教师能够及时捕捉幼儿的兴趣点并挖掘活动中的核心价值。比如破损玩具的再次改造是缘于孩子们发现的问题和兴趣，在充分尊重和保护幼儿好奇心和学习兴趣的基础上，教师以培养其发现问题、解决问题的能力为目标而开展的一系列主题活动。活动在生成和预设中步步推进，激发了幼儿关注生活中废物利用的创造美，孩子获得了如何解决破损玩具的新经验，发展了幼儿动手操作的能力，转变了幼儿的思维方式，丰富了其认知水平和未知需求，使课程不仅停留在有效的层面上，还更具有生活意义。

对话纹理

刘嘉欣

缘起

　　"大自然、大社会都是活教材"，在"丰收的季节"的主题活动中，孩子们在户外活动时围绕着"七叶树"树干上的纹路不停地讨论着……孩子们对树木纹理的兴趣，使老师捕捉到了有价值的教育契机。纹理图案广泛存在于自然界中，存在于儿童的生活中，对纹理的了解和关注能激发孩子们对自然事物的好奇心和探究兴趣，同时有助于提升孩子们的审美及艺术表现能力。于是，我们抓住孩子的好奇心和求知欲，在具有细致甄别教育价值的基础上，支持幼儿的探究，开展了"对话纹理"的活动。

活动脉络图

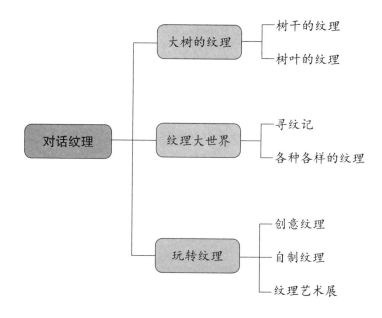

关键经验结构图

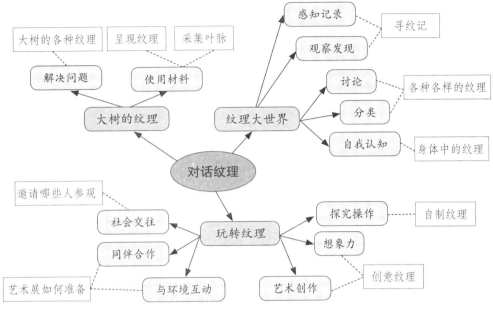

课程展示

大树的纹理

一、树干的纹理

随着孩子们对大树纹理的关注，老师也及时与他们展开了关于大树纹理的讨论。

1.树皮上的纹理

既然孩子们观察到树皮的纹理都不相同，那这些纹理具体都是什么样的呢？

清和："大树的纹理是一条条的线，看起来像是一排一排的。"

达开："大树的纹理是线条，还有一些凸起来的点点，很像迷宫的围墙。"

可心："树皮上的纹理，还有的是椭圆形的。"

妹妹："切掉树枝的那块，外面是一条一条的，里面有年轮，是一圈一圈的，看起来像是蜗牛壳。"

2.年轮纹理

听到妹妹谈到了年轮，寻宝和彭彭也加入了年轮的讨论。

寻宝："年轮有几圈，代表树活了几年，形成一圈年轮就需要一年时间。"

彭彭："有的树木身体好年轮就长得胖，身体不好的就长得瘦。"

寻宝："大树要成长必须要晒太阳，而大树晒太阳也不是一圈都能晒到，只有一边能晒到，另外一边晒不到。"

一起观察年轮吧

为了能更好地观察和了解年轮，教师提供图片和实物材料，使孩子们在直观的感受中，发现年轮的特点。原来，大树的纹理不止存在于树皮上，树干里面的年轮也是一种纹理，而且年轮也"暗藏玄机"，太阳光、水分、气候都会影响到年轮的疏密程度。

3.呈现纹理

为了能更清楚地观察纹理的样子，发现各类纹理的不同。孩子们共同思考：我们用什么方法能将这些纹理呈现出来？

孩子们前期有一些拓印的经验，于是添添很快表示："用纸压在树干上然后用油画棒来画下来。"

萌萌："可以边看边画，将纹理画在纸上。"

朵朵："我们用胶带做手工的时候，手的指纹会粘到胶带上，我们用胶带粘一下树，树的纹理就能看见了。"

仔仔："我们可以把墨汁沾在树上，用纸一印就能发现纹理。"

孩子们选择用不同的材料来进行纹理的呈现，有的孩子选择了用油画棒来拓印：孩子们将纸紧紧地按在树皮上，将油画棒横着拿，轻轻地在纸上拓印；有的孩子边看边记录，有线条的纹理、斑点的纹理，还有横着的短线条的纹理；有的孩子迁移用胶带提取指纹的方法，尝试用胶带贴在树干上提取纹理，但发现胶带提取的纹理似乎不是特别清晰；还有的孩子想用颜料或墨汁刷在树上，但是又担心墨汁有毒伤害大树，老师就提供了自然材料树片让孩子们在美工室进行了活动。

拓印、图画表征树皮纹

用胶带提取树皮纹

用墨汁、颜料按压出纹理

二、树叶的纹理

大树除了树皮上有纹理和年轮纹理外，还有哪些地方有纹理呢？明明说："树的叶子上肯定也有纹理。"其他孩子纷纷赞同，并表示每种树的树叶上都有纹理。

老师："树叶的纹理在哪里，你是怎么发现它们的？"

达开："我们可以用手电筒照着叶子，就能看到叶脉，叶脉就是它的纹理。"

毛豆："可以使用放大镜观察树叶的叶脉纹理。"

布丁："把树叶放到有阳光的地方，一照就能清楚地看到叶脉。"

添添："叶子的背面可以摸到叶脉，摸起来还挺明显的。"

一起来观察叶脉吧！

手电筒和放大镜看到的叶脉是什么样的呢？

看来叶脉能明显地被孩子们发现和找到，那叶脉具体是什么样子呢？每个叶脉都是相同的吗？老师和孩子们一起捡拾了大量不同种类的树叶，经过小组观察和比较，孩子们发现树叶的形状不同，叶脉也是不同的，并且将叶脉分为三大类：一类是网状叶脉，我们生活中枫叶的叶脉是网状叶脉；第二类是平行叶脉，常见的有龟背竹、棕榈树的叶脉；第三类是叉状叶脉，银杏叶脉就是叉状叶脉。

教师："哪些方法可以提取树叶的纹理？"

寻宝："还是用胶带纸粘树叶纹理。"

仔仔："给树叶上涂上颜料，再往纸上印一下就能找到纹理。"

可乐："用橡皮泥在叶子上压一下，就能出现叶脉。"

可心："可以用一个东西砸一下，下面铺上纸，就能看到纹理。"

胶带提取到的叶　　　榔头敲击呈现叶　　　颜料拓印出叶脉　　　树叶沾水呈现叶脉

彭彭："我觉得蘸点水摁压的方法不太好，不能看到清晰的纹理。"

毛豆："水会流动，所以我们印出来的痕迹是一整片，要用颜料才能印出来。"

在呈现叶脉的孩子们充分自主选择材料和方法，在用胶带提取的过程中，他们用剪刀将树叶剪成和胶带同样的宽度，大家能清楚地看到胶带采集的叶脉。

孩子们还迁移用砖头敲击树叶寻找叶绿素的经验，认为敲击也能呈现叶脉，但同时，他们结合用砖头敲击提取叶绿素时砖头的杂质会弄脏叶绿素的经验，重新选择敲击工具，以达到更好地呈现叶脉的效果。于是他们在教室找到了不会有杂质的工具——榔头，经过尝试，他们发现榔头敲击的方法可以呈现叶脉。

在颜料拓印的尝试中，不同形状、不同厚度的树叶，正面和反面的树叶，拓印出来的效果都是不一样的。

幼儿的经验与学习：幼儿发现了树干上的纹理，也了解了年轮实际上也是一种纹理，认识和区分了平行叶脉、网状叶脉和叉状叶脉，并尝试了多种提取纹理的方法。其间，幼儿能结合已有经验用多种工具、材料进行纹理的提取呈现。基于提取大树纹理的经验，在提取叶脉纹理时更注重细节，提取到的纹理也更加完整，在使用榔头敲击呈现叶脉的尝试中，幼儿能一致迁移经验，并

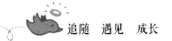
优化材料方法，完美地解决问题，获得了新旧经验的交互建构。

教师的支持与思考：教师提供图片，引导幼儿观察大树的横切面，从而发现年轮，并提供现实材料引导幼儿观察和比较年轮是否全部相同，帮助幼儿形象了解年轮为什么会出现不同的形态。同时，提供了大量不同种类、不同形状的树叶，使幼儿在自然状态下可以自主选择材料对叶脉进行观察，而后，在幼儿观察和产生疑问的基础上，帮助幼儿梳理了叶脉的不同种类，使幼儿更有效地掌握叶脉的种类。整个活动中，教师时刻关注幼儿，充分尊重幼儿的需求，适时提供环境和材料、工具，支持幼儿自主探究。

纹理大世界

一、寻纹记

通过对大树和树叶的纹理的探索，孩子们对纹理的兴趣更浓厚了，关注点也从树上转移到了身边每一个物体上。每次发现一个新的纹理时，他们总是乐此不疲地与同伴讨论分享。基于幼儿对纹理关注的热度，他们对纹理的探究也在继续深入：除了树上有纹理，我们还能在什么地方找到纹理呢？利用周末，家长和孩子们充分在生活中寻找纹理，原来纹理在生活中无处不在。

对对："哈密瓜表面有纹理。"

清和："我在山上发现了很多石头上面都有纹理。"

旦旦："蜗牛的壳上有一圈一圈的纹理，看起来像水漩涡。"

老师："你是怎么发现这些纹理的？"

乐乐："我用眼睛观察到门框上有很多线条。"

毛豆："我摸了摸地板上的线条，感觉上面凹凸不平的。"

通过讨论我们抓住了两个关键词：一个是线条，另一个是触感，他们认为纹理大多数是一条一条的线，摸上去是有感觉的。孩子们还绘制了纹理收集表，将自己发现的纹理进行记录。

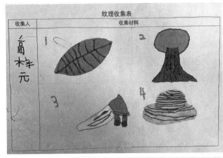
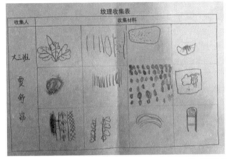

绘制纹理收录表

二、各种各样的纹理

孩子们找到了各种各样的纹理，可在分享的时候又遇到了新的问题，他们认为有的小朋友找到的纹理并不是真的纹理。基于"寻纹记"中的经验，孩子们认为判断一种线条是不是纹理有两个要点：一是它本身是线条状，二是要有明显的触感。从这两个要点出发，孩子又开始分辨自己和同伴找的到底是不是纹理。

妹妹："我找的木头椅子上面有纹理。"

对对："我的海螺上面也是纹理。"

添添："轮胎上面也是纹理。"

达开："旦旦找到的乌龟壳不是纹理，因为它不是线条形状，而是一块一块的。"

教师追问："你们同意他的说法吗？你们认为块状的乌龟壳是不是纹理呢？"

明明："我认为是，叶脉都有好几种形状，纹理也可以有很多种形状。"

熙熙："我也觉得是，这是另一种纹理，它是一块一块的。"

　　小满：　"我找到的是地板上的线条，但是用手摸不到，我不知道它是不是纹理。"

　　崽崽：　"这也是纹理，但是有的纹理可能没有摸上去那种感觉。"

摸得到的纹理

　　很多纹理是能摸得到的，但也有一些物体依然有线条，表面却是光滑的，就像教室的地板。也有纹理，是工人们画上去的，为了让地板更好看一些；还有一些纹理，比如轮胎、鞋上的纹理，都是人工制造的，它的作用是防滑，可以保护我们。这么多的纹理，我们怎样将它们清楚地区分开呢？

　　彭彭：　"按照树上的、水果、动物等来分。"

　　达开：　"可以按照自然中的和人工制造的来分。"

　　旦旦也加入讨论：　"可以按照线条纹理和一块一块的纹理来分。"

　　可乐：　"我收集的指纹是人身体上的纹理，所以身体上的纹理也算一种分类的办法。"

　　教师追问：　"你们能发现自己的指纹吗，它是什么样的？"

　　乐乐：　"我的指纹看起来圆圆的，特别细。"

　　团团：　"我的指纹有一些是圆圆的，有一些散开有开口，就像视力表上面的开口一样，圆圆的指纹没有开口。"

　　教师追问：　"身体上除了手指有纹理，还有哪里有纹理呢？"

　　妹妹：　"人的手掌上面有很多线条，是手掌纹。"

　　悦悦：　"其实人的皮肤表面也有纹理，只不过我们看不见，它太小了。"

　　寻宝：　"眼睛上面的双眼皮也是纹理。"

　　原来我们身体上也有许许多多的纹理，有一些纹理很容易被找到，比如手腕、手心的纹理；还有一些需要细心寻找，比如双眼皮的纹路和嘴唇上的纹路。孩子们将纹理做了这些分类方法：一是按照来源分，分为人造纹理、自然纹理和身体上的纹理；二是按照形状分，分为条形纹理和块状纹理。

一起来揭秘：身体上的纹理

　　幼儿的经验与学习：幼儿的学习是以直接经验为基础，在游戏和日常生活中进行的。在本节活动中，幼儿基于自身对各类纹理的调查、观察，以自由讨论的形式将周末收集到的纹理进行交流和辨认，明确了什么是纹理，掌握了纹理的分类方法，还了解了指纹和身体上的其他纹理，更进一步认识了自己，也深化了对纹理的认知。

　　教师的支持与思考：活动前期的预设中，教师考虑到纹理可以分为自然纹理和人造纹理，活动中幼儿谈到了指纹，其他幼儿表现出了兴趣，于是教师随机引发了"身体上的纹理"的话题，使幼儿关注到了人体本身，发现了指纹有不同形状，身体上的纹理也有多种，从而尊重幼儿的兴趣，推进了课程的发展。

玩转纹理

一、创意纹理

　　前期孩子用了很多种方法提取、呈现纹理，又在生活中找到了更多不同的纹理。有一天，依依和悦悦讨论道："蜗牛壳上的纹理好像一个大海的漩

涡"，其他孩子也纷纷参与讨论起来"我觉得四片树叶组合起来可以变成一个蝴蝶的翅膀"……

追随着孩子们的兴趣，老师随即与孩子们讨论关于"纹理像什么"的话题，孩子们想把纹理变成什么呢？

可乐："大的叶子变成大树，小的树叶变成小树，再用银杏的叶子做成一个小朋友。"

达开："圆形的年轮可以做成乌龟壳，或者变成钟表的表盘。"

熙熙："我觉得年轮的纹理可以变成螃蟹的身体，在旁边再添上螃蟹的爪子就可以。"

孩子们听完熙熙的想法后，意识到可以在提取纹理的基础上进行添画，这样就更有创意了。于是，老师带领孩子们来到美工室，这里丰富的创作材料，充分支持了孩子们的艺术创造活动。

来看看我们在美工室的趣味尝试吧

创作过程中，孩子们使用到的自然材料多种多样，包括树皮树叶、水瓶、吸管、石头、包装袋、牙刷、毛笔筒等，在拓印纹理的基础上孩子们进行了想象添画，一幅幅创意纹理作品就完成了。

我们的作品

二、自制纹理

在之前的活动中，孩子们借助一些工具，利用拓印或敲击的方法呈现出自然物的纹理，随着活动深入，他们又有了新问题："如果没有物体本来的纹理，我们可以自己做出纹理吗？"为了解决幼儿的疑问，老师也在网络上搜索了一些自制纹理的资源，并以此为基础带领孩子们展开创作。在创作活动中，老师分享了一些图片，第一幅作品是泡泡画，第二幅是抽绳画，第三幅是气球拓印画，第四幅是流体颜料画。

老师："这些纹理都是什么样子的？你觉得它们像什么？"

达开："第一个纹理作品看着像一只眼睛，中间黑黑的那个是眼珠。"

毛豆："我看到了颜料混合在一起变成了河流。"

布丁："那些泡泡的纹理像一个个马蜂窝。"

添添："第二个纹理看着像蝴蝶。"

乐乐："第三个作品看起来有点像很多个小花伞。"

教师追问："你知道这些作品是怎样制作出来的吗？它们使用了以下哪种材料呢？"

制作纹理的材料

寻宝："第一个用到了矿泉水瓶，因为我们小班的时候玩过用矿泉水瓶吹泡泡的游戏。"

乐乐："把泡泡吹到纸上，再把泡泡都戳破，就会有这样的痕迹出现。"

仔仔："我觉得第三个作品用到了气球，给气球上蘸些颜料在纸上按一下。"

可乐："第四个可能是用颜料混合在一起再流出来就可以了。"

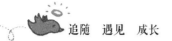

丙楠： "那绳子画是怎么做的呢？"

布丁： "绳子可以蘸上颜料在纸上使劲甩一下，那个颜料就能显示在纸上了。"

可心： "我觉得这个方法不行，颜料可能会溅到别人身上。"

老师： "绳子蘸上颜料之后有没有什么好办法能创造出这样的纹理效果呢？"

孩子们都沉默不语，显然是没有想到有用的方法，于是教师进行了抽绳的演示。

通过思考和观察，孩子们发现生活中很多材料都可以用来制作纹理，气球压印、吹出泡泡、抽绳的办法都可以帮助我们创作出独特的作品。

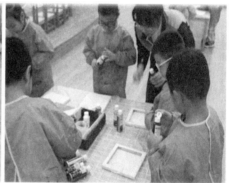

尝试用不同材料制造纹理

创作完成后，孩子们又向同伴介绍起了自己的作品。

悦悦： "我用到了矿泉水瓶制作出了纹理，而且我用到一些蓝色的泡泡水，有深有浅。"

仔仔： "我也选择了矿泉水瓶制作出了纹理，不过我的纹理排列得很整齐，而且很对称。"

崽崽： "我是用颜料来制作的纹理，发现我的颜料特别少，整个画框上的颜料特别少。我下次可以多挤一点颜料，这样我的画面布局就很满，不会显得很空。"

老师追问： "在这些纹理作品中，你最喜欢哪一幅？"

明明： "我喜欢布丁的作品，他是用绳子做的，看起来像一只蜻蜓。"

小满："我喜欢浩楠的作品，看起来很像一只企鹅，颜色也很好看。"

可心："我觉得有一些小朋友用泡泡吹的纹理很好看。"

毛豆也很喜欢泡泡小组的纹理，并且认为："吹出来的泡泡很小很多，而且还会爆炸，泡泡爆炸之后的颜色更好看了。"

三、纹理艺术展

孩子们制作出了很多独特的纹理，得到了同伴、老师们的赞扬。为了让更多的小朋友和老师欣赏到这些美丽的纹理作品，孩子们决定要举办一场"纹理艺术展"，来展出自己的作品，邀请其他班的小朋友和更多的老师共同欣赏。

团团："可以邀请他们来我们班。"

老师："怎么邀请？"

乐乐："我可以制作邀请函，然后把邀请函送给他们。"

但是，距离放学只有一小时了，有没有更加高效的方法呢？孩子们又陷入了思考。

对对："我可以去其他班告诉他们，我们有很多漂亮的作品请他们来看。"

KK："首先要把我们的作品整齐摆放在一个地方，才能请别人来观赏，到时候就需要我们向大家介绍自己的作品。"

老师追问："哪个地方适合把大家的作品整齐地摆放好呢？"

熙熙："睡觉房大一点。"

毛豆："门口值日生牌的白墙也可以。"

恩恩："放在我们班门口的地上。"

萌萌："那别人走来走去就会踩坏的。"

寻宝："可以把它吊起来。"

老师追问："怎么吊？是悬挂吗？怎么挂？"

芊芊："可以找长长的绳子。"

老师："那这根长长的绳子固定在哪里？"

豫豫："可以拉在两个白柱子之间。"

依依："可是太高了，我们够不着。"

明明："可以找老师帮忙，让老师帮我们固定。"

孩子们先将在纸上完成的作品整齐地排列在绳子上，再用夹子将每幅作品固定好，还邀请老师帮忙，共同将这根挂满作品的绳子绑在植物角两旁的柱子上；另外一部分用画框制作的作品则被摆放在植物角的置物架上，这样所有的作品就完整、美观地呈现在我们面前了。

我们可以大胆介绍作品哦

邀请函发出后，幼儿园里很多小朋友、老师都来欣赏作品，孩子们还分区域轮流担任"作品讲解员"，大方地向来参观展览的小朋友介绍作品主题、制作过程和制作方法，而各位观赏者也不停地与自己的同伴互相讨论着、分享着……就这样，我们的"纹理艺术展"举办得非常圆满，受到了很多小朋友的喜欢。

幼儿的经验与学习：幼儿能习得自制纹理的不同方法，并且能发挥想象进行添画创作，能运用各类材料和方法，在与同伴的合作、讨论中进行创意表现，将纹理变成了一幅幅生动的创意作品。同时，通过交流讨论，在准备作品展览会的过程中，能进行计划、与同伴商议，根据个人能力参与不同的准备工作，分工合作，顺利地开展了作品展览会，和其他们班的小朋友分享了他们独特的创意作品，收获了满满的成就感。

教师的支持与思考： 本次活动中，教师紧紧跟随着幼儿的兴趣，引导其将纹理与生活中常见的实物相联系，调动起幼儿参与自制作品、创意活动的积极性。通过集体讲述和体验，幼儿获得了创造纹理的多种方法。特别是在突发事件"作品展览会时间紧迫"的问题中，教师及时抓住教育契机并进行引导，使幼儿直面问题并设法解决，培养了幼儿主动思考、积极解决问题的能力，发展了幼儿的语言、社会交往、动手操作和探究的能力。

结语

在"对话纹理"的生成活动中，老师从幼儿的兴趣出发，基于幼儿的已有经验，为幼儿提供适宜的环境和材料，使幼儿在有效的幼幼、师幼互动中，自主探究，大胆创意，获得经验和认知。

在活动中，幼儿从感知大树的纹理开始，探寻大树和树叶的纹理，尝试用多种方式采集呈现纹理，逐步过渡到寻找生活中的纹理，不断地扩展对纹理的认知，获得了纹理的概念和分类方法。在对纹理有了丰富的认知后，幼儿充分发挥想象力和创造力，通过各种艺术形式来创造纹理，举办纹理作品展览会。

活动整体分为了解、认知—探究、尝试—创造、欣赏三个大的模块，内容层层推进，幼儿的经验和学习深度不断提升。本次活动结束之后，幼儿在生活中依然在不断地关注着、寻找着、交流着身边的各种纹理，幼儿的深度学习，仍在生活中持续进行……

我与西安的一场赴古之旅

姚 楠

缘起

在"我们的城市"主题活动中，孩子们认识并了解了城墙、兵马俑等西安的名胜古迹，对于他们所在的城市——西安有了新的认识。西安的古建筑也成了孩子们活动之余讨论的话题。

基于孩子们的探索兴趣，结合西安丰富的古建筑资源，本着课程源于生活的原则，我们深入思考甄别，和孩子们一起开始了这场"赴古之旅"，旨在通过不断深入的探究，让孩子们感受古建筑的特点和魅力，进一步了解西安的古建筑，并激发孩子们爱家乡、保护古建筑的积极情感。

活动脉络图

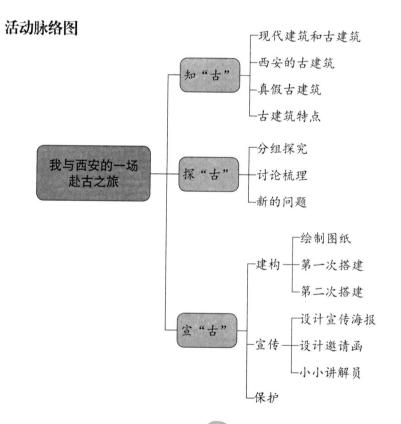

关键经验结构图

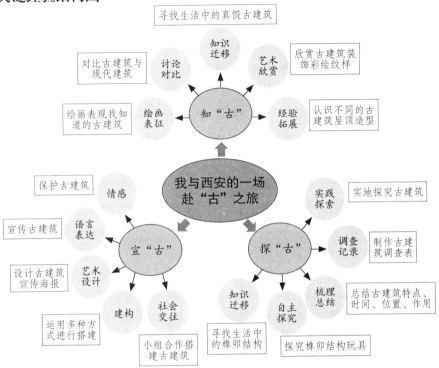

课程展示

<h1 style="text-align:center">知 "古"</h1>

一、现代建筑和古建筑

在4月份"我们的城市"月主题课程下，孩子们认识并了解了城墙、兵马俑等西安的一些标志性建筑，孩子们对西安古建筑有了基础的认知，同时也激发了他们对古建筑的探究兴趣。"古建筑"一词也经常被孩子们谈论起，晨间入园时间几个小朋友的讨论引起了老师的注意：

桃子："我去城墙的时候，看到城墙上面有很多古建筑。"

小树："我去过大雁塔，大雁塔是唐代的时候建造的，也是古建筑。"

果果："我跟爸爸妈妈去青海的时候，看到过一些很古老的房子。"

基于孩子们的讨论及对古建筑的关注，老师及时介入提出问题："你们觉得什么样的建筑才是古建筑？"

凡丁："那些古代的楼，房顶很特别，有尖尖的角。"

泽泽："古建筑是在古代的时候建的，两边都一样。"

芒果："用的材料比较少，在古代的时候没有钢筋水泥，只有木头和砖块。"

扣宝："距离现在已经很多年了，现在还完好，是因为一直在修补和加强。"

成成："古建筑就是古时候人们住的地方。"

孩子们心中的古建筑

　　孩子们把他们认为的古建筑用绘画的形式表征了出来，通过作品可以看出孩子们对于古建筑的表现元素大部分都以砖墙、尖屋顶为主，其中一幅作品引起了争议，桃子指着毛豆的画说道："你画的这个不是古建筑，是电视塔，是现代的建筑。"针对孩子们发现的问题，也为了让孩子们对古建筑的认知更加清晰，老师引导孩子们针对古建筑和现代建筑进行了对比讨论：

米粒："古代的建筑上有很多花纹，现代建筑上没有。"

桃子："现在的建筑用的是钢筋和水泥，古代只有木头和砖块。"

杨洋："窗户的材质也不一样。"

毛豆："古代的建筑颜色很多，现在的建筑颜色比较少。"

杨洋："屋顶是不一样的，现在的房子屋顶很多都是平的。"

芒果："一个是对称的一个是不对称，现代建筑有很多不规则的形状。"

最后孩子们一起对现代建筑和古建筑进行了总结：现代的建筑看上去很新，样式多种多样，大都是用钢筋水泥建成的。而大部分的古建筑是用木头和砖块建造的，房屋是对称结构，屋顶的造型也是不一样的，并且有漂亮的图案装饰。

二、西安的古建筑

古今建筑的对比让孩子们对古建筑有了更加清晰的认知。当然这些认知还只是基于建筑的外部特征。有了这样的经验基础，我们将话题迁移到我们的城市——西安。西安是孩子们生活的地方，探究西安的古建筑更贴合孩子们的生活，并且他们有一定的认知基础，同时孩子们对西安的古建筑也有着非常高的讨论兴趣：

芒果："我知道西安的古建筑有钟楼、大雁塔、永乐门、小雁塔。"

桃子："西安的古建筑有钟楼、鼓楼和城墙。"

杨洋："城墙上有很多古建筑，有角楼、敌楼、马道。"

桃子："我之前去过大唐芙蓉园，里面有很多的古建筑。"

帅帅："大唐芙蓉园是现在的人建造的，应该不是古建筑吧！"

孩子们已知的西安古建筑

孩子们对西安的古建筑有一定的认知经验，能够准确地用绘画的形式进行表征。根据孩子们的作品，教师也出示了一些西安古建筑的照片，孩子们对比照片，对西安的古建筑有了更全面的了解。

三、真假古建筑

上一次的活动讨论中孩子们关于真假古建筑有一些争议与疑惑，有的孩子认为大唐芙蓉园里的建筑就是古建筑，但有的孩子认为大唐芙蓉园是后来人建造的，不是真正的古建筑。基于孩子们的困惑，我们先让孩子们用他们的视角去思考哪些是真正的古建筑，怎样区分真假古建筑。

芒果："看建筑的时间。"

凡丁："要看破损的程度。"

小树："可以去看标志牌，标志牌上就会有记录。"

米粒："古建筑油漆比较暗，现代的比较亮。"

孩子们用自己的办法进行了区分，结合孩子们的讨论，我们共同进行了梳理，给了孩子们更加科学具体的定义。古建筑就是指具有历史意义的新中国成立之前的民用建筑和公共建筑，包括民国时期的建筑。在中国，很多古镇以及大部分的大城市还保留着一些古建筑，比如西安。

通过定义孩子们很快区分了古建筑与仿古建筑，迁移到生活中，也能很快判断出西安的一些仿古建筑。

铜钱："大唐芙蓉园和大唐不夜城里的都是仿古建筑。"

泽泽："大唐不夜城里面的音乐厅也是仿古建筑。"

芒果："我们学校里面的图书馆应该也是仿古建筑，因为它的屋顶是古建筑的屋顶。"

扣宝："还有公园里面和不高山上的亭子。"

四、古建筑特点

孩子们对于古建筑的探究热情不断高涨，班里有孩子提出他家里面有这样的古建筑模型，于是在大家提议下，他把模型带到班级里，让孩子们与古建筑有了一次亲密接触。

认真的观察不同古建筑模型

1. 屋顶造型

孩子们分组进行观察，发现这些古建筑的屋顶形状都不同，还有的小朋友发现一些建筑的房梁上有漂亮的图案。

小树："我发现这些古建筑的房顶造型不一样。"

银元："有的古建筑上面有花纹，有的上面没有花纹。"

凡丁："这些古建筑有些是三层有些是两层。"

扣宝："他们的房顶都有尖尖角，有的有一个角，有的有两个角。"

追随着孩子们的兴趣，老师通过集体活动带孩子们了解了屋顶的不同部位名称，认识了正脊、垂脊、山花等专业名称。同时，孩子们通过观察对比图片，发现了古建筑的多种屋顶造型，原来古建筑屋顶根据造型特点不同有着不同的名称，比如有庑殿顶、硬山顶、悬山顶、歇山顶等。孩子们认真观察了不同屋顶的造型特点，并且能够用手摆出不同的屋顶造型，对屋顶造型的认知更加深刻。

用手摆出不同的屋顶造型

最后，我们出示了不同类型的古建筑，孩子们都能快速地辨别出屋顶的类型，可以看出，孩子们的观察力和探究欲还是很高的。

2.图案纹样

对于古建筑上的图案纹样，老师通过出示图片让孩子们先欣赏与观察图案纹样的特点。

米粒："我看到上面有龙的图案。"

毛豆："我发现梁上面的图案都是对称的。"

银元："我觉得上面的图案都很漂亮，有各种颜色。"

果果："这些图案有的是花纹，有的是动物图案。"

不同种类的图案纹样

结合孩子们的观察结果，老师通过视频讲解的方式，让孩子们对古建筑上的彩画有了更直观的认识。彩画是我国古代建筑上极富特色的装饰，即用色彩油漆在梁、枋、斗拱、柱、天花板等处绘制花纹、图案乃至人文故事等。彩画除了具有装饰作用外，还可增加木料的防腐防蛀性。

幼儿的经验与学习：幼儿对西安的一些标志性古建筑已经有一定的了解，能够说出西安的一些古建筑名称。活动中通过对比古今建筑，幼儿能在思考后表达自己的看法，从多个角度深入了解古建筑与现代建筑各自的特点。通过定义，幼儿能够分区古建筑与仿古建筑，并迁移到生活中去判断见过的仿古建筑。

通过观察模型以及图片，幼儿发现不同古建筑的屋顶特征，认识了不同的屋顶类型，了解其结构特点；也能通过观察古建筑图片快速辨别不同的屋顶类型，并用自己的方式巩固新经验，提高了观察对比的能力；还能够欣赏古建筑上的图案造型，了解其寓意。随着对古建筑探索的不断深入，幼儿感受到古建筑的历史文化意义，整个活动中幼儿能不断提出新的问题，获得新经验的提升。

教师的支持与思考：教师能时刻关注幼儿的兴趣发展并及时介入，用提问的方式帮幼儿梳理对古建筑的已知经验，且根据幼儿的已知经验，支持与引导幼儿发展新经验，为幼儿提供不同类型的古建筑、仿古建筑、现代建筑图片，引导幼儿从外形、结构、材料等方面发现古今建筑的不同，激发幼儿感受西安古建筑的文化内涵。

教师还根据幼儿的发现，针对性地为幼儿提供支持：通过观察古建筑模型并出示不同类型古建筑图片，帮助幼儿更直观了解古建筑的屋顶类型；通过看图抢答的形式，激发幼儿的兴趣，帮助幼儿快速建构新经验。随着对古建筑的了解不断深入，幼儿带着新的经验去实地探索古建筑，能够有目的地进行观察，这为下一节活动做好了铺垫。

探 "古"

一、分组探究

随着活动的不断深入，孩子们对于古建筑的认知经验也越来越丰富，但还是倾向于表面上的认知。如何让表面的认知转化为内在的经验，恰逢五一假期，孩子们提议利用假期去实地看一看西安的古建筑。因为西安的古建筑比较多也比较杂，为了让孩子们能更有聚焦性的探究，孩子们进行了讨论与投票，

最终选出了三个最想探究且有代表性的西安古建筑。孩子们根据探究兴趣进行了分组，分别为城墙组、钟楼组、大雁塔组。

选择最想探究的西安古建筑

在实地探究的过程中，家长们也积极在班级群里分享了孩子们的探究过程。还有的家长惊喜地发现孩子能够很快地判断出城墙上不同古建筑的屋顶类型，孩子们能把认知经验迁移到实际探索中，这点让我们也感到很惊喜。

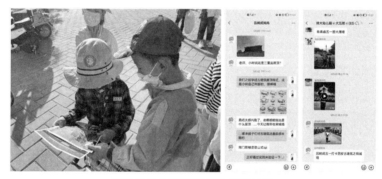

班级群里分享孩子们的探究过程

二、讨论梳理

收假之后孩子们都带来了自己的调查表。首先以小组分享的形式展开，孩子在交流的过程中又一次进行了经验的重构。

凡丁："我去看了大雁塔，大雁塔是公元651年建造的。"

小树："我和我爸爸妈妈去看了城墙，城墙上面有很多古建筑，有角楼、箭楼、闸楼，还有吊桥。"

杨洋："我去了钟楼，钟楼里面有一个大钟，里面的房顶有很多花纹，很漂亮。"

银元："我没有去，妈妈给我看了大雁塔的视频，我知道大雁塔有七层。"

壮壮："大雁塔是藏经书和舍利的地方。"

考虑到孩子们的分享比较零散，教师和孩子们共同进行了梳理，分别从历史文化、结构材料、位置、作用等四方面进行总结。因为孩子们对于古建筑的位置不是很清晰，我们将城墙作为参考点对其大概方位进行了梳理。至于时间方面，孩子们共同制作的时间轴，很清楚地表现出三个古建筑的建造时间顺序。

主动分享探究成果

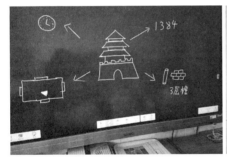

共同梳理与总结

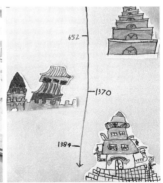

讨论绘制时间轴

三、新的问题

在讨论梳理的过程中，孩子们发现，他们探索的古建筑基本都是木头与砖块建构而成的，与现代建筑有很大的区别。那么它们竟是如何在没有钢筋水泥的情况下，将木头组合起来，并且留存几百年甚至上千年呢？

1. 探究榫卯结构

针对孩子们的问题，决定进行一节集体活动，向孩子们介绍神奇的榫卯结构。活动开始前，老师为孩子们提供了一些榫卯结构的玩具，让孩子们先去探究榫卯结构的特点。

认真的探究榫卯结构

桃子："我发现这些木块都是牢牢地组合在一起。"

壮壮："木块是穿插在里面，就像一把锁，打不开。"

小树："这些木块都是不规则的形状，有凸出来的、有凹进去的。"

孩子们认真观察着，并发现了这些木质玩具的结构特点。根据孩子们的观察，教师为孩子提供了专业的解释：这是一种利用特殊结构制成的玩具，这样有凹有凸的结构，叫作榫卯结构。通过视频，孩子们更直观地了解榫卯结构的不同种类以及组合方式。老师进步引导幼儿观察榫卯结构在古建筑中的运用，感知古建筑中不利用钢筋水泥钉子等材料，却依旧坚固并流传千年的秘密。

2. 寻找生活中的榫卯结构

在孩子们认识榫卯结构并了解其特点后，老师为孩子们提供了多种材料，让孩子们去辨别生活中的榫卯结构，孩子们惊喜地发现原来生活中有很多的物品都是运用了榫卯结构。

壮壮："我找到了我们玩的乐高积木，因为它的结构也是有凸出来和凹进去。"

桃子："我找到了相框，因为它是一根一根组合在一起的。"

凡丁："我找到了建构区的玩具，有凹槽，可以拼起来。"

米粒："我找到了木盒子，因为它是不同的木块组合在一起的。"

寻找生活中的榫卯结构

幼儿的经验与学习：幼儿通过实地考察，对想了解的古建筑进行了深入探索，了解其作用、文化以及结构特点等，并能够用思维导图的方式进行呈现。在小组活动中，幼儿讲述自己的调查，与小组成员共同梳理同一建筑的特点并进行分享，发展了语言表达与总结梳理的能力。幼儿在实际体验考察和后期讨论分享中，加深了西安古建筑的认识。

在分享讨论的过程中幼儿提出疑问，共同探究了榫卯结构，在探究的过程中发现榫卯结构的特点，能将关于榫卯结构的认知迁移到生活中来，能够快速辨别出生活中的榫卯结构，再迁移到古建筑中，了解古建筑的神奇，感受古人的智慧。活动中幼儿能认真观察，积极思考，乐于探索，能够用完整的语言表达自己的看法。

教师的支持与思考：教师抓住假期这一时间点，让幼儿带着计划去实地探索古建筑，帮助幼儿在已知经验上建构新经验。幼儿切身体验，让探索古建筑不仅仅是停留在教师的讲述与幼儿的讨论中，而是与幼儿的实际生活相关联起来，这激发了幼儿的探索欲，帮助幼儿更快更深刻地了解西安古建筑。

教师能够及时关注幼儿的问题，以幼儿的思考与求知欲为出发点展开课程，为幼儿提供可操作易观察的木质榫卯结构玩具作为材料，更直观地了解榫卯结构的特点，最后与古建筑相结合，引导幼儿迁移经验，并通过视频，升华其情感，让幼儿在对古建筑的建构形式理解之上，对古人的智慧自发地产生敬畏之情。

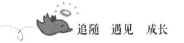
宣"古"

一、建构

在孩子们对古建筑实地探究之后，孩子们对于古建筑的讨论也愈发高涨。

大宝："西安的这些古建筑，我都没见过，爸爸妈妈没有带我去看过。"

桃子："没关系，我可以给你说一说我见过的大雁塔。"

毛豆："老师，我发现还有很多小朋友不认识这些古建筑，我们能不能向大家宣传一下我们认识的这些古建筑呢？"

小树："我们可以把我们见过的古建筑搭建出来，这样他们就能看到了。"

凡丁："我们还可以邀请别的班的小朋友来看我们搭建的古建筑。"

在孩子们的讨论中，我们发现还有一部分孩子没有去实地参观，觉得很遗憾。怎样让没去见过古建筑的孩子也能看到古建筑呢？孩子们提出向大家宣传他们认识和了解的西安古建筑，最终在孩子们的讨论中我们选择了共同搭建他们熟悉的古建筑然后进行宣传。

1.绘制图纸

搭建前期，孩子们根据本组探究的古建筑外形特点，一起绘制了城墙、钟楼、大雁塔的搭建图纸。孩子们边讨论边绘制，最终呈现的图纸虽然简单但表现出了建筑的大致特点。绘制完成后每组成员根据场地要求及材料位置选择了搭建场地。

认真的绘制图纸

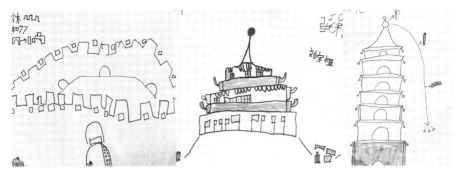

完成后的搭建图纸

2. 第一次搭建

一切准备就绪，孩子们迫不及待地开始了第一次的搭建，搭建过程中孩子们能够相互配合，但因为对造型把握不够，用了比较长的时间，最后不仅没有搭建完，材料也不够用了，最终以失败告终。

第一次的搭建成果

回到教室后，老师带着孩子们进行了复盘与反思。孩子们通过观察第一次搭建后的照片，很快地发现问题所在：

奇奇："城墙没有搭城垛，我们搭得看上去有点乱，不整齐。"

多多："我觉得我们大雁塔下面搭得太大了，所以没搭完。"

瑞瑞："我们搭建的时候没有看图纸，不知道该怎么搭了。"

果果："我们用的材料太多，材料不够用了。"

最后每组针对第一次搭建的问题进行了总结：

（1）城墙组：城墙没有城垛，搭建方式太乱，不整齐。

（2）大雁塔组：地基太大，内部搭建太实，材料不够。

（3）钟楼组：搭建材料选择不适宜。

孩子们指出搭建中的问题

3.第二次搭建

孩子们根据发现的问题修改完善了设计图纸，开始进行第二次搭建。这一次孩子们吸取上一次失败的经验，团队配合更加默契，能用运用多种搭建方式进行搭建，整个搭建过程非常顺利，用了不到一个小时的时间，全部搭建完成。

完善后的图纸

第二次搭建成果

第二次搭建成果

完成后大家对本次搭建结果依旧进行了总结和经验分享，孩子们互相交流了成功的经验，并提出还想要继续完善，关于怎样完善孩子们也提出了自己的想法。

小树："我觉得城墙上还需要搭建出护城河和吊桥。"

多多："我想把我们搭建的大雁塔保护起来，可以给它搭建一个围栏。"

米粒："我怕来参观的小朋友太多，破坏到我们搭好的建筑，我想搭建一条小路。"

银元："大雁塔上面还没有铃铛，我想用泡泡泥做一些铃铛，挂在上面。"

完善后的古建筑

短暂的讨论过后，孩子们很快付之行动。大雁塔组对屋顶做了一些调整，扩充了塔前的广场，给塔身挂上了做好的铃铛；城墙组搭建了护城河、吊桥、四个角楼以及箭楼和闸楼；钟楼组搭建了围栏。最后，孩子们还搭建了参观路线，保证大家在参观的时候不会破坏到古建筑。

二、宣传

1.设计宣传海报

搭建完成后，小朋友们提出还需要给我们的古建筑设计一个宣传海报，这样就能吸引别的班的小朋友来参观了。在分组讨论的过程中，孩子们提出设计海报一定要色彩丰富，有古建筑的名字，有装饰，并且能够吸引到大家这几个要素。本着这些设计原则，每个小组都充分发挥想象力，设计出了既有创意又独一无二的宣传海报。

设计创意海报

2.设计邀请函

宣传海报设计完成后，小朋友们还画了古建筑的详细介绍图，并找来了小黑板，进行张贴，摆在了本组搭建好的古建筑前面。场地布置完成，孩子们看着自己的劳动成果，都露出了满意的笑容。

布置场地

场地准备就绪，下一步就是发出邀请函，邀请大家来参观了。在设计邀请函之前，孩子们又进行了讨论。

毛豆："我想邀请我的好朋友来参观，他在别的班，我要画一个邀请函给她。"

多多："我们之前开家长会的时候设计过邀请函，我记得要写上时间、地点、被邀请人。"

凡丁："我觉得我们还需要画上要参观的古建筑，这样他们就知道要参观什么了。"

讨论过后，孩子们给自己想要邀请的老师、小朋友们制作了邀请函，结伴送发到各个班级中，并向大家介绍了参观的时间和地点。

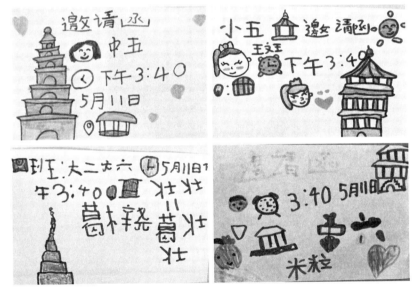

我的邀请函

送发邀请函

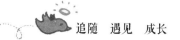

3. 小小讲解员

在一切准备工作完成后，孩子们既激动又紧张地等待着大家的到来。在等待的过程中，为了让即将而来的参观活动能更加顺利的完成，每个小组进行了分工，有的孩子负责讲解，有的孩子负责带路，还有的孩子负责维持秩序。随着时间的流逝，孩子们迎来了自己的第一批小客人，每个人都打起精神，分工合作，小小讲解员为大家详细介绍了他们搭建的古建筑，孩子们顺着参观路线认真听着、看着，不由得发出赞叹："哥哥姐姐们搭建的古建筑太棒了！"

积极介绍搭建的古建筑

三、保护

在小朋友们参观的过程中，银元发现有的小朋友把他们组搭建的大雁塔给破坏了，其他组的成员也发现了这个问题，大家纷纷表示要提醒小朋友们在参观的时候要保护我们的搭建成果。孩子们之前参观古建筑时，发现有的古建筑上也有破损的情况，于是关于保护古建筑，孩子们展开了讨论：

小树："在去看古建筑的时候，提醒大家要小心，不要破坏它，还要告诉其他人要保护古建筑。"

扣宝："不要用闪光灯对着古筑拍照。"

果冻："不能在古建筑上乱涂乱画。"

壮壮："应该把古建筑围起来，别让大家靠近参观。"

保护古建筑的方式

孩子们纷纷发表了自己的观点，并设计了保护古建筑的宣传画，老师和孩子们一起总结了保护古建筑的方法，并观看了古建筑维修人员的日常工作。孩子们在了解了古建筑的价值和意义后，纷纷表示要保护和爱护我们西安的古建筑。

幼儿的经验与学习：幼儿主要以小组合作的方式进行，在讨论中设计搭建图纸，共同合作进行搭建。第一次搭建失败后，幼儿能够及时反思搭建中的问题，并找出解决办法。整个过程中，幼儿能积极主动进行探索，主动推进课程的发展，发挥想象力与创造力，设计宣传海报与邀请卡，勇敢地邀请小朋友们来参观，并积极向大家介绍不同的古建筑，锻炼了语言表达能力。宣传的过程，也激发了他们对古建筑的热爱与保护的欲望，愿意用自己的方式保护古建筑。

教师的支持与思考：教师始终支持和鼓励幼儿的搭建活动，为幼儿创造轻松、自由的操作空间，提供丰富的搭建材料，激励幼儿挑战自我，不断完善古建筑的搭建。在多次的搭建中，引导幼儿学会总结与反思，寻找失败的原因，鼓励幼儿不断挑战自我，促进幼儿提高动手能力与团队合作的能力，鼓励幼儿大胆表达，在宣传活动中通过解决古建筑遭到破坏这一事件，迁移到真正的古建筑保护之上，帮助幼儿产生共情，激发幼儿珍惜、保护古建筑的情感。

结语

活动从最初的认识古建筑，到实地探索，再到搭建、宣传以及最后幼儿发自内心地想要保护和爱护古建筑，整个过程中教师看到幼儿与古建筑之间从之前的一个隐形的连接甚至是没有连接到现在有了一座连接的桥梁的变化，幼儿对古建筑有了一个非常清晰的认知，深入探究后幼儿情感得以升华，相信他们如果再见到古建筑一定会有不一样的情感。

活动以幼儿的兴趣为出发点，教师支持幼儿成为整个活动的推动者和主导者，给予幼儿充分的选择空间，让幼儿根据兴趣来选择想探究的古建筑，并不断地进行深入探究，从认知到搭建，帮助孩子建构新的经验。在搭建过程中，支持与引导幼儿不断总结反思，寻找新的突破点，提高幼儿的学习能力发展。最后升华情感，引导幼儿了解古建筑的文化价值与历史意义，激发幼儿爱护古建筑、传承古建筑文化的情感。

呼……降温啦！

郝梦迪

缘起

进入10月，气温骤降。无论是通过穿衣的变化、动植物产生的自然现象，自身体感都能直接感受到温度的变化过程。温度是如何变化的呢？温度的变化和季节又有什么关系呢？孩子们的问题引起了教师的关注。这些问题的探究和思考，能激起幼儿对周围自然环境变化的了解和认识，教师在深度学习的过程中培养幼儿观察、分析、总结等一系列探究能力。

于是基于孩子们的问题和兴趣，在充分尊重和保护他们的好奇心和求知欲的基础上，师生一起开启了关于"温度的秘密"的探究活动。

活动脉络图

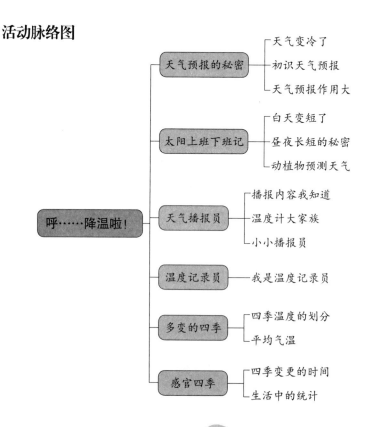

呼……降温啦！

- 天气预报的秘密
  - 天气变冷了
  - 初识天气预报
  - 天气预报作用大
- 太阳上班下班记
  - 白天变短了
  - 昼夜长短的秘密
  - 动植物预测天气
- 天气播报员
  - 播报内容我知道
  - 温度计大家族
  - 小小播报员
- 温度记录员
  - 我是温度记录员
- 多变的四季
  - 四季温度的划分
  - 平均气温
- 感官四季
  - 四季变更的时间
  - 生活中的统计

关键经验结构图

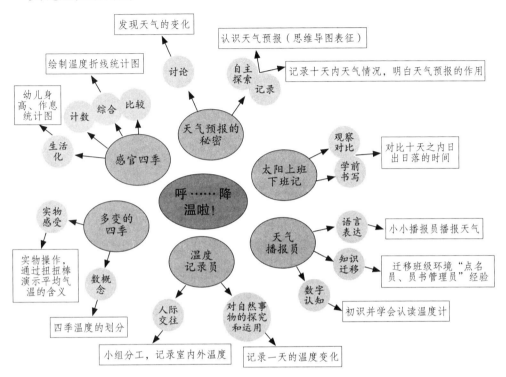

课程展示

天气预报的秘密

一、天气变冷了

早上入园时，孩子们一个个缩着小手，快步走进教室。贝儿边走边说："老师，天气好冷啊！"

老师："你怎么知道天气变冷了？"

孩子们听见声音都围过来，你一言我一语地讨论了起来。

乐乐："手凉凉的，身体冷。"

小豪："我发现我们现在哈气，都能看见白色的气体。"

羊羊："叶子变黄慢慢落下来。"

Kimi："看看温度计，因为温度下降了。"

Kimi回忆起有关温度计的知识，与大家分享自己的经验，天气变冷是由于温度的下降，孩子们纷纷表示赞同。通过观察自然现象、周围环境以及自我

感受，孩子们发现天气变冷了。

老师："从哪里可以知道降温了？"

羊羊："可以看天气预报，上面会显示每天的温度。"

有了同伴的经验分享，大家对于"天气预报"有着极大的探究兴趣。那么天气预报上有什么呢？新问题的提出引发了孩子们新的思考，孩子们在家里与爸爸妈妈一起寻找答案。

在家里寻找生活中的天气预报

幼儿的经验与学习：幼儿通过自己的观察、感受、体验等已知经验自信表达，通过观察自然现象、周围环境以及自我感受给出了关于天气变冷的不同答案。在同伴的回答中，也激发了其他幼儿对于"气温下降"的探索欲望。"那你们是如何知道气温下降呢？"问题的产生，引发幼儿对于天气预报的关注。可是天气预报上有什么呢？怎么看天气预报呢？则成了幼儿急切需要解决的问题。

教师的支持与思考：幼儿能调动自己的多重感官发现天气变冷的自然现象，教师及时关注幼儿自身学习和发展的整体性，通过问题"你怎么知道天气变冷了？从哪里可以知道降温了？"的追问使幼儿能够积极主动、认真专注地投入讨论。

幼儿从前期的调查中对于天气预报已经有了初步的认知，教师思考如何在初步的认知中促使幼儿主动了解和探索天气预报的要素与信息，并将兴趣点延续，从而为后续的亲身体验、实际操作奠定基础。

二、初识天气预报

前期的探索中孩子们已经初步了解到有关天气预报的知识，那么天气预报上有什么呢？

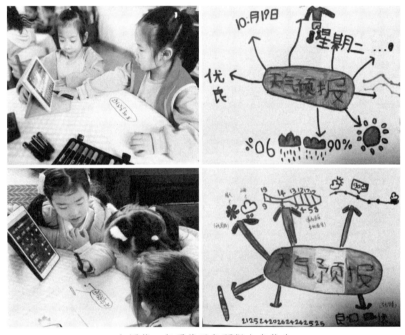

与同伴一起寻找天气预报上有什么

艾玛："我看到天气预报上有日期是10月19日，还有星期二。"

豆豆："我还看到了太阳和云朵，好像还有下雨的标志呢。"

真真："还有个高高低低的线条呢。"

小组长总结了组员的讨论结果后通过思维导图的形式进行表征记录。孩子们的讨论逐渐进入白热化状态，老师适时也参与其中，并对于孩子们的认知进行了梳理和总结。

通过老师的梳理，孩子们了解了天气预报中的重要因素是时间、图标和温度，知道按日期查看每天的温度，认识不同的天气图标，明确每天的温度

变化。

老师在对大家对天气情况理解的基础上对孩子们又提出了新的问题："天气状况可以用什么图标表示呢？"

观察天气图标并做记录

在小组探究中，孩子们积极地讨论交流，通过观察图片中的天气情况转移到观察天气图标，采用绘画方式将不同的天气情况表现了出来。

老师："认识了这么多不同的天气图标，可是白天和夜晚的天气图标有什么不同呢？"

芽芽："白天是浅蓝，夜晚是深蓝。"

Kimi："如果是晴天，白天是太阳，夜晚是月亮。"

艾玛："如果是多云，白天是一个云和一个太阳，云遮住了太阳，但晚上是云遮住了月亮。"

三、天气预报作用大

老师："未来十天天气情况到底如何呢？"

针对老师提出来的问题，孩子们陷入了沉思。结合问题，教师提供了未来十天的天气图片，让孩子们通过图片信息来查看记录未来十天的天气情况。

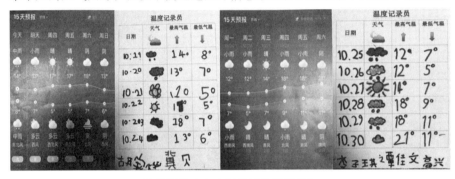

尝试记录未来十天的天气情况吧！

孩子们在自主合作记录时发现：为什么每天会有两个温度？发出疑问后，孩子们结合前期天气预报的知识经验得出一天中的两个温度分别是最高气温和最低气温。孩子们在讨论中也吸收了同伴的经验，在一次次的讨论中又发现新的问题：一天中什么时候气温最高，什么时候气温最低呢？老师适时介入，提供天气预报中温度变化折线图，让孩子们在自主探索中解决问题。

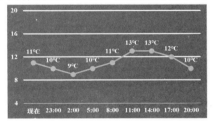

某一天温度变化折线图

追随 遇见 成长

嘟嘟:"下午太阳到达最高点,太阳光最强烈,所以最热。"

小豪:"太阳有热量,所以白天温度高,月亮没有热量,所以晚上温度低。"

原来太阳直射时间和角度的原因导致一天中气温存在温差,早晚太阳直射时间短、面积小所以温度低,中午下午太阳在我们头顶,直射面积大,时间长所以温度高。难怪,现在白天这么短,都看不见太阳公公。

幼儿的经验与学习:幼儿有了主观的自主探索意识,并能够在与同伴的讨论中汲取他人的已知经验,学会接纳和支持。在一次次的小组探索中,幼儿提出问题并解决问题,通过观察图片中的信息来寻找"未来十天的天气情况",发现温度与时间的关联性,与同伴交流分享经验,了解天气中两种温度的区别,并能够结合生活经验发现"早晚冷,中午热"的自然现象,体验了生活化的教育活动。

教师的支持与思考:教师通过思维导图、图片记录等方式,创设丰富的教育环境,使幼儿能够积极主动、认真专注地投入讨论,进一步了解天气预报的作用以及对生活的影响。教师支持引导幼儿通过观察提出问题,以此获取新知,新的认知也为幼儿后续的亲身体验、实际操作奠定基础。在本次活动中教师利用自主观察到小组分享再到梳理总结的形式,将活动的内容进行搜集了解到内化输出达到经验巩固,并激发起探究的兴趣,学会发现问题、分析问题和解决问题,在新问题的解决中不断积累经验,并运用于新的学习活动。

太阳上班下班记

一、白天变短了

了解了太阳直射时间和角度与气温的关系,孩子们恍然大悟。有的孩子说道:"难怪,现在白天这么短,都看不见太阳公公。"

大米:"以前放学要很久天还是亮的,现在在秘密基地玩一会天就黑了。"

小豪:"早上起来天还是黑的,晚上刚到家天就黑了。"

470

Kimi："晚上感觉睡了很久天还是黑黑的。"

二、昼夜长短的秘密

根据孩子们的讨论，老师适时提出问题，并提供秋分之后昼夜时长、日出日落的图片，解决孩子们的问题。

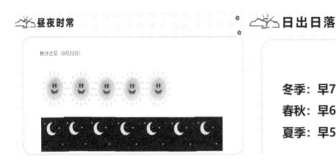

通过观察秋分之后太阳与月亮的变化，孩子们发现昼夜长短和太阳日出日落时间有着密不可分的关系。那么到底有什么关系呢？

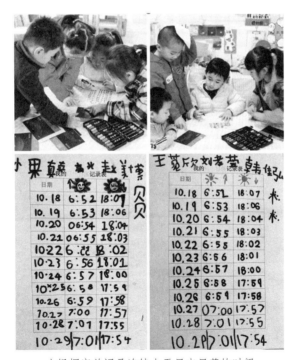

小组探究并记录连续十天日出日落的时间

跟随孩子的思考，探索孩子提出的问题，老师结合天气预报给予孩子材料上的支持，在小组内提供连续十天的日出日落的时间照片，鼓励孩子通过认

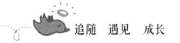

读进行表格记录，使其具有一定的数学认知和学前书写的能力。

孩子们通过时间数字的对比发现：进入秋季后，太阳公公上班时间越来越晚，下班越来越早，所以白天就越来越短，晚上越来越长，进一步知道了秋冬季昼短夜长的天文现象。

三、动植物预测天气

在对新知进行内化的过程中，孩子们又发现了新的问题：天气预报非常厉害，但是我们没有精密的仪器，那么通过什么来预测天气呢？

老师对于孩子们的问题及时讨论从而解惑。原来身边动植物也可以预测天气，人们除了观看天上的云层还可以通过动植物的特征与行为来了解天气情况。例如预示要下雨：蚂蚁搬家、燕子低飞、泥鳅在水里不停扭动、青蛙叫声大而密……

幼儿的经验与学习：幼儿能够结合生活经验发现白天越来越短，晚上越来越长，在获取他人经验的同时提出"为什么白天会越来越短？"的问题，幼儿汲取教师的观点，发现昼夜长短和太阳公公上下班时间有着密不可分的关系。那么到底是什么关系呢？借助观察连续十天之内的日出日落的时间图片，发现存在的规律，通过表格记录、观察、分析原因，在小组讨论中探索并解决问题。

教师的支持与反思：幼儿对于自己喜欢的事情能够仔细观察，发现其明显特征，并能够通过记录表征在数字与时间的对比中验证自己的猜测并发现其规律。教师接纳、支持、鼓励幼儿的探索行为，支持帮助幼儿寻求答案，激发幼儿的好奇心及探索欲望，使幼儿尝试发现事物之间的异同和联系，并能通过观察、比较与分析，发现描述某个事物前后的变化，培养受益终身的学习态度和能力。幼儿还对"气温"产生浓厚的探究兴趣，能积极地投入到下个活动中。在此活动中教师作为支持者将获得答案的机会给予孩子，使其在记录观察的同时，发现规律，寻求自然现象。

幼儿对于"气温"的兴趣越来越浓厚，教师思考如何将天气预报日常化，考虑怎样将气温与幼儿实际生活相结合，使得幼儿内化经验。

天气播报员

一、播报内容我知道

人们通过天气预报可以获得很多有用的天气信息，以此提前安排行程，做好准备。我们该如何提示大家及时了解天气变化信息，小朋友更好地进行生活和学习呢？孩子们利用天气预报的相关知识并结合教室环境"值日生提示牌"以及"图书管理员""点名员"的经验，提出创设"天气播报员"的想法。

贝儿："要播报日期，几月几日。"

饼饼："要播报什么天气。"

小豪："介绍我自己，播报员是谁。"

羊羊："要播报是天气是多少度。"

祥祥："要提示穿什么衣服。"

通过讨论得知天气播报员需播报自己的名字、日期、天气情况、最高温度、最低温度和穿衣指南。孩子们商量按学号来进行播报最为公平。

二、温度计大家族

结合前期关于温度单位以及温度计的已知经验，孩子们纷纷回答可以借助温度计来获得温度。可是，如何认读温度计，就成了孩子们目前的学习需求。老师及时捕捉，和大家深入讨论。

观察不同温度计的特点

饼饼："要先看指针，指针指到数字几，说明是多少度。"

点点："从0度往上数，一格代表一度。"

子琪："上次老师讲过℃表示摄氏度，℉表示华氏度，通常我们只看摄氏度。"

艾玛："上次我生病妈妈就用水银温度计给我测的体温，原来它属于玻璃管温度计啊。"

孩子们在观察与讨论中认识并学会认读温度计，知道温度计有数字温度计、指针温度计、玻璃管温度计（水银温度计、煤油温度计）等。并且结合生活经验在午睡时通过自主测量体温，进一步了解温度与自身的关系。

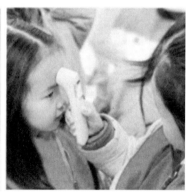

量一量自己的体温

三、小小播报员

学会认读温度计，孩子们一起创设了"天气播报站"并开始进行播报。

大米："大家好！我是天气播报员张坦宸，今天由我来为大家播报明天的天气。明天是10月25日，最高温度17℃，最低温度是7℃，小雨，建议穿秋衣、厚外套、厚裤子，还要记得带雨伞哦！"

一起来听听明天的天气情况吧

　　幼儿的经验与学习：基于前期的探究兴趣，幼儿通过聆听获得问题信息后，能够与同伴交流讨论，并勇敢自信表达自己的所思所想，在理解他人语言的基础上组织自己的语言，理解与表达的能力增强了。其次在交流中幼儿能够迁移天气预报的作用并结合班级环境、前期经验，提出解决问题的办法，同时在发现其他问题时及时调动前期经验，能完整并清晰地表达自己的想法，通过讨论交流解决问题，获取相关内容信息。结合生活实际，认识温度计的种类，迁移生活经验感知温度计在生活中的运用，最后通过绘画、书写等表征完成"天气播报站"的环境创设。

　　教师的支持与思考：教师根据幼儿的兴趣点适时提出问题，为幼儿创设自由、宽松的语言环境，引导幼儿迁移已知的经验，提供班级环境的支持，鼓励幼儿与同伴交流解决问题，使其在与同伴商量、沟通的过程中达成一致，并能够听取别人意见整合自己的想法，锻炼语言表达能力。幼儿主动在讨论中出主意、想方法，是自尊、自信、自主的表现，在之后幼儿发现的现实问题，发现存在的知识盲区，也激发教师的下一步的活动思考。

温度记录员

　　学会了温度的测量，知道如何播报，大家就开始了每天的天气播报。在每一次的播报中孩子们也感受到了气温在慢慢降低，随之引发了新的讨论：

　　"我刚出去外面好冷呀！""进了教室一点也不冷呀！""外面现在有多度呀？""看看天气预报吧！"

　　我是温度记录员

　　老师："为什么天气预报上不能看到当下室内室外的温度呢？"

　　通过讨论得出答案：原来天气预报播报的是一个大区域一天中的最高最低温度，但是室内室外的具体温度还是要用温度计来及时测量才最准确。

小组成员探究并记录室内室外的温度

孩子们通过测量和记录，发现：

1. 一天中真的是中午的温度最高，早晚温度比较低。

2. 同一时间段，有太阳的情况下，室外温度都要比室内温度高，但没有太阳的情况下，室外一般会比室内温度低。

3. 太阳直射的户外，我们的温度计值高达50℃，但放在室外阴凉处，温度慢慢降低，看来温度的高低和太阳光的照射密不可分。

幼儿的经验与学习：能够与同伴共同记录温度的变化，通过测量一天中不同时段不同地点的气温，感知温度的变化特征，进行时间与数字的对比发现其规律，并与同伴互相阐述观点，在对自然事物的探究和运用中解决实际生活问题，在观察与讨论中丰富其认知。

教师的支持与思考：幼儿在掌握新技能后，在小组探究中能够将其熟练地运用到观察和记录中，通过时间与数字的对比，观察一天中温度的变化特征，在探究中认识周围事物和现象，感知和体验天气对自己生活和活动的影响。教师在追随幼儿兴趣的基础上不断思考如何给予合适的材料促使幼儿经验的延续与拓展，从而使得活动具有探究性和生活化。那么温度与季节又有什么联系呢？教师及时思考如何给予幼儿物质材料使得其了解四季温度的变化。

多变的四季

一、四季温度的划分

随着每一天的天气播报，孩子们感受到气温在慢慢地降低，衣服穿得越来越多，原来夏天已经过去了。通过温度的变化感知季节的变化。这时又有孩子提出疑问："那秋季的温度到底是多少呢？"

通过老师的讲解，孩子们获取了新的知识：原来，连续五天的平均气温的改变可以告诉我们即将进入下一个季节。

二、平均气温

在预设时教师对于"平均气温"的解释很是苦恼，专业名词该如何解释才能让孩子们理解并且内化，最后迁移先前活动《大树过暖冬》中1.5m的知识经验并借助"扭扭棒"这种孩子们熟悉的物品来告知他们：扭扭棒最上端是最高气温，最下端是最低气温，将它对折中间的点大致就是平均气温。

通过实物演示法，孩子们更容易理解平均气温的含义：平均温度=（最高温度+最低温度）÷2。

老师："除了扭扭棒，我们教室里什么材料也可以表示平均气温的含义呢？"

嘟嘟："我觉得吸管也可以，将它对折，最中间的地方就是平均气温。"

艾玛："还有A4纸，对折后中间的折痕也是平均气温。"

尝试用区域材料理解"平均气温"的含义

　　孩子们在理解的基础上通过动手操作逐渐了解平均气温的含义。通过老师的知识库，也明白了连续五天平均气温在10℃与22℃之间为春天；连续五天平均气温在22℃以上为夏天；连续五天平均气温在22℃与10℃之间为秋天；连续五天平均气温在10℃以下为冬天。

春天
连续五天平均气温
10℃—22℃
（＞10℃）

夏天
连续五天平均气温＞22℃

秋天
连续五天平均气温
22℃—10℃
（＜22℃）

冬天
连续五天平均气温＜10℃

　　幼儿的经验与学习：幼儿通过倾听，自主讨论了四季温度的变化特征，同时获得新名词"平均气温"。幼儿在与同伴交流讨论中大胆发表自己的想法，迁移知识经验，并通过生活中的实物感受"总和的一半"，验证自己的猜想，进一步了解"平均气温"的含义。幼儿在具体问题情境中已能迁移已知经验来解决问题，进一步内化新获得知识经验。在了解四季的温度特征的基础上，在重复地练习和理解中认识数序和了解数字的结构。

　　教师的支持与思考：教师引导幼儿感知并了解季节变化的周期性，知道四季变化的顺序，初步了解人们的生活与自然环境的密切关系。对于幼儿的猜测教师予以支持和鼓励，在梳理总结后通过实物演示法表达"平均气温"的含义，从身边实物出发进一步使幼儿理解新名词并内化。提供丰富的区域材料，引导幼儿通过实际操作结合区域材料感受总和的一半，鼓励幼儿积极主动地参与，巩固知识经验进行强化训练。幼儿通过实物演示了解到四季的温度变化为连续五天的平均气温达到对应的温度值才会出现季节变更。"那么我们是何时进入春天、夏天、秋天的呢？"对于幼儿提出的问题，教师思考如何让幼儿更直观地了解。

感官四季

一、四季变更的时间

了解了四季温度的划分，那么一年中什么时候进入不同的季节呢？具体是哪天？根据孩子的问题和探索兴趣，老师及时提供材料支持，让幼儿借助材料探索。

老师："老师准备了很多今年中不同季节且不同日期的平均温度值卡片，你们有什么好方法利用这些不同日期的平均温度值，知道是哪一天或哪一段时间进入春、夏、秋季呢？如何可以从一张纸上清楚地体现出来？"

贝儿："可以把所有的日期和温度写在一张纸上，这样就很清楚了。"

羊羊："还可以使用记录的方法，把所有的温度记录下来。"

老师："记录的方法？那怎么来记录呢？记录表上有什么？"

迪迪："记录表上应该有日期和温度。"

老师的一次次追问使得孩子们兴趣更浓，结合前期记录的经验，孩子们讨论得火热，之后老师将孩子们的想法进行梳理总结，适时出示"折线统计图"，引导孩子们继续探索……

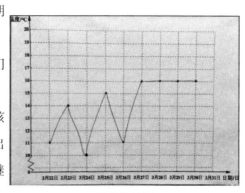

折线统计图

在观察中，孩子们发现统计图上有很多的记录格，在记录格的左下角分别有朝上和朝右的箭头，分别表示"温度"和"日期"。在老师的讲述中，明白统计图的记录方式：先从横轴箭头找到日期，再从纵轴箭头找到相对应的平均温度值，然后像两列小火车一样沿着直线从起点同时出发，最后在它们相遇的地方停下来，用圆点进行标记，这就是该日期的平均温度值。

孩子们在一次次实践尝试中了解了记录方法，两人一组协作记录每月不同日期的平均气温，并将数据记录在统计图上。

同伴协作记录不同日期的平均气温

乐乐："我们分工吧，我找日期，你找温度，然后沿着线开火车。"

曼曼："要慢点，一直沿着这个线走，可不敢走错了，这样数据也就记录错了。"

老师："现在温度已经标记好了，如何可以更清楚地看出温度忽高忽低的变化呢？其实有一个很简便的方法——折线。我们可以将描好的点，一个个连起来，就会形成一个温度的折线图，通过折线的变化就能明显看出温度的变化。"

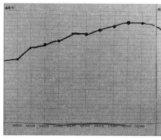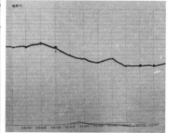

共同完成折线统计图

通过完成折线统计图，孩子们一起学会了记录温度和观测温度起伏变化。那么在今年的什么时候进入了春、夏、秋季呢？

480

通过绘制折线统计图，孩子们知道了今年是：

1. 从3月22日开始，连续五天平均温度由10℃慢慢升高，但没有超过22℃，进入春季。

2. 从6月23日开始，连续五天平均温度高于22℃，进入夏季。

3. 从9月22日开始，连续五天平均温度由22℃慢慢下降，但没有低于10℃，进入秋季。

老师："虽然我们现在只过去了一年中的十个月，但从这十个月的温度折线变化中你发现了温度变化有什么规律吗？"

原来，我们一年四季的温度是由低温慢慢升高，到6月、7月时最高，然后再逐渐降低，到了冬天就越来越低，新的一年再升高，这样成山坡状不断循环。

折线统计图让我们可以更直观地感受到温度每一月每一天的变化趋势。比如：气象工作人员通过这样的方法来观测温度的变化，来对比每一个季度每一年甚至几年几十年温度和天气的变化，从中分析得到精确的气象数据，进行气象预测。

另外，四季的更替除了以温度来划分，中国人还用历法中表示自然节律变化的节气来判定四季，一年中有24个节气，其中春分、夏至、秋分、冬至分别代表着四季的变化，分别是春分3月21左右，夏至6月22日，秋分9月23日，冬至12月22日左右，而利用观察记录寻找规律最终设置了这几个节气点，也正是我们祖先的智慧体现。

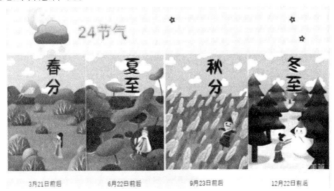

二、生活中的统计

小豪："我制作了一周晨起的作息时间表和一周最高温度统计表，通过折线图，可以看到周一我起得最早，是6∶30起的；周天起得最晚；并且这一周周五温度最高，周一温度最低。"

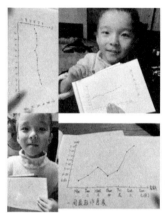
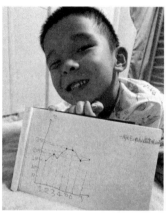

自主制作一周作息时间表和最高温度统计表

福娃："我做了一个10月26日到11月4日的平均气温统计表。"

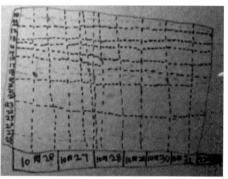

自主记录平均气温统计表

贝儿："我也做了身高统计图，可以看到我的身高变化。"

幼儿的经验与学习：幼儿了解了折线统计图的记录方法，能两人合作，将温度变化正确地进行记录。在通过对温度的观察和分析后，发现一年四季温度的变化现象和规律，以及四季更替的具体时间和温度，并感受统计在生活中的作用及意义。同时，迁移经验，通过找寻"生活中的统计"了解生活中许多问题可以用数学的方法进行解决，体验解决问题的乐趣。

教师的支持与思考： 教师发现幼儿所缺少的经验，分析了幼儿普遍问题存在的核心，在大班幼儿的思维逐渐趋向抽象逻辑思维的基础上，初步引入的统计知识，通过结构化的集体教学活动，高效地解决了幼儿的集体问题，支持了幼儿的深入探究。教师介绍中国的古代劳动人民的智慧结晶——节气，拓展了幼儿的知识和认知。最后，支持幼儿在生活中发现更多的可以利用统计观察来分析问题的事物。

结语

"温度的探究"是教师基于孩子们的兴趣，在前期收集资料、充分论证并甄别活动内容价值、充分尊重和保护幼儿好奇心和求知欲的基础上，以发展幼儿数学经验，培养其发现问题、解决问题的能力为目标而开展的一系列主题活动。

活动始终追随幼儿的问题，在深入观察与分析的基础上，教师提供适宜的环境、材料、活动形式等，在生成和预设的滚动发展中逐步深入推进，使幼儿获得关于温度的知识、统计的方法，了解了四季的变化，丰富了对四季的感性和理性认知，锻炼的发现问题、解决问题的能力，提高观察和科学探究的能力。这体现了生活化的教育理念，更激发了幼儿关注周围生活、探究周围生活的积极性和成就感。

我与秋季运动会的故事

梁羽宸

缘起

　　一转眼夏天变成了故事，秋天变成了风景。幼儿园要开秋季运动会啦！当孩子们听到这个消息，欢呼雀跃，个个摩拳擦掌，都想在运动会上一展风采。孩子们对于运动会充满着想象与期待。这次的运动会跟去年一样有马拉松吗？运动会上有哪些比赛项目呀？教师及时抓住幼儿的兴趣点，引导幼儿交流分享他们所了解的运动会及运动会的流程等问题，从幼儿的视角开启了一场"我们与秋季运动会"的美好旅程。

活动脉络图

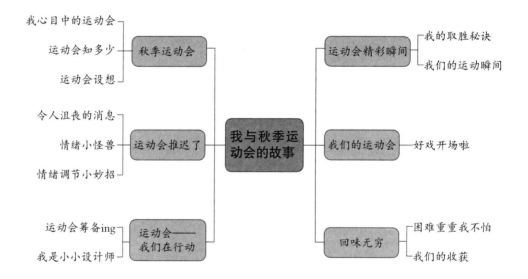

关键经验结构图

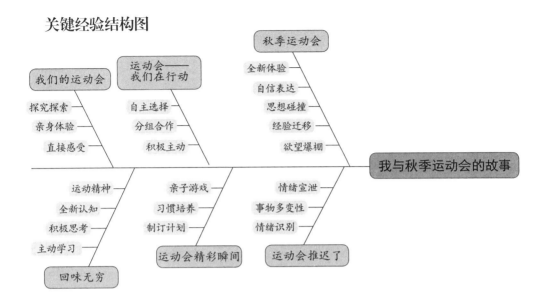

课程展示

秋季运动会

一、我心目中的运动会

葫芦："运动会可以请爸爸妈妈来吗？"

小琪："马拉松不是运动会，运动会就跟奥运会是一样的。"

子墨："运动会就是很多很多人一起参加的活动。"

坦坦："运动会有各种各样的比赛。"

汤圆："运动会里还有啦啦队，给运动员加油呢！"

葡萄："运动会就是运动的，有裁判，有运动员，还有好多的志愿者。"

快乐的运动会

　　孩子回忆参与过的运动会，激起了他们参加本次运动会强烈的愿望。那么一场运动会需要准备什么呢？孩子们带着问题进行了更深入、细致地讨论。

　　二、运动会知多少

　　运动会是一场进行运动比赛的盛会，有各种形式，参会人员会承担不同任务。但是一场完整的运动会有哪些环节，幼儿通过观看视频、图片，同时也利用多媒体资源查阅资料，对运动会有了清晰的了解。

运动会知多少

　　笑笑："一场运动会有很多的比赛项目。"

　　泽翔："运动会还要进行颁奖呢，还要唱国歌。"

　　天放："我看过奥运会，他们都有开幕式和闭幕式呢。"

　　葫芦："有的裁判员发令的时候会有一把发令枪。"

　　柚子："颁奖的时候还需要一个领奖台吧。"

　　通过讨论和分享，孩子们知道一场完整的运动会不仅需要运动员和比赛项目，还需要开幕式、闭幕式、场地、材料准备、颁奖仪式、颁奖音乐等等。有了这些才可以让一场运动会顺利进行下去。那么运动会可以设置哪些项目呢？

　　三、运动会设想

　　孩子们根据以往的参赛经验和自己的愿望，兴高采烈地设计自己想要参加的比赛项目。

方梓："我想参加50m赛跑，因为我跑得快。"

小乖："马拉松跑也很不错啊，可以跟爸爸妈妈一起跑。"

蜜豆："我喜欢的项目是跳绳比赛。"

霆霆："我想参加拍球比赛。"

比赛项目五花八门，哪些是适宜的呢？孩子们通过观察、比较以及投票，最终争分夺秒、50m赛跑、蜗牛运球等有趣的项目获得了他们的认可。

我想参加的运动会项目

幼儿的经验与学习：幼儿通过观看图片、视频以及自主查阅资料，在细致、全面的观察中，收获了有关运动会较全面的知识。问题的一步步深入，引发了幼儿积极、主动参与运动会的强烈愿望，通过有意识的记录，帮助幼儿获得更客观的经验，建立事物之间的联系。在记录中，提升了表征经验和水平。

教师的支持与思考：基于幼儿立场和视角，教师在幼儿交流、讨论的过程中，创设宽松的交流环境，与幼儿一起讨论关于运动会的相关知识，激发了幼儿强烈的表达欲望，每个人都积极参与到对话和表达中来。幼儿在讨论中碰撞思想、互相启迪。教师提供多媒体资源让幼儿充分了解运动会的含义以及运动会的流程，帮助幼儿联系已有经验，梳理关于运动会的知识，站在幼儿身后支持他们的自由表达。当幼儿兴高采烈准备参加运动会的时候，一个通知打乱了我们的计划。

运动会推迟了

一、令人沮丧的消息

因为新冠疫情，幼儿园亲子趣味运动会被迫取消了。孩子们听到这个消息后，一个个都表现出了难过、沮丧的神情。

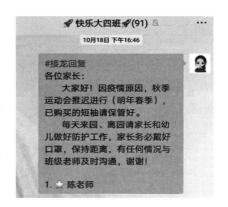

运动会推迟啦

甜宝："为什么不开运动会啦，不开运动会了我好难过。"

橙子："我想要参加运动会，我很不开心。"

震霆："我想要跟爸爸妈妈参加运动会呀。"

单单："我都想好了参加什么比赛项目了，多遗憾呀。"

二、情绪小怪兽

孩子们情绪低落、闷闷不乐，可是幼儿园运动会推迟已成定局，那我们如何排解自己的不良情绪呢？于是便与孩子们一起通过阅读《我的情绪小怪兽》来了解情绪，找到排解或舒缓不良情绪的好方法。

绘本《我的情绪小怪兽》

三、情绪调节小妙招

小琪："跳舞可以让我开心一点。"

萝卜："我每次心情不好的时候，玩一会玩具我就会忘了。"

葫芦："有好吃的我就能开心。"

妞妞："我的好朋友跟我玩一会，我就会开心一点。"

小可："爸爸妈妈安慰我，我就不会不开心啦。"

九度："我现在就很难过，我还是想要开运动会。"

区域活动的时间，孩子们用颜色记录出自己眼中的情绪小怪兽。

我的情绪小怪兽

幼儿的经验与学习：大班是幼儿认识和理解情绪的关键期。幼儿如何识别、理解、表达、宣泄情绪尤其重要。在活动中，幼儿能以较平静的语气向教师描述运动会延期举行的失落感，尝试用积极策略解决运动会延期中遇到的情绪问题。绘本《我的情绪小怪兽》中有趣的语言、缤纷的色彩与简洁明快的线条和形状，将那些抽象的、难以理解的情绪转化为可以看得见的、感受得到的视觉体验，使幼儿们了解情绪是无处不在的，每一种情绪都有存在的必要和价值，并能够正确认识不良情绪，以此丰富幼儿对情绪的认知。幼儿在分享中明白调节情绪可以有不同的方法，并学会用不同的方法积极调整不良的情绪。

教师的支持与思考：在活动中，教师为幼儿创设了宽松、自由的环境，让他们了解、感受自己的情绪，通过讨论分享调整不良情绪的方法，慢慢学会掌控情绪的能力。在和幼儿之间，构建着轻松和谐的师幼关系，当幼儿听到因故推迟运动会，表现出的沮丧、难过时，教师通过绘本引导幼儿了解和感受情绪、正确认识不良情绪，在实践中让幼儿通过不同的方法调节不良情绪，并学会主动寻找消除负面情绪的办法。

这时，葡萄小朋友说道："既然爸爸妈妈不能参加，那我们自己也可以

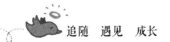
举办一场属于我们班级的运动会呀。"其他小朋友听到后，纷纷表示赞成。于是，大四班运动会的提议正式上线了。

运动会——我们在行动

一、运动会筹备ing

一场完整的运动会需要做很多准备工作，我们该从哪里开始呢？

1. 运动会流程

奶糖："我们自己办运动会，得有运动员。"

明初："还得去准备比赛用的工具。"

闹闹："我看十四运的时候，应该要有裁判。"

葫芦："对，每场比赛都需要运动员和裁判。"

小乖："还要颁奖呢，那我们的奖牌也要我们自己准备呢。"

奶糖："但是我不想参加比赛，我想当啦啦队，给我的好朋友加油。"

葡萄："那我就当裁判吧，我肯定会很公平的。"

我心目中的运动会

2.分工合作

孩子们的积极性空前高涨，一个个跃跃欲试。他们根据自身的喜好、能力进行了自由分组，分别为运动员组、裁判组、材料准备组、奖牌设计组以及啦啦队。

分组后，各组成员进行了交流和讨论，商量他们各自的任务和职责，并进行了前期的准备工作。大家开始分头行动，裁判组一起商量比赛的规则，认真听取大家的不同想法并及时记录。

裁判组制定比赛规则

材料准备组的孩子们，在幼儿园里寻找各种器械和道具，平衡木、垫子、梯子、呼啦圈、跳绳，甚至连大门口的防护杆都排上了用场。

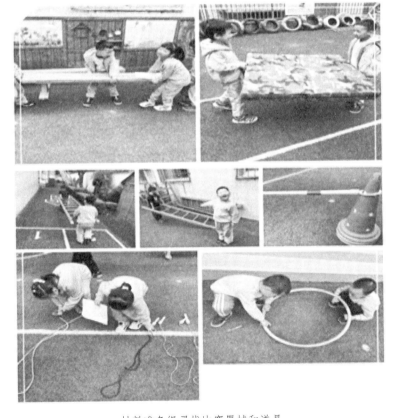

材料准备组寻找比赛器械和道具

孩子们心目中的奖牌形态各异，如戴皇冠的小公主、画满小鸟图案的热气球，让人耳目一新，子墨的粉色奖状也让人心里暖暖的，大家都在为自己的运动会努力着。

奖牌设计组设计奖牌

二、我是小小设计师

比赛项目的确定是运动会的重头戏。

豆豆："我们最近都在练习跳绳，那我们可以参加跳绳比赛，比比谁跳得多。"

葫芦："我想参加跑步比赛，我跑得可快了。"

坦坦："我们还可以有拍球比赛、踢球比赛。"

琰宝："比赛项目可以有举重比赛。"

震霆："我每天下午都会在大操场上跑步，我一定要参加跑步比赛。"

孩子们根据前期讨论和后续补充的结果，确定出大四班运动会的比赛项目。

设计比赛项目

幼儿的经验与学习：幼儿根据运动会的不同环节和不同职责进行了小组讨论，自发成立了场地材料组，主要负责场地的选择、比赛道具的准备和后勤服务；宣传组负责宣传海报的制作；奖牌组负责设置奖项、制作奖牌；裁判组负责监督比赛公平公正并记录比赛成绩。遇到困难时，幼儿第一时间选择与小组成员交流、讨论，在精密分工和合作中，不断优化小组间的配合，解决发现的问题，在相互的思想碰撞中让幼儿提升了交往能力、合作能力以及规划能力。

教师的支持与思考：教师把活动的筹备权全交给幼儿，站在幼儿身后做一名观察者和支持者。相信幼儿是有能力的学习者，能充分调动自己的多重经验，将自己了解的运动会、运动会各个环节的知识进行分享交流，但是幼儿对于如何组织一场运动会不知所措时，教师及时关注幼儿的自身学习和发展，通过新问题的追问让幼儿积极主动地投入讨论，并将讨论的结果进行记录，再按照探讨结果进行分组。幼儿带着问题一步步深入推进，将兴趣点延续，这为幼儿后续的亲身体验、实际操作奠定基础。

运动会精彩瞬间

一、我的取胜秘诀

孩子们通过了解运动会、了解运动会的流程进行分组，各小组安排好分工，为一场完美的运动会做足准备。一场完美的运动会我们可以通过视频得到相应的知识，那么幼儿园里的孩子们，他们会如何让将这场运动会顺利举办呢?

　　蜜宝："要在比赛中使劲地跑,我就能得到第一名。"

　　奶糖："我觉得应该把比赛技能锻炼好就可以得到第一名。"

　　小单："应该要多多练习,练得多了就能取得好成绩。"

　　蔓蔓："要制作一个计划表,按照计划表来进行练习。"

　　桃子："如果我参加跑步,就要多练习跑步,如果我参加跳绳,就要多练跳绳。"

　　通过讨论,孩子们知道要想在比赛中得到好成绩,必须加强锻炼,加强比赛项目的练习,因此孩子们为自己制订运动计划。

　　二、我们的运动瞬间

　　孩子为自己制订了运动计划,但是这个计划应该制订几天,他们又产生了新的疑问。

　　糖豆："我们可以制订一个星期的计划。"

　　葫芦："可以一直运动啊,我每天都会运动的。"

　　小可："对啊,我们可以一直运动,一直到运动会的时候。"

　　基于孩子的讨论,老师与孩子分享了二十一天习惯养成方法。孩子听后纷纷表示他们的运动计划要开展二十一天。于是,他们便迅速执行起来,加强练习,为马上到来的运动会开启了二十一天的运动打卡。

二十一天运动打卡

二十一天运动打卡

幼儿的经验与学习：在二十一天的运动打卡中，幼儿根据自己选择的比赛项目，制订了运动计划，并根据计划进行了运动打卡。在这一经历后，愿意制订计划，并按照计划坚持不懈地完成自己的目标，让自己的身体得到锻炼，也让运动成了他们生活中的习惯，体会到我运动，我健康，我快乐！真正做到了身体、本领共同成长。

教师的支持与思考：《指南》中指出，健康是指人在身体、心理和社会适应方面的良好状态。幼儿阶段是儿童身体发育和机能发展极为迅速的时期，也是形成安全感和乐观态度的重要阶段。发育良好的身体、愉快的情绪、强健的体质、协调的动作、良好的生活习惯和基本生活能力是幼儿身心健康的重要标志，也是其他领域学习与发展的基础。二十一天的打卡活动，不仅锻炼身体，增进了家长和幼儿的交流与默契程度，培养亲子之间的感情，也促进了家园合作。

我们的运动会

好戏开场啦

好戏就要开场啦，经过大家一个月来的精心筹备，二十一天坚持不懈的运动打卡，大四班运动会如约而至。一场精彩的幼儿运动会开始啦！

小小运动员们一个个斗志昂扬，迈着大步昂首挺胸的进场了，誓要在比赛中取得一个好成绩。"大四大四，勇敢冲刺，大四大四，团结一致。"幼儿的口中喊出了响亮的运动会口号，预示着大四班运动会即将开始。

运动员入场啦

比赛前，裁判组再一次交流比赛中该怎样做出正确的判罚以及确定比赛的相关规则。

认真负责的小裁判

啦啦队员们一个个也拿出了无限的热情，为比赛中的运动员加油助威呐喊！

泽翔："我要为我的好朋友子墨加油，让他跑到第一名。"

震霆："加油！我一会就这样给小朋友们加油，他们就会跑得更快。"

啦啦队加油助威

比赛中，幼儿都拿出自己的本领，将自己在二十一天运动打卡中积攒的能量迸发出来，赢得比赛！

比赛开始喽

孩子们拿着属于大四班的特别奖状，激动、开心得合不拢嘴呢！

我们获胜啦

幼儿的经验与学习：幼儿通过前期的筹备、交流讨论、分工合作，在准备过程中解决了出现的问题，并顺利举办了属于他们自己的运动会，将运动会变成了"自主设计、自主建构、自我反思"的过程，呈现出一场精彩且圆满的运动盛会。

"教育的艺术不在于传授的本领而在于激励唤醒和鼓舞。"把自主权给予幼儿，使其参与整个运动会的策划、准备过程，在这一过程中幼儿收获的不仅仅是最后的奖牌，更多的是解决问题的方法、团结合作的能力、积极探索的品质。

教师的支持与思考：相信儿童的力量，追随他们的兴趣，支持和鼓励他们在探究的过程中积极动手动脑，寻找答案或解决问题，这就是教师给予幼儿成长最好的教育。活动从一开始，教师就追随幼儿的兴趣，一步步讨论、策划、实践着幼儿运动会的举办。当然关于运动会还有很多地方幼儿还不清楚，但相信幼儿在接下来的探索和实践中会了解更多，成长更多。

回味无穷

一、困难重重我不怕

葫芦："我遇到了困难，在搬垫子的时候被门给卡住了，过不去了。然后我把垫子竖起来就可以走过去了。"

闹闹："我跟震霆去搬那个梯子的时候，两个梯子不一样高，我们就不知道该选择哪一个。"

元宝："我想报名两项比赛，但是我练习的时候发现我跳绳跳得不太好，所以我想这次就不报跳绳了。"

遇到困难怎么办

二、我们的收获

震霆："这次运动会，让我的身体变得更加灵活了，因为我每天都在锻炼！"

坦坦："参加这次的运动会，让我学会了跳绳，我现在可以跳三十五个了。"

胡胡："我收获了做事情要坚持的道理。我每天都坚持在家里运动。"

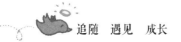
蛋蛋："我在以后遇到困难的时候，知道要先找办法去试着解决，不能只想着靠别人了。"

分享我们的收获

幼儿的经验与学习：幼儿是天生的主动学习者，每个幼儿对未知的领域都非常感兴趣，整个活动实施中，幼儿都全程参与，教师看到了幼儿在过程中坚持探索、积极思考。幼儿自主发现问题、讨论问题、解决问题，并且乐于尝试各种途径，大胆地表达见解，乐于探究新事物，这些优秀的学习品质都会伴随他们成长。

教师的支持与思考：教师给予幼儿更多的自主权，幼儿在活动中不断尝试，在尝试中得到经验；幼儿在合作中、交流分享中获得更多知识与经验，为之后的活动打好基础。教师提高幼儿对运动的兴趣，增强幼儿的体质，发展幼儿的自主性、社会交往能力、分工合作能力与解决问题的能力，助力幼儿获得关于运动精神的全新认知。

结语

在此次系列活动中，教师基于儿童的视角，站在幼儿身后当一名观察者和引导者，相信幼儿是有能力的学习者；为幼儿创设一个宽松的交流环境，不断激发幼儿对活动的兴趣，提出一个个问题推动活动发展。

在活动中，幼儿联系以往关于运动会的经验，按照自己的意愿设计了一场属于自己的运动会。从运动会的筹备到正式举行，教师都给予幼儿充足的自主权，大家在交流和讨论中，发挥自主性，积极探索解决问题的方法，提高了其语言表达、社会交往、数学运用、创造等能力；增强了幼儿合作意识、集体荣誉感。从而幼儿养成了勇敢坚强、不怕困难的学习品质。

幼儿是本次运动会真正的主角，他们在整个活动中主动学习，了解什么是运动会、了解运动会的流程、确定比赛的项目、分组合作制定比赛规则、寻找比赛场地和材料、制作优胜者奖牌，这些环节中都充满着幼儿忙碌且高兴的身影。幼儿一起合作、一起学习、一起讨论，收获了来之不易的体验与经验。我们站在孩子身后，也有了一些思考：

1. 运动能力得到了提升

在系列活动中，幼儿对举办运动会的热情从未消退，使他们在活动中充满着激情与主动探索的欲望，通过二十一天的运动打卡、运动会的顺利举办，幼儿的运动能力得到了一定的提升。

2. 自信心进一步增强

基于幼儿的深度探索，幼儿自发、自主地展开了运动会的筹办与举行，并在比赛项目中获得好成绩。在这一系列的活动中，幼儿通过交流、合作、碰撞，自信心得到进一步的增强。

3. 学习品质得到了发展

基于"幼儿在前，教师在后"的理念，整个运动会的开展，是幼儿通过自主讨论运动会项目、寻找场地、商量运动会规则、设计口号、设计奖牌，体验运动会主人的存在感。因此这次运动会不仅促进了幼儿们身体的发展，也促进了其社会性的发展，幼儿的任务意识更强、规则意识更强、主动性强、坚持性强等，表现出这些良好的学习品质，为大班小朋友的幼小衔接时的身心准备、生活准备、社会准备和学习准备起到了循序渐进的作用，为幼儿能够自然过渡小学，很好地适应正规的小学教育起到了铺垫作用。

一次活动是一种凝聚，一次比赛是一种历练。让我们期待幼儿以后更加精彩的表现吧！

呀！牙疼了！

弥　真

缘起

午饭后散步时间，桃子捂着嘴巴轻轻说："老师，我的牙齿有些晃动了，好疼呀！"嘉齐："你的牙齿晃动了是要换牙了，我的牙齿是坏掉了才疼的。"桃核："我的牙齿都已经掉了。"妹妹："桃子，让我看看你的牙，有没有黑，黑了就是虫牙了。"

围绕着牙齿，孩子们一起讨论起来，并且产生了很多有趣的想法。

为了帮助和引导孩子们正确认识换牙和虫牙的知识，培养保护牙齿的意识，树立健康积极的心态，教师和孩子们一起开启了本次活动——呀！牙疼了。

活动脉络图

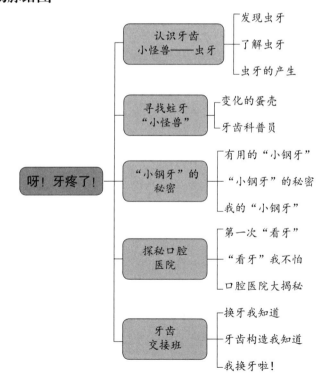

关键经验结构图：

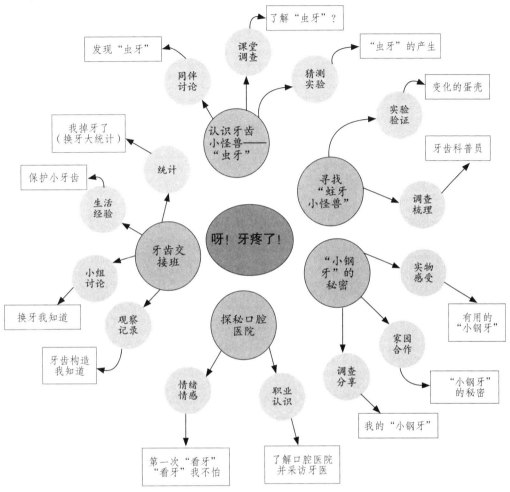

课程展示

认识牙齿小·怪兽——虫牙

一、发现虫牙

桃子的牙疼问题，引发了孩子们的讨论，他们的关注点在虫牙方面。

熊仔："坏掉了？什么是坏掉了？"

可乐："坏掉的牙齿就是因为没有好好刷牙！"

妹妹："不，我觉得是牙齿的营养不够。"

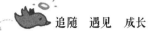

米斗："是因为吃得糖太多了。"

桃子："吃糖太多了，刷牙没有好好刷，虫子进来吃掉了里面的糖和牙齿。"

熊仔："虫牙是大坏蛋，不能多吃巧克力和糖，多吃会长虫牙。"

孩子们心中的虫牙停留在故事里的艺术形象，虫牙里的虫子就像是一个偷糖吃的小偷，只有及时清理牙齿里面的糖果和食物，牙齿才不会被它们破坏，小虫子就不会得逞。"那究竟什么是虫牙呢？"孩子们在讨论中产生了一个新的疑问。

二、了解虫牙

黄豆豆："就是虫子。"

叮咚："虫牙是细菌的小怪兽。"

琪琪："虫牙是吃完饭不刷牙，是细菌在牙齿里挖了洞，把牙齿里的碎渣糖吃掉了。"

…………

虫牙里面藏着好多小怪兽呀

牙齿被挖了一个大黑洞

糖果包围了牙齿，虫牙就出现了

多晒太阳，虫牙就消失啦

关于虫牙，孩子们有许多的好奇和疑问，他们通过交流讨论，绘画表征，表达自己的见解和认知，关于虫牙的深入探究就此开始。

在老师的引导下，孩子们在绘本故事里了解到虫牙就是龋齿，它是因为古代人觉得牙齿坏了，是被虫子吃了而得名的，但是从现在的角度

我们一起来了解虫牙

来说虫子就是细菌，基本上肉眼是看不见的，它会和食物中的糖，尤其是蔗糖相互作用产生一种酸，这种酸会使我们的牙齿越来越脆弱。

三、虫牙的产生

在前面的活动中，孩子们已经了解到了虫牙的科学概念。对虫牙产生的原因也有了一定的了解。到底虫牙是如何产生的呢？孩子们决定通过实验的方式来进行直观的观察和探究。他们带来了大量会产生虫牙的食品、刷牙的工具等与同伴讨论，那虫牙的产生究竟和什么有关系呢？

熊仔："我觉得虫牙和巧克力有关系，还有可能是牙缝里头的渣渣。"

嘉齐："我觉得可乐最容易影响牙齿，我听说过。"

棒棒："我觉得和牙膏有关系，草莓味的牙膏太甜了对牙齿不好，小朋友也可以试试用大人的牙膏。"

可乐："不能吃太硬的东西，也不能太软，不然会塞牙缝，塞牙缝刷不干净的。"

孩子们围绕着自己带来的食物、牙刷、牙膏产生了激烈的讨论。由于孩子们已知蛋壳和牙齿有相同的成分，因此，孩子们一起向厨房的叔叔阿姨借了蛋壳，准备用蛋壳和各种食物进行实验。

实验材料准备：食物类

实验材料准备：清洁类

孩子们将自己带来的食物放进盘子里，自主选取物品进行分组实验。

可乐组：

组长："我们选可乐，是因为我们认为它黑乎乎的，对牙齿肯定没好处。"

孩子们和组长商量分配各自的任务，有的小朋友准备容器，有的观察记录……可乐组的实验活动有序地开展起来啦！

姐姐："鸡蛋壳里没有蛋黄但还有不能吃的蛋黄，摸起来想水晶一样光光的，闻起来是鸡蛋打碎的味道，形状是圆的，上面是尖的，下面是圆圆的。边边的泡泡再往上飘，像水里的火山，泡泡还有一动不动。"

壮壮："是硬的，里面没有蛋黄，没有蛋白。"

熊仔："哦！这个味道像过期的臭鸡蛋，看起来很腻，还有声音。"

小满："你们快看泡泡往鸡蛋里面钻。"

优优："对！还有些泡泡在往上面拥挤，有的泡泡往底下沉。"

小石榴："它摸起来跟皮带一样的感觉，又硬又软，味道像酸梅汤一样，最神奇的是气泡往下沉还有往上飘的。"

…………

实验开始啦，我们在仔细观察

泡泡钻进鸡蛋啦

小组实验记录者对小朋友的语言描述进行记录。孩子们的讨论在奇妙的实验现象中越发积极主动，老师适时参与并与孩子们共同进行了认知方面的梳理和总结。老师的梳理帮助孩子们更加深入地了解到牙齿、蛋壳、可乐之间的关系。最后对实验现象进行梳理：蛋壳浸进可乐中蛋壳会产生大量的气泡。

食物组：

食物组的孩子们观察到蛋壳上有很多类似于牙缝的小裂缝，准备找一些器具把食物磨碎涂抹在蛋壳裂缝处，就像是嚼碎的食物黏在牙缝里，看一看牙齿上粘连的食物对牙齿会造成哪些危害？

老师："孩子们，你们观察到了什么？"

丫丫："这些蛋壳都好硬呀，还有很多小裂缝。"

桃子："你们摸一摸鸡蛋皮很光滑和牙齿一样。"

晨宇："硬硬的，光滑，泡软后的面包黏黏的，像泥土，贴在了很多缝隙里。"

棒棒："硬硬的，容易碎，感觉像塑料做的，比如核桃太硬的食物碰到它，会对它伤害很大。"

豆豆："光光的，饼干泡软后黏黏的，软软的，很舒服地粘在蛋壳上。"

琪琪："这些食物卡在缝隙里就像我们吃的食物会藏进牙缝里。"

蛋壳外面有好多小裂缝

有软软的食物，还有硬硬的食物

我们用工具把食物碾碎

黏糊糊的饼干碎更容易涂抹

在实验前小组成员自主讨论设计了实验流程，实验过程中孩子们寻找合适的研磨工具，观看讨论牙齿咀嚼后食物的外观，并尝试将研磨好的食物裹在

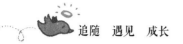

蛋壳上，发现不同的食物会对蛋壳产生不一样的黏性。最终运用绘画表征将实验步骤进行记录。

牙齿清洁组：

牙齿清洁组的孩子们认为儿童牙膏的清洁力没有成人牙膏的清洁力强，孩子们给蛋壳上涂满食物的浆液，静置等其晾干后用不同牙膏进行清洁，检测两种牙膏的清洁力度。

老师："带了牙膏和牙刷的小朋友，你们有什么不一样的想法呢？"

桃子："我们准备把巧克力酱刷在蛋壳上，试一试大人牙膏和我们的牙膏哪个更好用？"

金鱼："两个牙膏都可以把蛋壳刷干净。"

小蘑菇："刷掉蛋壳上的巧克力，蛋壳会不会坏掉。"

多多："大人的牙膏会更好刷一些。"

琪琪："要慢慢刷，细心一些，不然会把蛋壳刷坏。"

彤宝宝："蛋壳刷干净后缝隙刷不干净。"

试试刷掉巧克力　　　　　　　　两种牙膏刷得都很干净

三个实验组的活动都在有序地进行着。在有了实验与观察的基础上，孩子们产生了新的思考：为什么食物这么黏腻且时间稍长就不易清洗了？带着疑问，孩子们根据自己的已有经验在与同伴讨论中大胆分享，并明白不清洁牙齿，就会使食物存留牙缝且日后更难清理的道理。

幼儿的经验与学习：幼儿主动把自己对虫牙的了解和认识用绘画的方式进行记录，有了主观的自主探索意识，并与同伴讨论"什么是虫牙？""虫牙如何产生？"从中汲取他人的已知经验，最终通过绘本认知到了龋齿是对牙齿有破坏性的一种疾病。虫牙是激发幼儿探究和学习的内驱力，通过猜想和实验探究，幼儿以小组为单位进行了蛋壳等相关实验，从而更进一步将虫牙与日常生活习惯相结合，从实验中发现牙齿卫生的重要性，科探兴趣和探究能力得到培养，科学的探究方法进一步掌握。

教师的支持与思考：教师善于发现和保护幼儿的好奇点，活动以幼儿亲身体验为基本形式，在活动推进的过程中，教师提供绘本资源及适宜的实验环境供幼儿了解"什么是虫牙？""虫牙是如何产生的？"。通过分组实验，教师帮助幼儿梳理寻找虫牙产生的原因，并提供真实和可操作的环境，支持幼儿自主探究。家长在活动中扮演了课程材料的提供者、幼儿经验的前导者及教育效果延续者的角色，通过不同形式、不同方法参与了活动建设的过程。

幼儿们的实验需要等待一定的时间才能看到最终的结果，在这个过程中，教师引导孩子不断进行观察和记录，保持对实验的兴趣和关注。

寻找蛀牙"小·怪兽"

一、变化的蛋壳

孩子们每天都会去观察蛋壳的变化，五天后孩子们发现蛋壳产生了很大的变化，便决定拿来看一看"蛋壳究竟怎么了？"于是孩子们互相讨论，寻找影响蛋壳变化的原因。

可乐组：

孩子们轻轻地举起泡着蛋壳的杯子，小心翼翼地通过透明玻璃轻轻触摸，担心将蛋壳弄碎了。

妞妞："它怎么就和茶叶蛋一样，黑乎乎的，裂缝都是黑色的。"

壮壮："是呀，我才轻轻一碰就碎了，而且鸡蛋壳上面多了很多黑点点。"

熊仔："变成和可乐一样的颜色了。"

小满："你们快看鸡蛋皮里面的白色看不见了，外面越来越软了。"

一起来看看蛋壳的变化

食物组：

食物组的孩子们拿来裹满食物残渣的蛋壳，用手指抠上面的残渣，还有的孩子们用牙刷清洗；

丫丫："你们快看很多食物都藏在了蛋壳缝里。"

桃子："面包渣渣、饼干渣渣都黏在里头了，很难刷。"

晨宇："泡软后的面包现在干干的，像泥土，藏在了很多缝隙里。"

豆豆："干干的，不太好清洗。"

琪琪："这些裹满食物的蛋壳，就像食物藏在牙缝里就很难清理了。"

摸一摸裹满食物的蛋壳　　　　　　　　给缝隙里也要涂进去

牙齿清洁组：

牙齿清洁组的孩子们，甚至还在盥洗室进行刷蛋壳比赛，尝试将蛋壳恢复原样。

蜗牛："大家快来看蛋壳变得有摩擦力了，巧克力都干了。"

琪琪："粘得太紧了不好刷，里面没有刷巧克力但也变黑了。"

童童："你们摸一摸我的蛋壳，刷掉巧克力后它的皮变薄了。"

孩子们举起蛋壳轻轻地放在手心里，担心把蛋壳刷坏了，边刷边讨论自己发现的小秘密，有的在讨论刷蛋壳和刷牙的方法，有的在讨论大人牙膏和小朋友牙膏的清洁力……

亲亲："但我觉得两种牙膏刷过后蛋壳都是光滑的。"

桃子："大人牙膏比我们的牙膏刷在蛋壳上更黏。"

金鱼："不对不对！两个牙膏都可以把蛋壳刷干净。"

我们一起刷蛋壳

孩子们在自主实验与观察中发现：

1. 可乐组的鸡蛋壳变成深褐色且更加脆弱。

2. 食物组的孩子们发现食物很黏稠，钻进蛋壳的缝隙里很难清洗，有一部分蛋壳会被食物浸软变色。

3. 牙膏组的孩子们发现成人牙膏和儿童牙膏清洁力度一样强，要使用正确的刷牙方法，否则缝隙很难刷干净。

这时老师适时介入，引导孩子们进行资料调查，寻找科学合理的答案。

二、牙齿科普员

孩子们带着疑问与父母进行亲子调查，寻找实验中与蛋壳（牙齿成分）相关因素之间的关系。

彩星："要好好刷牙，刷牙方法要正确而且时间不能太短。"

桐桐："饭后不刷牙，食物就会变成细菌伤害牙齿。"

黄豆豆："糖里面含有很多的酸，酸会刺激牙釉质，牙釉质会受伤。"

宁宁："太过坚硬的食物会伤害牙齿，太软的食物又不能充分利用牙齿的功能。"

跟爸爸妈妈一起了解牙齿

以下是老师为孩子们梳理的调查结果：

1. 饮食方面：尽量少吃零食和含糖较高的食物，糖分中含有较多的酸性物质，吃完含糖食品要及时刷牙，不能让糖分在嘴巴里停留时间太长，饭后及时漱口清理口腔中的食物残渣。

2. 牙齿保健：选择最适合自己的牙膏，学习正确的刷牙方法，晚饭之后的十分钟是最佳的刷牙黄金时间段；每天早上起来的时候以及晚上睡觉的时候在牙齿上轻轻地敲打，这样能够有效地促进牙齿以及牙齿周围的组织进行血液循环。

老师和孩子们共同回顾总结：

1. 饮食方面：含糖较高的食物要少吃，会导致牙釉质损伤，所以不提倡长期喝可乐；吃饭后不刷牙，一些食物残渣积留在牙齿表面，经过细菌代谢，会损害牙齿，所以要及时漱口。

2. 牙齿保护：学习正确的刷牙方法，尝试早晚做牙齿保健操；选择合适的牙膏，儿童牙膏的甜味对牙齿并无危害，和成人牙膏一样都具有清洁力，儿童牙膏里面的甜味是甜味剂木糖醇，对牙齿很友好。

原来影响牙齿健康的因素主要有两方面：口腔卫生状况、饮食习惯。

要想有效的维护牙齿健康，可以梳理出以下两点：

1. 饮食调节，避免过食精细加工食物，避免喝太多碳酸饮料。

2. 掌握科学的刷牙方法并坚持刷牙，饭后记得漱口。

幼儿的经验与学习：幼儿主要是持续探索"虫牙产生的原因"并梳理出相应的实验结果。幼儿通过观察及实验丰富了对牙齿和龋齿的认知，在观察讨论的过程中发现产生龋齿的原因主要是饮食和牙齿保健不到位，最终教师指导幼儿通过思维导图的方式梳理出牙齿健康与日常生活习惯之间的关系，并用表征的形式将自己的发现和观察记录下来。幼儿在探究具体事物和解决实际问题中，尝试发现事物间异同关系，不仅获得丰富的感性经验，也充分发展了形象思维。

教师的支持与思考：教师在尊重和保护幼儿探索欲望和学习兴趣的前提下，以观察者的角色参与幼儿的实验探究活动，关注倾听他们的发现与心声，与幼儿共同梳理总结活动经验。最终发现不同的饮食和牙齿卫生习惯会造成我们牙齿健康程度的差异性。

本节活动最后，班级里修补过牙齿的孩子多多说："老师，我的牙齿就是被蛀了，我戴了小钢牙。"这个情况使师生又有了新的探究问题：什么是小钢牙？它有什么作用呢？关于"小钢牙"的探究活动开始啦！

"小·钢牙"的秘密

一、有用的"小钢牙"

多多小朋友的小钢牙，引发了孩子们的好奇，纷纷让他张开嘴巴来看一看。

多多："我是去看牙医，医生帮我把它变成了银色的牙，我就不怕了！"

老师："银色的牙就不害怕长成虫牙吗？"

小蜗牛："戴了小钢牙虫子就不会欺负你，戴上小钢牙后牙齿里面的洞盖住了，这样虫子就进不来了。"

叮咚："牙齿被小虫子咬了，戴上小钢牙，虫子就咬不动了。"

棒棒："因为平时不刷牙，细菌跑到牙齿里面，小钢牙是保护牙齿的工具，防止细菌跑到牙齿里。"

亲亲："马上就要掉牙了，小钢牙是滑的，细菌爬不上去。它也防止一些病毒爬到牙齿里。"

我的小钢牙很厉害哦

戴上小钢牙的孩子们对"小钢牙"有比较丰富的经验，其他孩子们对"小钢牙"的讨论热情依然不减，与此同时孩子们带着兴趣产生了新的问题："小钢牙"是什么？

二、"小钢牙"的秘密

了解了"小钢牙"的作用，孩子们对"'小钢牙'到底是什么"产生了疑问，纷纷讨论了起来。

嘉齐："'小钢牙'是为了预防牙齿被虫子腐蚀的。"

优优："这个牙齿跟其他的不一样，'小钢牙'是矫正牙齿的牙。"

多多："'小钢牙'，就是一个钢牙套，可以保护牙齿不被虫子吃掉。"

小钢牙会赶跑虫子　　　　　　　　有了它就不担心吃太多糖果了

小钢牙亮晶晶　　　　　　　　　我的牙齿看起来更结实了

三、我的"小钢牙"

通过上述孩子们的讨论，他们了解到"小钢牙"是保护牙齿的牙套，那么"小钢牙"是怎么戴上的呢，有这方面经验的孩子分享了自己看牙医的过程。

多多："刚开始还不是特别疼，到后来变成了一个小黑洞。去医院用专用器材把这个黑洞补好，医生会敷上绿色的麻药，然后牙上还会戴一个'小钢盔'，还要让我用有'氟'字的牙膏，经常漱口。"

米豆："在挪威的学校，我的牙齿被细菌捣乱，脸肿了一半，去了医院，看到细菌爬到牙齿上面，医生往我牙齿里面打了一些青霉素，回国后，再去了医院看牙。就带上了一个'小钢牙'。"

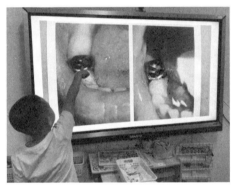

来看看我的小钢牙

戴"小钢牙"的孩子讲解自己为何戴"小钢牙"和就医的整个过程，孩子们对"小钢牙"进行了调查，知道了"小钢牙"的科学的名称叫作"预成冠"，了解了牙齿与"小钢牙"的关系：预成冠是乳牙的保护伞，是一种预先成形的，与牙齿十分贴合。它能套在牙齿表面上在保护牙齿的同时也加强牙齿的强度，确保乳牙可以正常健康地被恒牙替换。

幼儿的经验与学习：幼儿对"小钢牙"产生了浓厚的兴趣。通过观察同伴嘴里的"小钢牙"，进行交流讨论、绘画表征、经验分享、查找资料，了解了"小钢牙"的秘密，知道了"小钢牙"是保护乳牙生长的一种器具，佩戴的"小钢牙"是因为牙齿已经损坏的比较严重而做出的补救办法。

活动中，幼儿们积极讨论，勇于分享，获得了关于"小钢牙"的知识经

验，也锻炼了语言表达、社会交往、观察分析的能力。

教师的支持与反思： 在幼儿好奇"小钢牙"时，教师没有急于给幼儿讲原因，而是通过提问、讨论等方式引发幼儿对"小钢牙"进行自主深入探究。在尊重和保护幼儿好奇心和学习兴趣的前提下，与幼儿共同调查寻求科学的答案，支持幼儿在接下来的活动中进行个性化的探究和表达。

当幼儿说到"小钢牙"时，都会提到牙科医生，对幼儿来说，牙科医生是既熟悉又陌生的，关于看牙，孩子们多多少少都有感受，那就让我们一起聊一聊吧。

探秘口腔医院

关于看牙的事情，孩子们的感受是不一样的。相当一部分孩子去看牙和看到牙科医生还会感到紧张和害怕。孩子如何建立正确的态度，消除焦虑紧张的情绪呢？深入思考后，首先要了解孩子们紧张、恐惧的原因，然后再针对性地进行引导，于是，师生一起交流讨论。

一、第一次"看牙"

孩子们根据自己的已有经验，分享自己第一次看牙时的感受：

妞妞："我不喜欢看牙，因为那个电动牙刷塞到嘴里让我嗓子好难受。"

黄豆豆："我害怕会用钻头钻我的牙齿，那个很疼。"

熊仔："我害怕牙医用钻头把我嗓子钻到，我就感觉会出血，有血我就没有生命了。"

壮壮："牙医摸到我的嘴巴就害怕。"

叮咚："牙医用的那些工具，看着就很害怕。"

贵贵："我补过牙，还可以，就是有一点难受。"

彤宝："看牙时，妈妈一直陪着我，我就不害怕了。"

从孩子们的语言中，我们发现，孩子们的害怕集中在：

1.医生用的器械，以及器械发出的声音，让人感到害怕。

2.医生看牙时，工具在嘴巴里让孩子们感觉很不舒服。

3.孩子有牙齿疾病，最明显的感觉就是疼痛，进而更害怕医生触动疼痛的地方会让自己更疼。

二、"看牙"我不怕

明确了孩子们害怕牙医的原因，老师和孩子们进行了更深入的交流。同时，老师还请不害怕看牙的孩子讲述自己的看牙经过，从而使孩子们都能正确看待看牙这件事情，从内心里接受看牙，从而减少心里的紧张情绪和负担。

老师："你为什么去看牙呢，医生是如何帮助你的？"

多多："我的牙齿有些疼，去看牙医，医生说牙有洞洞了，给我补了牙。"

嘉琦："我的牙齿磕到家中柜子上面了，医生给我拍了X光。"

丫丫："我的牙龈出血，医生告诉我饭后要漱口。"

老师："看完牙齿后，你的牙齿怎么样？"

妹妹："医生给我补了牙，我的牙就不疼了。"

童童："医生给我带上'小钢牙'，我就什么都敢吃啦。"

熊仔："医生给我涂氟，我就不会很担心牙齿会坏掉。"

老师："看来牙医非常厉害，能帮助我们消除疾病，让我们的牙不再疼痛。"

蘑菇："是的，我就不害怕看牙，医生很好，跟我说不要紧张，一会儿就好了。"

可乐："我也不太害怕看牙，稍微有点难受，还可以忍受。"

通过老师的引导讨论，孩子们知道了牙医是帮助我们消除牙齿疾病的人，虽然看牙时可能有一点难受，但是不用害怕，医生会尽量小心操作，爸爸妈妈也会陪在我们的身边。

三、口腔医院大揭秘

通过交流讨论，孩子们分享了去看牙医的感受，获得对看牙的正确认知，初步缓解了看牙的紧张和焦虑情绪。想要完全消除孩子们的消极情绪，应该让孩子们全面了解看牙的整个过程，了解牙科医生使用的工具，基于班上家长的资源，师生开展了走进口腔医院，采访牙科医生的活动，使幼儿近距离的接触牙科医生，了解牙科医生的工作内容，从而彻底消除紧张情绪。

孩子走进医院，采访牙科医生。

可乐："我想知道怎样看出牙齿有没有疾病？"

医生："首先我们要放轻松，配合医生检查牙齿牙裂咬合、牙齿颜色、大小数目等，接着检查牙龈有没有充血、肿胀，牙齿是否松动，其次我们还可以借助X光来检查肉眼看不到的疾病，针对问题我们会确定治疗方案。"

小满："请问你们用的工具叫什么名字，是做什么用的呢？"

医生："我们用到的主要工具有口镜、探针、牙铤、固化灯、洁牙尖等等，工具有很多我们一起来看看吧。口镜帮助我们看到眼睛直视看不到的地方；探针主要帮助我们小朋友们检查龋齿以及牙龈的情

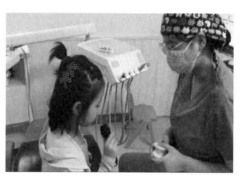

我们去采访牙医啦

况；牙铤是拔牙的工具，可以松动牙齿；牙科高速手机可以用来钻牙洞，磨除龋齿；固化灯可以帮助我们让口腔中的光敏材料很快固化。"

看牙医的流程是什么样的呢？孩子们也有自己的认知。

嘉齐："先来到导医台，医生给牙齿拍照（x光），医生会消毒用到的工具，在病人躺好后，医生用口镜可以看到坏牙齿，用针把坏牙齿拔出来。"

妹妹："我躺好后，医生选择合适的工具：棉花、放牙齿里的药、小镜子、小钩子。小钩子是用来钩牙齿中的残渣，还有钻牙要用的，小镊子是帮助我修理牙齿损坏地方的。"

叮咚："我是去医院涂氟，提前预约医生，医生会请我坐在椅子上检查我的牙齿，给牙齿消毒，用棉球擦干后涂氟，涂完我一边休息一边听医生讲解注意事项。"

壮壮："医生会先了解我的牙齿情况，然后带我去检查治疗。"

彩星："因为我有龋齿，牙齿会很疼，但是导医台的医生阿姨会先安慰

我，等到我放松一些带我去检查和治疗。"

分享我的看牙经历　　　　　　　　　牙医有很多治疗工具

通过孩子们的分享及老师的总结，大家明确了看牙的流程：

1. 与导医台医生进行沟通，说明牙齿哪里不适，联系预约的医生；

2. 就诊室就诊检查，坐上牙椅之前与医生沟通；

3. 根据医生和护士的引导进行相适宜的检查或治疗；

4. 结账并预约下次检查时间。

幼儿的经验与学习：幼儿对牙医和口腔医院产生了浓厚的兴趣。与同伴讨论分享第一次看牙的感受以及自己对看牙的担忧与恐惧。为了消除内心的担忧幼儿自主探秘口腔医院，依据自己担心的问题对牙医进行采访，在与医生交谈中增强自我的语言表达能力，更进一步了解牙齿的秘密，逐渐消除紧张感。

教师的支持与反思：教师提供给幼儿轻松的讨论氛围，幼儿得以完整地表达内心所思所想。鼓励幼儿调查采访寻求答案，以便支持幼儿生活中关于牙齿的疑惑与普遍需求。帮助幼儿共同梳理看牙时的疑惑与焦虑，通过实地探访口腔医院，采访牙医得以解惑。整个活动赋予幼儿更多的自主权，给予了幼儿更多自主参与的机会。

基于幼儿对虫牙的认知与幼儿该年龄段牙齿生长状况，教师认为可以引导幼儿深入了解换牙，即了解乳牙和恒牙的关系。

牙齿交接班

孩子存在的牙齿问题，一个是虫牙，一个是换牙。当对虫牙的知识有了较全面的了解后，孩子们的关注点转移到了现阶段大家都普遍经历的换牙事件上。

一、换牙我知道

对于换牙的话题，孩子们最有发言权了。

蜗牛："我觉得我的牙齿很好，为什么要换牙？"

多多："我们六岁了，换新牙就和上小学一样，要长大了。"

叮咚："我妈妈说每个人都会换牙，而且只换这一次就好啦。"

可乐："换的新牙是恒牙，恒牙比我们之前的牙更结实，可以吃很多坚硬的食物。"

我长大啦，要换一口新牙了　　　　　　换了新牙，米饭会更美味，期待呀

活动中孩子们互相分享了自己对换牙的想法，并且主动把自己的想法用绘画的方式记录下来，孩子们对牙齿和换牙产生了更多好奇，也产生了一个新的问题。

可乐："我知道牙齿还有一部分藏在牙齿下面红色肉肉里面，那这个红色肉肉也是牙齿的一部分吗？"

多多："对，我也发现了，而且这个红色的部分和牙齿一样都很坚硬！"

石榴："我妈妈上次牙出血了就是从这流出来的。"

老师："可以互相仔细观察观察，你还发现了什么？"

蘑菇："我在《牙齿百科》上面看到过，它是牙龈，牙龈流血了那就是牙齿受伤了。"

文君："我们在镜子里面看看会更清楚。"

一起看看自己的牙齿吧

说观察就观察，孩子们洗干净手呲着牙齿，感受牙齿和牙龈的不同，原来，牙齿就像树木一样长在牙龈里面，牙龈是保护它长大的土壤。

二、牙齿构造我知道

为了更好地了解牙齿的结构，师生一起搜集整理材料，设计活动，孩子们更加系统、科学地了解牙齿。

老师："平时只能看到白白的牙齿和粉红色的牙龈，这是把牙齿切开里面的样子，你们看一看有哪些东西组成？"

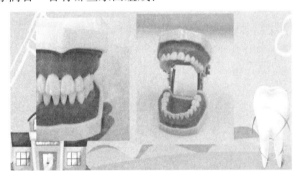

观察牙齿模型

豆豆："原来下面的恒牙一直在乳牙下面长着，恒牙的力气很大，把乳牙顶掉了。"

桃核："乳牙没有恒牙那么坚硬，恒牙比较坚硬，能吃更多好吃的。"

宝宝："我已经换了两颗牙啦！"

了解了牙齿的结构，孩子们对于换牙有着极大的探究兴趣。那么小朋友都换了几颗牙呢？问题的提出接着引发孩子们新的思考。

三、我换牙啦！

孩子们对换牙有了较为科学的认识。面对同伴们缺少牙齿的嘴巴，孩子

们既感到好笑，又特别好奇。"你换了几颗牙？"孩子们兴奋地相互聊着彼此换牙的情况。

1. 我掉牙了。

桃子："我掉了三颗牙齿，开始第一颗是自己掉的，后面两个是妈妈在家拿绳子给我拔掉的。"

童童："我掉了两颗牙，新牙我都看到了，慢慢都长出来了。"

黄豆："我的也是新牙长出来，之前的牙没有掉，妈妈带我去医院拔掉的。"

亲亲："我掉了两颗牙，第一颗是在我吃饭的时候掉下来的，第二颗是在早上刷牙的时候掉的，一点儿也不疼。"

蜗牛："我掉了两颗牙，一颗是因为虫牙掉的，一颗是我长大了换牙掉的。"

数一数我掉了几颗牙

谁掉的牙齿最多

班级里多数孩子都已经开始换牙了，孩子们将自己的换牙颗数进行记录，并进行统计和对比。

彤宝："掉一颗牙的人有八个人，没掉牙的人有十三个呢，还挺多。"

妞妞："这个小朋友竟然掉了六颗，我一颗都没掉，好多小朋友跟我一样没有掉，我来数数看一颗牙都没掉的有多少人。"

石榴："我们把一样的放在一起，要不然找不见。"

桃子："我只掉了一颗，我要数数谁和我掉的一样多。"

多多："把人数写出来让老师帮我们粘在上面。"

一起看看自己的牙齿吧

通过观察记录表，发现班级中孩子们掉牙颗数多为一到三颗，部分孩子还未换牙，其中掉牙颗数最多的一位小朋友是六颗。

2. 保护小牙齿

了解完小朋友们的换牙情况，如何让新牙齿健健康康的长出来且不会再被蛀虫吃掉成了孩子们讨论的新话题。

桃子："掉牙的时候，不要用舌头去舔牙齿。长大了以后就会平平整整的。"

叮咚："换牙的时候不能吃硬糖果，不然牙会掉，时间长了会长出新牙。"

彤宝："不能吃巧克力、冰激淋、饼干、糖果，不然牙齿里面会有很多小碎屑，虫子就会跑出来。"

牙齿不喜欢甜甜的食物　　换牙时不要用舌头舔牙齿　　要及时修补牙齿

通过交流讨论、绘画表征的方式，孩子们梳理着换牙的注意事项：

1. 换牙期间要多吃蔬菜、有一定硬度的食物，比如牛肉、胡萝卜、芹菜、玉米等，保持对乳牙的刺激，使乳牙定时脱落，另一方面通过多咀嚼，促进牙

床、颌骨和面骨的发育。

2.现在我们吃的食物过于精细，咀嚼过少，使颌骨的发育不足，结果很多孩子恒牙萌出后空间不够，牙齿拥挤错位，影响牙齿美观和功能。

幼儿的经验与学习：换牙标志着成长，幼儿从换牙开始关注自己的身体成长特征。在本次活动中幼儿更好地将已有经验与未知需求进行链接，与教师师共同查找资源了解牙齿的结构，关注到同伴们的换牙情况，在记录、比较与统计中，感知了数概念和统计在生活中的运用。最终通过交流讨论、绘画表征的方式，梳理了换牙的注意事项。与此同时，幼儿在整个活动过程中不断发现问题、解决问题，经验得到了积累。

教师的支持与思考：教师支持并尊重幼儿兴趣点的转移，给予了幼儿更多的自主权和宽松的讨论氛围。通过运用多媒体以及牙齿模具帮助幼儿了解牙齿的结构。为幼儿提供充分的空间、时间与资源，让幼儿通过镜子观察自己的换牙颗数，鼓励幼儿选用统计的形式记录班级幼儿换牙情况，为幼儿经验的积累提供多种途径和方法。最终教师引导幼儿将积累的生活经验与牙齿保护知识迁移至生活中，使活动落地生花，帮助幼儿将知识与实践相结合。

结语

"呀！牙疼了！"系列活动，正是基于幼儿的兴趣、活动价值点的梳理、幼儿问题的回应，生成了层层递进、线索明晰的班本活动。

在整个系列活动中，幼儿将发现的现象或问题带到观察讨论中，通过交流信息、猜测与验证，共同解决问题，发展了幼儿们的倾听与表达、书写能力，同时，同伴合作能力和科学探究能力不断增强。

幼儿通过小组合作调查、实验探究、交流采访等方式深入了解龋齿与换牙，获得了搜集资料、合作调查、统计分析的方法。在活动中提升了科学探究和数学认知的能力，对牙齿的功能与结构有了更清晰的了解。

本次活动，幼儿通过讨论、记录、实践、反思等方式，丰富了对牙齿的认知及了解。在活动开展的过程中，教师根据幼儿的活动过程，引导幼儿不断调动经验进行链接与思考，推进过程中也促发了一系列思考。

1. 如何让经验得到拓展和迁移

在对换牙有充分了解和认识后，幼儿积累关于换牙的认知与经验。而这样的经验是基于龋齿，牙齿损坏活动催化下产生的，整个活动的丰富程度以及完整性是否存在缺失，对幼儿而言是否是有价值的呢？如何了解幼儿在过程中的收获？

2. 关注探究素养也是支持儿童探索龋齿产生的核心

前期活动主要围绕着虫牙产生的过程进行探究，丰富着幼儿关于龋齿及牙齿保护的认识。伴随着探究的深入，实验验证猜想的过程，幼儿不断尝试、对比、调整、更新，积累探究的经验，从素养层面给予牙齿探索一定的支持。

泥土好可爱

姚　楠

缘起

户外自主游戏时，幼儿对土壤里的世界产生了浓厚兴趣，他们在土壤里寻找发现的过程中提出了一些关于土壤的疑问。扣宝："土壤里面除了有蚯蚓还有什么小动物呢？"芒果："土是从哪里来的？它是怎么形成的？"桃子："土壤除了可以种植农作物还有什么作用呢？"

于是老师追随幼儿的疑问，以他们的直接经验为基础，结合幼儿园的环境资源，支持他们去土壤里实际探索，感知土壤的神奇，发现土壤的秘密。共同开启了这次"泥土好可爱"的主题活动。

活动脉络图

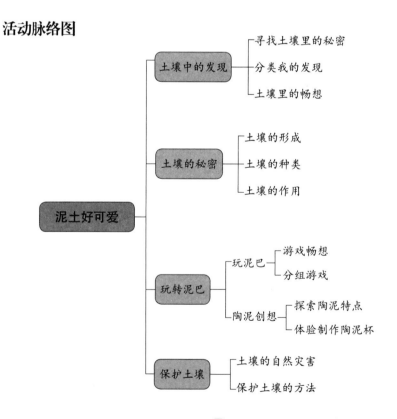

关键经验结构图：

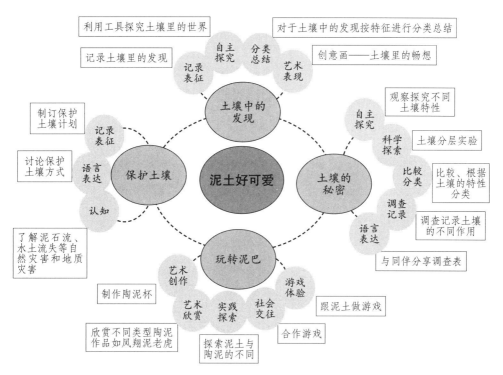

利用工具探究土壤里的世界

记录土壤里的发现

对于土壤中的发现按特征进行分类总结

创意画——土壤里的畅想

自主探究

分类总结

艺术表现

记录表征

观察探究不同土壤特性

自主探究

土壤中的发现

科学探索

土壤分层实验

制订保护土壤计划

记录表征

比较分类

比较、根据土壤的特性分类

讨论保护土壤方式

语言表达

保护土壤

泥土好可爱

土壤的秘密

调查记录

调查记录土壤的不同作用

认知

语言表达

了解泥石流、水土流失等自然灾害和地质灾害

玩转泥巴

与同伴分享调查表

艺术创作

游戏体验

制作陶泥杯

艺术欣赏

实践探索

社会交往

跟泥土做游戏

欣赏不同类型陶泥作品如凤翔泥老虎

合作游戏

探索泥土与陶泥的不同

课程展示

土壤中的发现

一、寻找土壤里的秘密

户外活动时间，孩子们在草地里进行着丰富多彩的活动，有的孩子找到一些树叶和树枝，玩着做饭的游戏，还有的孩子正在进行攀爬，这时，传来一个声音："快看，我在泥土里挖出了一条蚯蚓！"扣宝小朋友的声音瞬间引来了孩子们的围观。

米粒："这个蚯蚓好长啊，它还在动呢！"

芒果："蚯蚓是生活在土里面吗？"

老师："你是怎么发现的？还发现了什么？"

扣宝："我用铲子在泥土里面挖出来的。我发现泥土里面除了有蚯蚓还有一些小虫子。"

桃子："我之前在土里面还看到过蜈蚣。"

基于孩子们的发现和兴趣，结合园所的自然环境资源，老师和孩子们讨论后决定一起探索泥土里的秘密。在探索之前，孩子们商量着先去班里找一些方便探究的工具，孩子们在教室的科学区与室外的植物角找到了镊子、放大镜、铲子等工具，老师为孩子们提供了透明袋子，方便孩子们收集找到的物品。最后大家一起回到活动场地，展开了泥土发现之旅。

认真探索泥土里的秘密

分享自己的探索结果

孩子们认真地在泥土里面寻找着，有的各自为战，有的两两合作，并把找到的东西，用镊子小心翼翼地放到透明袋子里。不一会儿袋子里面就装满了各种各样的"发现",孩子们看着自己的"发现"兴奋地展开了讨论。

天天:"你看我在土里面发现了蜗牛壳。"

米粒:"泥土里有好多树叶,我还发现了一些垃圾。"

丰收:"我找到了一些石头还有一些小虫子的尸体。"

扣宝:"我把我发现的蚯蚓也装到袋子里了,我还看到了蜈蚣。"

二、分类我的发现

回到教室后,孩子们迫不及待地想把自己的发现分享给大家看,为了让孩子们更清楚地进行观察,以及快速地把零散的发现转换为系统的认知,老师为孩子们提供了白色餐垫,引导孩子们把自己的发现呈现在白色餐垫上。

小心翼翼进行分类

小树:"我们找到的东西太多了,全放在上面太乱了,都看不清楚了。"

桃子:"那我们把一样的东西放在一个餐垫上,这样就不会乱。"

扣宝:"如果种类了太多了,餐垫不够放怎么办?"

米粒:"我们可以把所有的小虫子放在一起,不一样的石头也可以放在一起。"

孩子们通过讨论把发现的东西主要分成会动的和不会动的。会动的生物有蜗牛、毛毛虫、蜈蚣、蚯蚓等;不会动的有各种树叶、树枝、树根、石头、垃圾和一些其他物体。再根据种类不同进行细分并分类摆放。最后根据观察摆放结果,共同对于本次探索的成果进行了梳理和总结。

三、土壤里的畅想

在前期的探究中,孩子们把自己探究的结果进行了记录表征,通过记录表发现孩子们对于土壤里的世界有了更深入的了解,但还只是停留在寻找到的

物品方面，不够全面，于是老师提供了相关绘本，结合绘本与已知经验，孩子们对于土壤里的世界展开了讨论。

　　芒果："泥土里面生活着很多动物，除了我们发现的蚯蚓、蜗牛还有土拨鼠。"

　　毛豆："萝卜、土豆还有红薯都是在土里面长大的。"

　　扣宝："土壤真神奇！为什么土壤里面有这么多的小生物？"

　　果冻："有很多动物死了以后也会埋在土里。"

　　多多："很多植物的根也在泥土里面生长。"

　　基于孩子们对于土壤里面不同物体的讨论及产生的兴趣，老师鼓励孩子把自己对于土壤世界的认知与理解，用绘画的形式表现出来，在区域活动中，孩子们纷纷展开创作，用撕开的牛皮纸来区分土壤里面和外面的世界。

土壤里的畅想

　　幼儿的经验与学习：幼儿通过实地探究发现泥土中不同的物体，同时，在探究中，幼儿也关注着同伴的发现，与同伴进行交流，引发新的思考，对泥土也有了更深入的感知。在发现讨论的过程中，获取新的经验，并能够对不同种类物体根据特征进行分类。通过分类幼儿更加清晰直观地总结出泥土里有什么，这也发展了幼儿的分类、总结、梳理能力。最后能根据新经验，绘画表征出泥土里面有什么，提高了幼儿的发散思维与绘画表征能力，活动的过程中幼儿根据泥土里的发现提出新的问题，有效延伸至下一次的探究活动之中。

教师的支持与思考：教师及时捕捉幼儿的兴趣点，结合幼儿的已知经验，支持幼儿在实地中探究，用实际操作的方式寻找泥土里的秘密。教师为幼儿提供了充足的物质支持，便于幼儿进行探究。在幼儿找到丰富的实物时教师支持幼儿对实物根据特征进行分类和总结，帮助幼儿掌握新的学习方式；同时，针对幼儿探究的不全面，为幼儿提供相关绘本资料，给予幼儿自主探究之外更全面科学的补充，并继续引发下一次的思考。

土壤的秘密

一、土壤的形成

1. 土壤的形成过程

经过上一次的土壤大发现，孩子们很好奇土壤里为什么会有这么多种实物？它们在土壤中的作用是什么？土壤是怎样形成的，和大家找到的东西有关系吗？

大家共同查阅了相关的绘本科普资料，也在网络上筛选了相关的科普视频，用直观的微动画了解土壤的形成，对土壤有了科学的认知。知道并不是孩子们所猜测的那样凭空产生的，而是岩石经过风化形成成土母质，成土母质因为积累了有机物和养分使得有低等的植物在成土母质身上形成了原始土壤（在此过程中有机物更加丰富，并且形成了腐殖质）。原始土壤的形成使得高等的植物自身形成了成熟土壤，也就是我们所说的土壤。地球表面形成一厘米厚的土壤，约需要三百年或更长的时间。

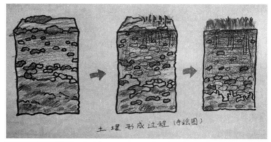

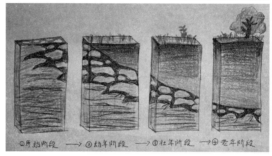

土壤的形成过程图例

2. 土壤分层试验

通过观察图片孩子们更直观地理解了土壤的形成过程。在解决了土壤是怎样形成的这一问题之后，孩子们对探究土壤的兴趣更加强烈，自发在户外活动时间在幼儿园的各个角落收集了不同类型的土带回教室观察，并利用科学区域，做起了关于土壤的小实验。孩子们在土里加水，搅拌，观察到泥土中的物质分层及土不溶于水的秘密。

扣宝："我发现土是不溶于水的，因为土全都沉下去了。"

铜钱："我发现水和土分成了三层，水在中间，上面还有漂浮着一层土。"

芒果："刚开始搅拌时水变得很脏，放了一段时间，水变清了。"

丰收："有一些很轻的土浮在水上，一些小石头沉到了最下面。"

图图："最下面的土的颜色最深，水的颜色最浅。"

认真观察实验结果

从孩子们的讨论中可以看出，孩子们在实验中能够用心观察，积极思考，得出结论。结合土壤的形成过程以及土壤分层实验，老师引导孩子对于土壤的分层有更深入的认识，并为孩子提供了更专业科学的支持。孩子们共同总结了在土壤形成过程中土壤的分层。土壤主要分为基岩层、土层、凋落物。

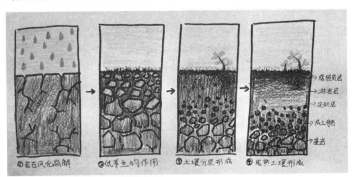

土壤的分层图例

二、土壤的种类

1. 按成分不同分类

在做实验前，孩子们在不同地方挖到了一些土壤，经过观察和比较，孩子们发现在户外挖的土和在花盆里的土是不一样的。

扣宝："我发现幼儿园草地里的土是黄色的，还很硬，花盆里的土是黑色的，软软的。"

麒麒："我做实验的时候，发现有的土吸水很快，有的土吸水很慢，水半天才流下去。"

毛豆："我们花盆里面的土摸起来也不太一样，有的硬硬的，有的比较松软。"

芒果："为什么有的土壤里面有小石头粒，有的土没有？"

基于孩子们的问题，老师根据土壤的成分不同，筛选了三种土壤，让孩子们进行观察。

砂质土　　　　　壤土　　　　　黏质土

不同成分的土壤图例

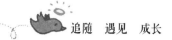

孩子们通过观察发现有的土里面石头比较多，有的土比较细。还有的土摸起来黏黏的，有的土却比较干。通过孩子们的体验和发现，老师进行了总结，根据土里含沙量的不同将土壤分成砂质土、黏质土和壤土。

小树："砂质土就是含砂量比较多，黏质土就是含砂量比较少，而壤土在它俩之间。"

多多："砂质土因为含砂量比较多所以存不住水都流走了，黏质土可以多存一点水。"

麒麒："砂质土透气性更好，因为它的颗粒大，缝隙也大。"

果果："黏质土可以种植物，沙漠里面有很多砂质土。"

通过老师的讲述，结合孩子们自己的讨论与理解，大家共同总结出三种土的特点为：

（1）砂质土的颗粒大，渗水快，保水差，透气性能优。

（2）壤土的颗粒中等，渗水中等，保水中等，透气性能中等。

（3）黏质土的颗粒小，渗水慢，保水优，透气性能差。

2.按颜色不同分类

了解了三种不同类型的土之后，回到之前孩子们的疑问：为什么土壤的颜色不一样？我们请来了研究相关专业的米粒妈妈为孩子们进行了一场特殊的教学活动，孩子们也有了一次新奇的体验。

线上分享

认真观察不同颜色的土壤

米粒妈妈为孩子们提供了六种不同颜色的土壤，它们是分别从不同的地方收集而来。通过讲解，孩子们了解了不同颜色土壤的分布情况，以及它们所含成分。因为成分不同土壤颜色也会不同。孩子们通过闻一闻、摸一摸、看一看的方式仔细观察了不同颜色的土壤，并了解了不同颜色土壤的营养成分，以及适合不同土壤种植的农作物。

三、土壤的作用

在了解了土壤的形成以及分类后，再回到孩子们的疑问之中，为什么有些小动物会在泥土里生活？同样，老师先让孩子思考，孩子们的经验基本可以支持这一问题。

米粒："因为土壤就是小动物的家。"

艾米："土壤里面有空气、水和食物，可以让小动物生存下去。"

于是，老师继续延伸，土壤除了是小动物的家还有哪些作用呢？针对这一问题老师鼓励孩子们回家和爸爸妈妈一起实地调查，并制作思维导图带到幼儿园来和同伴们共同讨论分享。

米粒："土壤不仅可以种植物，还可以用泥土做出不同的东西。"

同同："土壤可以种树，种粮食，还可以种小花小草。"

然然："下雨天，泥土会变得很湿，可以跳泥坑玩。"

花生："可以用泥土建房子，或者建长城，以前人们就是用土建的房子。"

凡丁："土壤里面能种很多粮食，有玉米、水稻还有一些蔬菜。"

主动分享调查表

最后，老师对孩子们的调查结果进行梳理汇总，将孩子们的碎片经验拼在一起，孩子们发现，原来泥土竟然有如此多的用途，不仅可以种粮食、建房子、保持生态平衡，还可以泥玩和捏泥。在和孩子们交流的过程中，老师捕捉到，孩子们对泥土作用中的捏泥人和玩泥巴最感兴趣，于是，师生决定来一场真实的"玩泥巴"。

幼儿的经验与学习：教师与幼儿在前期共同查阅资料，并通过视频了解土壤的形成过程。通过泥土融水实验，幼儿发现了泥土的不同物质分层以及泥土不溶于水的实验结论。在实验过程中幼儿能自主参与，实际操作，发展了自主探究的能力。对于不同种类的泥土幼儿能仔细观察，发现特点，并进行知识迁移，辨别生活中的常见土的成分。幼儿丰富对土壤的认知，感知不同种类土质的不同。

活动中幼儿对泥土的作用有了更丰富的认知，能够用思维导图的形式制作调查表，拓展了新的调查记录方式，用完整的语言分享自己的调查结果，在提高语言表达能力的同时感受到土壤的重要性。

教师的支持与思考：教师从幼儿的问题出发，利用不同的方式引导幼儿获得答案。将原有的猜测，通过查阅资料、科学实验等方法解决，帮助幼儿更直观地了解土壤的形成过程。幼儿不断积累关于认识泥土的新经验，持续探索的兴趣也再次被开发。

活动推进的过程中，教师充分利用家长资源，为幼儿带来一场特殊而又专业的教学活动，并提供物质支持，让幼儿真实摸到、闻到不同地区带来的土壤，感受它们的不同，引发幼儿新的讨论不同土壤的不同作用；通过亲子调查，调动家长与幼儿共同探究，让家长也参与到课程中来，有效推动课程的发展。在分享环节教师鼓励幼儿大胆分享自己的调查表，对于不太愿意表达的幼儿，教师能积极鼓励与引导；与幼儿将调查结果进行总结梳理，通过思维导图的形式呈现在黑板上，巩固幼儿对土壤作用的认知。

玩转泥巴

一、玩泥巴

1. 游戏畅想

在活动开始前，孩子们已经迫不及待地对接下来的游戏进行了畅想：

芒果："我建一个泥土房子。"

艾米："我们可以用泥巴玩做饭的游戏。"

丰收："我要去玩踩泥坑！"

老师："在玩之前我们还需要准备些什么吗？"

多多："如果土很硬的话，我们需要带一个可以接水的桶。"

丰收："踩泥坑必须穿上雨鞋。"

银元："我们需要带一些铲子去挖泥。"

孩子们兴高采烈地讨论着，大家都为了即将到来的游戏兴奋不已，同时也意识到想要更好地游戏，首先要计划好怎么玩？需要哪些工具？根据孩子们的游戏意愿进行分组，每个游戏小组先讨论游戏计划以及需要的材料，然后一同为游戏做准备。

2. 分组游戏

踩泥坑组的孩子为自己准备了雨鞋、水桶，搭建城堡组的孩子们画好设计图，准备好铲子、泥塑工具等。在孩子们做好准备后，老师利用幼儿园的自然环境，带孩子们去玩真实的泥巴，活动开始前，老师以为孩子们会非常喜欢做这件事情，但当真正进行游戏时，却发现好几个孩子迟迟没有加入游戏之中，因为觉得太脏了。这时，老师也及时参与游戏中和身旁的孩子一起抓起了泥巴，玩起了摔泥泡的游戏。孩子们看到后，纷纷加入其中，孩子们在畅玩的过程中，更是创造地开展了泥巴饭、泥巴小路、泥巴拓印等让人感到惊喜的游戏。

米粒："看我用泥巴在黑板上画了一幅画。"

然然："这里有很多做饭工具，我们用泥巴和树枝、树叶一起玩做饭的游戏吧！"

小树："我们想用泥巴捏一座城堡，可是这个土太硬了，铲子都挖不动。"

丰收：我们可以在上面浇点水，土变软了就好了。

萱萱：水太多了，土太软了，也不好捏。

不同形式的泥巴游戏

不同形式的泥巴游戏

二、陶泥创想

1.探索陶泥特点

在孩子们与泥土亲密接触后，孩子们又发现了新的问题，在他们准备用泥土制作城堡、小人、杯子时，发现泥土太硬了，很难制作成型，结合之前的学习经验，孩子们思考是不是制作泥塑的土和平时见到的土是不同的呢？带着疑问，孩子们去美术活动室对陶泥和普通的土进行了实际的对比，他们在闻一闻、看一看、摸一摸中，发现了陶泥的独特之处，陶泥有细腻的触感。

探索陶泥的特点

米粒："陶泥软软的，可以捏出不同的东西，草地里的泥土太硬了。"

果冻："陶泥应该是黏质土，它的里面没有沙子。"

壮壮："我觉得陶泥有黏性，就像泡泡泥一样所以可以捏不同的造型。"

茉茉："陶泥有点黏手，太软的话会黏到手上。"

凡丁："味道不一样，颜色不一样，里面的成分不一样。"

米粒："普通的泥土是有各种颜色，陶泥是褐色的。"

2. 体验制作陶泥杯

孩子们通过对陶泥的直接感知与实际操作，对陶泥有了基础的认知，在有了这些经验之后，我们开展了一节集体教学活动——陶泥创想，结合孩子们的兴趣以及制作经验，我们选择了器皿这一创作主题，让孩子在基础的操作技法中又能够最大程度发挥自己的创想，制作独一无二的陶泥作品。

体验制作陶泥的乐趣

活动开始前，我们为孩子们提供了不同造型的陶泥杯，请孩子们观察它们的造型，讨论这些陶泥杯的制作方法，同时激发孩子们的想象力，制作一个独一无二的陶泥杯。

多多："我想做两种，房子形状和一个普通的杯子。"

奇奇："我准备先做一个杯子底，然后再搓很多长条，竖起来黏到杯底。"

然然："我想做一个像碗一样宽宽的很大的一个杯子，然后用圆球装饰。"

麦兜："我想做一个小兔子装饰的杯子。"

活动结束后，孩子们把自己的创作成果进行分享与展示。老师也为孩子们分享了一些陶泥制作的其他作品，引导孩子们感知陶泥的多种用途，其中欣赏了陕西宝鸡凤翔的泥老虎，孩子们观察泥老虎的造型、图案、颜色、线条的特点，感受民俗文化。

幼儿的经验与学习：幼儿在宽松自由的氛围下，尝试与泥土做游戏，再一次深度接触泥土，同时在游戏的过程中，不断探索新的玩法，发现问题、解决问题并能够与同伴有效合作，在发现泥土很难捏成型后，对陶泥进行对比探究，感受了其特殊性，激发了幼儿的深度探究的兴趣以及创作欲望。

在制作陶泥杯中，幼儿能发挥想象力、创作力以及动手能力，积极参与，制作出多种形式的陶泥杯，提高了手部精细动作的发展。创作结束后，幼儿能主动展示作品并交流自己的经验，在分享中再次学习，最后，通过欣赏不同类型的泥塑作品，尤其是陕西凤翔的泥老虎，提升孩子们对陶泥的艺术欣赏能力，对于我们的民俗文化也有了独特的感知。

教师的支持与思考：教师在活动中支持幼儿自主游戏，为幼儿提供充分的空间、时间与资源，让幼儿通过自主游戏与合作游戏，感受玩泥土的乐趣，在活动中不断引发新的问题，延伸出下一次的活动。

陶泥创想活动中幼儿感知陶泥的特点，通过欣赏、创作、延伸几个环节展开。教师鼓励幼儿大胆创作，并对能力较弱的幼儿进行指导，幼儿能够投入操作，认真完成自己的作品，并发挥想象力和创造力制作种类不同、造型不一的杯子。制作完成后教师为幼儿布置了充满艺术感的展台，在较好展示幼儿作品的同时，提升幼儿的审美感，使其更加投入到艺术创作中，感受艺术创作带

来的喜悦和自信。

保护土壤

一、土壤的自然灾害

孩子们通过对土壤的探索后，发现土壤原来有这么多的作用，可是土壤的形成却要经过漫长的过程，老师抓住这一教育契机，展示泥土自然灾害、地质灾害PPT，使幼儿了解土壤沙化、水土流失以及泥石流危害，引导孩子们设想土壤遭到破坏后，对人类和动物、植物产生的不良后果，激发孩子们保护土壤的意识。

多多："如果土壤都变成沙子，就再也长不出来农作物了。"

米粒："如果地球上没有土壤，那小动物也没有家，我们人类也不能生存了。"

小树："破坏树木，乱砍滥伐，就会引起水土流失。"

毛豆："所有的植物、小动物还有我们人类都需要土壤，我们要保护土壤。"

二、保护土壤的方法

于是关于怎样保护土壤，孩子们展开了讨论。

果果："我们要保护土壤就要多种树，不能砍树和烧树，不能在土里扔垃圾。"

豆豆："要多种草，不能让小羊吃太多草，不然草就被吃光了。"

毛豆："不能乱扔袋子和电池这些不能被分解和有害的垃圾。"

扣宝："泥石流就是土地很松才会被雨水冲下来，所以我们要多重点树和草。"

制订保护土壤计划

小树："给它护个围栏，然后多浇水多施肥。"

经过讨论，孩子们制订了保护土壤计划，决定从身边的小事做起，爱护花草树木，不乱扔垃圾，多种树，并自发制作保护土壤标识牌。

幼儿的经验与学习：幼儿了解了关于土壤的一些自然灾害知识。思考如果没有土壤对人类、动植物产生的影响，了解了土壤沙化、水土流失等与土壤之间的关系。活动中幼儿能积极思考，勇敢表达自己的想法，与同伴讨论保护土壤的方法，树立了保护土壤、爱护环境的意识。课程延伸方面幼儿能主动思考，想到躲避泥石流的办法，积累躲避危险的经验。

教师的支持与思考：教师通过前期查阅资料，为幼儿提供专业的认知经验，帮助幼儿了解关于土壤的自然灾害，让幼儿意识到保护土壤的重要性以及灾害发生时逃生的方法，增加幼儿的生活经验。对于泥石流等在幼儿生活较少出现的自然灾害，大部分幼儿能描述出具体景象，根据教师的引导，积极探索遇到危险时的解决办法及如何预防灾害的发生。整个活动也是教师引导幼儿主动探索的一个过程。

结语

本次活动，基于园本主题课程"丰收的季节"，结合本班幼儿的兴趣以及探究欲，以大自然为活教材，给予幼儿充分的自由探究空间，从活动开始的初探泥土，到后续通过专业支持、环境支持以及材料支持，多维度的对土壤进行的探究，使幼儿主动建构了有关土壤的经验。同时，本次活动教师最大程度上尊重幼儿的天性，将"玩泥巴"这件事真实发生，让幼儿回归自然，体验真实。让幼儿在玩泥巴中激发了对泥土的亲近情感，了解土壤的特性；探究土壤作用中，感受土壤与人们生活的关系；在泥塑活动中体验制作创意陶泥的乐趣，感受泥土的造型艺术之美。

课程开展至今，幼儿感受着泥土的芬芳，领悟着泥土的情怀。每一个幼儿都与泥土融合在一起，虽然脏了小手，但幼儿的内心却更加清澈透亮了，我们相信，这次的泥土探究只是幼儿深层次探索大自然的一块敲门砖，未来，因为热爱与好奇，他们将会继续探索更多。

后 记

在最美的金秋时节，我们的不懈努力收获了智慧的成果。然而当本书最终定稿时，我们内心仍然是不安和遗憾的，不安的是，我们的研究还不够深入和完善，领悟还较为粗浅和稚拙；遗憾的是，我们还有许多精彩之处未能体现。但是，令我们欣慰的是，我们的方向更加清晰，目标更加坚定。

幼儿园课程的核心价值是促进每一个儿童在原有水平上有所发展。幼儿园课程如果不落实到每一个儿童身上，如果不关注每一个儿童的需要、兴趣和发展可能，便难以真正实现它的核心价值。陈鹤琴和张雪门所倡导的幼儿园课程的共同点之一就是关注儿童的生活。幼儿园课程的基础应是儿童的生活和经验，而不是成人的生活，也非成人的经验。离开了生活与经验的课程将是空泛和乏味的。为此，我们围绕"基于儿童已有经验，关注儿童发展需求，支持儿童建构认识周围世界的经验"这一课程建构的核心进行了反复认真的研究，在行动中一步步实现课程理念的落地，幼儿成长水平的提升，教师专业能力的发展，课程实践经验的收获。我们将以此次的成果作为基石和起点，继续探索，大胆前行。相信我们的课程会保持持久的活力，展现更多的精彩。

经过多年的实践探索，课程得到了陕西师范大学幼儿园两园区一线教师的积极响应和支持。这是两个园区教师集体智慧和团队力量的结晶，这一成果的获取既离不开幼儿园领导团队的精心设计和悉心指导，也离不开家长朋友的理解支持和深度参与。当然，我们更要对孩子们表示谢意，是他们的诚挚与纯真让我们一窥儿童世界的真相，是他们的创造力给我们带来惊喜和收获。

本书能够顺利完稿，更离不开陕西师范大学教育学部程秀兰教授、李少梅教授，陕西学前师范学院王怡教授和陕西开放大学苏晓芬教授等专家的关心与支持。他们给予我们的学术和实践上的指导，让我们受益匪浅，在此表示深深的感谢！

基于"儿童经验"的课程实践研究，是我们追随儿童、遇见课程、收获成长的成果，收获虽小，但我们还一直在路上。希望此书中的内容能给育儿者带来启发和共鸣，若有不当之处，恳请各位读者批评指正。